# 说字品文

## 会说不会写的粤音正字

欧家良◎编著

光明日报出版社

**图书在版编目（CIP）数据**

说字品文：会说不会写的粤音正字 / 欧家良编著
. -- 北京：光明日报出版社，2024. 8
ISBN 978 - 7 - 5194 - 7279 - 5

Ⅰ. ①说… Ⅱ. ①欧… Ⅲ. ①粤语—研究 Ⅳ.
①H178

中国国家版本馆 CIP 数据核字（2023）第 096166 号

**说字品文：会说不会写的粤音正字**

**SHUOZI PINWEN：HUISHUO BUHUIXIE DE YUEYIN ZHENGZI**

编　　著：欧家良

责任编辑：李　晶　　　　责任校对：郭玫君　贾　丹
封面设计：中联华文　　　　责任印制：曹　净

出版发行：光明日报出版社
地　　址：北京市西城区永安路 106 号，100050
电　　话：010-63169890（咨询），010-63131930（邮购）
传　　真：010-63131930
网　　址：http：//book. gmw. cn
E － mail：gmrbcbs@ gmw. cn
法律顾问：北京市兰台律师事务所龚柳方律师

印　　刷：三河市华东印刷有限公司
装　　订：三河市华东印刷有限公司
本书如有破损、缺页、装订错误，请与本社联系调换，电话：010-63131930

开　　本：170mm×240mm
字　　数：691 千字　　　　印　　张：38. 5
版　　次：2025 年 1 月第 1 版　　　　印　　次：2025 年 1 月第 1 次印刷
书　　号：ISBN 978 - 7 - 5194 - 7279 - 5

定　　价：148. 00 元

# 序　言

我们面前这本《说字品文》，要说的“字”和要品的“文”同义，其中的“字”和“文”指的都是“字”，当然，也有少量是“词语”。把“文”当作“字”使用，并不是本书作者的创新，而是效仿前人的用法：公元前221年，秦始皇扫平六国，建立了秦王朝。中央政府为了巩固国家的统一大业，实现对国家的有效统治，颁布了“书同文”等政令，其中的“文”，指“文字”，“书同文”，就是书写相同的文字，可见，早在两千多年之前的秦王朝，“文”就包含“字”的意思；我国历史上第一本字典——东汉时期许慎所著的《说文解字》，其中的“文”和“字”同义，指的都是“字”。

那么，《说字品文》要说的“字”和要品的“文”，到底是一些什么样的字和词语呢？总的来说，这些字和词语有以下三大文化特点。

第一，这些文字记录在古代文言著作和典籍里，现代书报杂志已经不再使用或极少使用；

第二，这些文字在当今上亿粤语使用者的口语中依然传承着，虽然大多数人会说，也能准确地表达它们的真正含义，但是不会认，也不会写；

第三，这些文字在粤语中的读音和释义，与《新华字典》《现代汉语词典》《说文解字》或《康熙字典》《中华大字典》以及《中华字海》等典籍中的注音、释义信息一致，可查可考。

作者把这些相对独立的字、词集合命名为“汉语雅言”，这一命名的根据，正是基于以下三大文化特点。

首先，其书面文字在典籍中可查可考，不同于不可查不可考的方言土语，故称之为“雅言”；

其次，它们的历史身份属于“汉语”的范畴，而且是记载在古代文言著作和典籍中的字、词，具有历史渊源；

最后，它们所传承的内容属于“汉语”的范畴。尽管其音、义世代传承于粤语使用者的口头之中，有着鲜明的传承特色和悠久的传承历史，但这种传承方式，仅仅表明了传承的途径，是依托了汉语的某一种地方方言。

“汉语雅言”是把汉语中的“金砖字词”集中在一起形成的一个字词集合，由于“金砖字词”弥足珍贵，这就决定了“汉语雅言”具有不菲的文化价值：它既是百里挑一的语言宝藏，也是百里挑一的文化瑰宝。如果说汉语是我国最大的文化品牌的话，那么，“汉语雅言”就是我国在民间含金量很高、影响力很大的文化品牌。

“汉语雅言”是一种濒危文化，迄今为止，其研究领域还是文化空白。虽然其音、义仍然传承于粤语使用者的口头上，但是其书面文字在当代书报杂志等媒体上已经失传。所以我们抢救“汉语雅言”最根本的任务，就是要把这些字、词的本字挖掘、搜集、整理出来。只有这样，才能从根本上实现对濒危文化“汉语雅言”的有效抢救。

自1990年以来，作者用了30多年时间，以锲而不舍、持之以恒的精神，挖掘、搜集、整理出了3206个“汉语雅言”字、词，在这里，以2197篇小文的形式，编撰成《说字品文》这部作品。

《说字品文》一书的出版目的，一是在于实现对濒危文化“汉语雅言”的成功抢救，填补这块文化空白；二是让当今仍在口头上传承“汉语雅言”的人更好地理解自己所说的语言，解决会说不会写的那些文字的用字难题，以利于更好地学习和理解历史文化；三是让“汉语雅言”从此得到更好的传承。

毋庸讳言：“汉语雅言”是本书第一次提出来的全新的语言学名词（它有别于古代的“雅言”），它一经诞生，就自然而然地对号入座，固定在汉语言文字体系当中特有的位置上——这是一个全新的文化坐标！诚如晋朝陶渊明的《桃花源记》问世，“世外桃源”的人们才被外界所知一样，随着本书的面世，“汉语雅言”才第一次以古朴的面貌来到了二十一世纪的亿万人群面前！作为汉语言文字体系中一个独特的“族群”，它们生存发展于粤桂港澳等地的民间，就如生活在“世外桃源”中的那些人群，它们带着浓厚的中华民族古文化韵味。令世人惊叹的是，这个独特的汉语言文字“族群”，自古至今，生生不息！

三里不同风，十里不同俗。在当今的世界上，使用粤语的人数众多，且各地口音不一。对汉字某些字的粤语确音，在学界原本就是一件难度极大的事情，而且由于不同的人对其中某些字、词存在着不同的读法，因此，《说字品文》中作者所标注的“广州话”读音，无法做到让所有粤语使用者都认同。敬请广大读者理解。

下列情况，很有必要做具体说明。一是有的字（词），有两个或两个以上的粤语读音，本书标注第一个读音音标和它的粤语同音字（每一个同音字的声调，和它前面那个国际音标所标示的声调相同）之后，以“（又）读”和“（再）

读”的格式呈现第二、第三个粤语读音。二是在第一个粤语读音后面加“（）”，并在“（）”内注明“或读”字样的，则这个读音不单是来自《广州话正音字典》，而且和本书作者所了解到的（并在现实中传承着的）粤语读音有异。例如，“馌”字（汉语拼音“yè”），迄今在广西容县等地仍传承着，本义指“给在田里耕作的人送饭”，引申义为“晚饭”；当地人习惯把“吃晚饭”叫“吃馌”；“馌”字在当地读“夜”字音；《广州话正音字典》标注“馌”字的粤语读音为“页”，事实上，“夜”和“页”的粤语读音是不一样的。因此，本书先展示作者所了解的并在现实中还传承着的读音；接着再展示《广州话正音字典》标注的读音。三是对拟声词和一些拟状词，本书通常注其粤语读音“和普通话读音相同”。如“咭”字，汉语拼音注音为“jī”，释义是“老鼠的叫声”。众所周知，汉语对老鼠叫声的拟声词，最广泛使用的莫过于“吱吱”（汉语拼音“zhī zhī”）。在粤语里，汉语拼音“jī”音，和汉字“吱”音，是非常相似的：到底是我们的祖先用于模拟老鼠声音的词语啊，能不相似吗？因此，本书给拟声词“咭”字标注粤语读音时，坚持了让它“和普通话读音相同”的原则，标注其“读［$dzi^1$］当地话‘吱’字音”，而不标注“读［$gat^7$］当地话‘吉’字音”。大家都能理解的事实是，要是老鼠发出的“吱吱”声，变成了粤音“吉吉”［$gat^7gat^7$］声，那么，老鼠肯定是变异了。四是对找不到广州话同音字的字，本书以“用当地话某字和某字切，读第几声”的方法呈现。

《说字品文》所力求做到的，首先，是对所说的字和所品的文的普通话注音以及释义，毫厘不差地引用《新华字典》《现代汉语词典》《康熙字典》《中华大字典》《中华字海》等典籍中所做出的陈述；其次，该字、词在粤语地区人们口头上传承的实例，是客观存在的；最后，与典籍中对该字、词做出的注音、释义信息一致或密切关联。

作者的水平有限，因此，《说字品文》的各种错误在所难免，在此，恳切期待广大读者和专家学者批评指正。

**欧家良**

**2024 年 3 月 5 日**

# 目　录
# CONTENTS

## D

## E



## F

**H**

## J

## K

L

## M

## N

## O



## P

## Q

## R



## S

## T

## W

**X**

## Y

## Z

**附录文章：**

# 粤方言就是昺

桂林的李总来到容县发展事业，他风风火火的工作作风，博得了下属的夸赞："李总您真柄!"

李总乍一听，心生疑惑："你们怎么骂我'有病'呢?"

下属连忙解释道："李总您误会了，容县人说的'柄'，是'棒'的意思。"

李总闲时打开手机，浏览容县人发布的抖音和其他文字小品文，发现容县人确有把"厉害""真棒"叫作"柄"的说法。

李总渐渐地习惯了容县人的说话方式：下属汇报工作，他满意，就说："柄!"下属提出工作方案，他认为可以执行，也说："柄!"公司的文件，他看后签字"柄"……

李总回到桂林，一进门见到爱人："我柄了!"

爱人吓了一跳，说道："有病为啥回来？快看医生呀!"

李总乐了："老公我'柄'，是'棒'的意思，就是厉害。"

李总在老家和亲朋好友喝茶聊天，开口闭口，动不动就说"柄"。

爱人让李总检查上小学五年级的儿子的作业、试卷，李总阅后，批注："柄!"

老师看不明白"柄"是何意，就在家长群发了图片出来，说有的家长连"棒"字都不会写，写成了"柄"。群里有些家长就调侃起来，"棒"和"柄"都是木棍，这位家长好木棍呀……

儿子同年级的家长遇到李总的爱人说道："你老公真木棍呀!"

他爱人的脸就红了起来。气得她见到李总就不说话，也不接他的电话。

李总生了一肚子闷气回到容县，四处倒苦水，诉说自己深受容县方言之害。在闲聊中，一个读书人告诉李总：容县人平时说的"柄"，大多数人是发其音，用其义，不知其形。容县人平时要表达的"柄"，本字其实是"昺"，"昺"的本义是阳光灿烂，阳光猛烈，引申为厉害。

李总再次回到桂林。一进门，爱人就冲着他："木棍又回来'柄'啦?"

"木棍！谁和你'木棍'！我是阳光灿烂，阳光猛烈啦……你都不知道容县是个什么地方，文化底蕴深厚得很呀!"

李总在儿子的作业本上签字："昺!"

自此，家长群展开了热烈的讨论。李总的爱人神气起来。

学校放假了，李总的爱人带着儿子来到容县。没过多久，她全力向自己认识的人介绍：当今的容县，在大唐开元盛世，是领 14 州 64 县的容州都督府治所所在地，相当于今天的省会。而作为容州都督府治所所在地，曾使得大批来自中原的官员和商贾云集古容州，让官话在这里传播；因容县毗邻广东，加之在古容州辖区内，在这里西南地区各民族人民聚居交集，古容州因此而成为本地土著方言、官话、广州白话、客家话、壮族话及其他多种方言的交汇处。容县方言所包含的词汇，异常丰富，具有非同一般的文化底蕴。在容县，像“奡”字一样的词语，有一个很大的集合，这些词语，一是，迄今粤方言区上亿人每天说着，但说话者和听话者几乎都误认为这是一些有音有义而无字的粗陋语言，不知道这些词语大多数是保存在古代文言著作和典籍里的高雅语言；二是，这些字词，在现代书报杂志中鲜见，因此就连经常在口头上使用这些词语的文化人士，偶遇这种陌生的字词时，也几乎将之视为已经湮灭的生僻字词；三是，这些词语，在粤语中的读音和释义信息，与《新华字典》《康熙字典》《中华大字典》《中华字海》等典籍对其注音、释义信息一致。

大家感慨：“粤方言就是奡!”

# A

## 骇傻

我们常常听老人说：“人不可貌相，水不可斗量。”可是，又有人说：“相由心生。”外表骇傻的人，聪明不到哪里去。

“骇”字在广州地区读 ngoi$^4$，当地话“呆”字音。

**骇［ái］，《新华字典》释义：傻。**

在粤方言地区，人们往往把“骇傻”写成“呆傻”。二者虽有联系，但也有区别。“呆傻”除了有“傻”的含义，还有“发愣”的意思。正常的人，聪明的人，有时候也会“发愣”，大智若愚、大勇若怯者难免有“呆”的模样；“骇”则单纯指傻。

## 臭酸臭馊

我小时候，常常听到妈妈或者奶奶叹息：“唉，这些茄瓜，隔了一个晚上就臭酸臭馊了。”有时候，六婶也会说：“这大热天呀，上午留下来的泔水，到了下午就臭酸臭馊啦，拿去喂猪猪都不吃了!”

“臭酸臭餲”一词在粤方言地区人们的口头上比较常用，指食物经久而变味。“餲”字在广州地区读 aai[3]，当地话“隘”字音。

**餲［ài］，《新华字典》释义：食物经久而变味。**

例：你闻过食物臭酸臭餲的气味吗？

## 不要媕媕婀婀

在生活中，我们难免会遇到说话吞吞吐吐、行动拖泥带水的人。对做事干脆利落的人来说，但凡遇到这样的人，他们也许会冒出一句：“你不要媕媕婀婀！”

“媕婀”一词在粤方言地区人们的口头上比较常用，在广州地区读 am[1]o[1]，当地话“庵柯”字音。

**媕婀［ān ē］，《中华字海》释义：犹豫不决的样子。《现代汉语词典》释义：不能决定的样子。**

例：我们不要做媕媕婀婀的人。

## 唵住嘴

在我的家乡，要是一个人不合时宜地乱说话，就可能招来别人不耐烦地说道：“唵住嘴！”

“唵住嘴”一词在粤方言地区人们的口头上比较常用，指闭上嘴巴；“唵”字在广州地区读 nap[7]，当地话“粒”字音。

**唵［ān］，《中华字海》释义：闭口不言。**

例：学会说话，用的时间不过两年；学会闭嘴，却需要用上几十年的时间。唵住嘴不乱说话，的确是一种修养。

## 把鱼腤熟了再吃

我的家乡是个鱼米之乡，乡亲们喜欢养鱼，非但房前屋后到处都是鱼塘，就连刚插完秧苗的早稻农田，几乎每家每户，都要往里放鱼饲养。于是乎，家家户户，基本上都可以随时吃上鱼。乡亲们通常把鱼块烤干，或者油炸好，储存起来，等需要时，把鱼腤熟了再吃。

“腤”字在粤方言地区人们的口头上比较常用，在广州地区读 am[1]，当地话“黯”字音。

**腤［ān］，《中华字海》释义：烹煮（鱼、肉等）。**

例：你曾经腤过鱼或肉吗？

## 馣香

我小时候，家里常常吃不上肉。爸爸妈妈偶尔会买一点猪肉回来，便要和比猪肉便宜的豆豉一同烹饪。猪肉加上豆豉，在镬头或者砂锅里煮熟之后，整个厨房就香气四溢，伯父或婶婶就会在隔壁感慨：“哇，馣香！煮猪肉吃了！”每当听到我们所期待的这一句话，我和姐姐就会相视而笑，垂涎欲滴了。

“馣”字在粤方言地区人们的口头上比较常用，在广州地区读am[1]，当地话“黯”字音。

**馣［ān］，《中华字海》释义：香气。**

例：如今，生活好了，我们每一餐都可以吃上肉，“哇，馣香！煮猪肉吃了！”这样的感慨却再也听不到了。

## 唵饱再放碗

在我家乡，主人在招待亲朋好友吃饭时，通常会说：“唵饱再放碗。”

“唵”字在粤方言地区人们的口头上比较常用，在广州地区读am[1]，当地话“揞”字音；指吃。

**唵［ǎn］，《新华字典》释义：❶把食物放在手里吞食。如：唵了一口炒米。❷佛教咒语的发声词。**

可见，在粤方言地区，人们在口头上传承的是“唵”字的引申义。

## 挖埯种花生

我小时候，常常和姐姐跟着妈妈干农活。到了种花生的时节，妈妈在翻松了的地里挖埯，姐姐把草木灰倒进埯里，我把花生种子放到草木灰的旁边，然后用脚把泥土覆盖住种子，挖埯种花生工作就完成了。

“埯”字在粤方言地区人们的口头上比较常用，在广州地区读han[2]，当地话“坎”字音；指播种子挖的小坑，也作为量词使用。

**埯［ǎn］，《新华字典》释义：❶播种子挖的小坑。❷挖小坑点种。如：~瓜。~豆。❸量词，指点种的植物。如：一~儿花生。**

粤方言地区的人们常把“坎”误作“埯”书写使用，因为在当地二者读音相同。通过查阅《新华字典》，“坎”字的注解❷是“地陷不平的地方，坑穴”。由此可见，“坎”指的是自然形成或人、车无意造成的“坑穴”，而不是人们为了种植作物有意开挖的小土坑，二者是有区别的。

## 有问题不能揞住

老校长教育我们：有问题不能揞住，把问题揞住，不是解决问题的办法。

“揞”字在粤方言地区人们的口头上比较常用，在广州地区读 $am^2$，当地话“黯”字音；原义指用手把药粉或其他粉末敷在伤口上，引申为用手按住身体（如胸部、腹部等）疼痛部位。或者某人为他人掩盖见不得人的言行所采取的手段。

**揞［ǎn］，《新华字典》释义：用手把药粉或其他粉末敷在伤口上。**

例：他肚子疼，常常用手揞住肚子。

## 禾苗晻田了

夏季的秧苗长得快，插下去才一个月，禾叶就把田里的泥土遮挡住了，但凡这时，我老家的乡亲就会说：“禾苗晻田了！”

“禾苗晻田了”一语在粤方言地区人们的口头上比较常用，指禾苗茂盛，遮住了泥土，“晻”字在广州地区读 $am^2$，当地话“黯”字音。

**晻［ǎn］，《中华字海》释义：繁茂。**

粤方言地区人们所说的“禾苗晻田了”，是使用了“晻”的引申义。

## 把稻谷罯起来

夏秋两季，我把收割回来的稻谷搬运到自家的楼顶晾晒。通常那些稻谷需要连续晾晒四五天才干爽。晒谷期间，每天到了太阳下山的时候或者遇雨，我们就得用雨布把稻谷罯起来。

“罯”字在粤方言地区人们的口头上比较常用，在广州地区读 $am^2$，当地话“黯”字音。

**罯［ǎn］，《中华字海》释义：❶覆盖；❷渔网。**

在南方农村，为了防止被雨淋，很多人都会用油毡纸把堆放在屋子外边的木柴严严实实地罯住。

## 案谷碾米

20 世纪 70 年代，我的家乡有一处用水车加工稻谷和木薯的地方，房子外墙的柱子上写着两个醒目的大字："水案"。那些年有人把这两个字念成"水案"，可是，就连不识字的老人听见了也会质疑："什么'水案'？这里明明就是'水案'，你不识字不要乱读!"后来，民国时期在外地县政府担任过"录士"的欧老先生告诉我："那两个字是我写上去的，这个'案'字，读家乡话'颜色'的'颜'字音，上下结构，'安'加'禾'，它比'案件'的'案'多一撇，如案谷碾米。"

"案"字在广州地区读 ngaan4，当地话"颜"字音。

**案［àn］,《中华字海》释义：碾轧稻穗取谷。**

例：我曾因此一度认为那"案"字是族里大哥自作聪明写在柱子上的。原来是我认识短浅了。

## 把《滕王阁序》谙了下来

在南宁读书时，我曾经非常兴奋地对同学说："我用了三天时间，终于把王勃的《滕王阁序》谙了下来，真是太开心了。"

"谙"字在粤方言地区人们的口头上比较常用，在广州地区读 am2，当地话"黯"字音。

**谙［àn］,《中华字海》释义：背诵。**

例：你的古诗文知识有多丰富，通常和你谙多少古诗文密切相关。

## 馉饱了再去学校

我的老家在大山沟里，离学校远。小时候，父母常常对我说："你馉饱了再去学校，不然就会挨饿。"

"馉"字在粤方言地区人们的口头上比较常用，在广州地区读 ong3，当地话"盎"字音；指放开肚皮吃，能吃多少就吃多少的意思。

**馉［àng］,《中华字海》释义：食无廉。**

例：如今食物丰富了，每一餐，我们都用不着馉饱。

## 揹痒

俗语说："好要别人夸，痒要自己抓。"这话说得并不全对，自己够不着的地方，你得求别人揹痒。

"揹"字在粤方言地区人们的口头上比较常用，在广州地区读 ngaau1，当地话"肴"字音。

**揹［āo］，《中华字海》释义：搔；挠。**

例：身体痒了，你就得揹。

## 谙阿

在我们遇见的人中，总有一些说话谙阿的人。

“谙阿”一词在粤方言地区人们的口头上比较常用，在广州地区读 $am^1o^1$，当地话“媕婀”字音；指说话犹豫，不能做出决定。

**谙［ān］，《中华字海》释义：［~阿］语不决。**

例：说话谙阿的人不能拿主意，我们要帮助这样的人，而不要笑话他们。

## 醅醦

老浮近段时间脸色总是醅醦的。

“醅醦”一词在粤方言地区人们的口头上比较常用，在广州地区读 $am^2tsaam^2$，当地话“揞黪”字音。

**醅醦［ǎn cǎn］，《中华字海》释义：忧愁悲哀的样子。**

例：生活不容易，你可曾有过醅醦的时候？

## 笑觊觊

在我读初中时的一个周日，十个男生全然不顾天下着雨，在篮球场上尽情地打球，因为我们被关在教室太久了！校长看到这情景，只好笑觊觊。

“笑觊觊”一词在粤方言地区人们的口头上比较常用，指笑着看，“觊”字在广州地区读 $oi^2$，当地话“嗳”字音。

**觊［ǎi］，《中华字海》释义：笑视。**

例：你见过有谁笑觊觊？

## 叆叇

奶奶看了看天，叹息道：“天上的云那么叆叇，今天晒不了谷了。”

“叆叇”一词在粤方言地区人们的口头上比较常用，在广州地区读 $oi^2doi^6$，当地话“蔼代”字音。

**叆叇［ài dài］，《新华字典》释义：云彩很厚的样子，乌云~。**

例：不管多叆叇的乌云，最终都会消散。

## 懊恼

李老板把老梁辞退之后，不到半年，他的工厂就关门了，李老板为此很懊恼。

“懊恼”一词在粤方言地区人们的口头上比较常用，在广州地区读 ou³lou⁴，当地话“懊唠”字音。

**懊恼［ào lào］，《中华字海》释义：后悔。**

例：你经历过哪些懊恼的事情？

## 嶅颻

九叔的头嶅颻，双眼炯炯有神，思维敏捷。

“嶅颻”一词在粤方言地区人们的口头上比较常用，在广州地区读 ngou⁶jiu⁴，当地话“傲尧”字音。

**嶅颻［ào yáo］，《中华字海》释义：头高。**

例：你周围有谁头嶅颻？

## 㜝颔

老九近来总是一副㜝颔的模样。

“㜝颔”一词在粤方言地区人们的口头上比较常用，指志气低落，“㜝”字在广州地区读 am²，当地话“暗”字音。

**㜝［án］，《中华字海》释义：❶志气低落，（小人）通则骄而偏，穷则弃而~；❷垂下，~耳。**

例：在你身边，谁曾经一副㜝颔的模样？

## 岇嵅

大容山何其岇嵅啊！

“岇嵅”一词在粤方言地区人们的口头上比较常用，在广州地区读 ngong⁴tsong⁴，当地话“昂藏”字音。

**岇嵅［áng cáng］，《中华字海》释义：山高的样子。**

例：你到过最岇嵅的山，是什么山？

## 聱牙

老大两父子经常聱牙。

“聱牙”一词在粤方言地区人们的口头上比较常用，指意见不合，“聱”字在广州地区读 ngou[4]，当地话“敖”字音。

**聱［áo］，《新华字典》释义：❶文词艰涩：佶屈～牙（文章读起来不顺口）。❷不接受意见：～牙（指与人意见不合）。**

在粤方言地区，“聱牙”一词还含有“文章读起来不顺口”的意思。如老魏的讲话稿，非常聱牙。

## 謷謷哇哇

梁八謷謷哇哇，经常我行我素，丝毫不听别人的意见。

“謷謷哇哇”一词在粤方言地区人们的口头上比较常用，指人表情古板、傲慢、不近人情，“謷”字在广州地区读 ngou[4]，当地话“傲”字音。

**謷［áo］，《新华字典》释义：～，诋毁。［～～］❶不考虑别人的话。❷悲叹声。**

例：欧爷爷教育我，做人要心平气和，不要謷謷哇哇。

# B

## 大风飐飐直吹

“我们登上了大水顶，大风飐飐直吹，让人睁不开眼睛!”从松山镇大水顶游玩回来的人总是这样说。

“飐飐吹”一词在粤方言地区人们的口头上比较常用，指风大而且猛烈的样子。

“飐”字在广州地区读 paa[4]，当地话“爬”字音。

**飐［bá］，《中华字海》释义：疾风。**

例：你在哪里遇到过大风飐飐吹?

## 土行孙真犮姞

我们在看电视剧《封神榜》的时候，九十多岁的韦奶奶突然说：“那个土行孙真犮姞!”我们一听，就知道奶奶说土行孙是个侏儒，不禁莞尔一笑。

“犮姞”一词在粤方言地区人们的口头上比较常用，在广州地区读 paa⁴ban⁶，当地话“耙岔”字音。

**犮姞［bá qià］，《中华字海》释义：矮小的样子。**

例：你身边有个子犮姞的人吗？

## 癹癹那些草

“癹癹那些草！”小时候，每当我跟着爷爷把牛赶到山上的时候，爷爷总是对我这样说。我明白爷爷的意思，他要找一块比较平坦的地方坐下来休息、吸烟，让我先把地上的草踏平。

“癹”字在粤方言地区人们的口头上比较常用，在广州地区读 baa⁶，当地话“罢”字音。

**癹［bá］，《中华字海》释义：用脚踏平草。**

例：在野外，你癹过草吗？

## 走路不要跋跋躃躃

我小时候，常常听到欧爷爷教育：“人要坐有坐样，站有站样，走路有走路的样——走路不要跋跋躃躃！”我们听了就笑，觉得爷爷把“跋跋躃躃”这个词用得太准确、太传神了。

“跋躃”一词在粤方言地区人们的口头上比较常用，在广州地区读 paa⁴saa²，当地话“跋洒”字音；指走路不端正，看上去不正经的模样。

**跋躃［básà］，《中华字海》释义：行不正。**

例：你见过走路跋躃的人吗？

## 那条狗犮犮跑

“哇！你们看那条狗犮犮跑！”读完初中之后，有一回我跟随屯子里的大队人马到山里赶野猪，一起赶野猪的，还有十几条狗，在这些狗当中，就数老四家的大白狗最厉害，最令人无法忘怀的是他家的狗发现野猪后突然发力猛追野猪的情景，当时，在场的人无不惊呼。

“犮犮”一词在粤方言地区人们的口头上比较常用，指犬跑的样子；“犮”字在广州地区读 paa⁴，当地话“耙”字音。

**犮［bá］，《中华字海》释义：犬跑的样子。**

例：你见过狗犮犮跑吗？

## 天正在雺雺下雨

我骑摩托车把大姐送到家里后，正要回家，却不能回。时间久了，妈妈就给我打来电话询问情况，我对妈妈说："天正在雺雺下雨……"

"雺雺下雨"一词在粤方言地区人们的口头上比较常用，指下大雨的样子；"雺"字在广州地区读 paa[4]，当地话"耙"字音。

**雺［bà］，《中华字海》释义：雨。**

可见，在粤方言地区，人们在口头上传承的是"雺"字的引申义。

## 看看他有什么斒打

当一个人遇到困难时，作为旁观者，粤方言地区的一些人往往会在背后议论："看看他有什么斒打！"

"斒打"一词在粤方言地区人们的口头上比较常用，指才能、办法、手段、功夫等，"斒"字在广州地区读 baan[1]，当地话"班"字音。

**斒［bān］，《新华字典》释义：文武全才。**

例：活在这个世界上，你有什么斒打？

## 你帮我攽一份菜回来

"你帮我攽一份菜回来！"每当春社或秋社，家乡有祭祀活动的时候，不去参加活动的人，就会这样委托去参加活动的人。

"攽"字在粤方言地区人们的口头上比较常用，在广州地区读 baan[1]，当地话"班"字音；指分发后领取。

**攽［bān］，《新华字典》释义：分给。**

例：你帮别人攽过东西吗？

## 有什么事你就奱一声

"有什么事你就奱一声！"阿南常常很自豪地对朋友和同学炫耀，他手下那几十号人几乎每天都这样对他说。大伙明白，阿南的意思，无非想告诉大家，他手下的人随时听他吩咐。

"奱"字在粤方言地区人们的口头上比较常用，在广州地区读 baan[1]，当地话“班”字音。

**龚［bān］，《中华字海》释义：吩咐。**

例：活在这个世界上，可能是别人随时龚你，也可能是你随时龚别人。

## 瓪瓦可以盖疏朗一些

我上初中的时候，家里盖瓦房，到了盖瓦的环节，我就攀到房顶去帮忙，这时，爸爸对我说：“瓪瓦可以盖疏朗一些。”

“瓪瓦”一词在粤方言地区人们的口头上比较常用，指朝上盖的瓦，也叫阳瓦，“瓪”字在广州地区读 baan²，当地话“板”字音。

**瓪［bǎn］，《中华字海》释义：仰盖的瓦。**

例：如今，楼房越来越多，很多孩子连瓦房都没见过，更不用说区分瓪瓦了。

## 不要做“吰喭狗”

我上小学之后，欧爷爷教育我说：“进了学校，你就要做读书君子，不要做‘吰喭狗’。”

“吰喭狗”一词在粤方言地区人们的口头上比较常用，指那些不讲理，没有教养的人，“吰喭”二字在广州地区读 gin²jin⁶，当地话“謇喭”字音。

**吰喭［bànyàn］，《中华字海》释义：粗野。**

例：我要记住欧爷爷的教导，始终做读书君子，不做“吰喭狗”。

## 码头船艕船

“以前容江白饭码头船艕船，如今很少看到船了！”叔叔感慨地说。

“船艕船”一词在粤方言地区人们的口头上比较常用，指船靠着船；“艕”字在广州地区读 bong³，当地话“傍”字音。

**艕［bàng］，《中华字海》释义：船互相挨靠。**

例：你在大江边见过船艕船的景象吗？

## 不要到处嚗

我小时候，有点成绩经常自满，爷爷就告诫我：“不要到处嚗！”

“嚗”字在粤方言地区人们的口头上比较常用，在广州地区读 paau³，当地话“豹”字音；指夸耀、吹嘘。

**啵［bāo］,《中华字海》释义：夸。**

例：《增广贤文》说：“画虎画皮难画骨，知人知面不知心。逢人宜说三分话，未可全抛一片心。”“不要到处啵”，这的确是非常好的提醒。

## 这回怉了

最近，廖叔逢人便说：“老转这回怉了，他东窗事发，被判了无期徒刑！”

“怉”字在粤方言地区人们的口头上比较常用，在广州地区读 baau[2]，当地话“饱”字音；指倒霉的意思。

**怉［bǎo］,《中华字海》释义：悖也。**

例：作奸犯科的人，一旦东窗事发，就怉了。

## 你不要皰人家姑娘

老布精神不正常，屯里来了俊俏姑娘，他就瞪大眼睛目不转睛地看，他老爸觉得丢脸：“你不要皰人家姑娘！”

“皰”字在粤方言地区人们的口头上比较常用，在广州地区读 paau[3]，当地话“豹”字音。

**皰［bào］,《中华字海》释义：怒目圆睁的样子。**

例：你身边有谁一皰眼睛就让人不自在？

## 我鐾鐾剃刀再帮你刮胡子

我祖叔玉祥是个理发师，他以前在墟市里帮人理发，在理发的时候常常说这一句：“我鐾鐾剃刀再帮你刮胡子。”他一边说，一边把剃刀按在一块布上反复摩擦，摩擦完后才给顾客刮胡子。

“鐾”字在粤方言地区人们的口头上比较常用，在广州地区读 bui[1]，当地话“杯”字音；（或）读 bai[3]，当地话“闭”字音；指在布、皮、石头等物上把刀反复摩擦几下，使锋利。

**鐾［bèi］,《新华字典》释义：在布、皮、石头等物上把刀反复摩擦几下，使锋利。**

例：如今，你还见过别人鐾剃刀吗？

## 有一只大鸟突然翸起

孩子上小学的时候，有一次，他们跟着奶奶到田地去除草，回家后，女儿兴奋地对我说道："爸爸，今天弟弟从田埂走过去的时候，有一只大鸟突然翸起！"对他们来说，这是多么难忘的一段经历呀！

"翸"字在粤方言地区人们的口头上比较常用，在广州地区读 bat⁹，当地话"弼"字音；（又）读 bun²，当地话"畚"字音。

**翸［běn］，《中华字海》释义：❶飞起；❷走。**

例：张三离开家乡已经多年，如今不知翸到哪里了。

## 不要拚你的手

"不要拚你的手！"我上小学一二年级的时候，老师常常在课堂上这样告诫双手乱动的同学。

"拚"字在粤方言地区人们的口头上比较常用，在广州地区读 fang⁶，当地话"科盟"切，第 6 声；（又）读 bat⁹，当地话"弼"字音。

**拚［bèn］，《中华字海》释义：手乱的样子。**

例：老师说："不要拚你的手！"这当中，自然包括我。

## 路上太坌了

好久没下雨，近来家乡修路，来来往往的车辆很多，"路上太坌了"！人们常常这样埋怨。

"坌"字在粤方言地区人们的口头上比较常用，在广州地区读 ban⁶，当地话"笨"字音；指尘埃或尘土飞扬。

**坌［bèn］，《新华字典》释义：❶翻起或松动的泥土。❷尘埃。❸粗笨。❹尘土飞扬，洒落在物体上。**

例：风一起，这些土就坌得到处都是。

## 阿木真㔙

"阿木真㔙，一次就能背起两包水泥！"邻居赞叹道。

"㔙"字在粤方言地区人们的口头上比较常用，在广州地区的读 bang²，和普通话读音相同。

**㶲［bēng］，《中华字海》释义：大力。**

在粤方言地区，"㶲"的本义，常常被引申为"厉害"。

例：一个高中生如果考上了北大或者清华，人们就会赞叹他"㶲"。

## 妇女最怕血山痭

韦奶奶在的时候，多次说："妇女最怕血山痭，这是会危及生命的大事呀。"

"血山痭"一词在粤方言地区人们的口头上比较常用，指妇女血崩症；"痭"字在广州地区读 bang[1]，当地话"崩"字音。

**痭［bēng］，《中华字海》释义：妇女血崩症。**

例：你听说过妇女血山痭吗？

## 天霦霦下大雨了

"天霦霦下大雨了，快收衣服！""天霦霦下大雨了，快收稻谷！"在粤方言地区，每逢下雨之时，我们总会听到这样的呼叫。

"霦"字在粤方言地区人们的口头上比较常用，在广州地区读 pang[4]，当地话"朋"字音；指下大雨的样子。

**霦［bēng］，《中华字海》释义：大雨。**

可见，粤方言地区人们在口头上常用的是"霦"字的引申义，把它作为大雨的拟状词。

## 拿点鸡粪去埲韭菜根

我每一次要到菜地里割韭菜，妈妈总是提醒我："拿点鸡粪去埲韭菜根！"事实上，把韭菜割掉之后，再把晾晒干的鸡粪埲在韭菜地里，就会长出特别好的韭菜来。

"埲"字在粤方言地区人们的口头上比较常用，在广州地区读 puang[4]，当地话"蓬"字音。

**埲［běng］，《中华字海》释义：田野间扬起的尘土遮蔽住禾草。**

在粤方言地区，"埲"字的本义常被引申为"覆盖""遮盖"。

例：当地人把"盖被子"称为"埲被"。

## 草木菶菶长

"春天一到，草木就菶菶长！"妈妈感慨道。

“菶菶”一词在粤方言地区人们的口头上比较常用，指草木茂盛的样子，“菶”字在广州地区读 pung[4]，当地话“芃”字音。

**菶［běng］，《中华字海》释义：草木茂盛的样子。**

例：你到过草木菶菶的大山吗？

## 花香馪馪

“来到大黎口，真是花香馪馪！”屯子外的人总是这样感慨。这是自然，我们屯里到处是花香浓郁的九里香呀！

“馪馪”一词在粤方言地区人们的口头上比较常用，指香气盛，“馪”字在广州地区读 pung[4]，当地话“芃”字音。

**馪［běng］，《中华字海》释义：香气盛。**

例：花香馪馪的地方，总是令人喜欢。

## 鸟儿鞛鞛飞

进入大山，我们经常遇到鸟儿鞛鞛飞！

“鞛鞛”一词在粤方言地区人们的口头上比较常用，指鸟乱飞的样子，“鞛”字在广州地区读 pung[4]，当地话“芃”字音。

**鞛［běng］，《中华字海》释义：鸟乱飞的样子。**

例：你遇见过鸟儿鞛鞛飞的场景吗？

## 石灰瓜䏽䏽挂满了瓜棚

爸爸曾经对我说，他读初中的时候，和六姑在屋子前面种了一棵石灰瓜，他们一有空就给瓜苗淋粪，两个多月下来，石灰瓜䏽䏽挂满了瓜棚，这是多么喜人的事呀，一家人期待着能美美地吃上一顿。可是，那时当地供销社一个职工进屯后，风卷残云，把这些瓜全摘走了……

“䏽䏽”一词在粤方言地区人们的口头上比较常用，指瓜果繁多的样子，“䏽”字在广州地区读 pung[4]，当地话“芃”字音。

**䏽［běng］，《中华字海》释义：瓜多实貌。**

例：瓜果䏽䏽，是多么令人喜悦的景象呀！

## 我一年要喝几甏酒

欧爷爷在的时候，常常说：“我一年要喝几甏酒。”爷爷的酒是用甏装的，有几甏还加了药材。

“甏”字在粤方言地区人们的口头上比较常用，在广州地区读 paang[4]，当地话“彭”字音；（或）读 bong[6]，当地话“镑”字音。

**甏［bèng］，《新华字典》释义：瓮、坛子一类的器皿。**

例：如今，家里保存有甏的人，都是收藏爱好者甚至收藏家。

## 草长得太蓬茸了

我到稻田边看禾，叔叔家的田里不种水稻，种了木薯，他对我说：“草长得太蓬茸了！”

“蓬茸”一词在粤方言地区人们的口头上比较常用，在广州地区读 pung[4]jung[4]，当地话“蓬茸”字音。

**蓬茸［bèng róng］，《中华字海》释义：草乱的样子。**

在粤方言地区“蓬茸”一词常常引申为头发、狗毛、衣服等杂乱的样子。

例：妈妈对小丽说：“你的头发真蓬茸，像鸡窝一样，快去梳头！”

## 二狗的肚子胮胀

阿锐哥说：“二狗的肚子胮胀，可能是患了什么病。”于是我们留心看了看二狗的肚子，果然胮胀。

“胮胀”一词在粤方言地区人们的口头上比较常用，指腹胀的样子，“胮”字在广州地区读 paang[1]，当地话“彭”字音。

**胮［bèng］，《中华字海》释义：腹胀的样子。**

例：肚子胮胀未必就是患了什么病。例如：老三每次参加酒席，都把肚子吃到胮胀。

## 雷声霶霶

下雨天，屋外雷声霶霶，雷电交加，很多人都躲在屋里，不敢出去。

“霶霶”一词在粤方言地区人们的口头上比较常用，指雷声，“霶”字在广州地区读 pung[4]，当地话“朋”字音。

**霶［bèng］，《中华字海》释义：雷声。**

例：活在世上，每一个人都有可能听到雷声霶霶。

## 雷公霦霶响

粤方言地区的人习惯说："雷公霦霶响。"

"霦霶"一词在粤方言地区人们的口头上比较常用，在广州地区读 paang⁴pang⁴，当地话"彭朋"字音；（又）读 bing¹bam¹，当地话"乒乓"字音；指近在自己头顶炸雷所传来的声音。

**霦［bìng］，《中华字海》释义：雷声。**

**霶［bèng］，《中华字海》释义：雷声。**

《中华字海》对这两个字是分开释义的，粤方言区的人们日常在口语中是把这两个字合起来使用的。

## 耳朵䎕聋

我和老李、老邹围着茶几喝茶聊天，老邹没啥反应，老李就大声问："老邹你听不到吗？"老邹无奈地说："我耳朵䎕聋了。"

"䎕"字在粤方言地区人们的口头上比较常用，指耳聋；在广州地区读 bang¹，当地话"崩"字音；（又）读 bang⁵，当地话"崩"字音。

**䎕［bèng］，《中华字海》释义：耳聋的样子。**

粤方言区的人们常常把"䎕䎙"两个字作为一个词使用，他们常常把"耳朵䎕聋"，说成"耳朵䎕䎙"，后者指似乎有东西堵住了耳洞。

## 䨻垺飑

"最近这半年，我们县在农村开展'三清三拆'行动，旧房子基本被挖掘机推倒了，到处都䨻垺飑。"九哥如是说。

"䨻垺飑"一词在粤方言地区人们的口头上比较常用，指烟尘杂起状；"䨻垺"在广州地区读 pang⁴baak⁹，当地话"朋卜"（后一个字读"萝卜"的"卜"）字音。

**䨻垺［bèng bó］，《中华字海》释义：烟尘杂起状。**

例：你遇到过䨻垺飑的场景吗？

## 豆子㚇㚇响

"煮豆燃豆萁，豆在釜中泣。本是同根生，相煎何太急。"这是曹植《七步诗》里的诗句，很多人耳熟能详。每当我们读起这首诗的时候，耳旁似乎会有豆子煲煲响的声音。

“煲煲响”一词在粤方言地区人们的口头上比较常用，指火炒豆发出的声音，“煲”字在广州地区读 paang[4]，当地话“嘭”字音。

**煲［bèng］，《中华字海》释义：象声词。指火炒豆发出的声音。**

例：“煲”这个字有趣吧，上下结构“豆”加“火”，豆在火的上面，能不爆裂炸开吗？

## 趼趼趜

刘像之前给我讲了个故事，每次想起我就想笑。阿健六岁的时候，看到邻居家结的梨子，垂涎欲滴，但他摘不到，于是心生一计，问上中学的叔叔：“老新，你想不想吃梨呢？”老新说：“想呀！”阿健说：“想的话，我们就去摘祖叔家的梨。你上树摇，我在下面看着有没有人来。”这老新竟然就依了阿健的计谋行事。他们得手之后，就趼趼趜了。

“趼趼趜”一词在粤方言地区人们的口头上比较常用，指逃跑的样子，“趼”字在广州地区读 pang[4]，当地话“堋”字音。

**趼［bèng］，《中华字海》释义：［～～］逃跑的样子。**

“趼”的意思，你想想就知道了：两脚并在一起，就是逃跑呀！

## 畀口饭我吃

粤方言地区的人去找工作，会常常对用工者恳求：“老板，畀口饭我吃。”

“外婆畀有什么东西你带回来？”

“畀”字在粤方言地区人们的口头上经常使用，在广州地区读 bei[2]，当地话“比”字音。

**畀［bì］，《新华字典》释义：给予。**

用“比”字代替“畀”字使用，是粤方言地区人们在书写上的一种常见错误。

例：“爸爸畀几多钱你带去学校？”

## 潷出来的洗米水

在我年少时，奶奶和妈妈教姐姐和我学煮饭，她们要我们用一个桶把潷出来的洗米水装好，用来喂猪。

“滗”字在粤方言地区人们的口头上经常使用，在广州地区读 bei[3]，当地话“秘”字音。

**滗［bì］，《新华字典》释义：挡住渣滓或泡着的东西，把液体倒出。**

例：滗米水是我们煮饭前必须干的事情，我们每天煮几次饭，就滗几次米水。

## 围箅

说起“围箅”，现在的青少年，已经没有几个知道是什么了。在 21 世纪以前，我们南方农村，一年四季，总是有人在干这种活。

“围箅”一词在粤方言地区人们的口头上比较常用，指用荆条、竹子等编成篱笆或其他遮拦物；“箅”字在广州地区读 bik[7]，当地话“壁”字音；（或）读 bat[7]，当地话“毕”字音。

**箅［bì］，《新华字典》释义：用荆条、竹子等编成的篱笆或其他遮拦物。**

例：认识“箅”字，就足以记起一段乡愁。

## 不要把脚弄躄了

我小时候跟着爷爷到山里放牛，爷爷提醒我：“山路崎岖，走路要小心，不要把脚弄躄了。”

“躄”字在粤方言地区人们的口头上比较常用，在广州地区读 bai[1]，当地话“闭”字音；（又）读 bik[7]，当地话“逼”字音。

**躄［bì］，《新华字典》释义：❶腿瘸不能行走。❷仆倒。**

例：弄躄脚是难免的事。

## 香到馝馞

“家良，你看，我在屯里种满了九里香，有时候半夜一股股花香从窗户涌进来，香到馝馞……”大哥家荣已经逝世多年，每次回到屯里，我看到他种的花，就想起了他说的话。

“馝馞”一词在粤方言地区人们的口头上比较常用，在广州地区读 bat[7]but[9]，当地话“毕勃”字音。

**馝馞［bì bó］，《新华字典》释义：形容香气很浓。**

例：你可曾到过花香馝馞的地方？

## 卫生间最怕闷气

远的不说，单是我们县和周边县市，每年冬天因洗澡导致煤气中毒而死掉的人就有好几个，卫生间最怕闷气——我们常常听到这样的议论。

“闷”字在粤方言地区人们的口头上比较常用，在广州地区读 bat[7]，当地话“笔”字音；（或）读 bei[3]，当地话“秘”字音。

**闷［bì］，《新华字典》释义：❶闭门，关闭。❷谨慎。**

例：你到过多闷气的地方？

## 不要疪屎疪尿

我曾在电视上看过曾仕强教授的讲座，记得他劝诫大家要保持“二便通”，这样才有益于身体健康。通俗地讲，就是“不要疪屎疪尿”。

“疪屎疪尿”一词在粤方言地区人们的口头上比较常用，指强忍着大小便不拉，“疪”字在广州地区读 bai[3]，当地话“闭”字音。

**疪［bì］，《中华字海》释义：大小便不畅。**

例：为健康计，不要疪屎疪尿！

## 大火熚烼

2021 年春天的一个早上，我在楼顶看到不远处山那边浓烟滚滚，大火熚烼。一会儿路上就有好些人奔赴火场，边跑边喊：“快去救火呀！”

“熚烼”一词在粤方言区人们的口头上比较常用，在广州地区读 pei[4]fu[4]，当地话“皮扶”字音；指大火燃起时又刮起了大风的情状。

**熚烼［bì fú］，《中华字海》释义：❶火貌；❷火盛貌。**

例：你见过大火“熚烼”的场景吗？

## 竹头竹箄

我家乡盛产竹子，人们常把竹子的根部和末端锯掉，那些被锯掉的部分，就叫“竹头竹箄”。从我年少时起，奶奶和妈妈就常常让我用竹筐把竹头竹箄收集起来，晒干当柴烧。

“箄”字在粤方言区人们的口头上比较常用，在广州地区读 bai[3]，当地话“闭”字音；指竹子的头和尾。

**箄［bì］，《中华字海》释义：❶竹~；❷捕鸟的器具。**

在粤方言地区，人们有管老头子叫“老箄”的，意为“老木头”或者“老竹头”，含有轻慢之意。

## 芈芈出气

每逢遇到自来水停水，在恢复通水时，水龙头就会芈芈出气。

“芈”字在粤方言地区人们的口头上比较常用，在广州地区读 be$^{6}$，当地话“啤”字音。

**芈［bì］，《中华字海》释义：出气声。**

例：以后当自行车、电动车或者摩托车车胎漏气、水龙头出气时，听到那声音，联想到“芈”这个字，就容易记住了。

## 大风滭泼吹

冬天，在野外或楼顶，大风滭泼吹，我们就会感到很冷。

“滭泼”一词在粤方言地区人们的口头上比较常用，在广州地区读 pei$^{4}$paa$^{4}$，当地话“皮爬”字音。

**滭泼［bì fā］，《中华字海》释义：风大而非常寒冷。**

例：北方的冬天，常有寒风滭泼吹。

## 㧙㧙刀口再砍草

我老家漫山遍野都种着肉桂，一年四季，都有村民在肉桂林里除草。他们把磨刀石带到山里，刀钝了，就㧙㧙刀口再砍草。

“㧙”字在粤方言地区人们的口头上比较常用，在广州地区读 ban$^{3}$，当地话“鬓”字音；（又）读 bat$^{7}$，当地话“毕”字音。

**㧙［bì］，《中华字海》释义：用刀子等在物体上正反两面交替着摩擦。**

两广人日常所说的“㧙腃腒”，其中“腃腒”就是屁股；“㧙腃腒”就是擦屁股。这个“㧙”字很常用。

## 做人不要卑卑怭怭

欧爷爷虽然没有读过书，但是很懂做人的道理，他常说：“做人不要卑卑怭怭！”爷爷曾经这样无数次教育子孙们。

“卑卑foley”一词在粤方言地区人们的口头上比较常用，指轻薄、不庄重，“foley”字在广州地区读 bit[7]，当地话“必”字音。

**foley［bì］，《中华字海》释义：［~~］轻薄，不庄重。**

在粤方言地区，“卑卑foley”一词常指某人在公众面前交头接耳的样子，也指不怀好意的人打小报告或散布谣言。

## 殦㱇

“你发球发不过去，等一下你就会殦㱇！”我在中学时爱打排球，那个高个子学长骂人的话，犹在耳畔。

在粤方言地区，人们说“某某㱇了”这样的言语。听者自然明白，说者意思是某人辞世了。“㱇”是“殦㱇”一词的省略形式。“殦㱇”一词，在广州地区读 bai[6]sik[7]，当地话“毙熄”字音。

**殦㱇［bì xī］，《中华字海》释义：❶极；❷欲死的样子。**

“殦㱇”一词，在粤语使用中倾向于贬义，有对垂危者轻蔑的态度，含有对垂危者毫不痛惜之意。

## 煏干木材

我们村有一个木器加工厂，厂里有一套机器设备，能煏干刚砍下的木材。

“煏”字在粤方言地区人们的口头上比较常用，在广州地区读 bik[7]，当地话“逼”字音。

**煏［bì］，《中华字海》释义：烘干：~茶叶。**

例：把衣服煏干，把龙眼煏干，把红菇煏干……这样的例子有很多。

## 不要乱诐

“对邻居的隐私，我们就是知道了也不要乱诐！”小时候，欧爷爷常常这样教育我们。

“诐”字在粤方言地区人们的口头上比较常用，在广州地区读 be[3]，当地话“啤”字音；（又）读 bei[3]，当地话“庇”字音；指在背地里揭露他人的隐私。

**诐［bì］，《新华字典》释义：偏颇，邪僻。**

例：“谁人背后无人说？哪个人前不说人！”但凡遇到这样的人，我们就该提醒他“不要乱诐”。

## 用甂碟装青菜

“用甂碟装青菜!”每当我快把青菜炒熟的时候，就会这样说道。女儿常常在一旁一边看着，一边把甂碟端过来，我这样吩咐多了，女儿自然就记得了。这是多温馨的生活场景呀!

“甂碟”是很常用的生活用具，所以我们免不了常常在口头上使用这个词语。“甂”字在广州地区读 $bin^2$，当地话“扁”字音；（又）读 $pin^1$，当地话“篇”字音。

**甂［biān］，《中华字海》释义：小瓦盆。**

例：你家使用甂碟装菜吗?

## 石碥

我老家门前的小河边有一块石碥。我们几个经常在上面跳来跳去，玩得不亦乐乎。

“石碥”是粤方言区人们在口头上常用的词语，“碥”字在广州地区读 $bin^2$，当地话“扁”字音。

**碥［biǎn］，《新华字典》释义：在水旁斜着伸出来的山石。**

例：孩子们在河边石碥上玩得很开心。

## 把牛揙好了没有?

年少时，我和姐姐帮家里放牛。把牛赶回来后，我们常常把牛揙在河边吃草。回到家，父母会问：“把牛揙好了没有?”

妈妈和姐姐带我到山里打柴，常常用竹篾把柴揙起来，再扛回家。

“揙”字在粤方言地区人们的口头上比较常用，在广州地区读 $bin^2$，当地话“扁”字变音。

**揙［biǎn］，《中华字海》释义：［揙扎］捆绑。**

例：在我儿时的思想观念里，凡是因偷鸡摸狗被揙起来的，都是极不光彩的人。

## 太阳昪光

“今天太阳昪光，晚上不用烧水了!”六婶高兴地说。她家里安装了太阳能热水器，只要白天有阳光，晚上就不用烧洗澡用的热水。

“太阳昪光”是粤方言区人们在口头上常说的话，“昪”字在广州地区读 bin$^{6}$，当地话“汴”字音。

**昪［biàn］，《新华字典》释义：❶日光明亮。❷欢乐。**

例：只要心里有阳光，你的前程就会昪光！

## 緶稻草绳

我年少时，在大山沟里的小学上学。跳绳是女同学的课外游戏之一，她们的绳子，是用禾秆緶成的。我们习惯把那种绳子叫“緶稻草绳”。

“緶”字在粤方言地区人们的口头上比较常用，在广州地区读 bin$^{1}$，当地话“辫”字音。

**緶［biàn］，《现代汉语词典》释义：緶子，用麦秆等编成的辫状窄带子，可用来做草帽等。**

“緶”字本是名词，粤方言地区的人有时候引申为动词使用。

## 头发很多䯱䯰

“黄阿三的头发很多䯱䯰。”屯子里有人如是说。

“我们家的大黄狗身上很多䯱䯰！”奶奶如是说。

“䯱䯰”一词在粤方言地区人们的口头上比较常用，在广州地区读 bin$^{1}$buk$^{7}$，当地话“辫卜”（读“占卜”的“卜”），（又）读 bin$^{1}$buk$^{9}$，当地话“辫仆”字音。

**䯱䯰［biàn pú］，《中华字海》释义：毛乱而打结。**

例：你见过别人的头发䯱䯰吗？

## 不要让火星熛到你身上

“不要让火星熛到你身上！”我少年时，在火灶前烧火，妈妈炒菜，她常常这样提醒我。

“熛”字在粤方言地区人们的口头上比较常用，在广州地区读 biu$^{1}$，当地话“标”字音。

**熛［biāo］，《新华字典》释义：火星迸飞，也指迸飞的火星或火焰。**

例：过年小孩们放鞭炮，到处都是火星熛。

## 您儦得真快

我和妈妈看见祖婶从屯子前的路上走过，知道她是去赶集的。妈妈带上我就追过去。一直追到了集市上，只看见祖婶已经在那里闲逛了，妈妈冲上去说："您儦得真快！"

"儦"字在粤方言地区人们的口头上比较常用，在广州地区读 biu[1]，当地话"标"字音。"儦得真快"是"走得快"的意思。

**儦［biāo］,《新华字典》释义：❶行走的样子。❷众多。**

例：当您看到别人走得快的时候，您可曾想起这种情形叫作"儦"呢？

## 水瀌到我们身上了

我们来到望天堧瀑布，透骨的寒气顿时包裹了我们，哥哥说："水瀌到我们身上了！"

"瀌"字在粤方言地区人们的口头上比较常用，在广州地区读 biu[1]，当地话"标"字音；用作下大雨大雪或水溅的动词。

**瀌［biāo］,《新华字典》释义：雨雪很大的样子。**

粤方言地区人们常常把形容词"瀌"字用作动词。

## 在木柴边幖个记号

年少时，姐姐带着我到山里砍柴。我们把柴堆放在山路边，妈妈让我们用树叶或者石块在木柴边幖个记号，等她到了山里就知道那捆柴是我们砍的，这样就不会挑错别人家的了。

"幖"字在粤方言地区人们口头上比较常用，在广州地区读 biu[1]，当地话"标"字音。

**幖［biāo］,《新华字典》释义：用作标志的旗帜或其他物品。**

"幖"字本来是名词，粤方言地区的人在使用时，有时引申为动词。

## 大风突然飑飑滚

夏天，经常会大风突然飑飑滚，冰雹或会不期而至。

"飑"字在粤方言地区人们的口头上比较常用，在广州地区读 biu[1]，当地话"标"字音；指突发大风。

**飑［biāo］，《新华字典》释义：气象学上指风向突然改变，风速急剧增大的天气现象。飑出现时，气温下降，并可能伴有阵雨、冰雹等。**

例：你遇到过大风飑飑滚吗？

## 河水滮得真快

我老家在水电站库区，有时候电站会开闸放水，这时，就会有人感叹："河水滮得真快！"

"滮"字在粤方言地区人们的口头上比较常用，在广州地区读 biu[1]，当地话"标"字音；指水流的样子。

**滮［biāo］，《中华字海》释义：❶《说文》水流貌；❷滮池，古水名，在今陕西。**

例：河水飞快地滮向前，带走了岸边多少故事。

## 树藨上面有一个鸟窝

我老家门前的山冈上有一棵很大的黑榄树。小时候，哥哥对我说："树藨上面有一个鸟窝。"直到如今，我依然相信，真有一个大鸟窝筑在树藨上面。

"树藨""竹藨"等词在粤方言地区人们的口头上比较常用，指树或竹子的顶部末端。"藨"字在广州地区读 biu[2]，当地话"表"字音。

**藨［biāo］，《中华字海》释义：末梢。如《鹖冠子·道端》："此万物之本～。"**

例：那片荒山的藤藨里，到底潜藏着什么呢？

## 到冲嘌走一圈

前几年，九哥带我到冲嘌走了一圈。冲嘌在容县浪水镇白饭村，处在全村山冲最深处。

"嘌"字在粤方言地区人们的口头上有保留，在广州地区读 biu[2]，当地话"表"字音；原义指山顶，引申为山冲最深处，山冲末端。

**嘌［biǎo］，《中华字海》释义：山顶。**

"嘌"本义"山顶"，粤方言地区的人把它引申为山冲的末端，是有根据的。例：跨过这个山嘌，就是大唐的疆土了。

## 不要那么俵

不管家里有什么好东西，八妹都要拿出去炫耀一番，每当这时，她妈妈便会很生气地说："你不要那么俵!"

"俵"字在粤方言地区人们的口头上很常用，在广州地区读 $biu^1$，当地话"飙"字音；(又) 读 $biu^2$，当地话"表"字音；原义指称赞，引申为夸耀。

**俵［biǎo］,《中华字海》释义：称赞。**

按照《中华字海》的释义，"俵"的本义是"称赞"，但在粤方言地区实际使用中，"俵"字用于称赞他人时，还往往带有故意讨好、故意吹捧的味道。

例：好好说话，那么俵给谁看!

## 摽到山脚

我家乡盛产竹子，在我读中学的时候，家里为凑足我的学费，每年都要砍竹子卖了换钱。几乎每次来到山里，都由妈妈和姐姐把竹子砍下，去掉枝叶，再由我摽到山脚。摽竹子是很快乐的事情，就像在学校投掷标枪一样，我把它当成好玩的游戏。至今记忆犹新。

"摽"字在粤方言地区人们的口头上比较常用，在广州地区读 $biu^1$，当地话"标"字音；指投掷。

**摽［biào］,《新华字典》释义：挥之使去。**

例：他的手真有力气，能把那么重的东西摽出去那么远。

## 晡稻谷

夏秋两季，我们一家人把稻谷收割回来后，太阳刚出来，妈妈就让我晡稻谷。

"晡"字在粤方言地区人们的口头上比较常用，在广州地区读 $pe^1$，当地话"嫳"字音；(又) 读 $be^1$，当地话"啤"字音；指晒。

**晡［biē］,《中华字海》释义：晒干。**

例：天气终于放晴了，妈妈就催促我去晡被子。

## 不要把禾插稝

生活在南方农村，从年少时起，姐姐和我就跟在父母身后，到田里干农活。

插秧的时候，妈妈总是提醒我们："不要把禾插秡！"

"秡"字在粤方言地区人们的口头上比较常用，在广州地区读 bit[9]，当地话"蹩"字音。

**秡［biē］，《中华字海》释义：禾苗行列不整齐。**

例：现在春插夏插技术有所革新，基本上以抛秧的方式代替了插田，田里的禾苗几乎没有秡的了。

## 你们要是像鷩鴂那样就不要进家门

九哥对子孙管教很严格，他看不惯染黄头发和有纹身的青少年，告诫儿孙说："你们要是像鷩鴂那样就不要进家门！"

"鷩鴂"是粤方言地区人们在口头上说的一种怪物，在广州地区读 bit[8]fu[1]，当地话"鳖夫"字音。

**鷩鴂［biē fū］，《中华字海》释义：古代传说中的一种怪鸟，形状像鸡，长着三个脑袋、三个翅膀、六只眼睛和六条腿。见《山海经·南山经》。**

例：像鷩鴂的青少年，不是个别。

## 裙子徶循飘舞

夏秋之季，很多年轻的女子喜欢穿裙子，有的女孩子坐摩托车的时候也穿裙子，这时，你就会看见她们的裙子徶循飘舞，成了一道靓丽的风景。

"徶循"一词在粤方言地区人们的口头上比较常用，在广州地区读 be[1]se[1]，当地话"啤些"字音。

**徶循［biéxiè］，《中华字海》释义：（衣服）飘舞的样子。**

在粤方言地区，人们习惯于把这个词语连起来使用。

例："你看，小丽的裙子徶循徶循飘动。"

## 把过密的秧苗荝开

如今我们用抛秧的方式代替以前一兜一兜插秧的方式插田，效率虽然提高了，但秧苗有疏有密，所以，抛秧后四五天，农民就得把过密的秧苗荝开。

"荝"字在粤方言地区人们的口头上比较常用，在广州地区读 bit[9]，当地话"别"字音。

**荝［bié］，《中华字海》释义：植物生长太密而移栽。**

例：只有在田里将秧苗好好地荝开，水稻长势才能好。

## 长得很𩑶𩕳

我有一个舅父，他的脸像土行孙，长得很𩑶𩕳。

“𩑶𩕳”一词在粤方言地区人们的口头上比较常用，在广州地区读 be[4]tse[3]，当地话“啤车”字音；（又）读 bit[9]kai[3]，当地话“鳖契”字音；多指（头脸）短。

**𩑶𩕳**［biéqiè］，**《中华字海》释义：短貌。**

例：外貌𩑶𩕳的人，其内心可能并不𩑶𩕳。

## 老六眼睛真眪

老六眼睛真眪，潜伏在水中石头上的那些斑鱼，他都看得一清二楚！

“眪”字在粤方言地区人们的口头上比较常用，在广州地区读 bing[3]，当地话“昺”字音；指眼睛明亮。

**眪**［bǐng］，**《中华字海》释义：目明。**

例：若是他眼睛不眪，怎么会发现那么细小的错误。

## 不要成天心怲脝

韦奶奶是一个没有读过书的人，但她很懂道理，活了 102 岁。奶奶说：“这世上，比我们难得多的人到处都有，不要成天心怲脝。”

“怲”字在粤方言地区人们的口头上比较常用，在广州地区读 bing[2]，当地话“丙”字音。

**怲**［bǐng］，**《中华字海》释义：忧愁的样子。**

例：每当心烦意乱之时，您实际上就是怲脝了，想开些！

## 玉林并非㲂㲍满地

玉林并非㲂㲍满地！玉林有饮誉中外的容县沙田柚，有闻名遐迩的白饭香米、大黎豆腐饟；在文化界，有中国近百年来最有成就的语言学家王力，有世界著名历史学家、壮族文化先驱徐松石先生。

“㲂㲍”一词在粤方言地区人们的口头上比较常用，在广州地区读 pang[4]nang[3]，当地话“凭能”字音。

**㲂㲍**［bìng nèng］，**《中华字海》释义：狗毛。**

严格说来，粤方言地区人们所说的“毽毭”，是指那些被杀掉的狗留下来的狗毛，指脏兮兮的东西。

例：要是您在理发店理发，一个熟人开玩笑说：“哗，地上那么多毽毭！”就纯属是损人了。

## 大石磞硑滚下来

“大石磞硑滚下来！”不久前，龙马村小学发生一起突发性岩石崩塌，在落石砸到教室之前，学校全体教职工仅用时50秒就安全有序撤离到空旷的操场！

“磞硑”一词在粤方言地区人们的口头上比较常用，在广州地区读ping[4]pang[4]，当地话“平朋”字音；指石头互相撞击的声音。

**磞硑［bìng péng］，《中华字海》释义：石声。**

例：当时山上磞硑的，跟打雷一样。

## 地板踫蹦响

“我住的那个地方，跳广场舞的大妈特别多，天亮没多久，就听到地板踫蹦响！”六婶感慨道。

“踫蹦”一词在粤方言地区人们的口头上比较常用，在广州地区读ping[4]pang[4]，当地话“平朋”字音；指踏地声。

**踫蹦［bìng pèng］，《中华字海》释义：踏地声。**

例：楼上地板踫蹦响了一天，晚上终于消停了。

## 鸟儿砅滂一声飞了过去

我老家在大山沟里，父老乡亲时常与鸟儿为伴。夏秋两季，我们在地坪晒谷，时而有鸟儿砅滂一声飞了过去。

“砅滂”一词在粤方言地区人们的口头上比较常用，在广州地区读beng[6]ping[1]，当地话“病聘”字音；指疾飞的声音。

**砅滂［bìng pìng］，《中华字海》释义：飞声。**

例：可曾有鸟儿从您的头顶“砅滂”掠过？

## 鱼儿鲅鲅跳

我老家屋子旁边有几口鱼塘，我们常常能看到鱼儿鲅鲅跳。

“鲅鲅跳”是粤方言区人们在口头上常用的词语，指鱼跳跃的样子，“鲅”字在广州地区读 but[8]，当地话“钵”字音。

**鲅［bō］，《现代汉语词典》释义：鱼跳跃的样子。**

例：每当下雨的时候，那些鱼塘里，全是鱼儿鲅鲅跳的落水声。

## 磗一堵石墙

20 多年前，我家房子外的石墙倒塌了，表哥找来伙计，帮我磗了一堵石墙。

“磗”字在粤方言地区人们的口头上比较常用，在广州地区读 mok[7]，当地话“剥”字音；原义指用石头砌，引申为砌。

**磗［bō］，《中华字海》释义：用石头砌。**

在粤方言地区，“磗”字的意义经常被引申为用砂浆涂抹石缝，用泥浆封堵洞穴的行为。

例：三天之后，院墙终于磗好了。

## 不要动不动就艴艴滚

欧爷爷教育我们，做人要有雅量，不要动不动就艴艴滚。

“艴艴滚”一词在粤方言地区人们的口头上比较常用，“艴”字在广州地区读 but[9]，当地话“勃”字音。

**艴［bó］，《新华字典》释义：生气的样子。**

例：当您看见有人气急败坏时，可以规劝他，不要动不动就艴艴滚。

## 镈镈锄田

在我家乡，自从生产队把农村集体土地承包到户后，因为劳动力分散，各家各户缺少人手饲养耕牛，屯子里很快就没有了耕牛的踪影。到了春耕夏耕时节，家家户户镈镈锄田的景象便代替了牛耕的景象。

“镈”字在粤方言地区人们的口头上比较常用，在广州地区读 bok[9]，当地话“薄”字音；（又）读 bok[8]，当地话“搏”字音；指用锄头锄田的景象。

**镈［bó］，《新华字典》释义：❶大钟，古代一种乐器；❷古代一种锄类农具。**

粤方言区的人们使用的显然是《新华字典》释义❷的义项，并把名词引申为动词了。

## 衣着袯襫

老三是我们村的“孔乙己”，一年四季，衣着袯襫，邋遢得不行，一张口还喜欢说之乎者也……

“袯襫”一词在粤方言地区人们的口头上依然保存着、传承着，在广州地区读 $but^8sik^7$，当地话“钵色”字音。

**袯襫［bó shì］，《新华字典》释义：❶古蓑衣。❷粗糙结实的衣服。**

两广人所说的“袯襫”，包含了《新华字典》中对这个词语的两个释义。一是释义❶，指蓑衣。20 世纪 90 年代前，两广人直接把乡下人穿戴的蓑衣叫“袯襫”。二是释义❷，指粗糙结实的衣服。因为穿着粗糙结实的衣服时，实际上状如穿着蓑衣，硬邦邦的，让人不舒服。

## 山里有人戎僰

我老家在大山沟里，小时候，妈妈常常吓唬我：“山里有人戎僰！”我想象着人戎僰是会吃人的女妖精，所以不敢自己进山。

“人戎僰”一词在粤方言地区是山里的大人和小孩常挂在嘴边的词语。“僰”字在广州地区读 $po^4$，当地话“婆”字音；（又）读 $baak^9$，当地话“白”字音。

**僰［bó］，《中华字海》释义：中国古代称西南地区的某一少数民族。最早见《吕氏春秋·恃君览》，称“僰人，野人，篇笮之间，多无君”。**

例：原来人们说的“人戎僰”一词，是有文字记载的。

## 肑肑响

在年少时，我看到爸爸单位一个叔叔，松松地握着左拳，然后用自己的右手手掌根部往左手一压，指关节就发出了肑肑声响，接着，他交换了左右手再按压一次，清脆的声响又肑肑传来。我觉得太有趣了。

“肑肑响”一词在粤方言地区人们的口头上比较常用，指手脚指节的响声，“肑”字在广州地区读 $bok^9$，当地话“薄”字音；（又）读 $bok^8$，当地话“薄”字音。

**肑［bó］，《中华字海》释义：手脚指节的响声。**

例：你有把指关节压得肑肑响的习惯吗?

## 爆爆抽打

我上小学的时候，有一个老师很凶，动辄用教鞭爆爆抽打学生。如今想起来，依然会害怕。

“爆爆打”这个词，在粤方言地区人们的口头上比较常用，指狠狠地击打，“爆”字在广州地区读 bok[9]，当地话“薄”字音；（又）读 bok[7]，当地话“薄”字音。

**爆［bó］，《中华字海》释义：击。如陆龟蒙《关元寺楼看雨联句》：“（雨）~瓦珠玑溅。”**

有时，两广人把这个字的意义拓展开来，组合成“噼里爆落”一词，来形容击打的凶狠程度。

## 烟火焞焞

住在城里，我时常想起乡下烟火焞焞的景象，那景象充满了生活的气息。

“焞”字在粤方言地区人们的口头上比较常用，在广州地区读 but[9]，当地话“脖”字音。

**焞［bó］，《中华字海》释义：烟升起的样子。**

例：在你的记忆里，可曾有过烟火焞焞的景象？

## 馞臭

馞臭的气味，让人难以忍受。

“馞”字在广州地区读 but[9]，当地话“脖”字音。

**馞［bó］，《中华字海》释义：腐臭。如《潜书·知行》：“善如甘食暖衣，恶如~食褛衣。”**

例：在这条馞臭的龙须沟旁边，发生了太多的故事。

## 不再把饭煮成糪嘿的样子

年少时，姐姐和我学煮饭，开始的时候，我们常常把饭煮得半生不熟，有时干硬，有时稀烂。于是妈妈教我们学会加水，并善于掌握火候，之后我们便不再把饭煮成糪嘿的样子了。

“糪嘿”一词在粤方言地区人们的口头上还比较常用，指半生半熟的饭，

“糪”字在广州地区读 baak[9]，当地话“卜”（“萝卜”的“卜”）字音。

**糪［bó］，《中华字海》释义：半生半熟的饭。**

按照《中华字海》的释义，“糪”的本义是“半生半熟的饭”，两广人显然把这个字引申为形容词使用了。如：“糪嘿”是指米饭半生不熟的样子。

## 大风飐飐吹

“我们在天堂顶那里，大风飐飐吹，连呼吸都感到困难！”到过天堂顶的人都如此感慨。

“飐飐吹”是粤方言地区人们在口头上的常用语，指风急，“飐”字在广州地区读 but[9]，当地话“勃”字音。

**飐［bó］，《中华字海》释义：风骤。**

例：你看这大风飐飐吹，实在是不适合出门啊！

## 乌云霎霎翻滚

夏天，有时候乌云霎霎翻滚，预示着狂风暴雨会很快到来。

“霎霎翻滚”是粤方言地区人们在口头上的常用词语，指风起云涌的样子，“霎”字在广州地区读 but[9]，当地话“勃”字音。

**霎［bó］，《中华字海》释义：云貌。**

例：这天上云彩霎霎翻滚，地上的形势也瞬息万变。

## 不要到处諮

爷爷对孙子们说：“知道别人的隐私，不要到处諮。”这样，对人对己，都有好处。

“諮”字是粤方言地区人们在口头上的常用词，在广州地区读 bo[3]，当地话“播”字音；指张扬别人的隐私。

**諮［bò］，《中华字海》释义：喜言人恶。**

例：不听老人言，吃亏在眼前。别人的隐私，不要到处諮。

## 不欠债，不用四处逋

爷爷教育我们，要量入为出，不要寅吃卯粮。不欠债，不用四处逋。

“逋”字是粤方言地区人们在口头上常用的词，在广州地区读 buk[9]，当地话“仆”字音；（或）读 bou[1]，当地话“褒”字音。

**逋［bū］，《新华字典》释义：❶逃亡。❷拖欠。**

例：不欠债，不用四处逋。这是一种处世哲学。

## 葡萄酒长醭了

老七说他家酿造的葡萄酒长醭了，应该是坏掉了，打算倒掉。叔叔就说那是正常现象，不要倒掉，还能喝。

“醭”字在粤方言地区人们的口头上比较常用，在广州地区读 pok[8]，当地话“扑”字音。

**醭［bú］，《新华字典》释义：醋或酱油等表面上长的白色霉。**

例：您见过醋或酱油等表面长的醭吗？

## 逢赌逢打不要睛

欧爷爷教育我们，他人碌碌不涉你足，他人观花不涉你目。逢赌逢打不要睛。

“睛”字在粤方言地区人们的口头上比较常用，在广州地区读 buk[9]，当地话“仆”字音；指围观。

**睛［bǔ］，《中华字海》释义：视，看。**

例：遇到赌博和打架的事情，不要围观，不睛比睛好。

## 像个瓿

三哥年少时跟着爷爷和他老爸到山里捅马蜂窝，他们还没有回家，就传回了消息：三哥的头脸被马蜂蜇得像个瓿！

“瓿”字是粤方言地区人们在口头上常说的词，在广州地区读 bou[6]，当地话“步”字音；（或）读 pau[2]，当地话“剖”字音。

**瓿［bù］，《新华字典》释义：小瓮。**

例：我每每想到三哥那被蜇得像个瓿一样的脸，便会忍俊不禁。

## 拔河要会勏力

拔河要会勏力，有力不会勏，也会输。

“勏”字是粤方言地区人们在嘴巴上常说的词，在广州地区读 bou[6]，当地话“部”字音。

**踣 [bù]，《新华字典》释义：用力。**

例：你在田里干活根本不踣力，怎么能干得好呢？

## 听说您收藏了无数琺瑶

刘叔是个收藏爱好者，同道的人常常登门观赏，恭维道：“听说您收藏了无数琺瑶！”刘叔笑笑：“过奖过奖！”

“琺瑶”一词仍然在粤方言地区人们的口头上传承着，在广州地区读 $bou^6jiu^4$，当地话“步瑶”字音。

**琺瑶 [bù yáo]，《中华字海》释义：美玉。**

例：若怀琺瑶，必先自知。

## 您喜欢吃豆腐餢吗？

在粤方言地区，可能有人会问您：“您喜欢吃豆腐餢吗？”豆腐餢就是油果儿。

在粤方言地区，“豆腐餢”一词，人们用得比较多。“餢”字在广州地区读 $buk^7$，本地话“占卜”的“卜”字音。

**餢 [bù]，《中华字海》释义：用发酵后的面做的饼。**

例：我们把油果儿俗称豆腐餢，不知始于何时了。

## 鞭炮啵啵响

在农村，凡是逢年过节，或谁家有大喜事，你都会经常听到鞭炮啵啵响。

“啵啵响”一词在粤方言地区人们的口头上比较常用，是鞭炮炸响的象声词。“啵”字在广州地区读 $bok^8$，当地话“博”字音。

**啵 [bō]，《中华字海》释义：象声词。鞭炮~~响。**

例：鞭炮的啵啵声，是中华传统文化特有的声音。

## 大奁

我的青少年时期，是一个物资相对匮乏的年代，家家户户，老老少少，都期待着逢年过节或者参加酒席，这样，就可以享受到丰盛的饭菜。我家乡的人们把丰盛的饭菜叫“大奁”。每当人们看到桌面上摆满了各式各样的菜肴，他们就会由衷地感慨："哗！这么大奆！"

"大奆"一词在粤方言地区人们的口头上比较常用，指丰盛，"奆"字在广州地区读 baa2，当地话"把"字音；（又）读 baa1，当地话"叭"字音。

**奆［bā］，《中华字海》释义：大。**

例：后来我参加过很多大奆的宴席，以前那个带我去宴席的人再也不在了。

## 蹩躠转圈

老八抓住九弟双手，在地坪上蹩躠蹩躠转圈，他都不怕头晕。

"蹩躠"一词在粤方言地区人们的口头上比较常用，在广州地区读 be6se3，当地话"啤泻"字音；指人原地旋转。

**蹩躠［biéxiè］，《中华字海》释义：旋行貌。**

例：生活多姿多彩，你可曾蹩躠蹩躠打转？

## 躣踷

小时候，妈妈教育我不要在肮脏的地方躣踷。

"躣踷"一词在粤方言地区人们的口头上比较常用，在广州地区读 baa3dzaa1，当地话"霸渣"字音；指在不干净的地方行走，或指随意践踏干净的地方。

**躣踷［bà zhā］，《中华字海》释义：❶在不干净的地方行走；❷穿着脏鞋或光着脏脚践踏干净的地方。**

例：人们难免有很特殊的时候，躣踷在肮脏的地方。

## 脚上有一胈毛

伯父的脚上有一胈毛。

"胈"字在粤方言地区人们的口头上比较常用，在广州地区读 bat9，当地话"拔"字音；经常作为比较浓密的毛发的量词使用。

**胈［bá］，《新华字典》释义：人身上的细毛。特指腿脚上的细毛。**

在粤方言地区，"胈"字的义项，不限于指腿脚上的细毛。如：那个人的脸上，一边一胈毛！

## 刓坏

孩子，你不要把手机刓坏了。

“刯”字在粤方言地区人们的口头上比较常用，在广州地区读 maak[8]，当地话“擘”字音；指拆开、修理。

**刯［bāi］，《新华字典》释义：❶处置，安排。❷修理，整治：这孩子把闹钟~坏了。**

例：你刯坏过什么东西吗？

## 龅牙

老辛是个有龅牙的人。

“龅”字在粤方言地区人们的口头上比较常用，在广州地区读 baau[6]，当地话“爆”字音。

**龅［bāo］，《新华字典》释义：突出于唇外的牙齿。**

例：你身边有谁龅牙？

## 大水泍泍

每逢洪水暴发的时候，我们总是看见大水泍泍。

“泍”字在粤方言地区人们的口头上比较常用，在广州地区读 ban[1]，当地话“奔”字音。

**泍［bēn］，《中华字海》释义：水急。**

在粤方言地区，“泍”字有时引申为人的脾气急。如老九有时会莫名其妙泍泍发脾气。

## 躄脚

昨天我在街上遇见了一个躄脚的人。

“躄”字在粤方言地区人们的口头上比较常用，在广州地区读 bik[7]，当地话“逼”字音。

**躄［bì］，《新华字典》释义：❶腿瘸不能行走。❷仆倒。**

例：交通事故会让一些人躄脚。

## 打跸

伯父病倒了，他的几个孙子轮流打跸。

“打跸”一词在粤方言地区人们的口头上比较常用，指搬动或清理物品的行为，或指服侍、照顾人的行为。“跸”字在广州地区读 bat[7]，当地话“毕”字音。

**跸［bì］，《新华字典》释义：❶帝王出行时清道，禁止行人来往：警~。❷帝王出行的车驾：驻~（帝王出行时沿途停留暂住）。**

例：同学们帮老师把办公桌从一楼跸到三楼。

## 把花生刨出来

小时候，爷爷带我到花生地里，让我把花生刨出来。

“刨”字在粤方言地区人们的口头上比较常用，在广州地区读 baa[6]，当地话“罢”字音。

**刨［bā］，《中华字海》释义：挖。**

例：你刨过花生、红薯和木薯吗？

## 一茇草根

我们平时看到的草，它藏在地下的那一茇草根，往往比地面上的部分还要大。

“茇”字在粤方言地区人们的口头上比较常用，在广州地区读 bat[9]，当地话“拔”字音；指草根，引申为草根的量词。

**茇［bá］，《新华字典》释义：草根。**

在粤方言地区，“茇”字也用作花生、荔枝、龙眼等的量词。如一茇花生，两茇龙眼。

## 一块瘢

廖叔额头上有一块瘢。

“瘢”字在粤方言地区人们的口头上比较常用，在广州地区读 baan[1]，当地话“班”字音。

**瘢［bān］，《新华字典》释义：创伤或疮疖好了之后留下的疤痕。**

在粤方言地区，“瘢”字也指把形状像一块大伤疤的草药敷在身体疼痛的地方。如：用草药瘢疮。

## 搒过江

容江发洪水了，村支书说：“有竹排的话，我用一条竹竿就可以搒过江去！”

“捞”字在粤方言地区人们的口头上比较常用，在广州地区读 paang[5]，当地话“棒”字音；（又）读 pong[3]，当地话“谤”字音。

**捞［bàng］,《新华字典》释义：是指摇橹，使船前进，划船。**

例：参加龙舟比赛，一定要有足够的力气捞。

## “踣”的一下

唐老说：“下雨天，水泥路太滑了，我今早出门，脚底下一跐，‘踣’的一下就摔倒了。”

“踣”字在粤方言地区人们的口头上比较常用，在广州地区读 baak[9]，当地话“帛”字音；用作跌倒的拟状词。

**踣［bó］,《新华字典》释义：跌倒。**

例：你见过谁“踣”的一下摔倒了?

## 浡浡涌出

我老家用的是山泉水，泉水从水池边浡浡涌出。

“浡浡”一词在粤方言地区人们的口头上比较常用，形容水涌出来的样子，“浡”字在广州地区读 but[9]，当地话“勃”字音。

**浡［bó］,《新华字典》释义：兴起，涌出。**

例：你见过泉水浡浡涌出吗?

## 有人瞟你

这个世界很现实，如果没有人瞟你，说明你对别人无足轻重。

“瞟”字在粤方言地区人们的口头上比较常用，在广州地区读 biu[1]，当地话“标”字音。

**瞟［biāo］,《中华字海》释义：注视。**

例：有谁瞟你，你很清楚。

## 穮蓘

在我们村里，邻居们赞叹我爷爷的子孙们生活殷实。其实，为了生活，我们一直穮蓘。

“穮蓘”一词在粤方言地区人们的口头上比较常用，在广州地区读

biu$^1$gwan$^2$，当地话“标滚”字音。

**穮［biāo］，《康熙字典》释义：~，翻地；蔉［gǔn］，培土。皆为耕作之事。后因以“~蔉”泛指辛勤劳作。**

例：穮蔉的日子，让我们心里踏实。

# C

## 不要逳那么快

外公在七十几岁的时候，偶尔还会翻过几座山，来到我家。爸爸妈妈总是担心他，叮咛他来回都不要逳那么快。

“逳”字在粤方言地区人们的口头上比较常用，在广州地区读 tsaa$^1$，当地话“叉”字音。

**逳［cà］，《中华字海》释义：行也，走也。**

在粤方言地区，“逳”字不单纯指行走，而是含有缺少安全意识状态下疾步那种情状。

## 你有什么好偲？

当大家遇到困难束手无策时，时常有同伴问：“你有什么好偲？”

“偲”字在粤方言地区人们的口头上比较常用，在广州地区读 tsaa$^1$，当地话“猜”字音；（或）读 si$^1$，当地话“腮”字音；指本领或者办法。

**偲［cāi］，《新华字典》释义：有才能。**

例：遇到困难，陷入困境时，您要是有好偲，自然就成了大家心目中的能人。

## 木薯被野猪䗝坏了

妈妈无奈地说：“种在山里的木薯被野猪䗝坏了！”

“䗝”字在粤方言地区人们的口头上比较常用，在广州地区读 tsaam$^4$，当地话“蚕”字音。

**䗝［cán］，《中华字海》释义：野兽吃剩的东西。**

两广人有时把“䗝”这个字作为骂人的词使用。例：“你不要把桌上的菜䗝得乱七八糟，爷爷奶奶还没吃呢！”妈妈常常对我说道。

## 你胡子都黪青了

我十七八岁时，父亲说："你胡子都黪青了，要有个大人的样子。"

"黪"字在粤方言地区人们的口头上比较常用，在广州地区读 tsaam[4]，当地话"蚕"字音；（又）读 tsaam[2]，当地话"惨"字音。

**黪［cǎn］，《新华字典》释义：❶浅青黑色。如：~发。❷昏暗。**

例：胡子黪青时，当知发奋努力，切莫虚度年华！

## 伧山猪

每每看见附近出现染黄头、不三不四的青少年时，廖叔便会轻蔑地说："伧山猪！"

"伧"字在粤方言地区人们的口头上比较常用，在广州地区读 tong[3]，当地话"烫"字音；（又）读 tsong[1]，当地话"仓"字音；指那种，那样（低贱）的……

**伧［cāng］，《新华字典》释义：古代讥人粗俗，鄙贱。如：~俗。**

两广人把"伧"作为"那种，那样（低贱）的……"使用。凡用"伧"字指某人，便已把他列为不肖之徒，不必再用贬低他的其他词。

## 巉崔入云

从峤北公路边往南望去，都峤山一座座山峰巉崔入云，宛如仙境，如梦如幻。

"巉崔"一词在粤方言地区人们的口头上比较常用，指（山石）高耸；"巉"字在广州地区读 tong[3]，当地话"趟"字音；（又）读 tsong[4]，当地话"藏"字音。

**巉［cáng］，《中华字海》释义：［~崔］（山石）高耸。**

例：读过扬雄的《蜀都赋》之后，您会发现南方人所说的"巉崔"一词在古代文学作品里是有记载的。

## 懵乱

阿达七十多了，儿子还没成家，他成天懵乱。

"懵乱"一词在粤方言地区人们的口头上比较常用，指心乱如麻；"懵"字在广州地区读 tsou[4]，当地话“曹”字音。

**愺［cáo］，《中华字海》释义：乱。**

例：您有过烦恼吗？何曾愺乱？

## 高䳨䳨

老潘是个高䳨䳨的人，一米八三的个子，块头却不大。

“高䳨䳨”一词在粤方言地区人们的口头上比较常用，指高，“䳨”字在广州地区读 tsaau[4]，当地话“巢”字音。

**䳨［cáo］，《中华字海》释义：高。**

例：一米八三的个子，在南方显得高䳨䳨，在北方就很寻常。

## 到塘里簎鱼

在我老家，屯子的四周都有小鱼塘。亲朋好友一来，我们就到塘里簎鱼。

“簎”字在粤方言地区人们的口头上比较常用，在广州地区读 tsak[7]，当地话“测”字音。

**簎［cè］，《中华字海》释义：用竹篱围捕鱼。**

两广人用竹篱把鸡鸭围起来，叫“簎鸡簎鸭”，这是“簎”字意义的延伸。

## 禾苗穑穑稝稝

抛秧的时候，如果田里的禾苗穑穑稝稝，就不会有好收成。

“稝”字在广州地区读 tsak[7]，当地话“测”字音；指禾苗十分稠密。

**稝［cè］，《中华字海》释义：禾苗稠密。**

在粤方言地区，“穑穑稝稝”一词的义项，有时也用来指人的头发很浓密，不整齐，这是个引申义。

例：阿佛的头发穑穑稝稝。

## 我们到河里籍鱼籍鳖

少时，我常常和伙伴们到容江籍鱼籍鳖。

“籍”字在粤方言地区人们的口头上比较常用，在广州地区读 tssk[7]，当地话“测”字音；指捕鱼用的竹帘或用叉刺取（鱼鳖等）。

**籍［cè］，《中华字海》释义：❶捕鱼用的竹帘。❷用叉刺取（鱼鳖等）。**

**如《周礼·天官·鳖人》："以时簎鱼鳖龟蜃。"**

例：到江河里簎鱼簎鳖，您有过如此美好的人生经历吗？

## 霠霠下雨了

好雨知时节，当春乃发生。2021 年春，干旱了两个多月之后，天终于霠霠下雨了！

"霠霠"一词在粤方言地区人们的口头上比较常用，在广州地区读 sam4sam4，当地话"岑岑"字音。

**霠［cén］，《中华字海》释义：［～～］雨声。**

例：我多次在天霠霠下雨的时候，开着摩托车从家里赶往县城。

## 峤山嶜岑

都峤山闻名遐迩，是全国道教 36 洞天之 20 洞天所在。峤山嶜岑，让人望而生畏，但是攀登者仍络绎不绝。

"嶜岑"一词在粤方言地区人们的口头上比较常用，在广州地区读 sam4sam4，当地话"岑岑"字音。

**嶜岑［cén cén］，《中华字海》释义：山高而尖。**

例：朋友，请到广西容县来，攀登嶜岑的都峤山吧！

## 母鸡双翅突然鬙起

我老家在山沟里，但凡母鸡双翅突然鬙起，必定是天上有老鹰盘旋，或者母鸡遇见了大蛇。

"鬙起"一词在粤方言地区人们的口头上比较常用，指毛张开的样子，"鬙"字在广州地区读 sang3，当地话"撑"字音。

**鬙［cèng］，《中华字海》释义：毛张开的样子。**

例：当您遇见母鸡双翅突然鬙起时，您是否意识到它遇到了危险？这时，您千万别离开！

## 样子太偛

老人说相由心生，此言不虚。我们看电视，有些人，样子太偛，一看就知道是奸人。

“偛”字在粤方言地区人们的口头上比较常用，在广州地区读 tsaa¹，当地话“差”字音；指小人的模样。

**偛［chā］，《中华字海》释义：小人貌。**

例：有人说，一个人到了 30 岁，就要对自己的相貌负责。不要太偛。

## 揷冬瓜

我卧室左下方就是叔叔的厨房。好多次天没亮我就被“揷、揷、揷”的声音吵醒。有一回，起床后我就问叔叔：“这么早您揷什么呢？”

“我揷冬瓜。”叔叔说。

“揷”字在粤方言地区人们的口头上比较常用，在广州地区读 tsaap⁸，当地话“插”字音。

**揷［chā］，《中华字海》释义：切东西的声音。**

“揷”字的本义是切东西的声音，是个拟声词，两广人有时把它引申为切东西的动作，作动词使用。

## 峤山峌岈

峤山峌岈，如一丛竹笋，耸立在中国南部的大地上。

“峌岈”一词在粤方言地区人们的口头上比较常用，在广州地区读 tsaa¹haa¹，当地话“叉虾”字音；（又）读 tsaa⁴haa¹，当地话“茶虾”字音。

**峌岈［chā xiā］，《中华字海》释义：（山峰）参差耸立。如独孤及《招白客文》“乱峰如戟，~~屹崒”。**

例：您何曾探访过山峰峌岈的都峤山？

## 痄嘴痄脸

好多人都说：梁八痄嘴痄脸，还成天想着帅哥，真是异想天开呀！

“痄”字在粤方言地区人们的口头上比较常用，在广州地区读 tsaa¹，当地话“叉”字音。

**痄［chā］，《中华字海》释义：痴呆的样子。**

例：我们不能歧视痄嘴痄脸的人。

## 八角树杈楂楂响

我老家的山上有很多八角树，春秋两季，山上到处都传来八角树杈楂楂响——那是村民们爬到树上摘八角，树杈折断的声音（八角树的枝杈很脆）。

“梌梌响”一词在粤方言地区人们的口头上比较常用，指树枝折断的声音，“梌”字在广州地区读 tsaap[8]，当地话“插”字音。

**梌［chā］，《中华字海》释义：树枝折断的声音。**

例：您听到过树枝折断的梌梌声吗？

## 不要乱谮

欧爷爷教育我们：静坐常思己过，闲谈莫论人非，做人不要乱谮。

“谮”字在粤方言地区人们的口头上比较常用，在广州地区读 tsaat[8]，当地话“刷”字音；（又）读 tsaa[4]，当地话“茶”字音；指到处乱说。

**谮［chá］，《中华字海》释义：［谮谮］背后议论别人。**

例：学会说话顶多用两年时间，学会闭嘴却需要几十年，我们真的不要乱谮。

## 蹅踌

我上中学的时候，有几次独自步行到 25 公里外的学校读书，一路蹅踌，走了 3 个多小时。

“蹅踌”一词在粤方言地区人们的口头上仍有保留，在广州地区读 tsaa[4]tsi[5]，当地话“茶峙”字音；指艰难行走的样子。

**蹅踌［chá zhì］，《中华字海》释义：行难进貌。**

例：您可曾有过蹅踌独行的岁月？

## 在水田里踏来踏去

春夏两季，我都要给田里的水稻打农药，稻田比较大，药箱喷杆没有那么长，我常在水田里踏来踏去。

“踏”字在粤方言地区人们的口头上比较常用，在广州地区读 tsaa[1]，当地话“衩”字音。

**踏［chǎ］，《新华字典》释义：踩，在泥水里走。如：~雨｜鞋都~湿了。**

例：您可曾在水田里踏来踏去？

## 同侪

伯父对我说：“老七和他的同侪常常三更半夜回到家里，捕鱼杀鸡，吃完又走，都没了人样。”

“侪”字在粤方言地区人们的口头上比较常用，在广州地区读 tsaai[4]，当地话“柴”字音。

**侪［chái］，《新华字典》释义：同辈，同类的人们。如：吾~（我们）。**

例：但愿我们的同侪都是益友和净友，不是损友。

## 瘦瘵

老梁说她女儿一直减肥，如今变成了瘦瘵，才 70 多斤，嫁不出去，令他担心。

“瘦瘵”一词在粤方言地区人们的口头上比较常用，指瘦，“瘵”字在广州地区读 tsaai[4]，当地话“柴”字音。

**瘵［chái］，《中华字海》释义：瘦。**

例：苗条固然美，但是也不要变成瘦瘵。

## 我到学校觇觇

晚饭过后，我外出散步，遇见了老刘，我问他去哪里，他说“我到学校觇觇。”

“觇觇”一词在粤方言地区人们的口头上比较常用，指偷偷地看看，“觇”字在广州地区读 taam[3]，当地话“探”字音；（又）读 dzim[1]，当地话“沾”字音。

**觇［chān］，《新华字典》释义：看，偷偷地察看。**

例：您孩子在学校的真实情况如何？您不妨到学校觇觇。

## 大树梴到了楼顶

老北家大门口有一棵硕大的橄榄树，据说那棵树是他爷爷种的，在老北当上祖爷爷的时候，大树梴到了楼顶。我们都感叹生命的神奇。

“梴”字在粤方言地区人们的口头上比较常用，在广州地区读 tsaan[2]，当地话“铲”字音；指竹木往上长高。

**梴［chān］，《新华字典》释义：形容树长得高。**

例：您家的窗口或阳台，有树木和竹子的枝叶梴进来吗？

## 你上学慢慢𨑨就会迟到

我上小学的时候，妈妈多次提醒我："你上学慢慢𨑨就会迟到。"如今，我依然记得母亲的教诲。

"𨑨"字在粤方言地区人们的口头上比较常用，在广州地区读 tsaan²，当地话"铲"字音，指漫不经心慢慢走路的样子。

**𨑨［chān］，《中华字海》释义：缓步而行的样子。**

例：心情不好时，您可曾在街头慢慢𨑨？

## 你喜欢黵黄的衣服吗？

"爸爸，我想帮您买衣服。你喜欢黵黄的衣服吗？"女儿问我。我的心里瞬时涌起一股暖流。

"黵黄"一词在粤方言地区人们的口头上比较常用，指颜色黄，"黵"字在广州地区读 saan⁴，当地话"潺"字音。

**黵［chán］，《中华字海》释义：❶赤黄色；❷黄色。**

例：街上随处可见头发黵黄的人，大家对这种颜色应该不陌生。

## 不要整天僝僽

阳光总在风雨后，不要整天僝僽！

"僝僽"一词在粤方言地区人们的口头上比较常用，在广州地区读 saan⁴sau⁴，当地话"潺愁"字音；（又）读 saan⁴dzau³，当地话"潺咒"字音；指忧愁的样子。

**僝僽［chán zhòu］，《新华字典》释义：❶烦恼；忧愁。❷埋怨；责怪。**

例：每当您僝僽时，可以多听听轻音乐放松自己。

## 慢慢㣶

小时候，妈妈给我讲了个谜语："两兄弟，抬块板，抬到岭头慢慢㣶。"您知道谜底吗？那是指大人用两个手指握着剃刀给小孩子剃头。

"㣶"字在粤方言地区人们的口头上比较常用，指循环往复做某个动作或者来回走动，在广州地区读 tsaan²，当地话"铲"字音；（又）读 sin⁴，当地话"扇"字音。

**儃［chán］，《中华字海》释义：❶徘徊；❷打转。**

例：您可曾在人生的十字路口慢慢儃？

## 石山都巉高

都峤山的每一座石山都巉高，就算如此，依然有数不清的勇士要一座座地去征服。

“巉”字在粤方言地区人们的口头上比较常用，在广州地区读 tsaam[4]，当地话“蚕”字音。

**巉［chán］，《新华字典》释义：山势高峻。**

例：现在的都市，大楼像山一样巉高。

## 不要让物品儳乱

年少时，爸爸就教育我要学会整理房间，不要让物品儳乱。

“儳乱”一词在粤方言地区人们的口头上比较常用，指杂乱无章，“儳”字在广州地区读 tsaam[4]，当地话“蚕”字音。

**儳［chán］，《新华字典》释义：杂乱不齐。**

例：每家每户的物品都免不了会儳乱，勤整理就是了。

## 哪廛屋是您的？

有朋自远方来，不亦乐乎？当邀请远方的朋友来我的屯子，见面后，他们马上就会问：“哪廛屋是您的？”

“廛”字在粤方言地区人们的口头上比较常用，在广州地区读 ngaan[1]，当地话“颜”字音；（又）读 tsin[4]，当地话“缠”字音；是房屋的单位用词，相当于“座”“间”。

**廛［chán］，《中华字海》释义：❶古指一户人家所住的房屋；❷旧指街市商店的房屋。**

例：要是您在城里有一两廛铺面出租，生活就宽裕了。

## 把错字鑱掉

我上小学的时候，经常粗心大意，写错不少字，爸爸检查之后，要我把错字鑱掉，重新写。

“黵”字在粤方言地区人们的口头上比较常用，在广州地区读 dzaat[9]，当地话“由”字音；（又）读 tsaam[4]，当地话“蚕”字音；指擦去的意思。

黵［chán］，**《中华字海》释义：除掉或修改书写错误。**

例：一个人在成长的过程中，有数不清的错误需要黵掉。

## 今天太阳昆光

“今天太阳昆光，晒衣服、晒稻谷、晒豆子都不用担心会遇上雨！”伯母在楼顶如是说。

“昆”字在粤方言地区人们的口头上比较常用，在广州地区读 tsaan[2]，当地话“铲”字音；指明亮的意思。

昆［chǎn］，**《新华字典》释义：❶日光照耀。❷昆山，山名，又地名，都在安徽省泾县。**

例：但愿您的人生前程一片昆光！

## 燀面条

每天早上，我都习惯燀一把面条吃。

“燀”字在粤方言地区人们的口头上比较常用，在广州地区读 saap[9]，当地话“霎”字音；包含有煮、滚烫、用开水浸泡等意思。

燀［chǎn］，**《新华字典》释义：❶烧火做饭。❷炽热。❸中药炮制方法，将桃仁、杏仁放在沸水内浸泡，以便去皮。**

两广人习惯把某人做坏事遭报应或者被处理叫“挨燀”，这是该字的引申义。

## 辴憨笑

大叔习惯辴憨笑，整天无忧无虑的模样。

“辴”字在粤方言地区人们的口头上比较常用，在广州地区读 saan[4]，当地话“潺”字音；（或）读 dzin[2]，当地话“展”字音；指憨厚地笑。

辴［chǎn］，**《新华字典》释义：笑的样子。**

例：平时习惯辴憨笑的人，没有什么恶意。

## 嘫嘘

大智若愚，大勇若怯。有的人表面嘫嘘，内心却一点也不糊涂。

“啴嗹”一词在粤方言地区人们的口头上比较常用，在广州地区读 saan⁴haan¹，当地话“孱悭”字音；指样子傻。

**啴嗹［chǎn qiān］，《中华字海》释义：痴呆的样子。**

例：前人说：人不可貌相，海水不可斗量。外表啴嗹的人，未必真的啴嗹。

## 黄䵐䵐

黄皮果到了成熟的时节，黄䵐䵐的，让人垂涎欲滴！

“黄䵐䵐”一词在粤方言地区人们的口头上比较常用，指颜色黄，“䵐”字在广州地区读 tsaan²，当地话“铲”字音。

**䵐［chǎn］，《中华字海》释义：黄色。**

例：黄䵐䵐的水果有沙田柚、杧果、香蕉等。

## 僝傻

老天婶精神失常那会儿，非常僝傻，十分可怜。

“僝傻”一词在粤方言地区人们的口头上比较常用，指痴呆，“僝”字在广州地区读 saan⁴，当地话“潺”字音。

**僝［chǎn］，《中华字海》释义：痴。**

例：我们要同情并帮助僝傻的人，不要歧视他们。

## 羼棕榈油

一个开油坊的老板说：“一斤花生，顶多能榨出 4.2 两花生油，按照花生的成本和花生油的售价计算，这生意是要亏本的。我不例外，跟别人一样在花生油里羼棕榈油。”

“羼”字在粤方言地区人们的口头上比较常用，在广州地区读 tsaan³，当地话“灿”字音；是掺入的意思。

**羼［chàn］，《新华字典》释义：掺杂。如：~入。**

例：做生意要诚信经营，羼假发财，就是昧了良心。

## 匪窝终于被斩掉了

博白县黑恶势力的匪窝终于被斩掉了！

“斩”字在粤方言地区人们的口头上比较常用，在广州地区读 tsaan²，当地话“铲”字音；是铲除、消灭的意思。

**𢭃［chàn］，《中华字海》释义：❶芟除；❷攻取。**

例：𢭃掉匪窝，消灭黑恶势力，社会才能安宁。

## 谁在敲鼞

正月里，在我老家的小山村，到处都是鼞鼞的锣鼓声。这时，有人就会好奇地问：“谁在敲鼞？”

“鼞”字在粤方言地区人们的口头上比较常用，在广州地区读 tsoeng[2]，当地话“唱”字音；是鼓声、鼓的意思。

**鼞［chāng］，《中华字海》释义：鼓声，“～乎鼓之，轩乎舞之。**

显然，两广人有时候把“鼞”的本义引申为“鼓”使用了。

## 一脸怊然

老达看到邻居儿子娶媳妇，自己的几个儿子却一直单身，一脸怊然。

“怊然”一词在粤方言地区人们的口头上比较常用，指失意、无奈，“怊”字在广州地区读 tsaau[2]，和普通话同音；（又）读 tsiu[1]，当地话“超”字音。

**怊［chāo］，《新华字典》释义：悲伤，失意。**

例：人生自古就有许多愁苦，请你多一些开心，少一些烦恼。不要一脸怊然。

## 焯焯水

芥菜太苦，妈妈让我焯焯水再炒了吃。

“焯”字在粤方言地区人们的口头上比较常用，在广州地区读 tsoek[8]，当地话“卓”字音。

**焯［chāo］，《新华字典》释义：把蔬菜放在开水里略微一煮就拿出来。**

例：青菜焯过水之后风味更佳。

## 绰起木棍

前天，小区里突然跑出一条大狗，见人就咬，我绰起木棍就追着它打。

“绰”字在粤方言地区人们的口头上比较常用，在广州地区读 laap[8]，当地话“蜡”字音；（又）读 tsaau[1]，当地话“抄”字音；指随手抄起、拿起的意思。

**绰［chāo］,《新华字典》释义：❶同“焯”（chāo）。❷匆忙地抓起：~起一根棍子。**

例：在情急之中，他绰起灭火器就奔向了火场。

## 皮带弨松了

有一回，我和小舅子用小型耕田机耕田，发动机正常运转着，可是，轮子不能正常转动。小舅子检查之后说：“皮带弨松了！”

“弨”字在粤方言地区人们的口头上比较常用，在广州地区读 tsaau4，当地话“巢”字音；（又）读 tsiu1，当地话“超”字音；是松软、松散的意思。

**弨［chāo］,《中华字海》释义：（弓弦）松弛：“彤弓~兮。”**

例：内裤、保暖裤的松紧带用久了，也会出现弨松的现象。

## 提防牛犫伤

小时候，我跟着爷爷放牛，爷爷提醒我，要提防牛犫伤。

“犫”字在粤方言地区人们的口头上比较常用，在广州地区读 kaau1，当地话“靠”字音；（又）读 tsaau1，当地话“抄”字音；指用角挑的意思。

**犫［chāo］,《中华字海》释义：用角挑物。**

例：在粤方言地区，大人会这样教育小孩，不能学牛犫人。

## 把田耖过一遍再插秧

春插和夏插开始前，我会提前一天用耕田机把田耕打一遍。到了插秧的时候，妈妈往往要求我把田耖过一遍再插秧。

“耖”字在粤方言地区人们的口头上比较常用，是耕打、犁的意思，在广州地区读 saau1，当地话“潲”字音；指（动词）耙。

**耖［chāo］,《中华字海》释义：（动词）犁。如《正字通》：“~，俗谓耕田曰~田。”**

例：人类赖以生存的是土地，供养人类的是粮食，不知您见过农民耖田耖地吗？

## 望天墺太寥窲了

望天墺地处容县浪水镇白饭村，是一处高达 20 米的瀑布所在地。到过那里的人都说："望天竂太寥窲了！"

"寥窲"一词在粤方言地区人们的口头上比较常用，指幽深，"窲"字在广州地区读 tsaau[4]，当地话"巢"字音。

**窲［cháo］，《中华字海》释义：［寥～］幽深。**

例：那些寥窲的山林之中，往往隐藏着许多不为人知的事物。

## 大眼㺐瞋

当眼前出现令人好奇的事情时，人们总是大眼㺐瞋。

"㺐瞋"一词在粤方言地区人们的口头上比较常用，指瞪眼，"㺐"字在广州地区读 tsaau[2]，当地话"吵"字音。

**㺐［chǎo］，《中华字海》释义：用目光挑逗人。**

可见，在粤方言地区人们使用的是"㺐"字的引申义。

## 做人不要那么唓嗻

欧爷爷教育我们："做人不要那么唓嗻！"

"唓嗻"一词在粤方言地区人们的口头上比较常用，在广州地区读 tse[1]dze[6]，当地话"车遮"字音；指热情过度或爱管闲事啰里啰唆妨碍别人的人或行为。

**唓嗻［chē zhē］，《中华字海》释义：❶传说中守庙门的鬼，东边的叫唓，西边的叫嗻；❷厉害。**

按照《中华字海》释义❶的解释，"唓嗻"本是传说中守庙门的鬼，到了粤方言地区就被引申为"热情过度或爱管闲事妨碍别人的人或行为"。

例：做人真的不要那么唓嗻！

## 稻田坼裂了

我一回到家，妈妈就对我说："天这么久不下雨，稻田坼裂了。你快去引水。"

"坼裂"一词在粤方言地区人们的口头上比较常用，指裂开，"坼"字在广州地区读 tsaak[8]，当地话"拆"字音。

**坼［chè］，《新华字典》释义：裂开。**

例：山林退化，土地坼裂，你们却来一句"没有经费"，就草草了事？

## 桥墩炨裂了

“二桥桥墩炨裂了！”人们奔走相告。

“炨裂”一词在粤方言地区人们的口头上比较常用，指裂开，“炨”字在广州地区读 tsaak[8]，当地话“拆”字音。

**炨［chè］，《中华字海》释义：裂开。**

例：起初，只是墙面炨裂。时间久了，那面墙还是倒塌了。

## “坼裂”不同于“炨裂”

在古代汉语以及当代粤方言地区人们的口语中，“坼裂”和“炨裂”这两个词，都有“裂开”的意思，但是，二者用法不同。

“坼裂”指泥土或者地面出现裂缝，与泥土有关。如水田出现坼裂。

“炨裂”指高温煅烧过的建筑材料出现裂缝，与火关联。如桥墩出现炨裂。

“坼裂”和“炨裂”读音相同，意义不同。

## 当众呫嗫没有礼貌

欧爷爷对我说：“当众呫嗫没有礼貌。”我牢记着爷爷的教导。

“呫嗫”一词在粤方言地区人们的口头上比较常用，指耳语，“呫”字在广州地区读 tse[1]，当地话“车”字音；（又）读 tsit[8]，当地话“撤”字音。

**呫［chè］，《中华字海》释义：［呫嗫］附耳小语声。**

例：当会长宣布了裁员的决定后，会场里便传来人们的呫嗫声。

## 瞋大眼睛

“你瞋大眼睛，看看谁来了？”

“瞋”字在粤方言地区人们的口头上比较常用，在广州地区读 tsit[8]，当地话“瞰”字音；（又）读 tsan[1]，当地话“亲”字音。

**瞋［chēn］，《新华字典》释义：睁大眼睛瞪人。**

例：人们看魔术表演的时候，总是把眼睛瞋得很大。

## 摙长些筷子

主人习惯用酒食款待客人，用餐时，会常常对客人说：“摙长些筷子！”

“抻”字在粤方言地区人们的口头上比较常用，在广州地区读 tsoen[1]，当地话“春”字音；（又）读 tsan[2]，当地话“诊”字音。

**抻［chēn］，《新华字典》释义：抻。**

例：我们摘果子的时候，差那么一点儿够不着，总是想把手抻长些。

## 老师要会诛学生

当教师要会诛学生，要循循善诱，千万不可粗暴。

“诛”字在粤方言地区人们的口头上比较常用，在广州地区读 tsam[3]，当地话“侵”字音；是善于诱导的意思。

**诛［chēn］，《中华字海》释义：善言。**

例：你能把树上的鸟儿都诛下来！

## 天太霃了

这段时间天太霃了，衣服都晾不干。

“霃”字在粤方言地区人们的口头上比较常用，在广州地区读 tsam[4]，当地话“沉”字音。

**霃［chén］，《中华字海》释义：是久阴、久雨或雨露充足的意思。**

例：阴雨霏霏连月不开，这就是我们说的天霃。

## 锣鼓敐响

我们村里有一个舞狮队，每年春节，舞狮队都要进屯舞狮贺岁，还没进屯，就能听到锣鼓敐响。

“敐”字在粤方言地区人们的口头上比较常用，在广州地区读 tsam[5]，当地话“沉”字音；是捶击、敲打的意思。

**敐［chén］，《中华字海》释义：❶击声；❷喜而动。**

例：敐锣鼓敐得最出色的师傅们随着鼓声的节奏，手舞足蹈，全身都活动起来，那一整套动作，羡煞了无数人。

## 云龙顶很荫莀

我老家的大山云龙顶很荫莀，莽莽苍苍，神秘莫测。

“荫莀”一词在粤方言地区人们的口头上比较常用，是草木茂密的意思，

“莀”字在广州地区读 tsam[4]，当地话“沉”字音。

**莀［chén］，《中华字海》释义：草多的样子。**

例：到了荫莀的山林里，您的心情会出现何种变化呢？

## 不要瞎那么近

我上中学的时候，老师对男同学说：“遇见美女不要瞎那么近！”

“瞎”字在粤方言地区人们的口头上比较常用，在广州地区读 tsam[3]，当地话“沉”字音；指靠得很近并贪婪地注视着的意思。

**瞎［chén］，《中华字海》释义：［珉~］淫乱人的目光。**

例：看到美女就瞎得很近，这种做法不可取。

## 踸踔一跳

那个少年踸踔一跳，就从岸边跳到了河里的大石头上面。

“踸踔”一词在粤方言地区人们的口头上比较常用，在广州地区读 tsam[2]tsoek[8]，当地话“寝绰”字音；指跳跃、飞奔的样子。

**踸踔［chěn chuō］，《中华字海》释义：奔跃。**

例：我每次在电影上看到战士们在战场上踸踔越过障碍、越过壕沟的英姿，就敬佩不已。

## 今年的龙眼长得真够髟

“今年的龙眼长得真够髟！”邻居们喜上心头，赞叹着说。

“髟”字在粤方言地区人们的口头上比较常用，在广州地区读 tsam[9]，当地话“沉”字音；指（果实）多、稠密而下坠的意思。

**髟［chěn］，《中华字海》释义：多的样子。**

例：每年霜降时节，那一簇簇沙田柚把果树树枝都髟弯了，那一派景象，是多么令人陶醉呀！

## 跨踔跨踔跳着

大课间，学生们跨踔跨踔跳着竹竿舞，有趣极了。

“跨踔”一词在粤方言地区人们的口头上比较常用，在广州地区读 tsam[2]tsoek[8]，当地话“寝绰”字音；指轻盈地跳的样子。

**䟕踔［chěn chuō］，《中华字海》释义：跳跃。如《庄子·秋水》："吾以一足~~而行。"**

例：年少时，你是否䟕踔䟕踔地跳过绳子呢？

## "踸踔"不同于"䟕踔"

在古代汉语和现代粤方言里，"踸踔"和"䟕踔"，是读音相同的两个词语，也都含有跳跃的意思，但二者是有区别的，不可互相代替。

**踸踔［chěn chuō］，《中华字海》释义：奔跃。**

**䟕踔［chěn chuō］，《中华字海》释义：跳跃。如《庄子·秋水》："吾以一足~~而行。"**

"踸踔"指大幅度地跃过某物，如战士从壕沟上踸踔飞过。

"䟕踔"指幅度较小的跳跃，如女同学在䟕踔䟕踔地跳绳。

## 脸赪红

我看见爸爸脸赪红，就知道他喝了酒。

"赪"字在粤方言地区人们的口头上比较常用，在广州地区读 tsing[1]，当地话"称"字音。

**赪［chēng］，《新华字典》释义：红色。**

例：班长被老师批评了，脸赪红了起来。

## 踟踟瞪瞪走回来了

爸爸踟踟瞪瞪走回来了，他在邻居家喝了酒。

"踟踟瞪瞪"一词在粤方言地区人们的口头上比较常用，是跌跌撞撞的意思，"瞪"字在广州地区读 tsaang[1]，当地话"撑"字音。

**瞪［chēng］，《中华字海》释义：酒醉走不稳跌跌撞撞。**

例：看他那踟踟瞪瞪走路的样子，一看就知道在朋友家没少喝。

## 买一套家鐣

姐姐分家了，我们要给姐姐买一套家鐣，送去她家。

"鐣"字在粤方言地区人们的口头上比较常用，在广州地区读 tsaang[1]，当地话"撑"字音；原义指平底锅，引申为炊具。

**鐣［chēng］，《中华字海》释义：平底锅。**

由此可见，两广人使用了“鐣”字的引申义“炊具”。

## 饏得太胀

老人常说：“肚子大吃不多，命长才吃得多。平时不要饏得太胀，建议吃七八分饱，有益健康。”

“饏”字在粤方言地区人们的口头上比较常用，在广州地区读 tsaang[1]，当地话“撑”字音。

**饏［chēng］，《中华字海》释义：肚子太饱。**

例：饏得太胀真的不是件好事。

## 不要为了鸡毛蒜皮的事就䆸起来

欧爷爷说：“知足才能常乐，做人不要为了鸡毛蒜皮的事就䆸起来。”

“䆸”字在粤方言地区人们的口头上比较常用，在广州地区读 tsaang[3]，当地话“撑”字音；是斗嘴的意思。

**䆸［chēng］，《中华字海》释义：互相斥责。**

例：聪明的人从不为了鸡毛蒜皮的事䆸。

## 手脚都冷泟了

妈妈冒着严寒在河边洗衣服，洗完衣服，她的手脚都冷泟了。

“泟”字在粤方言地区人们的口头上比较常用，在广州地区读 tsaang[1]，当地话“撑”字音；（又）读 ngaang[1]，当地话“硬”字音；指冷到发硬的意思。

**泟［chēng］，《中华字海》释义：寒冷的样子。**

例：天这么冷，一出屋手脚都冷泟了。

## 差差峥峥

那边的山都是差（cī）差峥峥的，少有草木。

“差差峥峥”一词在粤方言地区人们的口头上比较常用，指山的形状参差不齐，“峥”字在广州地区读 tsaang[1]，当地话“撑”字音。

**峥［chēng］，《中华字海》释义：众山奇怪的形状。扬雄《蜀都赋》有此字。**

例：青藏高原有很多差差峃峃的山。

## 酿几埕葡萄酒

我家每年都酿几埕葡萄酒。

“埕”字在粤方言地区人们的口头上比较常用，在广州地区读 tsing$^4$，当地话“程”字音；是瓮的意思。

**埕［chéng］，《新华字典》释义：❶中国福建和广东沿海一带饲养蛏类的田。❷酒瓮。**

例：“不管新娘成不成，烧酒先饮十几埕。”从这句俗语就可以看出粤桂两地的人多爱喝酒。

## 身子裎光

在海边，我们总能看到密密麻麻的人身子裎光，悠闲地晒太阳。

“裎光”一词在粤方言地区人们的口头上比较常用，指脱光的意思，“裎”字在广州地区读 tsing$^4$，当地话“程”字音。

**裎［chéng］，《新华字典》释义：脱衣露体。**

例：我曾在烈日下裎光上身打扫楼顶，结果晒脱了一层皮。

## 醉酲酲

爸爸好几次醉酲酲地回到家，我们都替他担心。

“醉酲酲”一词在粤方言地区人们的口头上比较常用，指半醉半醒的状态，“酲”字在广州地区读 tsing$^4$，当地话“程”字音。

**酲［chéng］，《新华字典》释义：喝醉了神志不清。如忧心如～。**

例：看到他喝得醉酲酲的样子，我就知道他又要说胡话了。

## 把门头板枨起来

我们老家在建堂屋的时候，有一个重要的仪式——把门头板枨起来！

“枨”字在粤方言地区人们的口头上比较常用，在广州地区读 sing$^4$，当地话“承”字音；（又）读 tsaang$^4$，当地话“撑”字音；指门板或支撑的意思。

**枨［chéng］，《新华字典》释义：❶古代门两旁所竖的长木柱，泛指支柱。❷触动：～触。**

很显然，粤方言地区的人有时候会把“枨”字的本义引申为“支撑”使用。

## 您家有几輋车？

您家有几輋车？

“輋”字在粤方言地区人们的口头上比较常用，指车的量词单位，在广州地区读 sing[4]，当地话“承”字音。

**輋［chéng］，《中华字海》释义：车一乘。**

现代汉语通常以“乘”替代“輋”，作为车的量词单位使用。值得注意的是，二者的读音是不一样的：作为“车”的量词单位使用时，“乘”字读“shèng”。

## 您家有几椉衣柜？

“您家有几椉衣柜?”20 世纪 90 年代以前，在粤方言地区，通常有娘家人这样问新婚的女子。因为新人结婚，总要制作些家具。

“椉”字在粤方言地区人们的口头上比较常用，指柜子的量词单位，在广州地区读 sing[4]，当地话“承”字音。

**椉［chéng］，《中华字海》释义：同“乘”。**

例：王先生今天卖出了九椉衣柜。

## 呏呏骂人

他容易发怒，动辄呏呏骂人。

“呏”字在粤方言地区人们的口头上比较常用，在广州地区读 tsing[4]，当地话“惩”字音；指发怒的样子。

**呏［chéng］，《中华字海》释义：叫嚣。**

例：有话好好说，不要一副呏呏骂人的模样。

## 在田塍上漫步

我每次回到老家，闲暇时便常常在田塍上漫步，感受田野的气息。

“塍”字在粤方言地区人们的口头上比较常用，在广州地区读 sing[4]，当地话“成”字音；指田埂。

**塍［chéng］，《新华字典》释义：田间的土埂子。**

例：老三站在田塍上，似乎在想些什么。

## 徎徎地离家出走

现在有一些年轻人，接受不了父母的批评教育，一旦受到批评，就徎徎地离家出走。

“徎”字在粤方言地区人们的口头上比较常用，在广州地区读 tsing[3]，当地话“秤”字音；指发脾气离开的样子。

**徎［chèng］，《中华字海》释义：走。**

例：他当时没了言语，而后又徎徎地走出了屋子。

## 你賰 1000 斤稻谷给我

老刘对老八说：“你賰 1000 斤稻谷给我！”

“賰”字在粤方言地区人们的口头上比较常用，在广州地区读 tsing[3]，当地话“秤”字音。

**賰［chèng］，《中华字海》释义：卖。**

例：九叔回来后，祖婶叫我爸爸賰一只鸡给她。她最疼爱的小儿子回来了，要好好庆祝一下。

## 不要随便歜

欧爷爷教育我们，对弱小的人不要随便歜。

“歜”字在粤方言地区人们的口头上比较常用，在广州地区读 tsuk[7]，当地话“畜”字音。

**歜［chù］，《中华字海》释义：❶无心，一说无知；❷呵斥。**

例：人生之路，山高水长，幸运之时，不对人随便歜；不幸之时，别人就不会为难你。

## 双脚撐住

《郑伯克段于鄢》：“庄公寤生，惊姜氏……”“寤生”是何意呢？就是胎位不正，胎儿双脚撐住了产妇。

“撐”字在粤方言地区人们的口头上比较常用，在广州地区读 tsaang[1]，当地话“撑”字音；指卡住、撑住的意思。

**牚［chèng］，《新华字典》释义：❶斜柱。❷桌椅等腿中间的横木。**

很明显，两广人延伸了“牚”字的本义。

## 不要让牛豖禾

我年少时常常和哥哥放牛，爷爷说：“放牛就要看好牛，不要让牛豖禾。”

“豖”字在粤方言地区人们的口头上比较常用，在广州地区读 tsuk[7]，当地话“速”字音；是乱踩乱踏的意思。

**豖［chù］，《中华字海》释义：牛马践踏过的地方。**

例：有些小孩缺少教养，到了别人家里就上床乱豖。

## 不娶媸女

阿辉妈妈笑话他：“你这么懒，以后只能娶个媸女！”阿辉笑了：“我不娶媸女，我要娶美女！”

“媸”字在粤方言地区人们的口头上比较常用，在广州地区读 tsi[1]，当地话“痴”字音。

**媸［chī］，《新华字典》释义：面貌丑。**

例：再媸的姑娘都不会嫁不出去，再俊的男人却有娶不到老婆的。

## 看到有什么不对的地方我照歜

村里的谢书记真是“新官上任三把火”，他说：“看到有什么不对的地方我照歜！”结果，他的官运很快到头了。

“歜”字在粤方言地区人们的口头上比较常用，在广州地区读 tsuk[7]，当地话“畜”字音；指以发怒的姿态随意斥责别人。

**歜［chù］，《现代汉语词典》释义：盛怒；气盛。**

例：为芝麻小的事情就歜别人，哪个受得了？

## 眼眵多就喝点枸杞汤

欧爷爷常对我们说：“不管大人小孩，眼眵多就喝点枸杞汤，准会好。”

“眼眵”一词在粤方言地区人们的口头上比较常用，又叫“眼眵屎”，“眵”字在广州地区读 tsi[1]，当地话“痴”字音。

**眵［chī］，《新华字典》释义：眼睛分泌出来的液体凝结成的淡黄色的东西，俗称“眼屎”。**

例：您要是眼眵多，记得喝点枸杞汤。

## 噗遬噗遬

四哥说，他和老叔下了班车天就黑了，他们握着手电筒，在山路上噗遬噗遬地往家里赶。

“遬”字在粤方言地区人们的口头上比较常用，在广州地区读 tsuk[7]，当地话“畜”字音；指深一脚浅一脚地走路。

**遬［chù］，《中华字海》释义：行貌。**

例：村里今年新修了路，以前一下雨乡亲们就噗遬噗遬往回赶的日子一去不复返了。

## 一直在㖷他

我把眼镜放在窗后的书桌上，老林读初中的儿子在走廊外转了几圈，以为没有人看见，伸手就拿。其实我一直在㖷他！

“㖷”字在粤方言地区人们的口头上比较常用，在广州地区读 tsi[1]，当地话“痴”字音；指暗中盯住。

**㖷［chī］，《中华字海》释义：暗中窥视。**

例：未经允许，不可㖷别人的东西。

## 把窗帘欻过来

爸爸说：“我要午休了，你帮我把窗帘欻过来。”

“欻”字在粤方言地区人们的口头上比较常用，在广州地区读 tsaat[8]，当地话“刷”字音；指如快速拉窗帘时发出的声音。

**欻［chuā］，《新华字典》释义：形容短促迅速的声音。如：~的一下拉开了窗帘。**

很显然，在粤方言地区，人们把拟声词“欻”字引申为动词“拉”使用了。

## 带我去黐蝉

年少时，哥哥常常带我去黐蝉。直到现在我都不知道他要那蝉有什么用。

“黐”字在粤方言地区人们的口头上比较常用，指粘，在广州地区读 tsi[1]，当地话“痴”字音。

**黐［chī］，《中华字海》释义：木胶，用细叶冬青茎部的内皮捣碎制成，可以粘住鸟毛，用以捕鸟。**

“黐”字的本义是“木胶”，粤方言地区的人们使用了它的引申义。

## 剨掉

土匪被人民军队剨掉了。

“剨”字在粤方言地区人们的口头上比较常用，在广州地区读 tsaat[8]，当地话“欻”字音。

**剨［chuā］，《中华字海》释义：❶断；❷斩杀。**

两广人有时把“剨”引申为“宰杀”。

例：过节了，您家有鸡剨吗？

## 赵局长褫职了

赵局长褫职了，百姓无不拍手称快。

“褫”字在粤方言地区人们的口头上比较常用，在广州地区读 si[6]，当地话“豉”字音；（又）读 tsi[2]，当地话“齿”字音；指被处理。

**褫［chǐ］，《新华字典》释义：剥夺。如：~职 | ~夺。**

例：这年头，挨褫的官员真不少。

## 开口就嘬

老一的老婆开口就嘬，说不知是哪家的两脚狗偷吃了她家的腊肉。骂完后她发现腊肉就挂在自己家厨房的门后。

“嘬”字在粤方言地区人们的口头上比较常用，在广州地区读 tsaat[8]，当地话“刷”字音；指用恶语骂。

**嘬［chuǎ］，《中华字海》释义：恶言。**

例：开口就嘬，往往只会让自己丢脸。

## 腌猪肠

在小山村里看杀大猪，是我少年时难忘的场景。当杀猪匠把猪毛刮干净之后，他接着就会说：“开膛胣猪肠！”

“胣”字在粤方言地区人们的口头上比较常用，在广州地区读 tsi[1]，当地话“摛”字音；（又）读 tsi[2]，当地话“齿”字音。

**胣［chǐ］，《新华字典》释义：剖开腹部掏出肠子。**

例：胣猪肠的师傅手一定要快且稳，不然猪肠容易滑走。

## 搋饪

惊蛰一到，屯子里的妇女们就开始搋饪。

“搋饪”就是搓揉米粉或面粉或木薯粉，来制作饪。“搋”字在粤方言地区人们的口头上比较常用，指按压、搓揉（米面或木薯粉），在广州地区读 tsaai[1]，当地话“出差”的“差”字音。

**搋［chuāi］，《新华字典》释义：❶疏通下水道的工具，用木柄插入橡皮碗制成。❷用手掌压、揉，使掺入的东西和匀。**

例：奶奶常常告诫我们，搋饪的时候不要三心二意，不然容易坨了。

## 趩趩前行

爷爷的坟在山上，林子里落满了枯枝败叶，一连好几年，我挑着祭品，趩趩前行，独自去拜祭爷爷。

“趩趩”一词在粤方言地区人们的口头上比较常用，“趩”字在广州地区读 tsek[8]，当地话“尺”字音；（又）读 tsik[7]，当地话“叱”字音。

**趩［chì］，《中华字海》释义：❶行走声；❷踟蹰不前；❸走貌。**

例：听到后面传来趩趩的声音，我就知道三叔跟上来了。

## 不要太膗水

老师对我们说：“做人做事都不要太膗水！”

“膗水”一词在粤方言地区人们的口头上比较常用，指样子难看，质量不好的意思，“膗”字在广州地区读 tsaai[3]，当地话“搋”字音；（或）读 tsoey[4]，当地话“徐”字音。可见，两广人更多地使用了“膗”字的引申义。

**膗［chuái］，《新华字典》释义：肥胖而肌肉松。**

例：老四卖的货太膗水。

## 憋住小姨

张表姐小时候最喜欢憋住小姨了，小姨去到哪里，她就跟到哪里。

“憋”字在粤方言地区人们的口头上比较常用，在广州地区读 tsi[1]，当地话“痴”字音；(又) 读 tsik[7]，当地话“敕”字音；指紧跟着的意思。

**憋［chì］，《中华字海》释义：从。**

例：一个缺少了亲和力的人，是没有人愿意憋的。

## 餐餐有肉嘬

九哥自豪地说：“我餐餐有肉嘬!”

“嘬”字在粤方言地区人们的口头上比较常用，在广州地区读 tsaai[3]，当地话“猜”字音；指咀嚼，引申为吃。

**嘬［chuài］，《新华字典》释义：咬，吃。**

例：“你嘬了没有?”就是问：“你吃过饭了吗?”

## 泉水从石缝里流出来

我和妻儿到屋后的大山里寻找饮用水，没多久，我们就看见一眼泉水从石缝里浤出来，开心极了。

“浤”字在粤方言地区人们的口头上比较常用，在广州地区读 tsung[1]，当地话“冲”字音；指流出来的意思。

**浤［chōng］，《新华字典》释义：❶山泉水流下。❷形容水流声。**

例：看着山中泉水叮咚自山涧浤下，我便觉得这是人生中最美好的时刻。

## 我们不吃猪囊膪

以前我家里杀猪，杀猪匠总是把猪囊膪切下来留给主人家。其实我们不吃猪囊膪。

“猪囊膪”一词在粤方言地区人们的口头上比较常用，指猪的胸腹部肥而松软的肉，“膪”字在广州地区读 tsaai[1]，当地话“搋”字音；(或) 读 tsoey[2]，当地话“取”字音。

**膪［chuài］，《新华字典》释义：［囊～］猪的胸腹部肥而松软的肉。**

例：如今屯里人拿猪囊膪喂狗。

## 翀到了半空中

夏秋两季，我在家里晒稻谷，人离开晒场不久，就有鸟儿飞来吃谷。人一来晒场，鸟儿就翀到了半空中。

“翀”字在粤方言地区人们的口头上比较常用，在广州地区读 tsung[1]，当地话“冲”字音；指往上直飞的意思。

**翀［chōng］，《新华字典》释义：鸟类向上直飞。**

例：三叔一到晒场，成群的鸟儿就翀了起来。

## 遄过去

梁师傅开车搭我们去广州，遇到前面有车，他基本上都是遄过去的。

“遄”字在粤方言地区人们的口头上比较常用，在广州地区读 tsyn[3]，当地话“串”字音，（又）读 tsyn[4]，当地话“全”字音；指快、快速超过的意思。

**遄［chuán］，《新华字典》释义：快，迅速。如：~往。**

例：在人生的道路上，别人遄过你是常事，不要生气。

## 徸上徸下

李大哥说，为了让孙子到城里的学校读书，他徸上徸下。

“徸上徸下”是粤方言地区人们在口头上比较常用的词语，指上下不停地奔忙的意思，“徸”字在广州地区读 dzung[1]，当地话“钟”字音；（又）读 tsung[1]，当地话“冲”字音。

**徸［chōng］，《中华字海》释义：行走的样子。**

在粤方言区，“徸”字的释义，不是指单纯的行走，而是指匆忙地行走。

## 舛一块回家

在我年少时，每年冬天，生产队的水牛常有被冻死的。分牛肉的时候，我就舛一块回家。

“舛”字在粤方言地区人们的口头上比较常用，在广州地区读 tsyn[2]，当地话“舛”字音。

**舛［chuǎn］，《中华字海》释义：用竹穿东西。**

例：如今，许多人主张回归自然，用竹篾舛肉，用竹篮装青菜。

## 㨘㨘

近些年，偶有歹徒强闯幼儿园的新闻。消息传开，人们㨘㨘不已。

“㨘㨘”一词在粤方言地区人们的口头上比较常用，在广州地区读 tsung²jung²，当地话“宠踊”字音。

**㨘㨘［chǒng yǒng］，《中华字海》释义：不安，不安定。**

例：他㨘㨘地坐着，等待着手术室的消息。

## 发豵

妹妹家的母猪一旦发豵，她就会打电话给我，要我到畜牧兽医站买猪苗给猪配种。

“发豵”一词在粤方言地区人们的口头上比较常用，指猪狗一类畜牲或野兽发情，“豵”字在广州地区读 tsyn³，当地话“串”字音。

**豵［chuàn］，《中华字海》释义：兽发情。如《易林·大有》：“殊类异路，心不相慕，牝~无猳，鳏无室家。”**

例：母猪发豵时如不及时配种，它可能会咬人，要注意安全。

## 踘踘趗趗

看到小孩子走路踘踘趗趗的样子，我就忍俊不禁。

“踘踘趗趗”一词在粤方言地区人们的口头上比较常用，指步伐不稳、东倒西歪的意思，“趗”字在广州地区读 tsung²，当地话“宠”字音。

**趗［chǒng］，《中华字海》释义：小孩儿行走。**

例：踘踘趗趗，那是我们每一个人刚迈开脚步的模样呀！

## 篅一下那些白茅根

妈妈让我篅一下那些白茅根，然后加蜂蜜，冲开水再喝。

“篅”字在粤方言地区人们的口头上比较常用，在广州地区读 tsyn³，当地话“串”字音。

**篅［chuàn］，《中华字海》释义：稍微舂一舂，碾一碾。**

例：新收获的香椿篅一下就能入菜了。

## 拔腿就逫

小时候，老三带我们到十二岭上玩，在半路的山林里，我们突然听到了一声怪叫，阿甘和老六马上就哭了，我拔腿就逫。

“逫”字在粤方言地区人们的口头上比较常用，在广州地区读 tsung[1]，当地话“冲”字音；指逃跑的意思。

**逫［chòng］，《中华字海》释义：逸。**

例：三叔一看情况不对，拔腿就逫，不一会儿便没了踪影。

## 噇一餐

我在朋友家谈完事之后，他抱歉地说：“我家没有什么菜了，没法让你噇一餐了。”

“噇”字在粤方言地区人们的口头上比较常用，在广州地区读 dzong[5]，当地话“撞”字音；（又）读 dzong[6]，当地话“撞”字音。

**噇［chuáng］，《新华字典》释义：大吃大喝。**

例：奶奶常说我噇饭的样子，好像多少天没吃东西一样。

## 怎么紬绎

每每遇到问题，老四总是问：“怎么紬绎？”

“紬绎”一词在粤方言地区人们的口头上比较常用，指从何入手解决问题，“紬”字在广州地区读 tsau[1]，当地话“抽”字音。

**紬［chōu］，《新华字典》释义：引出、缀辑。**

例：每一个人，都免不了会遇到难以紬绎的事情，有时候顺其自然就解决了。

## 看看有饭𩟗吗

周日，李老板把员工叫到公司干苦力。干完后，潘师傅说：“看看有饭𩟗吗？”

“𩟗”字在粤方言地区人们的口头上比较常用，在广州地区读 dzong[5]，当地话“撞”字音；（又）读 dzong[6]，当地话“撞”字音；指想吃。

**𩟗［chuáng］，《中华字海》释义：欲食。**

例：很多人都把到别人家馋食视为不礼貌。

## 遚到哪里了

李四到处赊账，还不起，这十几年不知他遚到哪里了。

“遚”字在粤方言地区人们的口头上比较常用，在广州地区读 sau[1]，当地话“廋”字音；指藏匿的意思。

**遚［chòu］，《中华字海》释义：匿。**

例：遚了几十年，嫌疑人最终被逮捕归案了。

## 不要那么牛㑳

老师教育我们做人要讲文明，不要那么牛㑳。

“牛㑳”一词在粤方言地区人们的口头上比较常用，指野蛮，顽劣，“㑳”字在广州地区读 tsong[2]，当地话“闯”字音。

**㑳［chuǎng］，《中华字海》释义：恶。**

例：一个人牛不牛㑳，看他说话做事便知。

## 不要让鸭子呜稻谷

年少时，屯子里家家户户都养鸭子。夏秋两季收割水稻的时候，大伙就把鸭子赶到刚刚打完稻谷的田里，等它们吃掉遗落的粮食。这时生产队长就要求我们看好自家的鸭子，不要让鸭子呜稻谷。

“呜”字在粤方言地区人们的口头上比较常用，在广州地区读 tso[1]，当地话“雏”字音；是鸭子和鹅吃食物的专用动词。

**呜［chū］，《中华字海》释义：［~~］（鸭子）吃。如这些谷粒儿，它一下子就给~~完了。**

例：你见过鸭子闯进菜地呜青菜，闯进鱼塘里呜鱼吗？

## 把锅磢干净

平时在家吃饭，妈妈便会叫我把锅磢干净。

“磢”字在粤方言地区人们的口头上比较常用，在广州地区读 saang[2]，当地话“省”字音；（又）读 tsong[2]，当地话“闯”字音；指洗刷。

**磢［chuǎng］，《中华字海》释义：❶用碎瓦、石块等冲刷（器物），如把**

**瓶子～一～就干净了；❷摩擦："飞涝相～。"**

例：南方人把"刷牙"叫"礤牙"。

## 牙好齼

李校长教我腌制醋蛋，吃了一段时间，我的精神好了，牙好齼。

"齼"字在粤方言地区人们的口头上比较常用，在广州地区读 tsy[5]，当地话"储"字音；（又）读 tso[2]，当地话"楚"字音。

**齼［chǔ］，《新华字典》释义：牙齿接触酸味时的感觉。**

例：有的人一吃酸的牙就好齼。

## 不要用力箠牛

年少时，我跟着爷爷去放牛，爷爷教我不要用力箠牛。

"箠"字在粤方言地区人们的口头上比较常用，在广州地区读 tsoey[4]，当地话"捶"字音；是鞭打的意思。

**箠［chuí］，《新华字典》释义：行刑的鞭子或棍子。**

可以看出，两广人将"箠"字当作动词使用了。

## 男子汉大丈夫不要憷

欧爷爷对我说："男子汉大丈夫不要憷！"

"憷"字在粤方言地区人们的口头上比较常用，在广州地区读 tsuk[7]，当地话"畜"字音；（又）读 dzoet[7]，当地话"卒"字音。

**憷［chù］，《新华字典》释义：该字本义含有害怕或畏缩之意。**

例：人生总有风风雨雨，在风雨中我们要昂首向前，憷是没有用的。

## 老三额头太顀

"老三额头太顀！"很多人都这样说。

"顀"字在粤方言地区人们的口头上比较常用，在广州地区读 dzoey[1]，当地话"锥"字音；是显得小而且突出的意思。

**顀［chuí］，《中华字海》释义：❶前额突出；❷脊椎骨。**

例：额头太顀的小孩，一般长大就不明显了。

## 直豖豖

欧爷爷教育我，直豖豖说话，有时候就会碰壁。

“直豖豖”一词在粤方言地区人们的口头上比较常用，指不婉转的意思，“豖”字在广州地区读 tsy², 当地话“处”字音。

**豖［chù］，《中华字海》释义：正。**

例：直豖豖说话的人，多数都是很率真的。

## 长了个肉腄

我右手拇指关节长了个肉腄。祖叔问我这肉腄是怎么长出来的，我这才想起是劳动受伤后形成的。

“腄”字在粤方言地区人们的口头上比较常用，在广州地区读 dzoey³，当地话“赘”字音。

**腄［chuí］，《中华字海》释义：手、脚掌上因长期摩擦形成的硬皮。**

例：看着老爸手脚上的硬腄，我百感交集。

## 踔过溪流

我上小学的时候，每天都要从一块大石头上踔过溪流，才能到对岸的学校去。

“踔”字在粤方言地区人们的口头上比较常用，在广州地区读 tsoek⁸，当地话“绰”字音。

**踔［chuō］，《新华字典》释义：❶跳：~越。❷超越。**

例：人生总是有很多溪流、很多障碍，等着我们踔过。

## 擉鱼擉鳖

阿海和他的那几个伙计，三天两头到河里擉鱼擉鳖，不干正事。邻居都这样感慨。

“擉鱼擉鳖”一词在粤方言地区人们的口头上比较常用，指用如长矛那样尖利的工具刺水里的鱼鳖，言外之意指不务正业。“擉”字在广州地区读 tsoek⁸，当地话“戳”字音。

**擉［chuò］，《中华字海》释义：戳，刺。如《庄子·则阳》：“冬则~鳖**

于江。”

例：搉鱼搉鳖自是人生乐事，偶尔参与一下，未尝不可。

## 歠歠饮上几杯

九哥自豪地说：“我每天都和老伙计歠歠饮上几杯！”

“歠歠”一词在粤方言地区人们的口头上比较常用，用作喝和饮的拟声词，有惬意之意。“歠”字在广州地区读 dzyt[8]，当地话“啜”字音。

**歠［chuò］，《新华字典》释义：❶饮，喝。❷指可以喝的汤、粥等。**

例：开怀之时，你可曾和亲朋好友歠上几杯？

## 老覃跐倒了

老覃跐倒了，大家把他扶了起来，他说下雨天，地太滑了。

“跐”字在粤方言地区人们的口头上比较常用，在广州地区读 sik[7]，当地话“彳”字音；（又）读 tsi[2]，当地话“此”字音；指打滑的意思。

**跐［cī］，《新华字典》释义：脚下滑动。**

例：踩在青苔上一定要小心，别跐倒了。

## 不要脚跐两条船

老人常常告诫青年男女，不要脚跐两条船。

“脚跐两条船”一语在粤方言地区人们的口头上比较常用，表面上指一个人的双脚踩在两条船上，实指一个人同时和两个异性谈恋爱。“跐”字在广州地区读 tsi[1]，当地话“痴”字音；（又）读 tsaai[2]，当地话“踩”字音。

**跐［cǐ］，《新华字典》释义：踩，踏。如：~着门槛｜脚~两只船。**

例：脚跐两条船是危险的事，不要干。

## 我家有一蔟燕子

我家有一蔟燕子。

“蔟”字在粤方言地区人们的口头上比较常用，在广州地区读 dau[3]，当地话“斗”字音；指鸟巢或鸟巢的单位量词。

**蔟［còu］，《中华字海》释义：鸟巢。**

两广人习惯把鸡窝叫“鸡蔟”，这里用的是“蔟”的引申义。

## 心里憱着

屯里的人都知道，这几年老南心里一直憱着。

“憱”字在粤方言地区人们的口头上比较常用，在广州地区读 $tsuk^7$，当地话“畜”字音；指有心事，心理负担重。

**憱［cù］，《现代汉语词典》释义：心里不安的样子。**

例：人生不如意事十之八九，不必憱着。

## 开爨

我老家在大山沟里，这大山沟里的人每天都会说：“开爨！”

“爨”字在广州地区读 $tsyn^3$，当地话“串”字音。

**爨［cuàn］，《新华字典》释义：❶烧火做饭。分居各～。❷炉灶。❸姓。**

例：我们这里有的人忌讳在山林里说煮饭和吃，遇到人家说“开爨”，你要心领神会。

## 巑岏都峤，壁立千仞

巑岏都峤，壁立千仞！让人望而生畏。

“巑岏”一词在粤方言地区人们的口头上比较常用，在广州地区读 $dzaan^2jyn^{4-2}$，当地话“攒丸”字音。

**巑岏［cuán wán］，《中华字海》释义：峻峭。如宋玉《高唐赋》：“（山）盘岸～～。”**

例：华山巑岏无比，让人不禁感叹大自然的神奇。

## 欑岏在人生的十字路口

每个人都可能欑岏在人生的十字路口。迷茫过后，还得继续向前。

“欑岏”一词在粤方言地区人们的口头上比较常用，在广州地区读 $dzaan^2jyn^{4-2}$，当地话“攒丸”字音；是迷茫、徘徊的意思。

**欑岏［cuán wán］，《中华字海》释义：迷路的样子。**

例：三叔小时欑岏在山林里的时候，是爷爷费尽力气找到了他。

## 长岐公路隓了一大段

长岐公路隓了一大段，不能通车了。这是大量抽挖河沙造成的。

“隆”字在粤方言地区人们的口头上比较常用，在广州地区读 tsoey$^1$，当地话“崔”字音；指发生泥石流，或指垮塌、崩毁。

**隆［cuī］，《中华字海》释义：垮塌，崩毁。**

例：黄土高原的沟壑都是隆出来的。

## 洪水把牛漼走了

我外公家以前是有几头水牛的，家境还算殷实。后来，洪水把牛漼走了，他家就衰落了。

“漼”字在粤方言地区人们的口头上比较常用，在广州地区读 tsoey$^1$，当地话“崔”字音；指被水冲走。

**漼［cuǐ］，《新华字典》释义：❶水深的样子。❷眼泪流下的样子。**

可见，粤方言地区人们在口头上使用的是“漼”字的引申义，指被水冲走。

## 拿黄豆𥈰皮

家里要制作豆腐，妈妈叫我拿黄豆𥈰皮。

“𥈰”字在粤方言地区人们的口头上比较常用，在广州地区读 tsoey$^3$，当地话“翠”字音；指轻轻地舂。

**𥈰［cuì］，《中华字海》释义：小舂。**

例：给黄豆和花生𥈰皮之前，最好先焯一下。

## 䆊谷取米

爷爷年轻时，没有碾米机，只能䆊谷取米。

“䆊”字在粤方言地区人们的口头上比较常用，在广州地区读 tsoey$^3$，当地话“翠”字音；指舂。

**䆊［cuì］，《中华字海》释义：谷再舂。**

例：记住“䆊”字，就是记住我们民族的历史。

## 脸和手脚都皴了

我上小学的时候，缺衣少食，天冷时，很多同学的脸和手脚都皴了。

“皴”字在粤方言地区人们的口头上比较常用，在广州地区读 tsyn$^1$，当地话“川”字音；（又）读 soen$^1$，当地话“荀”字音。

**皴［cūn］，《新华字典》释义：❶皮肤因受冻或受风吹而干裂。❷皮肤上积存的泥垢和脱落的表皮。❸中国画技法之一，涂出物体纹理或阴阳向背。**

例：高寒地区边防线上站岗的战士，即使手脸都冻皴了，也坚守在岗位上。

## 不要在路上踆来踆去

我刚上小学的时候，妈妈对我说："不要在路上踆来踆去。"

"踆"字在粤方言地区人们的口头上比较常用，在广州地区读 jyn[2]，当地话"元"字音；（又）读 tsyn[4]，当地话"全"字音；指走走停停。

**踆［cūn］，《中华字海》释义：忽走忽停的样子。**

例：孩子在学校如果被欺负了，来到校门口他会踆来踆去不想进去，家长一定要关心过问。

## 一大早就趁到了山顶

读中学的时候，每逢学校放假，我就和堂哥搭伙去割松脂，每次一大早便趁到了山顶。

"趁"字在粤方言地区人们的口头上比较常用，在广州地区读 tsaat[8]，当地话"欻"字音；（又）读 soen[1]，当地话"逡"字音；指赶得快。

**趁［cūn］，《中华字海》释义：（行走）迅速的样子。**

例：趁得快，你的人生往往会抢占先机。

## 东遳西遳

刚上小学的时候，妈妈就对我说："你不要在路上东遳西遳。"

"东遳西遳"一词在粤方言地区人们的口头上比较常用，是东拖延西拖延的意思，"遳"字在广州地区读 tso[1]，当地话"蹉"字音；指走路磨磨蹭蹭的样子。

**遳［cuō］，《中华字海》释义：❶行貌；❷脆弱。**

例：我在东遳西遳之中虚度了许多时光。

## 眼睛很睉

眼睛是心灵的窗户，眼神会在无意中暴露一个人的内心世界。皮叔虽然眼睛很睉，却流露着无尽的贪婪。

“睉”字在粤方言地区人们的口头上比较常用，在广州地区读 tso⁴，当地话“锄”字音。

**睉［cuó］，《中华字海》释义：眼睛小。**

例：并不是眼睛睉的人就贪婪，观察眼神才是识人的关键。

## 大雨䨿䨿下

有时候很巧，你刚想出门，大雨就䨿䨿下。

“䨿䨿”一词在粤方言地区人们的口头上比较常用，是雨声的拟声词，“䨿”字在广州地区读 tso⁴，当地话“锄”字音。

**䨿［cuó］，《中华字海》释义：雨声。**

例：要是你刚收好稻谷，或者刚收好衣服，就䨿䨿下雨，那就是天怜你了。

## 鹾萝卜

每年，我们把萝卜拔回家后，就洗干净，切开，然后用盐鹾。鹾萝卜是制作萝卜干的一个重要环节。

“鹾”字在粤方言地区人们的口头上比较常用，在广州地区读 tso⁴，当地话“错”字音。

**鹾［cuó］，《新华字典》释义：❶盐。❷咸。**

粤方言地区人们所说的“鹾”，是这个字的引申义，指（猪肉、萝卜等）加进食盐之后用手搓。

## 长得矬墩

我们看到有人长得矬墩，会说他长得像武大郎。

“矬墩”一词在粤方言地区人们的口头上比较常用，指个子矮且壮，“矬”字在广州地区读 tso⁴，当地话“剁”字音。

**矬［cuó］，《新华字典》释义：身材矮。**

例：听说个子矬墩的人比较有福气。

## 尔尔脞脞

一个人如果总是被尔尔脞脞的事烦着，他就会一事无成。

“尔尔脞脞”一词在粤方言地区人们的口头上比较常用，指细碎、烦琐的事，“脞”字在广州地区读 no[3]，当地话“懦”字音；（又）读 tso[2]，当地话“楚”字音。

**脞［cuǒ］，《新华字典》释义：小而繁。［丛~］细碎、烦琐。**

例：聪明的人都不会用尔尔脞脞的事消耗自己。

## 礤地

人基本上都经历过“礤地”的人生阶段：大人把已经能坐但还不能站的小孩放在地上，他们就会自然而然地用一侧手掌支撑地面，撑起小屁股一颠一颠地前进。

“礤”字在粤方言地区人们的口头上比较常用，在广州地区读 tsaat[8]，当地话“察”字音；指摩擦状的动作。

**礤［cǎ］，《康熙字典》释义：《玉篇》粗石也。又同“攃”，摩也。**

在粤方言地区，“礤”字在口头上的用法很多，如：［礤萝卜丝］指用礤板把成个的萝卜礤成丝条。［礤衣服］指人把衣服拿到河边的石头上推搓按压除污的动作。［磨床礤席］指病人长久躺在床上，如石磨磨芯转动一般磨床板，礤席子，常用作骂人的恶毒话。

## 谵几嘴

俗话说：人穷志短。人处在人生低潮的状态下，有时难免会被别人谵几嘴。

“谵几嘴”一词在粤方言地区人们的口头上比较常用，指冷言冷语地说几句讥讽的话。“谵”字在广州地区读 dzam[1]，当地话“斟”字音；（又）读 tsam[2]，当地话“寝”字音。

**谵［chěn］，《中华字海》释义：冷言冷语地讥讽。**

例：欧爷爷教育我们，不要随便去谵别人。

## 嘫嗛

阿财一副嘫嗛的模样，村子里的男女老少偶尔会愚弄他。

“嘫嗛”一词在粤方言地区人们的口头上比较常用，在广州地区读 saan[4]haan[1]，当地话“潺悭”字音。

**嘫嗛［chǎn qiān］，《中华字海》释义：痴呆的样子。**

例：阿森样子嘫嗛，在他无意间说了一段话之后，我才知道他隐藏得太深了。

## 被人铲了一枪

陈老大昨天夜里被人铲了一枪，还不知生死。

“铲”字在粤方言地区人们的口头上比较常用，在广州地区读 tsaan[1]，当地话“铲”字音；（又）读 tsoeng[2]，当地话“抢”字音；原义指锐利，引申为捅、刺。

**铲［chǎng］，《新华字典》释义：锐利。**

例：我用竹枪铲死了一只大老鼠。

## 鋿鋿的声响

我问妈妈：“我听到了‘鋿鋿’的声响，是谁在舞狮呢?”

“鋿鋿”一词在粤方言地区人们的口头上比较常用，指敲击金属乐器发出的声音，“鋿”字在广州地区读 tsaang[2]，同普通话读音；（又）读 tsoeng[1]，当地话“昌”字音。

**鋿［chāng］，《中华字海》释义：金声。**

例：你听见过鋿鋿声响吧?

# D

## 僜僜响

我喜欢和弦僜僜响。

“僜僜响”一词在粤方言地区人们的口头上比较常用，指弦乐声，“僜”字在广州地区读 dang[1]，同普通话读音；（又）读 dang[2]，当地话“登”字音。

**僜［dèng］，《中华字海》释义：［倰~］：象声词，形容弦乐声。**

在粤方言地区，“倰僜”和“僜僜”，指的都是弦乐声。

## 耳朵耷到肩膀上

“佛祖的耳朵耷到肩膀上了!”韦奶奶一边看电视，一边感慨。

“耷”字在粤方言地区人们的口头上比较常用，在广州地区读 daap[8]，当地话“答”字音。

**聕［dā］,《中华字海》释义：耳大而下垂。**

例：村里人常说，耳朵聕到肩膀的人有福气。

## 山峰匒匌

十万大山真是山峰匒匌，让人感慨万千。

“匒匌”一词在粤方言地区人们的口头上比较常用，指重重叠叠，“匒”字在广州地区读 daap[9]，当地话“沓”字音。

**匒［dá］,《中华字海》释义：［~匌］重叠的样子。**

例：在延绵起伏的群山之中，你见过匒匌的树林吗？

## 不要大声呾

我们要有雅量，平时对人不要大声呾！

“呾”字在粤方言地区人们的口头上比较常用，在广州地区读 daat[8]，当地话“笪”字音。

**呾［dá］,《中华字海》释义：呵斥。**

例：爷爷严厉地呾了三叔一顿，之后三叔灰头土脸地走了。

## 手皮㿯宽

我奶奶上了年纪之后，她的手皮㿯宽。

“㿯”字在粤方言地区人们的口头上比较常用，在广州地区读 dap[7]，当地话“耷”字音；指松弛。

**㿯［dá］,《康熙字典》释义：皮宽也。**

例：人一瘦得厉害，皮就㿯了。

## 眔住他

老皮拿着刀子到市场，想行窃，岂料便衣警察早就眔住他了。

“眔”字在粤方言地区人们的口头上比较常用，在广州地区读 daa[1]，同普通话读音；指在视野范围内监视。

**眔［dà］,《中华字海》释义：目相及。**

例：老天一直在眔住每一个人呢。

## 跢下来

祖叔七十多岁了，他还要爬到树上摘桂子，我们真担心他跢下来。

“跢”字在粤方言地区人们的口头上比较常用，在广州地区读 daat[8]，当地话“笪”字音；指跌倒。

**跢［dài］，《中华字海》释义：跌倒。**

例：老人说，小孩跢跢，快高快大。这话是有哲理的。

## 一看到警车他就

别看李九平时横行乡里，一看到警车他就。

“”一词在粤方言地区人们的口头上比较常用，在广州地区读 doi[6]tsoi[3]，当地话“代赛”字音；指浑身发抖。

**［dài sài］，《中华字海》释义：身体颤动的样子。**

例：有人听到打雷就。

## 我饮的是酒

欧爷爷在的时候，干活很辛苦，因此爱喝酒，他说：“我饮的是酒。”

“”字在粤方言地区人们的口头上比较常用，在广州地区读 daan[1]，当地话“单”字音；指蒸煮一次的酒。

**［dān］，《中华字海》释义：浊酒。**

例：爷爷在田里劳作一天之后总是喜欢喝两杯酒。

## 一肿块

我看见小黄手上有一肿块，便提醒他早点去医院看看。

“”字在粤方言地区人们的口头上比较常用，在广州地区读 daan[2]，当地话“丹”字音；指皮肤病的量词单位，相当于“块”。

**［dān］，《中华字海》释义：皮肤发生片状红色病块。如《喉痧症治概要》：“则成片，痧则成颗。”**

粤方言地区的人在口头上用的是“”字的引申义，指皮肤病的量词单位。

## 几暺阳光

我老家的厨房顶上盖了好几块明瓦，每天太阳一出来，厨房的地上就有几暺阳光。

“暺”字在粤方言地区人们的口头上比较常用，在广州地区读 $daan^2$，当地话“丹”字音；指光的量词单位，相当于“块”。

**暺［dān］，《中华字海》释义：日光。**

不难看出，两广人在口头上使用的是“暺”字的引申义，指光的量词单位。

## 独秀峰是一座嶀山

顾名思义，独秀峰是一座嶀山。

“嶀”字在粤方言地区人们的口头上比较常用，在广州地区读 $daan^1$，当地话“单”字音。

**嶀［dān］，《中华字海》释义：孤山。**

例：人若如嶀山，独立于天地之间，又何妨。

## 紫砂锅甔要轻拿轻放

韦奶奶对孙子说：“紫砂锅甔要轻拿轻放，掉到地上可就完了。”

“甔”字在粤方言地区人们的口头上比较常用，在广州地区读 $daam^2$，当地话“胆”字音；（又）读 $daam^1$，当地话“眈”字音。

**甔［dān］，《新华字典》释义：坛子一类的瓦器。**

例：人胆不是瓦甔，不要那么易碎。

## 一黕墨水

你脸上有一黕墨水，快去洗把脸。

“黕”字在粤方言地区人们的口头上比较常用，在广州地区读 $dam^2$，当地话“�”字音；（又）读 $daan^2$，当地话“丹”字音；多用于污垢的量词。

**黕［dǎn］，《现代汉语词典》释义：❶污垢；❷乌黑。**

两广人在口头上传承的，是“黕”字的引申义，用于污垢的量词。

## 砃砃声响

我往水井里扔石块，井里传出了砃砃声响。

“硄”字在粤方言地区人们的口头上比较常用，在广州地区读 daang²，同普通话“当”字音；用作石头投进井里的声音的拟声词。

**硄［dǎn］，《中华字海》释义：石头投进井里的声音。**

例：女孩的心如一口井，您扔块“石头”进去，大抵会传出硄硄声响。

## 氹氹声响

我往江面扔一块石头，马上就能听到氹氹声响。

“氹”字在粤方言地区人们的口头上比较常用，在广州地区读 daang¹，同普通话“荡”字音；用作石击水的声音拟声词。

**氹［dǎn］，《中华字海》释义：石击水的声音。**

例：你听过石击水的氹氹声响吗？

## “硄硄声”不同于“氹氹声”

“硄硄声”不同于“氹氹声”。

“硄硄声”指石头投进井里的声音。

“氹氹声”指石击水的声音。

“硄”字和“氹”字的普通话读音相同，粤方言读音则不同：“硄”字读广州话“daang²”字音，“氹”字读广州话“daang¹”字音，指石头触碰到水时不同的情状。

## 扰了胸口几拳

老刘觉得闷得慌，便扰了胸口几拳。

“扰”字在粤方言地区人们的口头上比较常用，在广州地区读 dam²，当地话“髡”字音；指用拳头击打的意思。

**扰［dǎn］，《中华字海》释义：❶深击；❷刺。**

例：老黄说他被老李扰了一拳，你信不信？

## 您刐块骨头给我

“您刐块骨头给我！”“您帮我把肉皮刐开！”在菜市场，我们常会听到这样的话语。

“刐”字在粤方言地区人们的口头上比较常用，在广州地区读 daan³，当地话“旦”字音；指切开的意思。

**刐［dǎn］，《中华字海》释义：切割。**

例：三叔总是喜欢去市场上刐一些肉回来，自己炒着吃。

## 雨霮得太久了

去年夏天的雨霮得太久了，我家的车都被泡坏了。

“霮”字在粤方言地区人们的口头上比较常用，在广州地区读 dam5，当地话“扰”字音；（又）读 daam6，当地话“氮”字音；指雨长时间下。

**霮［dàn］，《康熙字典》释义：久雨也。**

例：这场霮雨了一个多月，今天终于放晴了。

## 真大僤

“你这样摆婚宴真大僤啊！”

“你不要那么大僤好不好？”

在家乡，我常常听到别人这样对话。

“僤”字在粤方言地区人们的口头上比较常用，在广州地区读 daan1，当地话“单”字音；指大，或者架子大、排场大。

**僤［dàn］，《新华字典》释义：盛大。**

在厉行节约的现在，过去那些大僤的事情是不提倡的。

## 我叫你去跳窞你为啥不去？

“你自己做买卖亏了就埋怨是我叫你做买卖，你赚了钱为啥不说是我叫你赚的？我叫你去跳窞你为啥不去？”这话，我听多了。自己的事，自己拿主意，不要事后埋怨他人。

“窞”字在粤方言地区人们的口头上比较常用，在广州地区读 dam5，当地话“扰”字音；（又）读 daam6，当地话“氮”字音。

**窞［dàn］，《中华字海》释义：深坑。**

例：人生的路上，看不见的窞有很多，要小心。

## 憺定，不要憺！

五叔常常鼓励我们，憺定，不要憺！

“憺定”和“不要憺”在粤方言地区人们的口头上比较常用，“憺定”读广州话“淡定”，有安稳、泰然、从容之意；“不要憺”的“憺”字，在广州地区读 taan[4]，当地话“弹”（“弹琴”的“弹”）字音；（又）读 daam[6]，当地话“氮”字音；指害怕、慌乱。

**憺［dàn］，《新华字典》释义：❶安稳，泰然。❷恬静。❸忧虑。❹产生震动效应，使人感到畏惧。**

例：做人要憺定，不要憺！

## 头发髧到耳朵

妈妈说：“志志，你头发髧到耳朵啦，快去理发！”

“髧”字在粤方言地区人们的口头上比较常用，在广州地区读 dam[3]，当地话“抌”字音；指触碰到。

**髧［dàn］，《中华字海》释义：头发下垂的样子。如“~彼两髦”。**

粤方言地区的人们常常把“髧”字本义的外延扩大了。

例：瓜棚的瓜髧到地上了！

## 飞瀑燂燂

在距离望天塽瀑布不远的地方，人们就可以听到飞瀑燂燂。

“燂”字在粤方言地区人们的口头上比较常用，在广州地区读 dam[3]，当地话“dàng”字音，指水声。

**燂［dàn］，《中华字海》释义：［~~］水声。**

例：某些人口若悬河，唾沫四溅，旁边的人就会说：“你看他燂燂说话！”

## 崵嵘难走

我老家修了不少山路，由于缺少维护，这些山路崵嵘难走。

“崵嵘”一词在粤方言地区人们的口头上比较常用，在广州地区读 dong[2]mong[5]，当地话“党莽”字音；指高低不平。

**崵嵘［dǎng mǎng］，《中华字海》释义：（山路）不平。**

例：人生的路本来就崵嵘，走下去，你就是自己的英雄。

## 带我去趤

“爸爸你回来了就带我去趤！”女儿很小的时候，我在县城里教书，每次和她打电话，女儿总是这样对我说。如今，这句话成了我温馨的记忆。

“趤”字在粤方言地区人们的口头上比较常用，在广州地区读 dong$^{6}$，当地话“荡”字音；指随处玩乐。

**趤 [dàng]，《中华字海》释义：逸游。**

例：时不时趤一下是一种美好的生活状态。

## 大石嵣崉

在大石山区，到处都是大石嵣崉，因此当地人耕作是十分困难的。

“嵣崉”一词在粤方言地区人们的口头上比较常用，在广州地区读 dong$^{6}$mong$^{5}$，当地话“荡莽”字音。

**嵣崉 [dàng mǎng]，《中华字海》释义：山石广大的样子。**

例：这一带大石嵣崉，另有一番景致。

## 大脸颟颥

九叔大脸颟颥，既慈祥，又威严。

“颟颥”一词在粤方言地区人们的口头上比较常用，在广州地区读 dou$^{1}$hou$^{4}$，当地话“刀豪”字音。

**颟颥 [dāo háo]，《中华字海》释义：大脸。**

例：大脸颟颥的人，都很有福气吧。

## 把墙线捯上来

表哥砌好了一堵墙之后，就从上面放一个线坠下去，睨了一会，才把墙线捯上来。

“捯”字在粤方言地区人们的口头上比较常用，在广州地区读 dou$^{6}$，当地话“导”字音；（又）读 dou$^{3}$，当地话“到”字音。

**捯 [dáo]，《新华字典》释义：❶两手不住倒换着拉回线、绳等。❷追溯，追究原因。**

例：我在容江上坐渡船过河，喜欢帮船工捯江面上的绳索。

## 蔸木

每次回到家里，我就会问侄儿：“你爸爸干什么去了？”“蔸木。”他通常这样回答。

“蓟木”一词在粤方言地区人们的口头上比较常用，指砍树，“蓟”字在广州地区读 dou[2]，当地话“倒”字音。

**蓟［dào］，《中华字海》释义：割。**

例：我们这里的人习惯把“砍树”“砍竹”叫“蓟木”“蓟竹”。

## 田边草很大葤

我们山区的田边草通常很大葤，这是种田人的烦恼。

“葤”字在粤方言地区人们的口头上比较常用，在广州地区读 dou[1]，当地话“刀”字音；（又）读 dou[3]，当地话“到”字音；是盘根错节长在一起的草或藤蔓的量词。

**葤［dào］，《中华字海》释义：❶大；❷草大。**

例：那些很大葤的草围在田边，像一个牢笼将爷爷一辈子都关在了这田地里。

## 您老䎿去哪里了？

在我的家乡，邻居进门没见大人而见小孩的时候，通常就会问：“您老䎿去哪里了？”

“老䎿”一词在粤方言地区人们的口头上非常常用，指父亲，“䎿”字在广州地区读 dou[6]，当地话“道”字音；指父亲。

**䎿［dào］，《中华字海》释义：人老的称呼。指九十岁，一说七十岁。**

例：“老䎿”一词，是整个粤语区人们对父亲的俗称。

## 䙷了没有？

我小时候上树抓鸟，哥哥在树下大声问：“䙷了没有？”

“䙷”字在粤方言地区人们的口头上比较常用，在广州地区读 dak[7]，当地话“得”字音；指拿到手。

**䙷［dé］，《中华字海》释义：取。**

例：人世间有很多美好的东西，属于你我的，可以䙷；不是你我的，䙷了也不长久。

## 踤踤走路

小马穿着高跟鞋，踤踤走路。

“踤”字在粤方言地区人们的口头上比较常用，在广州地区读 $dak^7$，当地话“嘚”字音；指走路的样子。

**踤［dé］，《中华字海》释义：行貌。**

例：看见您踤踤走路，我就知道您精气神很足。

## 把他扽过来

潘师傅精通电器修理和网络维护，魏总知道后，把他扽了过去。

“扽”字在粤方言地区人们的口头上比较常用，在广州地区读 $dan^3$，当地话“炖”字音。

**扽［dèn］，《新华字典》释义：用力拉。**

例：要是有单位争着扽你，你就很有价值了。

## 不要拿戥称

我小时候，爸爸教育我和姐姐说：“在家里干点家务，是很应该的事情，多干少干无所谓，不要拿戥称。”

“戥”字在粤方言地区人们的口头上比较常用，在广州地区读 $dang^2$，当地话“等”字音。

**戥［děng］，《新华字典》释义：❶戥子，称贵重物品或药品用的一种小型的秤。❷用戥子称。**

例：我们平时去市场，会对卖家说：“戥戥看有多重。”

## 日头既了

小时候，我跟着爷爷去放牛，到了傍晚，爷爷就会说：“日头既了。”这时，我就知道爷爷的言外之意是可以赶牛回家了。

“日头既了”是粤方言地区人们在口头上常用的词语，指太阳西下，“既”字在广州地区读 $dai^1$，当地话“低”字音。

**既［dī］，《中华字海》释义：太阳西下。**

例：日头既了，我们也该停下歇歇脚了。

## 頔皙

姐姐长得真頔皙，穿得也頔皙，写的字更是頔皙。

“頔皙”是粤方言地区人们在口头上常用的词语，指美好，“頔”字在广州地区读 dik[7]，当地话“的”字音；（又）读 dik[9]，当地话“迪”字音。

**頔［dí］，《新华字典》释义：美好。**

“頔皙”一词可以用于指人的模样，也可以用于指人的穿戴，还可以用于指人写的字。

例：长得頔皙的女孩，别人总会多看几眼。

## 峤山蔋蔋

峤山蔋蔋，在夕阳下泛着霞光，如仙境一般。

“蔋蔋”一词是粤方言地区人们在口头上常用的词语，指光秃无草的样子，“蔋”字在广州地区读 dik[9]，当地话“敌”字音。

**蔋［dí］，《中华字海》释义：［～～］光秃无草的样子。**

例：“老师，您的头怎么光蔋蔋的?”有学生曾经这样问过我。岁月不饶人，无可奈何呀。

## 只有睼

“面对左邻右舍的是是非非，你只有睼。”欧爷爷曾如此告诫儿孙。

“睼”字在粤方言地区人们的口头上比较常用，在广州地区读 tai[2]，当地话“睇”字音；指看见但不说。

**睼［dì］，《中华字海》释义：熟视不言。**

例：这世间的事，更多时候我们只能睼。

## 古松杕兮

十二岭上，有一棵古松杕兮生长在山岭一隅。我问九哥：“为什么从来没有人想过要砍伐这棵古松呢?”九哥说：“附近的人早已把古松视若神灵。”

“杕兮”一词是粤方言地区人们在口头上常用的词语，指孤独，“杕”字在广州地区读 dei[1]，同普通话同音；（又）读 dai[6]，当地话“第”字音。

**杕［dì］，《新华字典》释义：形容树木孤立。**

例：你愿意像一棵古松一样杕兮屹立在天地之间吗？

## 被人踶了一脚

六少生气地说他被人踶了一脚。

“踶”字在粤方言地区人们的口头上比较常用，在广州地区读 dai6，当地话“弟”字音；指踹。

**踶［dì］，《新华字典》释义：踢，踏。**

例：脚是用来走路的，不要轻易去踶一个人。

## 雨水叮铃䨨唧

半夜，天下起了雨，雨水叮铃䨨唧。

“叮铃䨨唧”一词是粤方言地区人们在口头上常用的词语，指雨声，“䨨”字在广州地区读 dzoeng2，当地话“蒋”字音；（又）读 din1，当地话“颠”字音。

**䨨［diān］，《中华字海》释义：❶雨声；❷雨甚。**

例：夜深人静时，叮铃䨨唧的雨声便是天籁。

## 鬓发髻鬑

现在，有一些人，还不到 60 岁，就鬓发髻鬑，不知道是生活压力过大还是饮食不健康所致。

“髻鬑”一词是粤方言地区人们在口头上常用的词语，在广州地区读 dim3lim4，当地话“掂廉”字音。

**髻鬑［diān lián］，《中华字海》释义：鬓发稀疏。**

例：当一个人到了鬓发髻鬑之年，他大抵已饱经了岁月的风霜。

## 战敠来，战敠去

刘叔是个藏品爱好者，我每次到他家里，都会遇见他和藏友拿着新入手的藏品战敠来，战敠去。

“战敠”一词是粤方言地区人们在口头上常用的词语，在广州地区读 dim1dyt8，当地话“掂夺”字音。

**战敠［diān duō］，《中华字海》释义：❶手掂量（东西的轻重）；❷估量；**

❸斟酌。

例：人生见饵不见钩的事非常多，见饵之时要反复敁敠。

## 脸上有耇

韦奶奶上了年纪之后，脸上有耇了。

“耇”字在粤方言地区人们的口头上比较常用，在广州地区读 dim²，当地话“点”字音。

**耇［diǎn］，《中华字海》释义：❶老人面部的寿斑；❷老。**

例：李校长鹤发童颜，脸上都没耇。我问他如何养生，他说从几十年前就坚持吃醋蛋，从未间断。

## 㓚住外墙

我老家厨房东面的墙体倾斜了，十几年来我都没有余力拆除重建，只好㓚住外墙。

“㓚”字在粤方言地区人们的口头上比较常用，在广州地区读 din³，当地话“垫”字音；（又）读 dzin³，当地话“牮”字音；指用支撑物斜撑着倾斜的房屋。

**㓚［diàn］，《中华字海》释义：用支撑物支撑倾斜的房屋。**

例：欧爷爷教育我说，“看到别人要跌倒了，不妨行个善，㓚一下。”

## 不要一副𤢿𤟷的模样

欧爷爷说：“我们要仪表堂堂，不要一副𤢿𤟷的模样。”

“𤢿𤟷”一词是粤方言地区人们在口头上常用的词语，在广州地区读 din⁶nin¹，当地话“电年”字音；指模样难看。

**𤢿𤟷［diàn niǎn］，《中华字海》释义：劣貌。**

例：不怕真小人，只怕伪君子。表情𤢿𤟷的人，比起笑里藏刀、口蜜腹剑的人，安全多了。

## 门扂

上学前，我活得烦泼，曾把厨房的门扂拆下，用菜刀把它的厚度变成了原来的三分之二，自以为这样更好用。四十多年过去了，如今，我“作恶”的痕迹依然保存在老家，罪过呀！

“门扂”一词是粤方言地区人们在口头上常用的词语，指门闩，“扂”字在广州地区读 dzin[3]，当地话“箭”字音；（又）读 din[3]，当地话“垫”字音。

**扂［diàn］，《新华字典》释义：门闩。**

例：家里的门扂坏了，你找人来修一下。

## 矃矃看

奶奶在的时候，常常站在走廊上，矃矃看村口的路，盼望着我和孩子回来。

“矃矃看”一词是粤方言地区人们在口头上常用的词语，指注意地看，“矃”字在广州地区读 ding[6]，当地话“定”字音。

**矃［dìng］，《中华字海》释义：注意地看。**

例：有人在家门口矃矃看，等待着你回家，你是否很感动？

## 饤䔲地咬着牙齿

老皮这人，看到谁比他过得好，他就会饤䔲地咬着牙齿。

“饤䔲”一词是粤方言地区人们在口头上常用的词语，在广州地区读 ding[6]jing[4]，当地话“定莹”字音；指气愤、发恨。

**饤䔲［dìng yíng］，《中华字海》释义：恨。**

例：能受天磨真铁汉，不遭人妒是庸才。有人饤䔲地看着你，这也从侧面证明了你的优秀。

## 䞒䞒狂奔

上小学的时候，我和姐姐经常因事迟到，放下碗筷就䞒䞒狂奔去学校。

“䞒䞒”一词是粤方言地区人们在口头上常用的词语，在广州地区读 dung[1]dung[1]，当地话“东东”字音；指奔跑的样子。

**䞒［dōng］，《中华字海》释义：狂跑。**

例：为了生活，快递小哥常常在风里雨里䞒䞒狂奔。

## 鼓声韸韸

正月里，山村里鼓声韸韸，这一定是舞狮队来了。

“韸韸”一词是粤方言地区人们在口头上常用的词语，在广州地区读

dung$^{5}$dung$^{5}$，当地话“洞洞”字音；是鼓声的拟声词。

**韸［dǒng］，《中华字海》释义：鼓声。**

例：鼓声韸韸，这是我故乡春的声息。

## 落石硿硿

在地质灾害比较严重的山区，公路边常常落石硿硿。

“硿硿”一词是粤方言地区人们在口头上常用的词语，在广州地区读dung$^{5}$dung$^{5}$，和普通话读音相同；是落石的拟声词。

**硿［dǒng］，《中华字海》释义：石头落在地上的响声。**

例：人生之路，难免落石硿硿，小心为上。

## 木戙

在我小时候，家乡的各种生活设施都非常简陋。爷爷和爸爸每年都要在屋外竖起几根木戙，再在木戙上方搭上长竹竿，一个晒衣棚就做成了。

“木戙”一词在粤方言地区人们的口头上比较常用，指木桩，“戙”字在广州地区读dung$^{6}$，当地话“洞”字音。

**戙［dòng］，《中华字海》释义：木船上系缆绳的木桩。**

例：人们习惯把傻头傻脑的人叫“木戙头”，有轻慢之意。

## 不要吺

以前，我妈妈和伯母、婶婶几个人话特别多，但凡这时，爷爷就会说：“不要吺！”

“吺”字在粤方言地区人们的口头上比较常用，在广州地区读dau$^{2}$，当地话“抖”字音；（又）读dau$^{1}$，当地话“兜”字音；指无节制地说话。

**吺［dōu］，《中华字海》释义：啰唆，言多而不精练。**

例：不乱吺实在是一种美德。

## 敨大话

不论城乡，大多数人要是闲着没事干，都会找熟人敨大话。这是中国人消磨时光的方式。

“敨”字在粤方言地区人们的口头上比较常用，在广州地区读dau$^{2}$，当地话

“抖”字音；指非常随意地说话。

**吺［dōu］，《中华字海》释义：轻言。**

例：许多人无所事事，每天习惯于天南海北地吺大话。

## 㪷一下再工作

我家乡的人干活累了，身边的人通常会说：“㪷一下再工作。”

“㪷”字在粤方言地区人们的口头上比较常用，在广州地区读 tau[2]，当地话“偷”字音；指休息或者过一会儿。

**㪷［dóu］，《中华字海》释义：〈方〉歇，休息。**

例：人不是机器，累了就要㪷。

## 不要掂掂厾厾

小狗口，小孩手，那是闲不住的。从小，欧爷爷就教育我们：“不要掂掂厾厾。”

“掂掂厾厾”是粤方言地区人们在口头上常用的词语，指行为轻佻、多动，“厾”字在广州地区读 duk[7]，当地话“督”字音。

**厾［dū］，《新华字典》释义：用指头、棍棒等轻击轻点。**

例：己所不欲，勿施于人，对人不掂掂厾厾，是美德。

## 㞘尾

我个子矮，在学校读书的时候，每逢排队，都在㞘尾。

“㞘尾”一词在粤方言地区人们的口头上比较常用，指尾部、后面、最后，“㞘”字在广州地区读 duk[7]，当地话“督”字音。

**㞘［dū］，《新华字典》释义：❶屁股。❷蜂或蝎子等的尾部。**

例：我们习惯把屁股称为“𦟛腒㞘”。

## 说话不要那么讟

自小，妈妈就教育我，说话不要那么讟。

“讟”字在粤方言地区人们的口头上比较常用，在广州地区读 duk[9]，当地话“读”字音；指讽刺挖苦人的话。

**讟［dú］，《新华字典》释义：诽谤、怨言。**

例：那些背后谮人的言语，才是伤人最深的利剑。

## 伤剢

我问老廖："你额头那块伤剢是怎么来的?"他懊悔地说道："曾经跟人打架受的伤。"

"剢"字在粤方言地区人们的口头上比较常用，在广州地区读 duk[9]，当地话"犊"字音；指伤疤或伤痕。

**剢［dú］，《中华字海》释义：❶刀伤；❷剑鞘。**

例：爷爷曾经是一名战士，身上留下了补丁一样多的伤剢。

## 殰蛋

我小时候，家里生活艰难，食物奇缺，连发臭的殰蛋，爷爷也把它煎了下酒。

"殰蛋"一词在粤方言地区人们的口头上比较常用，指鸡鸭孵了若干天而变坏的臭蛋，"殰"字在广州地区读 duk[9]，当地话"犊"字音。

**殰［dú］，《中华字海》释义：卵未孵出雏而坏死。**

例：人们把年纪轻轻就学坏的人叫"殰蛋"，有轻慢之意。

## 一礋泥石流

公路上有一礋泥石流，汽车过不去了。

"礋"字在粤方言地区人们的口头上比较常用，在广州地区读 duk[9]，当地话"读"字音；指石头坠下，或用作落石或泥石流的量词。

**礋［dú］，《中华字海》释义：落石。**

例：在这里，一个人要是故意干扰别人正常办事，就会被骂"这礋烂泥"。

## 騳騳飞驰

"你看那个李云龙骑着马騳騳飞驰！"韦奶奶一边看电视一边赞叹。

"騳騳"一词在粤方言地区人们的口头上比较常用，指马奔跑的样子，也指马蹄声，"騳"字在广州地区读 duk[9]，当地话"读"字音。

**騳［dú］，《中华字海》释义：❶马奔跑；❷两匹马并着跑发出的声音。**

例：人要像马一样騳騳向前。

## 走路蹗蹗踀踀

三哥喝酒过量，走路蹗蹗踀踀。

“蹗蹗踀踀”一词在粤方言地区人们的口头上比较常用，在广州地区读duk$^9$duk$^9$dsk$^7$dsk$^7$，当地话“读读特特”字音；指走路东倒西歪。

**蹗踀［dú dé］，《中华字海》释义：行不正。**

例：我们要走稳人生路，切不可蹗蹗踀踀。

## 谷穗䅭得好低了

妈妈给我打来电话说：“谷穗䅭得好低了，回来收割吧！”

“䅭”字在粤方言地区人们的口头上比较常用，在广州地区读dyn$^1$，当地话“端”字音；指谷穗下垂。

**䅭［duān］，《中华字海》释义：禾穗下垂。**

例：有真才实学的人总是会像谷穗一样把头䅭下。

## 把竹头剬平

我老家的山上有很多竹子，每年，妈妈都带着我和姐姐上山砍竹换学费。妈妈和姐姐把竹子砍倒后，我就把竹头剬平。

“剬”字在粤方言地区人们的口头上比较常用，在广州地区读dyn$^1$，当地话“端”字音；指砍、斩、削。

**剬［duān］，《中华字海》释义：切断使之整齐。**

例：人走进社会之后，就不能再像森林里的大树那样自由生长了，一把把无形的刀斧剪凿，会把你的枝枝叶叶剬平。

## 𨇦到后面

老四知道他妈妈赶集去了，不顾奶奶劝阻，飞也似的朝集市奔去，不出半小时，他就𨇦到妈妈后面了。

“𨇦”字在粤方言地区人们的口头上比较常用，在广州地区读dyn$^7$，当地话“段”字音，指奋力追赶。

**𨇦［duàn］，《中华字海》释义：❶不能表示一般性的追赶，只能表示快速地“追”、飞速地“撵”；❷践处；❸行速。**

例：人比人气死人。这辈子，你躝过多少人，又有多少人躝过你？何必活得这么累。

## 水碓

小时候，我常常跟着奶奶和妈妈，到十二岭脚，用水碓捣木薯。我们村适合安装水车的河段很多，所以，水碓也同样多。直到二十年前，村里还有不少人用水碓捣纸浆造纸。

“碓”字在粤方言地区人们的口头上比较常用，在广州地区读 doey[3]，当地话“对”字音；指用于捣米、木薯、纸浆的器具。

**碓［duì］，《新华字典》释义：捣米的器具，用木、石制成。**

例：水碓在人类的发展过程中发挥过重大的作用。

## 无商不隑

我们经常听到有人这样说：“无奸不商，无商不奸。”其实，这是对经商行为准则的曲解。“无奸不商，无商不奸”这句话的原话是“无尖不商，无商不尖”。古人为方便买卖，用量具把米、豆、粟、麦等商品量给顾客，他们通常要把货物装到顶尖的状态，故言之。“无尖不商，无商不尖”还有另外一种说法，就是“无隑不商，无商不隑”。

“隑”字在粤方言地区人们的口头上比较常用，在广州地区读 doey[1]，当地话“堆”字音；指货物在量具里装得很高。

**隑［duì］，《中华字海》释义：❶高；❷不平。**

例：我读小学的时候，学校外面有一个卖小吃的老人，他卖的葵花籽 2 分钱一杯，谁买谁就自己装，有多隑我们就装多隑。

## 把牛撴住

我小时候跟着爷爷放牛，有时候我们的牛遇到其他生产队的牛，就会打架。这时，爷爷就会大声对我说：“把牛撴住！”

“撴”字在粤方言地区人们的口头上比较常用，在广州地区读 doen[1]，当地话“敦”字音；指用力拉住。

**撴［dūn］，《新华字典》释义：揪住。**

例：有时候，人心就是一头野牛，要是能撴住，人生就很美好。撴不住，生活就乱了。

## 把孩子蹾在地上

那个孩子不停地哭，他妈妈哄了又哄，他还哭。这位妈妈终于生气了，把孩子蹾在地上。

“蹾”字在粤方言地区人们的口头上比较常用，在广州地区读 dat[7]，当地话“突”字音。

**蹾［dūn］，《新华字典》释义：猛地往下放，着地很重。**

例：人这一生，上苍可能会把你蹾了又蹾，只要你不是暖壶内胆，蹾来蹾去，总会壮实的。

## 昨夜潡了一场大水

妈妈打电话说：“老家昨夜潡了一场大水，冲走了一些木柴。”

“潡”字在粤方言地区人们的口头上比较常用，在广州地区读 doen[1]，当地话“吨”字音；指猛烈地下（雨）。

**潡［dùn］，《中华字海》释义：大水。**

例：人世风雨无常，有时候潡了一场又一场。

## 头顿顐

杨大出狱后，变得头顿顐，满脸憔悴。

“顿顐”一词在粤方言地区人们的口头上比较常用，在广州地区读 dan[6]wan[6]，当地话“炖混”字音；指头发落光。

**顿顐［dùn hún］，《中华字海》释义：秃。**

例：据说脑袋顿顐的人，都绝顶聪明。

## 补衣补裰

八祖太说，她年轻的时候开裁缝店，经常帮人家补衣补裰，并不是天天做新衣裳。

“补衣补裰”一词在粤方言地区人们的口头上比较常用，指缝补破衣服，“裰”字在广州地区读 do[2]，当地话“朵”字音；（或）读 dzyt[8]，当地话“啜”字音。

**裰［duō］，《新华字典》释义：❶缝补破衣：补～。❷直裰，古代士子、官**

**绅穿的长袍便服，也指僧道穿的袍子。**

例：补衣补裰并非没有价值的工作，关键在于你补的是什么样的衣裰。

## 剟掉

我从山上砍了一棵大杉树，树身上有一个很大的木赘，我把它剟掉了。

“剟”字在粤方言地区人们的口头上比较常用，在广州地区读 doek[8]，当地话“琢”字音；（或）读 dzyt[8]，当地话“啜”字音；指砍掉、切除。

**剟［duō］，《新华字典》释义：❶删削：~去繁文。❷割取。❸刺。**

例：无用和难看的东西，很容易被人剟掉。

## 辖辂辖辂滚动

爷爷造纸的时候，用水车作动力。水车带着机械设备辖辂辖辂滚动。

“辖辂”一词在粤方言地区人们的口头上比较常用，在广州地区读 dok[9]luk[7]，当地话“铎辘”字音；（又）读 dok[9]lou[6]，当地话“铎路”字音；指颤巍巍滚动。

**辖辂［duólù］，《中华字海》释义：转。**

例：人时运不济时，命运的车轮，就如破旧的老水车一般辖辂辖辂滚动。

## 东嗙西嗙

爷爷说：“一个东嗙西嗙的人，是很令人讨厌的。”

“东嗙西嗙”一词在粤方言地区人们的口头上比较常用，指到处乱说，“嗙”字在广州地区读 dok[9]，当地话“踱”字音。

**嗙［duó］，《中华字海》释义：语言无度。**

例：要是有人对你东嗙西嗙，不必管他，他自知无趣便走开了。

## 剫木

我问老刘：“近来忙什么？”“剫木咧。”他说。

“剫”字在粤方言地区人们的口头上比较常用，在广州地区读 doek[8]，当地话“剁”字音。

**剫［duó］，《中华字海》释义：❶砍伐；❷治。**

例：如今乱剫木是不被允许的。

## 袖子亸到膝盖了

小鹿穿的连衣裙，袖子亸到膝盖了，真是美如仙子呀！

“亸”字在粤方言地区人们的口头上比较常用，在广州地区读 do$^2$，当地话“朵”字音。

**亸［duǒ］，《新华字典》释义：下垂。如：“~袖垂髫，风流秀曼”。**

例：窈窕淑女，君子好逑。要是你亸袖垂髫，想必也风流秀曼吧。

## 一埵泥牛

我小时候，曾看见当地的农民用锄头把一埵泥牛硬生生地挖下来，好生敬佩。

“埵”字在粤方言地区人们的口头上比较常用，在广州地区读 do$^2$，当地话“朵”字音；用作硬土块的量词使用。

**埵［duǒ］，《新华字典》释义：坚硬的土。**

例：一个人被别人看不起的时候，可能连一埵泥牛都不如。

## 你剁几掌他

光之爸爸对老师说：“他要是不听话，你剁几掌他。”这话，当老师的听听便罢，不可当真。

“剁”字在粤方言地区人们的口头上比较常用，在广州地区读 doek$^8$，当地话“剁”字音；指用手掌打。

**剁［duǒ］，《中华字海》释义：用巴掌打。**

例：巴掌剁不出感恩，只会剁出仇恨。

## 土墙往下端了

如今农村很多老旧房子的土墙往下端了，“三清三拆”正当其时。

“端”字在粤方言地区人们的口头上比较常用，在广州地区读 do$^2$，当地话“躲”字音；指下垂的样子。

**端［duǒ］，《中华字海》释义：垂貌。**

例：多行不义必自毙，有些人恃强凌弱，他的人生就如土墙往下端。

## 佛祖耳䐀好大

奶奶看电视时感慨："佛祖耳䐀好大呀，他肯定很有福气！"

"䐀"字在粤方言地区人们的口头上比较常用，在广州地区读 do⁶，当地话"堕"字音；指耳垂。

**䐀［duǒ］，《中华字海》释义：耳垂。**

例：有些人没有耳䐀，显得有些奇怪。

## 跢跢地走来走去

女儿刚学会走路时，就在走廊上跢跢地走来走去。

"跢跢"是粤方言地区人们在口头上比较常用的词语，指小孩儿走路的样子，"跢"字在广州地区读 do²，当地话"朵"字音。

**跢［duǒ］，《中华字海》释义：［～～］小孩儿走路的样子。**

例：跢跢地走来走去，这是你和我曾经的样子。

## 样子䫳

我们在影视剧中看到的和珅，一副奸相，样子䫳。但史书记载，和珅其实是个美男子，纪晓岚倒是个大胖子。

"䫳"字在粤方言地区人们的口头上比较常用，在广州地区读 do²，当地话"朵"字音。

**䫳［duǒ］，《中华字海》释义：丑的样子。**

例：古人说，相由心生。事实上样子䫳的，品德未必䫳；样子俊美的，品德未必好。

## 不要埵缸里的水

我小时候，家里的生活用水，是妈妈从小溪挑回来储在缸里的。妈妈提醒我："不要埵缸里的水。"

"埵"字在粤方言地区人们的口头上比较常用，在广州地区读 do⁶，当地话"堕"字音；指随意浪费水。

**埵［duò］，《中华字海》释义：泔水，淘米、洗菜或刷锅等用过的水。**

妈妈叫我不要埵缸里的水，就是叫我不要让缸里的水无谓地变成泔水。所以就不难理解，“㴲”，指随意浪费水。

## 把禾稑起来

我老家在大山区，每次水稻成熟，我们都必须人工收割。母亲和姐姐用镰刀把禾苗割下来后，我就把禾稑起来，然后再打谷。

“稑”字在粤方言地区人们的口头上比较常用，在广州地区读 do$^6$，当地话“堕”字音；指堆积。

**稑［duò］，《中华字海》释义：禾积。**

例：把禾稑起来之后就要抓紧时间把谷打下来，因为，一旦遇雨，谷就容易发芽。

## 跢来跢去

我儿子刚学会走路的时候，在屋里跢来跢去，可爱极了。

“跢”字在粤方言地区人们的口头上比较常用，在广州地区读 do$^6$，当地话“堕”字音；指小孩走路踯躅状。

**跢［duò］，《中华字海》释义：小孩行走的样子。**

例：跢来跢去，我们就学会了走路。

## 门不

我家的大门口摆放着几个门不。

“不”字在粤方言地区人们的口头上比较常用，在广州地区读 dan$^2$，当地话“趸”字音；指木墩子。

**不［dǔn］，《中华字海》释义：墩子。《天工开物·抱养》：“切叶～。束稻麦稿为之，则不损刀。”**

例：我老家有一句俗话，大门门不轮流坐。言外之意，这人间的生老病死苦，谁都得轮一回呀。

## 聏聏啿啿

我深知自己是个聏聏啿啿的人。

“聏聏啿啿”一词在粤方言地区人们的口头上比较常用，指傻、愚蠢。“啿”字在广州地区读 dan$^6$，当地话“炖”字音。

**谑[dùn],《中华字海》释义:[～～]愚痴。**

例:顼顼谑谑的人免不了被人欺凌和愚弄。

## 濎濙之水

大黎冲濎濙之水,是我屯子里人们的生命之源。

“濎濙”一词在粤方言地区人们的口头上比较常用,在广州地区读ding[2]jing[4],当地话“鼎滢”字音。

**濎濙[dǐng yíng],《中华字海》释义:细小的水流。**

例:我爱家乡的濎濙之水,要知道,很多地方连这样的水流都没有。

## 啗人精

李老四是个啗人精,他经常用花言巧语骗人钱财,如今谁也不相信他。

“啗人精”一词在粤方言地区人们的口头上比较常用,指大骗子,“啗”字在广州地区读daam[6],当地话“啖”字音。

**啗[dàn],《康熙字典》释义:以利饵人亦曰～。**

例:我们要做老实人,说老实话,办老实事,不要啗人。

## 跶了下来

老九从树上跶了下来。

“跶”字在粤方言地区人们的口头上比较常用,在广州地区读daat[8],当地话“笪”字音。

**跶[dá],《中华字海》释义:摔、跌。～了一跤|～下马来。**

例:山路树叶多,行走时不小心就会跶跤。

# E

## 不要尔尔囮囮

小时候,屯里的小伙伴常常在一起斗嘴。欧爷爷看到了,就提醒我们:“你们不要尔尔囮囮!”

“尔尔囮囮”一词在粤方言地区人们的口头上比较常用,指你说一句引我斗嘴的话，我回一句引你斗嘴的话，以致双方不停斗嘴，“囮”字在广州地区读 ngo[4]，当地话“鹅”字音。

**囮［é］，《新华字典》释义：（一子）捕鸟时用来引诱同类的鸟。又叫圝子。**

例：真囮子并不会和你尔尔囮囮。

## 睋呵看

九哥带我到了云龙顶，就一直朝着远方睋呵看。

“睋呵看”是粤方言地区人们在口头上比较常用的短语，指出神地看，“睋”字在广州地区读 ngo[4]，当地话“鹅”字音。

**睋［é］，《中华字海》释义：❶眺望；❷突然，不久。**

例：世间景物万万千千，有很多东西值得你睋呵看。

## 钠圆

朋友送给我一块外形不规则的石板，我一有空就想着把它钠圆。

“钠圆”一词在粤方言地区人们的口头上比较常用，指用工具把物品去角变圆，“钠”字在广州地区读 ngo[3]，当地话“蛾”字音。

**钠［é］，《中华字海》释义：去角变圆。**

两广人习惯把“钠”字的本义引申为“减少”。

例：有的村干部钠了贫困户的救助款，被查处了。

## 万万不可迗逊

欧爷爷告诫我们说：“万万不可迗逊，迗逊的人，必有天地收拾。”

“迗逊”一词在粤方言地区人们的口头上比较常用，在广州地区读 ngo[4]doen[6]，当地话“讹钝”字音；指无法无天。

**迗逊［é dùn］，《中华字海》释义：违背天下。**

例：迗逊者与天地为敌，不妨笑而视之。

## 疴佶

“见到一条毛毛虫你都害怕，真是疴佶！”

“疴佶”一词在粤方言地区人们的口头上比较常用，在广州地区读 o[1]gat[7]，当地话“屙吉”字音；指软弱无能、废物。

**亰［ě］，《中华字海》释义：弱貌。**

例：亰佶之人，成不了大事。

## 鼻頞

弟弟的鼻頞高，我的鼻頞没他的高。

“鼻頞”一词在粤方言地区人们的口头上比较常用，指鼻梁或整个鼻子，“頞”字在广州地区读 go[1]，当地话“哥”字音；（又）读 aak[7]，当地话“轭”字音；（或）读 aat[8]，当地话“压”字音。

**頞［è］，《新华字典》释义：鼻梁。**

例：据说鼻頞高且大的人相对鼻頞矮且小的人，精力更旺盛。

## 像牛轭一样曲

欧爷爷教育我们，做人做事，切不可像牛轭一样曲。

“牛轭”一词在粤方言地区人们的口头上比较常用，指拉犁时搁在牛颈上的曲木，“轭”字在广州地区读 aak[7-2]，当地话“握”字音。

**轭［è］，《新华字典》释义：驾车时搁在牛马颈上的曲木。**

例：前人说，牛轭未断，山中曲木先生。世间诸事，用不着我们杞人忧天。

## 搤他的头

阿旭爸爸对老师说：“他要是搞破坏，你就搤他的头。”不过，老师知道，这种体罚的形式是不可取的。

“搤”字在粤方言地区人们的口头上比较常用，在广州地区读 ak[7]，当地话“扼”字音；指用弯曲着的四个指节击打（别人的头部）。

**搤［è］，《中华字海》释义：击。**

例：搤头是一种羞辱性的人身侵犯。

## 石头阸住了道路

山体滑坡之后，石头阸住了道路。

“阸”字在粤方言地区人们的口头上比较常用，在广州地区读 ak[7]，当地话“扼”字音；（又）读 aat[8]，当地话“遏”字音。

**阸［è］，《中华字海》释义：❶阻塞，阻隔；❷艰危，灾难；❸逼迫，困**

**迫；❹限界，障碍。**

例：再硬的石头也陒不住江河的前进。

## 大石岋岋动

大暴雨过后，河边的大石岋岋动了起来。

“岋岋动”是粤方言地区人们在口头上比较常用的短语，指晃动，“岋”字在广州地区读 ngok[9]，当地话“谔”字音。

**岋［è］，《中华字海》释义：摇动。如扬雄《羽猎赋》“天动地～”。**

例：村口的巨石，有谁岋得动？

## 这事得要县长寣头

这事得要县长寣头。县长不寣头，办不了。

“寣”字在粤方言地区人们的口头上比较常用，在广州地区读 ngok[9]，当地话“谔”字音；指点头。

**寣［è］，《中华字海》释义：寝而头动。**

例：有多大的事需要你寣头才能办，你的责任就有多大。

## 啟啟歵歵

老叔年纪大了，许多事情看开了，成天啟啟歵歵。

“啟歵”一词在粤方言地区人们的口头上比较常用，在广州地区读 aak[7]dzaak[8]，当地话“呃责”字音；指说笑话。

**啟歵［è zé］，《中华字海》释义：笑语。**

例：很多人的时光，在啟啟歵歵中就消逝了。

## 熰住火炭

我老家在山沟里，以前，连一盒火柴都要到很远的长河墟才能买得到。因此，家里每次做完饭，都要熰住火炭。

“熰”字在粤方言地区人们的口头上比较常用，在广州地区读 am[7]，当地话“腤”字音。

**熰［è］，《中华字海》释义：用灰烬掩盖着的火种。**

两广人有时把“熰”字的本义引申为“烧火”，例如，六婶喊：“阿其，熰火了！”

## 觑嘿

有一位家长常年在外工作，有一天他突然出现在校门外等女儿，女儿觑嘿地看着他。这种情景，让人不禁潸然泪下！

“觑嘿”一词在粤方言地区人们的口头上比较常用，指疑惑地看，“觑”字在广州地区读 ngok[9]，当地话“愕”字音。

**觑［è］，《中华字海》释义：惊视貌。**

例：曾经有多少事让你觑嘿？

## 䚥䚥看

老刘的小孙子在小区里开心地玩着，他便在一旁䚥䚥看着，一刻也不敢分心。

“䚥”字在粤方言地区人们的口头上比较常用，在广州地区读 ngok[9]，当地话“鄂”字音；指聚精会神地看，或指长久地注视。

**䚥［è］，《中华字海》释义：久久地注视。**

例：试问，有谁曾经在一旁䚥䚥看着你？

## 把肉慢慢煾熟

野外烧烤开始了，我们拿起牛肉串，把肉慢慢煾熟。

“煾”字在粤方言地区人们的口头上比较常用，在广州地区读 jan[1]，当地话“恩”字音；指用慢火烤。

**煾［ēn］，《中华字海》释义：用微火烤肉。**

例：社会本是一盆燃烧着的火炭，把人都慢慢地煾熟了。

## 太奀了

兰兰是个早产儿，才 7 个月就出生，体重 3.8 斤，浑身只有一块干瘪的皮包裹着，没有肉，太奀了。

“奀”字在粤方言地区人们的口头上比较常用，在广州地区读 ngan[1]，当地话“银”字音。

**奀［ēn］，《新华字典》释义：人瘦小衰弱。**

例：只要生命存在，很多人都可以由奀变壮。

## 参加鞥缆比赛

今天参加鞥缆比赛，我们队获得了第一名。

“鞥缆”一词在粤方言地区人们的口头上比较常用，指拔河，“鞥”字在广州地区读 mang[1]，当地话“盟”字音；（又）读 ang[1]，当地话“莺”字音。

**鞥［ēng］，《新华字典》释义：马缰绳。**

很明显，两广人有时候把“鞥”字的本义引申为“拉”“拔”了。

例：学校应该多组织鞥缆比赛来增强班集体的凝聚力。

## 七珥八珥

阿东看中了阿奎，想娶她，他七珥八珥，阿奎就是不动心。

“七珥八珥”一词在粤方言地区人们的口头上比较常用，指反反复复多次乞求，“珥”字在广州地区读 ngai[1]，当地话“蚁”字音。

**珥［èr］，《中华字海》释义：引诱。**

例：活在这个世界上，你要分清哪些人是在珥你，哪些人是真正值得结交的。

# F

## 垡垡田

秋收过后，妈妈让我垡垡田，翻晒一下田土。

“垡”字在粤方言地区人们的口头上比较常用，在广州地区读 faan[3]，当地话“翻”字音；（又）读 fat[9]，当地话“伐”字音。

**垡［fá］，《新华字典》释义：❶耕地，把土翻起来；❷翻起来的地块；❸量词，相当于次，番。**

例：大多数人的一辈子，就像泥土一样被人垡来垡去。

## 水瀿出来

老徐合上抽水机的闸刀，一边抽水，一边和邻居聊天，水瀿出来他都没有注意到。

“瀿”字在粤方言地区人们的口头上比较常用，在广州地区读 faan4，当地话“繁”字音。

**瀿［fán］，《中华字海》释义：水暴溢。**

例：异想天开的人常常想着钞票像水一样从自己家里瀿出来。

## 桂圆和枸杞汎起来

妈妈用桂圆和枸杞煮鸡汤，水开之后，桂圆和枸杞就汎了起来。

“汎”字在粤方言地区人们的口头上比较常用，在广州地区读 faan3，当地话“泛”字音；指浮起来。

**汎［fàn］，《中华字海》释义：浮起的样子。**

例：老谢对大家说，他们村发洪水的时候，河底真有凿子汎上来。

## 容江里芝着野草

我们乘船从浪水往长河，看见容江里芝着野草。

“芝”字在粤方言地区人们的口头上比较常用，在广州地区读 faan3，当地话“泛”字音；指草漂浮在水中。

**芝［fàn］，《中华字海》释义：草漂浮在水中的样子。**

例：人有时候只能像草芝在水中一样，被社会的大潮淹没。

## 心怲

生活不容易，黄老三讨不到老婆，心怲；屯里的人看到邋遢的黄老三，心怲；黄老三侄子输了钱，心怲；老二想当村支书当不上，心怲……

“心怲”一词在粤方言地区人们的口头上比较常用，指着急、恶心、后悔、偏狭等心情不舒畅的状态，“怲”字在广州地区读 fan6，当地话“犯”字音。

**怲［fàn］，《中华字海》释义：❶恶心；❷急；❸悔；❹偏狭。**

例：人之所以心怲，归根结底，是对社会人生以及自己的认识不足所致。

## 我家里的母鸡今天嬔了六个蛋

唐大妈遇见伯母，高兴地说：“我家里的母鸡今天嬔了六个蛋！”

“嬔”字在粤方言地区人们的口头上比较常用，在广州地区读 faan3，当地话“泛”字音；指鸟类或鸡鸭下蛋，引申为妇女生孩子。

**嬎［fàn］，《新华字典》释义：鸟类下蛋。**

例：人们有时候骂乱说话的人：你不要乱嬎！

## 大犎牯

以前，我家里养了一头大犎牯。用大犎牯耕田，轻松得很。

“大犎牯”一词在粤方言地区人们的口头上比较常用，指块头极大的公牛，“犎”字在广州地区读 fong[1]，当地话“枋”字音。

**犎［fāng］，《新华字典》释义：古代传说中的一种牛，能在沙漠中行走。**

例：老靳的儿子很大犎，可惜横，读书不识字。

## 昉光

我老家的人，大部分已经到城里工作和生活了，一入夜，屯子就黑压压的一片。每次回到家，天黑后我就打开家里所有的灯，让满屋子昉光。

“昉光”一词在粤方言地区人们的口头上比较常用，指明亮，“昉”字在广州地区读 fong[2]，当地话“访”字音。

**昉［fǎng］，《新华字典》释义：❶明亮。❷起始。**

例：在漆黑的夜晚，家里昉光一片，自己的心就昉光一片。

## 婓婓拂拂

每逢姐姐和妹妹带着她们的孩子回娘家，母亲就婓婓拂拂忙个不停。

“婓婓拂拂”一词在粤方言地区人们的口头上比较常用，指往来不停，匆忙纷乱的样子，“婓”字在广州地区读 fei[1]，当地话“非”字音。

**婓［fēi］，《中华字海》释义：往来不停的样子。**

例：人要从容地生活，不必婓婓拂拂。

## 臭蜰

欧爷爷教育我们说：“做人要正正经经，干干净净，不要做令人讨厌的臭蜰。”

“臭蜰”一词在粤方言地区人们的口头上比较常用，指臭虫，“蜰”字在广州地区读 fei[4]，当地话“肥”字音。

**蜚［féi］，《新华字典》释义：臭虫。**

例：有些人如同一个个臭蜚一样附着在社会之上，令人生厌。

## 乱悱

欧爷爷告诫我："去任何地方，都不可以乱悱。"

"乱悱"一词在粤方言地区人们的口头上比较常用，指张口乱说，"悱"字在广州地区读 $fei^2$，当地话"匪"字音。

**悱［fěi］，《新华字典》释义：想说可是不能够恰当地说出来。**

例：不乱悱的人，是不简单的人。

## 谷䅏

这几年，我家里买了优质的水稻品种，抽穗扬花后，长出来的谷䅏都好长。

"谷䅏"一词在粤方言地区人们的口头上比较常用，指禾穗，"䅏"字在广州地区读 $fei^2$，当地话"斐"字音。

**䅏［fěi］，《中华字海》释义：禾穗貌。**

例：当你所经营的事业长出了长长的谷䅏时，人生就丰收在望了。

## 大奜

八婆块头很大奜，她一直以为自己是美女呢。

"大奜"一词在粤方言地区人们的口头上比较常用，指块头大，"奜"字在广州地区读 $fei^2$，当地话"匪"字音。

**奜［fěi］，《中华字海》释义：大。**

例：大奜的人适合相扑运动。

## 朏眼

我们在晚上开车和走路，最怕遭受强光朏眼。

"朏眼"一词在粤方言地区人们的口头上比较常用，指光线照射眼睛，"朏"字在广州地区读 $fei^2$，当地话"匪"字音。

**朏［fěi］，《新华字典》释义：❶新月开始发光：月~星坠。❷用于地名：~头（在福建省福州）。**

例：有人建议用强光朏驾驶员和行人眼睛的，要入刑。

## 不要见人就诽

欧爷爷教育我："不要见人就诽。"

"诽"字在粤方言地区人们的口头上比较常用，指急于说话，在广州地区读 fai3，当地话"沸"字音；（又）读 fai6，当地话"吠"字音。

**诽［fèi］，《中华字海》释义：急言。**

例：一个人见到人就诽，和狗见到人就吠，有什么区别吗？

## 真是够勫

老李对我说，他儿子到部队训练两年之后，赤手空拳就可以打倒五六个小混混，真是够勫！

"够勫"一词在粤方言地区人们的口头上比较常用，指勇敢、厉害，"勫"字在广州地区读 fei1，当地话"飞"字音。

**勫［fèi］，《中华字海》释义：《玉篇》勇壮也。《集韵》武勇貌。**

例：三年之后的他从一个文弱书生变成了一个勫猛的小伙子。

## 泉水濆出来了

我和弟兄们在老家附近挖开了一个泉眼，不一会儿就看见泉水濆出来了。

"濆"字在粤方言地区人们的口头上比较常用，在广州地区读 fai3，当地话"费"字音；指泉水涌出。

**濆［fèi］，《中华字海》释义：泉水涌出的样子。**

例：一个人在考试的时候，要是才思如泉水一样濆出来，就该偷着乐了。

## 把竹头竹尾剕掉

我和妈妈把竹子摽到山脚后，妈妈让我把竹头竹尾剕掉。

"剕"字在粤方言地区人们的口头上比较常用，在广州地区读 fei6，当地话"非"字音；指锯、砍。

**剕［fèi］，《新华字典》释义：古代把脚砍掉的酷刑。**

如今"剕"字的本义，被引申为动词"锯、砍"使用了。

例：这节竹子裂开了，请你帮忙剕掉吧。

## 啲

我问老舅吃饭了没有，他说："啲。"

"啲"字在粤方言地区人们的口头上比较常用，在广州地区读 fan4，当地话"焚"字音；（又）读 fan1，当地话"分"字音。

**啲［fēn］，《中华字海》释义：方言，表否定，相当于"未曾""不曾"。**

例：一个人，最可悲的是啲把自己的潜能挖掘出来。

## 鼖大鼓

我很想学打鼓，舅父知道后，就教我鼖大鼓。

"鼖"字在粤方言地区人们的口头上比较常用，在广州地区读 fang5，当地话"甮"字音；（又）读 fan4，当地话"焚"字音；指用力敲打。

**鼖［fén］，《中华字海》释义：古代军中用的大鼓。**

可见，粤方言地区的人使用的是"鼖"字的引申义，指用力敲打。

例：人生是一面大鼓，您要是懂得鼖，就会震天动地。

## 累了就容易瞓着

人干活累了就容易瞓着。

"瞓"字在粤方言地区人们的口头上比较常用，在广州地区读 fan3，当地话"训"字音。

**瞓［fèn］，《中华字海》释义：方言，睡。**

例：劳作一天后的三叔，刚一上床就瞓着了。

## 妹妹把米糊瀵出来了

德华说："妈妈，妹妹把米糊瀵出来了！"

"瀵"字在粤方言地区人们的口头上比较常用，在广州地区读 fan3，当地话"粪"字音；原义指水从地下喷出漫溢，引申义指婴儿把米糊类食物从口里吐出来的动作。

**瀵［fèn］，《新华字典》释义：水由地面下喷出漫溢。**

例：婴儿的食量小，吃多了会把食物瀵出来。

## 有几个土堆坌起

刘叔说他家后面有几个土堆坌起，肯定是有大黄蜂在下面结穴。

“坌”字在粤方言地区人们的口头上比较常用，在广州地区读 fan[5]，当地话“奋”字音。

**坌［fèn］，《中华字海》释义：高起，隆起。如《物理小识·地类·地中多空》：“地陷者，必先~起而后陷也。”**

例：一个人的命运如果无端坌起，接着便会塌陷。

## 阿四老婆最妦

老三感慨：“我们屯里，就数阿四老婆最妦！”

“妦”字在粤方言地区人们的口头上比较常用，指漂亮、美丽，在广州地区读 fung[1]，当地话“丰”字音。

**妦［fēng］，《中华字海》释义：美；美好。**

例：一个足够妦的女孩子总是吸引他人的眼球。

## 覂进水沟

李四安全意识极差，开车速度极快，别人每次劝他都不听，瞧，昨天覂进水沟了！

“覂”字在粤方言地区人们的口头上比较常用，在广州地区读 fang[3]，当地话“甮”字音；（又）读 fung[2]，当地话“俸”字音。

**覂［fěng］，《中华字海》释义：翻；倾覆。**

例：喜欢逞英雄的人，迟早会覂进阴沟。

## 不要乱甮

老石去广州工作，领到了 5000 元钱的工资。他妈妈在电话里让他不要乱甮。

“甮”字在粤方言地区人们的口头上比较常用，在广州地区读 fang[3]，当地话“科盟”切，第 3 声；（又）读 fung[6]，当地话“奉”字音；指扔掉、丢弃，引申为乱花钱。

**甮［fèng］，《新华字典》释义：不用。**

例：这几年经济不景气，还是不要乱角。

## 灰尘坲坲

从县城到浪水的公路，迄今为止，还是灰尘坲坲。

“坲”字在粤方言地区人们的口头上比较常用，在广州地区读 fat[9]，当地话“佛”字音。

**坲［fó］，《中华字海》释义：［～～］尘土飞扬的样子。如刘向《九叹·远逝》“飘风蓬龙，埃～～兮”。**

例：如果你是一颗尘埃，就很容易坲到别人的头上去；如果你是一颗巨石，就可能成为大坝的基础。

## 浓雾霯霯

住在江边，我们常常会看到江面浓雾霯霯。

“霯霯”一词在粤方言地区人们的口头上比较常用，指雾的状态，“霯”字在广州地区读 fau[2]，当地话“缶”字音。

**霯［fǒu］，《中华字海》释义：雾。**

例：只要一刮风，或者阳光一照，霯霯浓雾便会消散。

## 道听途说之言莫乱敷

五叔在世的时候，多次提醒我们，道听途说之言莫乱敷！

“敷”字在粤方言地区人们的口头上比较常用，在广州地区读 fu[1]，当地话“肤”字音。

**敷［fū］，《中华字海》释义：散布。**

例：不乱敷别人隐私，是对他人的尊重。

## 花叶很快就蘣开了

春天一到，树木的花叶很快就蘣开了。

“蘣”字在粤方言地区人们的口头上比较常用，在广州地区读 fu[1]，当地话“夫”字音。

**蘣［fū］，《中华字海》释义：花叶伸展开。**

例：只要生命的春天一到，您的花叶就会顺势蘣开。

## 憋憋冲去

“救火呀！救火呀！”大清早，听到呼喊声，村民们抄起工具，就朝着黑烟升起的山头憋憋冲去。

“憋憋”一词在粤方言地区人们的口头上比较常用，指争先恐后的样子，“憋”字在广州地区读 fu[1]，当地话“扶”字音。

**憋［fū］，《中华字海》释义：［憋～］急速的样子。**

例：那些人憋憋向前的样子，在山火的照映下更显光荣。

## 这襆衣服是谁的？

我们到学生宿舍检查内务，李校长问：“这襆衣服是谁的？”

“襆”字在粤方言地区人们的口头上比较常用，在广州地区读 buk[9]，当地话“瀑”字音；常作量词使用，相当于“包”。

**襆［fú］，《新华字典》释义：〈古〉❶布单、巾帕等。❷包裹：～被（用包袱包裹衣被等，即准备行装）。❸同“袱”。**

例：人就像一襆衣服和被褥，有用能用的时候，就有人用着；用不着和不能用的时候，人们往往就忘却了你的存在。

## 样子索艴

老师教育我们：“你们的样子不要索艴，要有个读书人的模样。”

“索艴”一词在粤方言地区人们的口头上比较常用，指生着闷气，一副想打架的样子，“艴”字在广州地区读 fat[7]，当地话“忽”字音；（又）读 sou[1]，当地话“酥”字音。

**艴［fú］，《新华字典》释义：生气的样子。**

例：索艴的人，会四处碰壁。

## 大风飋飋吹

到了云龙顶，大风飋飋吹，登山时汗湿的衬衫，一会儿就干了。

“飋飋”一词在粤方言地区人们的口头上比较常用，常用作小风或大风的拟声词，“飋”字在广州地区读 fu[4]，当地话“扶”字音。

**飋［fú］，《中华字海》释义：❶小风；❷疾风。**

例：你见过大风飔飔吹断大树的场景吗？

## 咈然而止

以前每天夜里，跳广场舞的大妈都把音乐声放得很大，震耳欲聋，让人无法入睡。昨晚10点，乐声咈然而止，不知为何。

“咈”字在粤方言地区人们的口头上比较常用，在广州地区读fu[4]，当地话“扶”字音；指声音戛然而止。

**咈［fú］，《中华字海》释义：乐声戛然而止。**

两广人有时把“咈”字的本义引申为说话场景。

例：老二喜欢吹牛，但是他老婆一出现，他就“咈”的一下停了下来。

## 大火炥炥直烧

前天的早晨，我上到楼顶就看见有焚烧过的竹树叶子碎片从天上掉落，举目四看，发现东南角山林失火，大火炥炥直烧。

“炥炥”一词在粤方言地区人们的口头上比较常用，常用作大火或热气往上冒的拟状词，“炥”字在广州地区读fu[4]，当地话“扶”字音。

**炥［fú］，《中华字海》释义：❶火貌；❷热气。**

例：如果你的人生状态如大火炥炥直烧，这时，你生命的价值就体现出来了。

## 野草茀满了山路

如今，年轻人大都入城工作了，走山路的人非常稀少，野草就茀满了山路。

“茀”字在粤方言地区人们的口头上比较常用，在广州地区读fat[7]，当地话“弗”字音。

**茀［fú］，《中华字海》释义：道路上杂草太多，不便走。**

例：每个人的人生路，难免会有那么一段茀满野草。但只要不忘初心，就不算什么。

## 大风颫颫贴

越往高处走，大风越颫颫贴。

“颫”字在粤方言地区人们的口头上比较常用，在广州地区读fu[4]，当地话

“扶”字音；用作大风的拟状词。

**飐［fú］，《中华字海》释义：大风。**

可见，粤方言地区的人把“飐”字的本义作了引申，把名词作形容词使用了。

## 热气烰烰上升

进入砂砖制造厂，你就会看见机器喷出的热气烰烰上升。

“烰烰”一词在粤方言地区人们的口头上比较常用，常用作热气上升的拟状词，“烰”字在广州地区读 fu[4]，当地话“扶”字音。

**烰［fú］，《中华字海》释义：热气上升。**

例：我们的人生应当如沸水，让生命之汽时常烰烰冒出。

## 把橼树刜倒

爷爷让我把刀磨利，到山上去，帮他把橼树刜倒。

“刜”字在粤方言地区人们的口头上比较常用，在广州地区读 fat[9]，当地话“佛”字音；指砍伐。

**刜［fú］，《中华字海》释义：用刀砍；击。**

两广人有时候把“刜”字的本义作了引申。

例：铁拳制恶，利剑刜黑。

## 猪一路豧豧喘气

以前，我们屯家家户户都是把猪放养的。它们在屯子到处走动，有时免不了到菜地里糟蹋菜。六哥曾抡起木棍把屯子里的猪往山沟里驱赶，那些猪一路豧豧喘气。

“豧豧”一词在粤方言地区人们的口头上比较常用，作猪喘气的拟声词，“豧”字在广州地区读 fu[4]，当地话“扶”字音。

**豧［fú］，《中华字海》释义：猪喘息。**

两广人有时候把“豧”字的本义引申到人。

例：百米冲刺下来，每个选手都豧豧喘气。

## 阳光冨冨照耀着小山村

每天，太阳刚从云龙顶上跳出来，阳光就冨冨照耀着小山村。

“昮昮”一词在粤方言地区人们的口头上比较常用，常用作阳光照耀的拟状词，“昮”字在广州地区读 fu[4]，当地话“扶”字音。

**昮［fú］，《中华字海》释义：日光。**

例：他像阳光一样昮昮照耀着周围的人。

## 雬雬下雪

快过年的时候，我们家乡经常雬雬下雪。

“雬雬”一词在粤方言地区人们的口头上比较常用，常用作下雪的拟状词，“雬”字在广州地区读 fu[4]，当地话“扶”字音。

**雬［fú］，《中华字海》释义：雪貌。**

两广人有时候把“雬”字的本义作了引申，例：秋天一到，很多树木就雬雬落叶。

## 到处趚

年少时，四哥常常带着我到处趚。

“趚”字在粤方言地区人们的口头上比较常用，在广州地区读 fat[9]，当地话“佛”字音；指走。

**趚［fú］，《中华字海》释义：走貌。**

例：没有人生目标的人，往往只是在到处趚。

## 把坏蛋祓到一边去

为保护群众的安全，我们要把坏蛋祓到一边去！

“祓”字在粤方言地区人们的口头上比较常用，在广州地区读 fu[5]，当地话“妇”字音；（又）读 fat[7]，当地话“忽”字音。

**祓［fú］，《新华字典》释义：古代用斋戒沐浴等方法除灾求福。引申为清除。**

例：谁要是乱来，迟早被祓！

## 怫乎

老四整天一副怫乎的样子，郁闷易怒：屯里人都知道，他一直想当村支书，但到了退休年龄也没当上。

“佛乎”一词在粤方言地区人们的口头上比较常用，指忧郁或愤怒的样子，“怫”字在广州地区读 fu$^{4}$，当地话“扶”字音。

**怫［fú］，《新华字典》释义：忧郁或愤怒的样子。**

例：怫乎的表情，是失败者的模样。

## 执绋又如何?

有邻居去世了，葬礼主持人安排我几兄弟执绋，我干过几回。之后想想，执绋又如何?

“执绋”一词在粤方言地区人们的口头上比较常用，指协助抬棺材，“绋”字在广州地区读 fu$^{4}$，当地话“扶”字音；（又）读 fat$^{7}$，“忽”字音。

**绋［fú］，《新华字典》释义：大绳，特指拉棺材用的大绳：执~（指送殡）。**

例：执绋是一件善事。

## 拊了老三一掌

我上中学那时，老师拊了李三一掌，我们都觉得老师过分了。

“拊”字在粤方言地区人们的口头上比较常用，在广州地区读 fu$^{2}$，当地话“抚”字音；指拍打。

**拊［fǔ］，《新华字典》释义：拍。如：~掌大笑。**

例：拊人一掌，人家就可能永远不会忘记。

## 弃到山顶

我们来到了都峤山伏羲陵，举目仰望大围顶和二围顶，实在太陡峭了。可是，山顶上分明是有人的。于是我们决定弃到山顶!

“弃”字在粤方言地区人们的口头上比较常用，在广州地区读 fu$^{5}$，当地话“妇”字音；（又）读 fu$^{6}$，当地话“赴”字音；指攀登。

**弃［fù］，《中华字海》释义：登。**

例：别人认为高不可攀的山峰，你弃上去，就与众不同了。

## 雨水霈霈

2020 年，我的家乡遭受了严重的旱灾，很多树木都旱死了。立夏之后，雨水霈霈而下，村民们好开心呀！

“霈”字在粤方言地区人们的口头上比较常用，在广州地区读 fu⁴，当地话“扶”字音；常作雨水飘洒的拟状词。

**霈**［fù］，**《中华字海》释义：❶美雨。❷大雨。**

例：在你人生久旱的时候，可曾有过甘霖霈霈而下？

## 霁霁下起雨来

我骑摩托车搭女儿上县城，半路上突然霁霁下起雨来。

“霁”字在粤方言地区人们的口头上比较常用，在广州地区读 fu⁴，当地话“扶”字音；常作雨不停的拟状词。

**霁**［fù］，**《中华字海》释义：雨不停。**

例：有时候，就算霁霁下着雨，我们还得前进。这就是人生。

## 不要赙赙赗赗

老人常常告诫年轻人：“不要赙赙赗赗。”

“赙赙赗赗”一词在粤方言地区人们的口头上比较常用，在广州地区读 $fu^1fu^1sang^3sang^3$，当地话“肤肤擤擤”字音；（或）读 $fu^6fu^6fung^6fung^6$，当地话“父父凤凤”字音；指大手大脚花钱或大吃大喝。

**赙赗**［fù fèng］，**《新华字典》释义：古时指用财物给人办丧事。**

“赙赗”一词的本义，是指用财物给人办丧事，为啥两广人把它引申为大手大脚花钱或大吃大喝了呢？那是因为有些主人家会借此大摆宴席，铺张浪费。所以，两广人把无端大吃大喝胡乱花钱的行为叫“赙赙赗赗”，这个词语有很深的讽刺意味。

# G

## 糖尜

我幼年时，食物奇缺。只有爸爸妈妈赶集回来，或者有亲戚来做客，我们大抵才能吃上糖尜。

“糖尜”一词在粤方言地区人们的口头上比较常用，指糖果，“尜”字在广州地区读 gaat[8]，当地话“戛”字音。

**尜［gá］，《新华字典》释义：一种中国民间传统的儿童玩具，流传甚广。两头尖，中间大。**

两广人为什么把糖果叫“糖尜”呢？因玩具“尜”与糖果的形状相似，用糖做成，故名。

例：我小时候吃上一口糖尜，就能开心一整天。

## 被骨头侅住了

有一个姑娘在餐馆一边吃饭，一边和朋友说话，结果被骨头侅住了喉咙。

“侅”字在粤方言地区人们的口头上比较常用，在广州地区读 goi[5]，当地话“该”字音。

**侅［gāi］，《中华字海》释义：食物在喉中梗住。**

例：欧爷爷说，当官就要廉洁，不该自己吃的，吃多了，难免会被骨头侅住。

## 光峐峐

我们当地有不少山头因过度开矿，变成光峐峐的。

“光峐峐”一词在粤方言地区人们的口头上比较常用，指光秃秃，“峐”字在广州地区读 goi[5]，当地话“该”字音。

**峐［gāi］，《中华字海》释义：没有草木的山。**

粤方言地区的人引申了“峐”字的本义，如：你看那个人的头光峐峐。

## 镃板

我小时候，在村里看大人镃板，是再寻常不过的事情了。

“镃板”一词在粤方言地区人们的口头上比较常用，指用锯子把木头锯成板块的行为，“镃”字在广州地区读 gaai[3]，当地话“押解”的“解”字音。

**镃［gǎi］，《中华字海》释义：锯开（木料）。如～木料｜芭蕉树～板——无用之才。**

例：镃板是一门技术活。

## 你隑谁过日子？

“你隑谁过日子？”在粤方言地区，有人会这样问你。

“隑”字在粤方言地区人们的口头上比较常用，在广州地区读 koi$^3$，当地话“概”字音；（又）读 kei$^4$，当地话“其”字音。

**隑［gài］，《新华字典》释义：❶斜靠。❷依仗。❸站立。**

在粤方言地区，人们说“我隑在门口”，这个“隑”，是斜靠的意思；“我隑着表叔当了镇长”，这个“隑”，是依仗的意思。

例：没有本事的人隑别人，有本事的人让别人隑。

## 㱦容县沙田柚赚钱

容县沙田柚很有名，每年都有人用外地的沙田柚㱦容县沙田柚赚钱。

“㱦”字在粤方言地区人们的口头上比较常用，在广州地区读 koi$^3$，当地话“概”字音；指冒充。

**㱦［gài］，《新华字典》释义：冒牌图利。**

例：假货㱦真品，往往让人上当。

## 用石头磡住

地下党联络员常常用石头磡住书信，让自己的同志来领取。

“磡”字在粤方言地区人们的口头上比较常用，在广州地区读 kam$^2$，当地话“冚”字音。

**磡［gǎn］，《中华字海》释义：❶石箧，石匣。❷以石遮盖。**

例：一个有本领的人，不会怕被有权势的人磡住。

## 不要吃得太醶

养生专家奉劝人们，不要吃得太醶。

“醶”字在粤方言地区人们的口头上比较常用，在广州地区读 gam$^1$，当地话“甘”字音；指味道咸。

**醶［gǎn］，《中华字海》释义：咸味。**

两广人有时候把“醶”字的本义作了引申，如：有些商人开店，吃得太醶，结果很快就倒闭了。

## 把衣服衦平

以前，我们穿的衣服都是粗布做成的，水洗晒干之后，皱巴巴的。妈妈就叫我把衣服衦平再穿。

"衦"字在粤方言地区人们的口头上比较常用，在广州地区读 gon[2]，当地话"赶"字音。

**衦［gǎn］,《中华字海》释义：用手把衣服的绉纹压平展。**

例：有人说中老年人经常衦脸和额头，皱纹就会减少很多。

## 太阳倝倝出来

每一个晴天的早晨，我们都能看到太阳倝倝出来。

"倝倝"一词在粤方言地区人们的口头上比较常用，指太阳升起金光四射，"倝"字在广州地区读 gon[1]，当地话"干"字音；（又）读 gon[6]，当地话"干"字音。

**倝［gàn］,《中华字海》释义：日始出金光灿烂。**

例：一个能量大的人，往往都有如太阳倝倝出来的气场。

## 不要到处戇

周末一到，家长就会提醒孩子们不要到处戇。

"戇"字在粤方言地区人们的口头上比较常用，在广州地区读 gam[3]，当地话"赣"字音。

**戇［gàng］,《新华字典》释义：鲁莽。**

例：一个人戇多了，就会碰壁；碰壁了，才能吸取教训；得了教训，才会懂得如何避免犯错误。

## 左夰右夰

我上学时，妈妈曾说："你要专心读书，不要左夰右夰。"

"左夰右夰"一词在粤方言地区人们的口头上比较常用，指左搞右搞，"夰"字在广州地区读 gaau[6]，当地话"搞"字音。

**夰［gǎo］,《中华字海》释义：❶分散；放纵轻佻的样子。❷古同"昊"。**

例：喜欢左夰右夰的孩子，动手能力都比较强。

## 槁疰

阿莱小时候头上满是槁疰，经多方寻医问药才好。

“痼瘩”一词在粤方言地区人们的口头上比较常用，在广州地区读 gau⁶lau⁶，当地话“旧漏”字音；（又）读 gaau⁶laau⁶，当地话“搞捞”字音。

**痼瘩［gǎolǎo］，《中华字海》释义：疮疥。**

例：头上长不长痼瘩，是一个人身体健康与否的问题，是否成为社会的痼瘩，则是每个人人生选择的问题。

## 榴板

过去那些砖木结构的房子，二层以上，每层都要铺榴板。

“榴板”一词在粤方言地区人们的口头上比较常用，指楼板，“榴”字在广州地区读 gok⁸，当地话“阁”音。

**榴［gē］，《中华字海》释义：地板。**

例：当大部分人涌入城市生活的时候，一些人却回归乡村，盖起了有榴板的木楼。

## 霉凸

我把皮鞋放在阳台晾晒，没曾想，一场雨下来，鞋子就变得霉凸了。

“霉凸”一词在粤方言地区人们的口头上比较常用，指皮革遇到水而凸起，“霉”字在广州地区读 gaak⁸，当地话“革”字音。

**霉［gé］，《中华字海》释义：雨湿皮革而凸起。**

两广人把“霉”字的本义作了引申，如：李三撞到了电线杆，额头霉起老高。

## 谷岋

许多年前，外公帮我家制作了一个谷岋。这个谷岋如今还留在我家。

“谷岋”一词在粤方言地区人们的口头上比较常用，指用蒲席或竹篾制成的囤积谷物的器具，“岋”字在广州地区读 gap⁸，当地话“鸽”字音。

**岋［gé］，《中华字海》释义：蒲席制的囤积谷物的器具。**

例：知道谷岋，你就从侧面了解了曾经的农村生活。

## 混混谻谻

小时候，伯母常常告诫老四：“不要成天混混谻谻，到处抓鱼抓鸟。”

“混混哥哥”一词在粤方言地区人们的口头上比较常用，“混”指“混在一起”，“哥”指互相说好话，互相打气，怂恿着去干某件事（多指坏事或不务正业之事），“哥”字在广州地区读 go[1]，当地话“哥”字音。

**哥［gě］，《新华字典》释义：赞许，可，嘉。**

例：混混哥哥的人，难以成就大事业。

## 石头硌脚

我小学三年级之前，都是光着脚走山路上学的，被石头硌脚是家常便饭，习惯后就不觉得难受了。

“硌脚”一词在粤方言地区人们的口头上比较常用，指脚板踩在凸起的硬物上特有的感觉，“硌”字在广州地区读 gang[5]，当地话“梗”字音；（又）读 gok[8]，当地话“各”字音。

**硌［gè］，《中华字海》释义：触着凸起的东西觉得不舒服或受到损伤。**

例：走在山路上，行人不可避免会踩到一些硌脚之物。

## “樫”不同于“馌”

“樫”和“馌”这两个字，在粤方言地区里的读音相同；在释义方面，都包含“节约，不浪费”的意思，但是二者的用法不同，侧重点和使用场景不同。

“樫”指物质方面的节约，如：樫柴樫水。

“馌”指食物方面的节约，如：平时不要吃得太馌。

## 真乐哏

闲暇时，我喜欢看喜剧节目，觉得真乐哏。

“乐哏”一词在粤方言地区人们的口头上比较常用，指因有趣而让人快乐，“哏”字在广州地区读 gan[3]，当地话“艮”字音；（又）读 gan[1]，当地话“斤”字音。

**哏［gén］，《新华字典》释义：❶滑稽，可笑，有趣。❷滑稽有趣的言语或动作。**

例：宁可让人感到乐哏，也不可让人感到愤恨。

## 做事一定要緪藤

在我家乡，有这样一句俗语：“做事一定要緪藤。”

“絚藤”一词在粤方言地区人们的口头上比较常用，指粗大结实的绳索或者藤条，引申为稳当扎实，“絚”字在广州地区读gang[1]，当地话“更改”的“更”字音；（又）读gaang[1]，当地话“耕”字音。

**絚［gēng］，《现代汉语词典》释义：粗绳索。**

例：宁可抛弃冒险的成功，也要做絚藤的事。

## 云朵䨣䨣飘过

在晴好的日子看看天空，我们常常能欣赏到云朵䨣䨣飘过。

“䨣䨣”一词在粤方言地区人们的口头上比较常用，指云朵的模样，“䨣”字在广州地区读gang[6]，当地话“耿”字音。

**䨣［gěng］，《中华字海》释义：云貌。**

例：很多人的一生，如天上的云朵般䨣䨣飘过，没有留下任何声息。

## 暗耿

父母都会暗耿着自己的孩子。

“暗耿”一词在粤方言地区人们的口头上比较常用，指暗地里挂念、担忧，“耿”字在广州地区读gang[5]，当地话“耿”字音。

**耿［gěng］，《中华字海》释义：忧。**

例：奶奶暗耿的三叔，今年终于回来了。

## 山岭崚峺

云龙大山是玉林和梧州两市交界的横断山脉，山岭崚峺处，便是两地的分界点。

“崚峺”一词在粤方言地区人们的口头上比较常用，指山岭险阻处，“峺”字在广州地区读gang[2]，当地话“耿”字音。

**峺［gěng］，《中华字海》释义：山岭险阻处。**

例：人生之路，到了崚峺之地，柳暗花明之所便在不远的前方了。

## 拿衣服到楼顶晅一晅

历经了两周的回南天，太阳公公终于露脸了，大家不约而同地拿衣服到楼顶晅一晅。

“晅一晅”是粤方言地区人们在口头上比较常用的短语，指晒一晒，“晅”字在广州地区读 gang³，当地话“更”字音。

**晅［gèng］，《新华字典》释义：晒。**

两广人把“晅”字的本义作了引申，如：人生之路艰难，你能够晅别人一下就晅一下，当你需要别人晅你的时候，就容易了。

## 你的头发髸了

有人提醒我：“你的头发髸了！”

“髸”字在粤方言地区人们的口头上比较常用，在广州地区读 gung²，当地话“拱”字音；指头发蓬松鼓起。

**髸［gōng］，《中华字海》释义：头发蓬乱。**

例：头发髸，比头发稀疏好。

## 耳朵耺耺响

六少说，他在大山里留守，深夜里耳朵耺耺响，他怕得魂都没了……

“耺耺响”一词在粤方言地区人们的口头上比较常用，迷信的人指耳朵听到鬼的声音，“耺”字在广州地区读 gung²，当地话“拱”字音。

**耺［gōng］，《中华字海》释义：迷信的人指耳朵听到鬼的声音。**

例：心里清净，耳朵就不会耺耺响。

## 悆悆愩

我上小学的时候，得知一些同学能够把文章发表在报纸上，就开始悆悆愩了。

“心悆悆愩”一词在粤方言地区人们的口头上比较常用，指心动，“愩”字在广州地区读 gung³，当地话“贡”字音。

**愩［gōng］，《中华字海》释义：❶心动。❷恐惧。**

例：每次听到三叔要回来，我就开始悆悆愩了，期待着他能带回来好吃的。

## 竂过去

四哥是个勇敢的人，我们年少时放牛，弄丢牛后，就得在山林里寻找。有时候前面藤蔓缠绕，布满荆棘，四哥毫无畏惧地说：“竂过去！”

“竂过去”一词在粤方言地区人们的口头上比较常用，指奋力钻过去，“竂”字在广州地区读 gung[3]，当地话“贡”字音。

**竂［gǒng］，《中华字海》释义：钻。如：蝼蛄~泥。**

例：人生之路难免会藤蔓缠绕，布满荆棘，我们竂过去就有出路了。

## 蛬来蛬去

小时候，我跟着妈妈到菜地里去，我看到虫子在青菜叶上蛬来蛬去。

“蛬”字在粤方言地区人们的口头上比较常用，在广州地区读 gung[3]，当地话“贡”字音；指蠕动着向前进。

**蛬［gǒng］，《中华字海》释义：蠕动着向前进。如：毛毛虫直往前~。**

例：住在城市里的小孩子，很难看到虫子蛬来蛬去的情景。

## “竂”和“蛬”有区别

“竂”和“蛬”读音相同，意义相近，实际上是有区别的。

“竂”字的本义指虫子钻，这个字的上半部分是“穴”，有钻过洞穴或某个密闭空间的意思，也可以引申为人钻过某种障碍的行为。

“蛬”字的本义指虫子蠕动着向前进。该字本义是虫子仅仅在一个平面上爬行。

故“竂”和“蛬”不可混淆。

## 拲住双手

犯罪嫌疑人被警察拲住双手，带走了。

“拲”字在粤方言地区人们的口头上比较常用，在广州地区读 gung[2]，当地话“拱”字音。

**拲［gǒng］，《中华字海》释义：❶把双手铐在一起。❷木铐。**

例：一个饱学之士如果没有施展才华的平台，无异于被拲住了双手。

## 木车轲

我年少时，没有什么游戏可玩，于是常常拿生产队废弃的木车轲到场子上滚来滚去。

“轲”字在粤方言地区人们的口头上比较常用，在广州地区读 ho[6]，当地话

“拱”字音。

**辇［gǒng］，《中华字海》释义：❶车辋，即车轮的外周。❷车轮碾压。**

例：很多人的一生，就像一个辇，只知向前，却不知何地是归处。

## 赣出去

我们网住了一条大鲤鱼，鲤鱼在网里不停地蹦跳，想赣出去。

“赣”字在粤方言地区人们的口头上比较常用，在广州地区读 gung[3]，当地话“贡”字音。

**赣［gòng］，《中华字海》释义：从内向外钻或顶。**

例：很多农家子弟都想通过读书赣出去。

## 剨来剨去

星期天，老石带着妹妹在街上剨来剨去。

“剨”字在粤方言地区人们的口头上比较常用，在广州地区读 gung[3]，当地话“贡”字音。

剨［gòng］，《中华字海》释义：钻。他往人群里~丨从外面~进屋来。

例：阿彦整天在邻居家里剨来剨去，只图自己不挨饿。

## 树枝都橺了

这几年，我院里的柠檬长得特别多，树枝都橺了。

“橺”字在粤方言地区人们的口头上比较常用，在广州地区读 ngau[1]，当地话“勾”字音；指压弯。

**橺［gōu］，《中华字海》释义：树枝弯曲。**

例：一个人要是像树一样挂满果实，他生命的枝条也肯定会橺。

## 渔笱

在容江边，人们常常看到一些村民拿着渔笱捕鱼。

“渔笱”一词在粤方言地区人们的口头上比较常用，指竹制捕鱼器，“笱”字在广州地区读 gau[2]，当地话“狗”字音。

**笱［gǒu］，《新华字典》释义：竹制捕鱼器，大腹、大口小颈，颈部装有倒须，鱼入而不能出。**

例：一个人如果是一条大鱼，就难免有人会为他设笱。

## 群山岣嵧

九哥带我登上了云龙大山，我们看着群山岣嵧，思绪万千。

“岣嵧”一词在粤方言地区人们的口头上比较常用，在广州地区读 $gau^6lau^4$，当地话“旧留”字音；（又）读 $gau^2lau^4$，当地话“狗留”字音；指一座山或视野之内所有的山整体面貌。

**岣嵧［gǒu liú］，《中华字海》释义：山貌。**

例：我们看到的人间，不就像我们眼中的群山岣嵧吗？

## 老耇

三十几年不见，我中学的校长成了老耇。

“老耇”一词在粤方言地区人们的口头上比较常用，指人老且驼背，“耇”字在广州地区读 $gau^2$，当地话“狗”字音。

**耇［gǒu］，《新华字典》释义：本义指年龄很大的老人，并且已经驼背了。**

例：有的人外表老耇，内心却充满青春活力；有的人则恰恰相反。

## 屋里篝

有人问我：“你屋里篝藏有黄金吗？”

“屋里篝”一词在粤方言地区人们的口头上比较常用，指屋子最深最隐蔽处，“篝”字在广州地区读 $gau^1$，当地话“篝”字音。

**篝［gòu］，《中华字海》释义：室深密处。**

例：大多数人的屋里篝都不会藏有黄金，心里篝也不会。

## 雊雊叫

在老家，我经常可以听见野鸡雊雊叫。

“雊雊叫”一词在粤方言地区人们的口头上比较常用，是野鸡叫的拟声词，“雊”字在广州地区读 $gau^1$，同普通话读音；（又）读 $ke^4$，当地话“骑”变音。

**雊［gòu］，《新华字典》释义：野鸡叫。**

例：“你不要雊雊叫！”这意思，你能听明白吗？

## 淈淈扢扢

在我上小学的时候，老师常常告诫个别同学："不要在教室淈淈扢扢，其他同学要学习。"

"淈淈扢扢"一词在粤方言地区人们的口头上比较常用，是搅浑、搞乱的意思，"淈"字在广州地区读 gu²，当地话"古"字音。

**淈［gǔ］，《中华字海》释义：指搅浑、搞乱的意思。**

例：法治社会，不允许有人淈淈扢扢。

## 瞽瞽地看着

"阿姨，你拿了我妹妹的玩具，她瞽瞽地看着你！"我对她说。

"瞽瞽"一词在粤方言地区人们的口头上比较常用，是瞪大眼睛（表示不满）的意思，"瞽"字在广州地区读 gu⁶，当地话"古"字音。

**瞽［gǔ］，《中华字海》释义：瞪大眼睛（表示不满）。**

例：我小时候，总是瞽瞽地看着三叔。

## 死愲愲

大祖叔说："算命的人讲，命好的人不用干活都有饭吃、有钱花，要是算命的说得对，你就死愲愲在家里试试看。"

"死愲愲"一词在粤方言地区人们的口头上比较常用，是指郁闷，发呆的意思，"愲"字在广州地区读 gu⁶，当地话"古"字音。

**愲［gǔ］，《中华字海》释义：郁闷；心乱。**

例：人不要死愲愲地等待命运的安排，而要自己掌握命运。

## 买几罟渔网

我和陆老师从泗河村经过，他说："我要买几罟渔网。"

"罟"字在粤方言地区人们的口头上比较常用，在广州地区读 gu²，当地话"古"字音；用作渔网的量词。

**罟［gǔ］，《新华字典》释义：渔网。**

粤方言地区的人们显然把"罟"字的本义作了引申，把名词变成了量词使用。

## 㧓㨃㧓㨃地赶过去

老李的儿子骑车摔伤了，他听说之后，㧓㨃㧓㨃地赶过去。

“㧓㨃”一词在粤方言地区人们的口头上比较常用，在广州地区读 gwaa$^5$dzaa$^5$，同普通话读音；指行走时略带急速或慌张的样子。

**㧓㨃［guǎ zhǎ］，《中华字海》释义：行貌。**

例：人要专心走自己的路，不要有那么一点小事就㧓㨃㧓㨃地赶过去凑热闹。

## 把竹箉系好

以前，陈老师常常带着我到容江捕鱼，将鱼笱沉入江之前，他会吩咐我把竹箉系好。

“箉”字在粤方言地区人们的口头上比较常用，在广州地区读 gwaai$^5$，同普通话读音；（又）读 gwaai$^2$，当地话“拐”字音；指鱼笱上的零件。

**箉［guǎi］，《中华字海》释义：❶鱼笱上的竹具。❷竹杖。**

在粤方言里，“箉”字的另一个义项是“竹杖”。如：大叔有时候用竹箉当拐杖。

## 恫瘝在抱

恫瘝在抱的公仆，会让人民一直怀念他。

“瘝”字在粤方言地区人们的口头上比较常用，在广州地区读 gwaan$^1$，当地话“鳏”字音。

**瘝［guān］，《新华字典》释义：病，痛苦。**

例：有人类，就有瘝苦之人。恫瘝在抱是人类的美德。

## 大家矔住小黎

老师走进教室，看到黑板被画得不成样子，皱起了眉头，不说话，大家矔住小黎，他的脸顿时涨红了。

“矔”字在粤方言地区人们的口头上比较常用，在广州地区读 gun$^3$，当地话“贯”字音。

**矔［guàn］，《中华字海》释义：❶目光灌注；❷转目顾视；❸瞪眼看；❹**

**闭一只眼。**

例：当周围的人时常矔住你的时候，你就是个人物了。

## 水桶毌

我学校的学生使用塑料水桶，时间一久，水桶坏了，水桶毌还在，梁师傅就把它们收集起来了。

“毌”字在粤方言地区人们的口头上比较常用，在广州地区读 gun³，当地话“贯”字音。

**毌［guàn］，《中华字海》释义：篮子、桶等手提的部分。如菜篮～｜水桶～｜茶壶～。**

例：人生的角色很多，有时候，能做一根毌，也很不错。

## 祼一杯酒给祖爷爷

我带着儿子给爷爷扫墓，摆出祭品后，我对儿子说：“祼一杯酒给祖爷爷！”

“祼”字在粤方言地区人们的口头上比较常用，在广州地区读 gun¹，当地话“官”字音；（又）读 gun³，当地话“贯”字音；指斟。

**祼［guàn］，《新华字典》释义：古代祭祀时把酒浇在地上的礼节。**

在粤方言里，“祼”字的义项，不限于对先人使用，如：他说：“老师来了，快给老师祼茶！”

## 不要跳断床桄

有些小孩很淘气，常常三五成群地在床上跳，这时，大人就会说：“不要跳断床桄。”

“床桄”一词在粤方言地区人们的口头上比较常用，指床下横木，“桄”字在广州地区读 gun³，当地话“贯”字音。

**桄［guāng］，《中华字海》释义：床下横木。**

例：床桄一定要买坚固的。

## 深山好养大鸬鹚

我老家在大山沟里，山外的人来到我家乡，就会说我们：“深山好养大鸬鹚。”

“鸤鹍”一词在粤方言地区人们的口头上比较常用，在广州地区读 gwong[2]tsoeng[1]，当地话“广昌”字音。

**鸤鹍［guǎng chāng］，《中华字海》释义：凤凰。**

例：深山好养大鸤鹍，这句话一点不假，环境对人的造就至关重要。

## 在田里彍来彍去

年少时，我在家乡放牛不看牛，有一回，小牛竟然跑进秧田里去吃秧苗了，妈妈因此急得大叫。我抡起木棍就去驱赶小牛，小牛慌乱中在田里彍来彍去。

“彍来彍去”一词在粤方言地区人们的口头上比较常用，指跑来跑去，“彍”字在广州地区读 gwok[9]，当地话“国”字音。

**彍［guǎng］，《中华字海》释义：惊跑。**

例：如果没有明确的目标，你就可能只会在人生路上彍来彍去。

## 太阳真晄

今天太阳真晄，好晒谷、晒衣物。

“晄”字在粤方言地区人们的口头上比较常用，在广州地区读 gwong[1]，当地话“光”字音。

**晄［guàng］，《中华字海》释义：太阳明亮。**

例：一个人即使晄如太阳，要是受云雾遮挡，人们也看不到他的光辉。

## 俇了

阿松带着她儿子去赶集，儿子在集市上走失后，她立即就俇了。

“俇”字在粤方言地区人们的口头上比较常用，在广州地区读 gwaang[6]，当地话“狂”字音。

**俇［guàng］，《中华字海》释义：［～～］慌张失措。**

例：做到有备无患，遇事就不会俇。

## 穬过一穬

家里安装的楼梯木扶手，穬过一穬之后，就更漂亮了。

“穬”字在粤方言地区人们的口头上比较常用，在广州地区读 gwong[1]，当地话“光”字音。

**穬［guàng］，《中华字海》释义：给器物涂上油料或漆，使之有光泽。**

“穬”字在口语中常形容人。如：很多有真才实学的人，只需要穬上一穬，就身价百倍了。

## 天气真恑

天阴沉沉的，大家都以为要下大雨了，半个小时不到，就晴空万里，大家都说，这天气真恑。

“恑”字在粤方言地区人们的口头上比较常用，在广州地区读 gwai$^{2}$，当地话“鬼”字音；指诡异、变异。

**恑［guǐ］，《中华字海》释义：变异。**

例：事物本来就会随着其固有的规律而变化发展，人之所以觉得它恑，是缺少对其的正确认识。

## 傴宄

阿青刚相了亲，双方挺满意，这事偏让二狗知道了，很快就没了下文。屯里的人都知道二狗傴宄。

“傴宄”一词在粤方言地区人们的口头上比较常用，指干坏事，“宄”字在广州地区读 gwai$^{2}$，当地话“鬼”字音。

**宄［guǐ］，《新华字典》释义：坏人。**

例：这个世界上，总是有一些傴宄的人。

## 太攰了

孩子进入高三之后，没日没夜地苦读，真是太攰了。

“攰”字在粤方言地区人们的口头上比较常用，在广州地区读 gui$^{6}$，当地话“攰”字音。

**攰［guì］，《中华字海》释义：精疲力尽。**

例：人要善于调节自己的生活节奏，不要太攰。

## 繁重的工作会把人攰坏

过于繁重的工作会把人攰坏的。

“攰”字在粤方言地区人们的口头上比较常用，在广州地区读 gui$^{6}$，当地话

“赼”字音。

**𪄩 [guì]，《中华字海》释义：极度疲惫。**

例：有的人工作清闲但收入高，有的人很𪄩收入却不高。

## 把田反复𦓤几遍

每年春插和夏插之前，妈妈都要我把田反复𦓤几遍。

“𦓤”字在粤方言地区人们的口头上比较常用，在广州地区读 gwan[2]，当地话“滚”字音。

**𦓤 [gǔn]，《中华字海》释义：再耕。**

例：读书如耕田，要反复𦓤。

## 会谓人

大家都发现，会谓人的人，就算没有什么工作能力，也能混得很好。

“谓”字在粤方言地区人们的口头上比较常用，在广州地区读 gwan[3]，当地话“棍”字音；指善于哄人。

**谓 [gùn]，《中华字海》释义：❶顺言。❷戏弄人。**

例：记得狐狸谓乌鸦的故事吗？善于谓人的人，其实就是精明的人。

## 正一𢙺

“他那个人呀，正一𢙺！”我常常听到这种感慨。

“正一𢙺”一词在粤方言地区人们的口头上比较常用，指既愚昧无知又自以为是的傻瓜，“𢙺”字在广州地区读 go[1]，当地话“哥”字音。

**𢙺 [guō]，《中华字海》释义：既愚昧无知又自以为是。**

例：谦逊的人永远不会是“正一𢙺”。

## 车轮𨏥𨐁𨏥𨐁转

上小学五年级的时候，我就帮爷爷拉木车运竹片。车轮𨏥𨐁𨏥𨐁转的情景，至今难以忘怀。

“𨏥𨐁”一词在粤方言地区人们的口头上比较常用，在广州地区读 gwok[8]lok[8]，当地话“郭洛”字音；用作车轮滚动的拟声词。

**𨏥𨐁 [guō luò]，《中华字海》释义：象声词，车轮滚动声。**

例：人命运的车轮，常常辚轹辚轹地转动。

## 腿好躩趚

韦奶奶赞叹说："阿青的腿好躩趚！"

"躩趚"一词在粤方言地区人们的口头上比较常用，在广州地区读 gwok$^{8}$sok$^{8}$，当地话"国索"字音。

**躩趚［guó suǒ］，《中华字海》释义：足长的样子。**

例：腿躩趚的人走起路来步伐就大很多。

## 聝你的耳朵

在我老家，大人常常吓唬小孩子："你那么喜欢吃肉，今天没有肉，那就聝你的耳朵炒了吃！"

"聝耳"一词在粤方言地区人们的口头上比较常用，指割掉耳朵。"聝"字在广州地区读 gwok$^{8}$，当地话"国"字音；（又）读 gwik$^{7}$，当地话"隙"字音。

**聝［guó］，《新华字典》释义：古代战争中割取敌人的左耳以计数献功。也指割下的左耳。**

例：爷爷告诫年轻人："不要动不动就想聝别人。"

## 礮硦

昨夜，我突然听到了"礮硦"一声，不知什么地方的石头掉了。

"礮硦"一词在粤方言地区人们的口头上比较常用，在广州地区读 gwok$^{9}$lok$^{9}$，当地话"国落"字音；指石头滚下的声音。

**礮硦［guǒ luò］，《中华字海》释义：石声。**

例：你能否听到自己心里的礮硦？

## 帮爸爸剿禾

在女儿很小的时候，我就把她带到田里去看奶奶和妈妈剿禾。她说："我长大了就帮爸爸剿禾。"

"剿禾"一词在粤方言地区人们的口头上比较常用，指收割水稻，"剿"字在广州地区读 gow$^{2}$，当地话"果"字音。

**剐［guǒ］，《中华字海》释义：割。如白居易诗《池畔二首》“持刀～密竹。”**

例：有多少人期待着自己的事业迎来剐禾的时刻呀！

## 腌制些荶

在我老家，屯里的人每年都要腌制些荶，用来喝粥下饭。

“荶”字在粤方言地区人们的口头上比较常用，在广州地区读 $gang^2$，当地话“梗”字音。

**荶［gěng］，《中华字海》释义：芋茎。**

例：走进我们这里的市场，你随时可以买到腌制好的荶。用荶炒猪大肠、猪耳朵，别有一番风味。

## 烧涫水

在我老家，人们每天早上进入厨房后要先烧涫水。

“涫水”一词在粤方言地区人们的口头上比较常用，指开水。“涫”字在广州地区读 $gwan^2$，当地话“滚”字音；（又）读 $gun^3$，当地话“贯”字音。

**涫［guàn］，《新华字典》释义：沸：～汤。**

例：俗语说，“涫水利过剃刀”。剃刀剃掉的毛发还会长出来，涫水烫过的皮肤毛发不会再生。

## “涫水”不是“滚水”

粤方言地区的人，大都把自己日常在口头上使用的“涫水”写成“滚水”，其实“涫水”不是“滚水”。

“涫水”，指的是开水。粤语“涫”与“滚”同音，因“涫”字不常见，在书面上也不常用，所以，很多人误以为“涫水”就是“滚水”。

其实，“涫水”不是“滚水”。“涫水”既可以指刚刚烧开的水，也可以指凉开水，“涫水”是名词。事实上没有“滚水”的说法和写法：“水滚了”指“水煮开了”，虽然这个状态下的水确实是“开水”，亦即“涫水”，但不能说成和写成“滚水”，亦不能把动词或形容词当成名词使用。

## 不要傻瘖瘖

阿树是个热心助人的好青年，但是迟迟找不到对象。村里的人都劝他主动出击，不要傻痯痯守株待兔。

“傻痯痯”一词在粤方言地区人们的口头上比较常用，指死板、不灵活，“痯”字在广州地区读 gun²，当地话“管”字音。

**痯［guǎn］，《中华字海》释义：❶忧郁症。❷［~~］疲劳。**

例：傻痯痯的人没有心机。

## 嘴甘甘

平时嘴甘甘的人，都是世间了不起的人。

“嘴甘甘”一词在粤方言地区人们的口头上比较常用，指闭口不言。“甘”字在广州地区读 gam³，当地话“甘”字音。

**甘［gàn］，《中华字海》释义：口闭。**

例：你身边有谁是嘴甘甘的人？

## 啰啰谳谳

我们身边，总有一些习惯啰啰谳谳的人。

“啰啰谳谳”一词在粤方言地区人们的口头上比较常用，指自言自语，废话连篇，“谳”字在广州地区读 gwo⁶，当地话“果”字音。

**谳［guó］，《中华字海》释义：［~~］多言。**

例：习惯啰啰谳谳，是一个人智力不正常的表现。

# H

## 等我嘢

“明天早上你在这里等我嘢！”放学后，我朝小伙伴喊道。

“嘢”字在粤方言地区人们的口头上比较常用，在广州地区读 haa²，和普通话读音相同。

**嘢［há］，《中华字海》释义：叹词。**

例：我们以后就不要忘记这个字了嘢！

## 全醢出来了

“监察部门找了老村，老村把吃下的全醢出来了！”村民们如是说。

“醢”字在粤方言地区人们的口头上比较常用，在广州地区读 haai$^{5}$，同普通话读音；（又）读 hoi$^{2}$，当地话“海”字音；指酱状物，引申为吐出污秽物。

**醢［hǎi］，《新华字典》释义：❶古代用鱼肉等制成的酱。❷古代把人杀死后剁成肉酱。**

例：早知道吃下的要醢出来，何必吃它呢？

## 山谷谽谺

在贵州大石山区，人们看到眼前山谷谽谺一片，无比震撼。

“谽谺”一词在粤方言地区人们的口头上比较常用，在广州地区读 ham$^{4}$haa$^{4}$，当地话“含霞”字音。

**谽谺［hān xiā］，《中华字海》释义：山谷空旷貌、山石险峻貌，犹闪烁，中空貌。**

“谽谺”一词的另一种写法是“崊岈”，二者读音和释义相同。

## 馠香一片

每次回到老家，我都闻到馠香一片。因为屯里每一个角落都种有九里香。

“馠香”一词在粤方言地区人们的口头上比较常用，指香味浓，“馠”字在广州地区读 ngaam$^{2}$，当地话“啱”字音。

**馠［hān］，《中华字海》释义：❶香。❷香味浓。❸微香。**

例：几乎每一个人都喜欢馠香味。

## 㦎水㦎柴

从小欧爷爷就教育我们，要㦎水㦎柴。

“㦎”字在粤方言地区人们的口头上比较常用，在广州地区读 haan$^{1}$，当地话“悭”字音。

**㦎［hān］，《中华字海》释义：节约。**

例：会㦎家的人就会持家。

## 用匼装钱

以前，我屯子里的人都喜欢用匼装钱。

“匼”字在粤方言地区人们的口头上比较常用，在广州地区读 hap$^{9}$，当地话“盒”字音。

**匲［hán］，《中华字海》释义：装东西的器具。**

例：你喜欢收藏漂亮的匲吗？

## 㕢的沉下去了

容江上有一艘抽沙船，由于沙子装得太满，㕢的一声沉下去了。

“㕢”字在粤方言地区人们的口头上比较常用，在广州地区读 ham[4]，当地话“含”字音；用作船沉没的拟状词。

**㕢［hán］，《中华字海》释义：船沉没。**

例：在江边，看到船㕢的沉下去了，很吓人。

## 把润喉片慢慢琀化

医生叮嘱咽炎患者：“你把润喉片慢慢琀化。”

“琀”字在粤方言地区人们的口头上比较常用，在广州地区读 gam[5]，当地话“今”字音；（又）读 ham[3]，当地话“嵌”字音；原义指死者口中所含的珠玉，引申为活人把较硬的食物（如橄榄）含在口中，或指没有牙齿的小孩和老人用嘴巴慢慢咀嚼食物。

**琀［hán］，《新华字典》释义：死者口中所含的珠玉。**

可见，在粤方言里，“琀”字的外延比较大。

## 大裂豃

我到大黎冲找水源，发现了一道大裂豃。我告诉奶奶后，奶奶说她年轻时到大黎冲放牛就看到大裂豃在那里了。

“豃”字在粤方言地区人们的口头上比较常用，在广州地区读 haam[5]，当地话“函”字变音；指裂开或裂谷。

**豃［hǎn］，《中华字海》释义：❶裂开。❷幽深。**

例：人经历了伤害之后，心里便会留下一道大裂豃。

## 山洪浻浻流过

每当下大雨的时候，我的家乡就有山洪浻浻流过。

“浻浻”一词在粤方言地区人们的口头上比较常用，指（水）流得很急的样子，“涆”字在广州地区读 ham[6]，当地话“含”字音；（又）读 hon[6]，当地话“瀚”字音。

**涆**［hàn］，**《中华字海》释义：［～～］（水）流得很急的样子。**

例：我们的人生，都处在涆涆洪流之中。

## 不要谳谳诃诃

从小，爷爷就教育我：“无论自己有多大本事，对人也不要谳谳诃诃。”

“谳谳诃诃”一词在粤方言地区人们的口头上比较常用，也叫“诃诃谳谳”，在广州地区读 hap[7]hap[7]hoe[1]hoe[1]，当地话“恰恰靴靴”字音；指发怒欺负人。

**谳诃**［hànhè］，**《中华字海》释义：愤怒的样子。**

例：对别人谳谳诃诃的人，应当反思自己的言行。

## 不要吃得太馠

爸爸对孩子说：“在学校不要吃得太馠。”

“馠”字在粤方言地区人们的口头上比较常用，在广州地区读 haan[1]，当地话“悭”字音；指节约食物。

**馠**［hàn］，**《中华字海》释义：食不饱。**

例：在食物稀缺的时候，馠一点，可以度过饥荒。

## 让孩子唅嘾奶

以前，一些哺乳期的妇女外出干活前，孩子的奶奶通常会说：“让孩子唅嘾奶！”

“唅嘾”一词在粤方言地区人们的口头上比较常用，在广州地区读 ham[4]daam[6]，当地话“含啖”，意思是“喝口”。

**唅嘾**［hàn dàn］，**《中华字海》释义：吸吮乳汁的样子。**

两广人常使用其引申义“喝口”，如：“我唅嘾酒再去干活！”

## 鱼塘暵水了

几个月没下大雨，伯父对我说：“你家鱼塘暵水了！”

“暵”字在粤方言地区人们的口头上比较常用，在广州地区读 hot[8]，当地话“喝”字音；（又）读 hon[3]，当地话“汉”字音；指水严重流失、缺水。

**暵［hàn］,《新华字典》释义：❶暴晒。❷使干枯。**

例：这连绵的阴雨天，让长期受暵的田地滋润了。

## 不要做鹎鴠

廖叔和九哥常常告诫他们的儿子："不要做鹎鴠。"

"鹎鴠"一词在粤方言地区人们的口头上比较常用，在广州地区读 $hon^5daan^{6-2}$，当地话"旱蛋"字音。

**鹎鴠［hàn dàn］,《中华字海》释义：寒号鸟。**

例：未雨绸缪，做到有备无患，才不会成为人间的鹎鴠。

## 到路口迒迒

年少时，我帮家里放牛。有一天早上，我发现牛不在栏里，就慌了。爸爸叫我到路口迒迒。

"迒迒"一词在粤方言地区人们的口头上比较常用，指沿着印痕去寻找，"迒"字在广州地区读 $hong^4$，当地话"航"字音。

**迒［háng］,《新华字典》释义：❶野兽、车辆经过的痕迹。❷道路。**

例：你在路上迒过牛马吗？

## 跒住了她

阿三说，他从石头公社步行到松山公社，天已经黑了，寻到雪贞家，雪贞拉着孩子正要去晒谷场看电影，便跒住了她。

"跒"字在粤方言地区人们的口头上比较常用，在广州地区读 $hong^4$，当地话"航"字音；指伸脚拦住。

**跒［hàng］,《中华字海》释义：伸脚。**

例：上学时，班里调皮的男生经常跒路过的同学。

## 莽㳄

有的人，总是一副莽㳄的模样，叫人不待见。

"莽㳄"一词在粤方言地区人们的口头上比较常用，指样子倔强，"㳄"字在广州地区读 $haang^1$，当地话"夯"字音。

**㳄［hàng］,《中华字海》释义：［莽~］倔强的样子。**

例：大爷生得一副莽峻的模样，但是心肠很好。

## 薅草

我在老家种了水稻，每逢周末，我就回家薅草。

“薅”字在粤方言地区人们的口头上比较常用，在广州地区读 hou[1]，当地话“号”字音。

**薅［hāo］，《新华字典》释义：❶拔除。❷揪。**

例：年少时，我最喜欢的事就是帮三叔薅白头发。

## 淏淏清水

一来到大水村，我们就看见淏淏清水流入宁冲水库。

“淏”字在粤方言地区人们的口头上比较常用，在广州地区读 hou[6]，当地话“浩”字音。

**淏［hào］，《新华字典》释义：水清。**

例：人要像淏淏清水一样在社会的长河里奔流。

## 秏田

春夏两季，我老家的村民们在插完田之后的第一周，就要秏田。

“秏田”一词在粤方言地区人们的口头上比较常用，指耘田，“秏”字在广州地区读 hou[1]，当地话“好”字音。

**秏［hào］，《中华字海》释义：用草木叶肥田。**

例：学生学习就如农民秏田，不秏田就没有好收成。

## 龁住牙再漱口

读小学的时候，许老师教我们龁住牙再漱口。

“龁”字在粤方言地区人们的口头上比较常用，在广州地区读 hap[9]，当地话“合”字音。

**龁［hé］，《新华字典》释义：牙齿咬合。**

粤方言地区的人们把“龁”字的本义作了引申，如：把木箱龁住。

## 不要磡老人和小孩

爷爷对我说：“不要磡老人和小孩。”

“𥖁”字在粤方言地区人们的口头上比较常用，在广州地区读 hot[8]，当地话“喝”字音；指严厉呵斥。

**𥖁［hé］，《中华字海》释义：苛刻，严厉。**

例：𥖁比自己弱小的人，只说明自己无能。

## 诃诃滚

大市场人很多，总是诃诃滚。

“诃诃滚”一词在粤方言地区人们的口头上比较常用，指人声鼎沸，“诃”字在广州地区读 ho[6]，当地话“贺”字音。

**诃［hè］，《中华字海》释义：［～～］众声。**

例：诃诃滚的地方，不适宜学习。

## 不要以大猲小

老师教育我们：“不要以大猲小。”

“猲”字在粤方言地区人们的口头上比较常用，在广州地区读 haa[1]，当地话“虾”字音；指以大欺小或仗势欺人。

**猲［hè］，《中华字海》释义：恐吓，吓唬。**

例：不以大猲小是做人的品德。

## 不要愒人

爷爷教育我们：“不要愒人。”

“愒”字在粤方言地区人们的口头上比较常用，在广州地区读 hot[8]，当地话“喝”字音。

**愒［hè］，《现代汉语词典》释义：吓唬。**

例：人不愒我，我不愒人。

## 不要只会说“诃”

有部分领导喜欢唯唯诺诺、只会说“诃、诃、诃”的下属，但有担当的领导则相反。

“诃”字在粤方言地区人们的口头上比较常用，在广州地区读 ho[4]，当地话“河”字音。

**谮［hè］，《中华字海》释义：答应语。**

例：人活在这个世界上，只会说“谮、谮、谮”，是远远不够的。

## 大火熇熇烧

去年重阳节前后，全县好几个乡镇因祭祖引发了山火，在手机视频里，大家都看见了大火熇熇烧的情景。

“熇熇”一词在粤方言地区人们的口头上比较常用，指烈火燃烧的样子，“熇”字在广州地区读 ho[6]，当地话“贺”字音。

**熇［hè］，《新华字典》释义：烈火燃烧的样子。**

例：我们的生命，应该像火一样熇熇燃烧。

## 毛色翯翯

二哥养了一群白洋鸭，看着那些鸭子毛色翯翯的样子，二哥开心极了。

“翯翯”一词在粤方言地区人们的口头上比较常用，指羽毛洁白润泽的样子，“熇”字在广州地区读 ho[6]，当地话“贺”字音；（又）读 hok[9]，当地话“学”字音。

**翯［hè］，《新华字典》释义：［～～］羽毛洁白润泽的样子。**

“翯翯”一词在粤方言地区有时候被引申为：人穿着长大衣显得很帅气的样子。

## 心㥾

百益屯有好几个年轻人心㥾得不行，整天游手好闲，无所事事。

“㥾”字在粤方言地区人们的口头上比较常用，在广州地区读 hak[7]，当地话“黑”字音。

**㥾［hēi］，《中华字海》释义：糊涂，昏昧。**

例：人生不可能不遇到困难，也难免陷入困境，关键是心不能㥾，要足够明亮。

## 淴淴声响

容江的水流经猪牙峡，撞击在石咀上，发出了淴淴声响。

“淴淴”一词在粤方言地区人们的口头上比较常用，指水冲击声，“淴”字在广州地区读 gwang[1]，当地话“訇”字音。

**洶［hōng］，《中华字海》释义：水冲击声。**

例：水是至善之物，遇险阻尚且发出洶洶之声。人遇险阻而无声者，非愚则圣。

## 浊浪澋澋

在老家，每次山洪暴发，我都能看到浊浪澋澋惊心动魄的场景。

“澋澋”一词在粤方言地区人们的口头上比较常用，指激荡汹涌，“澋”字在广州地区读 gwang[1]，当地话“訇”字音。

**澋［hōng］，《中华字海》释义：激荡汹涌。**

例：人不要像洪水那样澋澋奔腾，而要像平静的江水那样缓缓流淌。

## 薨訇倒下

冯老师薨訇倒下，离我们而去了。

“薨訇”一词在粤方言地区人们的口头上比较常用，指轰然倒下、死去，“薨”字在广州地区读 gwang[1]，当地话“轰”字音。

**薨［hōng］，《新华字典》释义：古代称诸侯或有爵位的大官的死。**

例：人的官职不管有多大，薨訇一下就没有了，且行且珍惜。

## 让人儚

世上总是有这样的人，不管别人帮了他多少，只要别人有那么一丁点小事满足不了他，他就恩将仇报。这样的人让人儚。

“心儚”一词在粤方言地区人们的口头上比较常用，指心烦、心生反感，“儚”字在广州地区读 gung[5]，当地话“公”字音；（又）读 gwang[1]，当地话“轰”字音。

**儚［hōng］，《中华字海》释义：❶昏迷。❷恨。**

例：我们活在世上，不要让自己成为让人儚的人。

## 谾谾的山体

在我老家隔壁的马路镇，有不少谾谾的山体。因为挖矿，那些山的内部基本被掏空了。

“谬谾”一词在粤方言地区人们的口头上比较常用，指内部掏空，“谾”字在广州地区读 hung[1]，当地话“空”字音。

**谾［hōng］，《新华字典》释义：❶（山谷）空而深，如“岩岩深山之~~兮。”❷象声词，如“谷声~~。”**

例：一个人穿着过大的裤子，他会感觉谬谾。

## 聃聃响声

小时候，我生活在大山沟里，大山沟太静了，每当飞机从天上飞过，我们就会听到聃聃响声。

“聃聃”一词在粤方言地区人们的口头上比较常用，形容声音大，“聃”字在广州地区读 wang[4]，当地话“宏”字音。

**聃［hóng］，《中华字海》释义：［~~］形容声音大，如宋玉《风赋》“~~雷声。”**

例：在县城生活，每个半夜，都有聃聃的响声，县城便不静谧了。

## 弸弸鼓起

我们使用地膜育秧，那些地膜弸弸鼓起。

“弸弸”一词在粤方言地区人们的口头上比较常用，指帷帐被风吹得鼓起的样子，“弸”字在广州地区读 hung[4]，当地话“红”字音；（又）读 wang[4]，当地话“宏”字音。

**弸［hóng］，《中华字海》释义：［弸（péng）~］❶风吹动帷帐的声音，如“帷~~其拂汨兮。”❷帷帐被风吹得鼓起的样子。**

在粤方言地区“弸弸”一词有时候被引申为人的肚子大。如：如今不少年轻男子肚子弸弸鼓起，这是不健康的表现。

## 泓汯的水流

在水电站的进水口，我们看到了泓汯的水流。

“泓汯”一词在粤方言地区人们的口头上比较常用，指（水流）回旋的样子，“汯”字在广州地区读 hung[4]，当地话“红”字音；（又）读 wang[4]，当地话“宏”字音。

**汯［hóng］，《中华字海》释义：［泓（hóng）~］（水流）回旋的样子。**

例：人生在世，往往会不由自主地投入泓汯的旋涡之中。

## 硿礲

挖掘机在开挖山路的时候，常常有巨石从山上滚下，发出“硿礲硿礲”的响声。

“硿礲”一词在粤方言地区人们的口头上比较常用，在广州地区读 $gung^4lung^4$，当地话“宫龙”字音。

**硿礲［hóng lóng］，《中华字海》释义：❶石头落下的声音。如韩愈《征蜀国联句》诗：“投奅闹～～。”❷泛指大的声音。**

例：人一旦不为他人所用的时候，往往就会被当成大石头硿礲硿礲地推下山去。

## 手脚都舡了

夏天，我冒着烈日在田里打谷，晒到手脚都舡了。

“舡”字在粤方言地区人们的口头上比较常用，在广州地区读 $hung^4$，当地话“红”字音。

**舡［hóng］，《中华字海》释义：皮肉红肿。**

例：夏天难免要经历烈日和暴雨，手脚都舡了，其实是小事。

## 矇晎

老人说：四十四，眼出刺。一点不假，到了五十，很多人的眼睛就矇晎一片了。

“矇晎”一词在粤方言地区人们的口头上比较常用，指眼前模糊不清，“晎”字在广州地区读 $hung^2$，当地话“哄”字音。

**晎［hǒng］，《中华字海》释义：［矇～］眼前模糊不清。**

例：人往往在眼睛矇晎的年纪才能看清世界。

## 瞢晎

我网购了一套书，翻开后发现书面瞢晎，原来是盗版的。

“瞢晎”一词在粤方言地区人们的口头上比较常用，指模糊不清，“晎”字在广州地区读 $hung^1$，同普通话读音。

**晎［hòng］，《中华字海》释义：模糊不清。**

例：我们看到的世界，很多都是瞢哄一片的，真相如何，无从得知。

## 耳朵䎫䎫响

人身体不适，有时候会出现耳朵䎫䎫响的状况。

“䎫䎫”一词在粤方言地区人们的口头上比较常用，指耳鸣声，“䎫”字在广州地区读 wang[4]，当地话“宏”字音。

**䎫［hòng］，《中华字海》释义：耳鸣声。**

例：我们有时候从水里游泳上来，耳朵会䎫䎫作响，不要奇怪。

## 长蕻

我家田里的稻穗好长蕻！

“长蕻”一词在粤方言地区人们的口头上比较常用，指植物长得茂盛，“蕻”字在广州地区读 hung[6]，当地话“哄”字音。

**蕻［hòng］，《中华字海》释义：❶草菜心长。❷茂盛。**

例：太长蕻的青菜，有喷施激素之嫌。

## 烎烎火

小时候，六婶常教我们：“烧起烎烎火，快来煮笋果，煮到熟，你吃簇，我吃簇。”

“烎烎火”一词在粤方言地区人们的口头上比较常用，指烧得旺的火，“烎”字在广州地区读 hung[6]，当地话“烘”字音。

**烎［hòng］，《中华字海》释义：火貌。**

例：家里的灶膛有烎烎火，生活就会充满希望。

## 不要颬颬颬颬

在我们周围，总有一些幸灾乐祸的人，一旦看到他人遇到不顺心的事，他们就会怪里怪气地喊：“颬、颬、颬……”或“颬、颬、颬……”从小，欧爷爷就教育我们：“不要颬颬颬颬。”

“颬颬颬颬”一词在粤方言地区人们的口头上比较常用，指说话不正经，胡言乱语。“颬颬”一词在广州地区读 hau[4]haa[4]，当地话“喉霞”字音。

**颬颬［hóu xiá］，《中华字海》释义：言不正。**

例：习惯颁颁颙颙的人，都是不正经的人。

## 眼睛矇睺

年过五十，我就感觉眼睛矇睺，读书看报很吃力了。

“矇睺”一词在粤方言地区人们的口头上比较常用，指眼睛弱视严重，看不清楚。“睺”字在广州地区读 hau[4]，当地话“喉”字音。

**睺［hóu］，《康熙字典》释义：半盲也。又深目也。**

例：岁月不饶人，尽管眼睛矇睺，但我们的心要保持年轻。

## 懒䀮他

老温在别人背后搞了无数小动作，他本想大家会因此重视他，结果大家反而都懒䀮他。

“懒䀮”一词在粤方言地区人们的口头上比较常用，指不理睬。“䀮”字在广州地区读 hau[1]，当地话“候”字音。

**䀮［hǒu］，《中华字海》释义：窥视。如：~着他。**

可见，粤方言地区的人扩大了“䀮”字本义。

例：老达平时手脚不干净，出现在哪里，都被别人䀮住。

## 有一种烹饪方法叫烀

在两广地区，有一种烹饪方法叫烀，就是把腌制好的猪脚、排骨之类的食材放进锅里，加上适量的水，慢火蒸煮。

“烀”字在粤方言地区人们的口头上比较常用，在广州地区读 fat[7]，当地话“忽”字音；（又）读 fu[1]，当地话“呼”字音；指半蒸半煮的烹饪方法。

**烀［hū］，《新华字典》释义：半蒸半煮，把食物弄熟。如：~白薯。**

在粤方言地区“烀”字被延伸为“折腾”，这是个引申义。如：生活不容易，有不少人被烀到失去了前进的动力。有些人百烀而不改其志，砥砺前行，终成正果。

## 韭菜被草帍住了

妈妈说：“韭菜被草帍住了，赶快把草除掉。”

“帍”字在粤方言地区人们的口头上比较常用，在广州地区读 fu[1]，当地话

“呼”字音；指覆盖。

**怃［hū］，《中华字海》释义：❶覆盖。❷大。❸怠慢。**

例：正义的力量强大了，就会把邪恶的力量怃住，反之亦然。

## 大风飔飔地吹

在云龙顶那里，大风飔飔地吹，把我的上衣都吹开了。

“飔”字在粤方言地区人们的口头上比较常用，在广州地区读 fu[1]，当地话“呼”字音；用作大风的拟声词。

**飔［hū］，《康熙字典》释义：疾风。**

例：遇到大风飔飔地吹，我就很感慨，大自然的能耐是最大的。

## 太阳匢乎

奶奶说：“今天太阳匢乎，不好晒谷。”

“匢乎”一词在粤方言地区人们的口头上比较常用，指太阳虽然出来了但是不够明亮，“匢”字在广州地区读 fu[1]，当地话“乎”字音。

**匢［hū］，《中华字海》释义：日出未甚明。**

在粤方言地区“匢乎”一词有时候被引申为“平平淡淡”。如：不少人活在世间，不过匢乎一生罢了。

## 雽雽下起了大雨

夏天的雨，说下就下，有时候阳光明媚，突然就雽雽下起了大雨。

“雽雽”一词在粤方言地区人们的口头上比较常用，用作大雨的拟状词，“雽”字在广州地区读 fu[1]，当地话“乎”字音。

**雽［hū］，《中华字海》释义：雨下。**

例：来如风雨，去似微尘。有些人如大雨雽雽而来，却黯然而去。

## 曶然而过

我小时候在地坪上看戏，常常看到流星在天空中曶然而过。

“曶”字在粤方言地区人们的口头上比较常用，在广州地区读 fu[1]，当地话“呼”字音；指快。

**曶［hū］，《新华字典》释义：极速，转眼之间。**

例：人生的光阴曶然而过，很多人都没有留下任何痕迹。

## 耳朵瑚瑚响

二伯说，他耳朵经常瑚瑚响，上了年纪，身体就差了。

“瑚瑚”一词在粤方言地区人们的口头上比较常用，用作耳鸣的拟声词，“瑚”字在广州地区读 $wu^4$，当地话“胡”字音。

**瑚［hú］，《中华字海》释义：耳鸣。**

例：你有过耳朵瑚瑚响的时候吗？

## 轱辘𨏔𨏔转

在山区种田是很辛苦的。以前，到了打谷的时候，屯子里的人都是使用脚踏打谷机，这几年，换上了汽油机，轱辘𨏔𨏔转，省力多了。

“𨏔𨏔”一词在粤方言地区人们的口头上比较常用，用作圆形物体高速运转的拟状词，“𨏔”字在广州地区读 $wu^4$，当地话“胡”字音。

**𨏔［hú］，《中华字海》释义：转物轴。**

例：一个人的生命状态像车轮一样𨏔𨏔转，意义就大了。

## 天空縠乎一片

早上起来，有时候我们会看见天空縠乎一片。

“縠乎”一词在粤方言地区人们的口头上比较常用，用作朝霞满天的拟状词，“縠”字在广州地区读 $wu^4$，当地话“胡”字音。

**縠［hú］，《中华字海》释义：朝霞。**

例：每当看到天空縠乎一片，我们就会生出许多遐想。

## 隺乎的山

从容县县城往西远远望去，我们就看见了隺乎的大容山。

“隺乎”一词在粤方言地区人们的口头上比较常用，指很高的样子，“隺”字在广州地区读 $wu^4$，当地话“胡”字音。

**隺［hú］，《中华字海》释义：极高。**

例：人就像山一样，如果你隺乎地挺立在世人面前，大家便会重视你。

## 大火焀焀烧

有一次，我在城郊看到城里火光冲天，大火焀焀烧，一会儿就传来了消防车的警报声。

“焀焀烧”一词在粤方言地区人们的口头上比较常用，指火势猛烈，“焀”字在广州地区读 wu⁴，当地话“胡”字音。

**焀［hú］，《中华字海》释义：火貌。**

例：有些人的人生如大火焀焀烧，很猛烈；有些人的人生如慢火燃烧，安静平和。

## 怘住我全家

大嫂拜大神祈福道：“求您保佑，怘住我家里人就行了。”邻居阿火听到了这话，直摇头。

“怘”字在粤方言地区人们的口头上比较常用，在广州地区读 wu⁶，当地话“护”字音；指保护。

**怘［hù］，《中华字海》释义：❶护。❷漏。❸常。❹安。**

例：行善之人，自有天怘。

## 用手摢住

表妹到山上游玩，裤子被树枝刮破了，她用手摢住，防止走光。

“摢”字在粤方言地区人们的口头上比较常用，在广州地区读 fu²，当地话“呼”字音；指遮挡、堵住。

**摢［hù］，《中华字海》释义：拥障。**

例：有些地方可以摢住，有些地方却摢不住。

## 乎嶋

大容山乎嶋地挺立在南国大地上。

“乎嶋”一词在粤方言地区人们的口头上比较常用，指山体庞大，“嶋”字在广州地区读 wu⁶，当地话“扈”字音。

**嶋［hù］，《中华字海》释义：山广貌。**

例：人要是能够如大山一样乎嶋挺立着，就会屹立不倒。

## 草木乎岵

华风头（一座山名）草木乎岵，无数的珍禽异兽生活在其中。

“乎岵”一词在粤方言地区人们的口头上比较常用，指大山草树茂密，“岵”字在广州地区读 wu⁶，当地话“护”字音。

**岵［hù］，《新华字典》释义：多草木的山。**

例：人要做乎岵的大山，不做不毛之地。

## 去戽鱼

在我年少时，一到周日，老四就常常带领我们去戽鱼。

“戽鱼”一词在粤方言地区人们的口头上比较常用，指堵住小溪，把溪水引往别处后，再把某一河段的水戽干抓鱼的行为。“戽”字在广州地区读 fu³，当地话“富”字音。

**戽［hù］，《新华字典》释义：❶灌田汲水用的旧式农具（亦称“戽斗”）。❷用戽汲水。**

例：这世上，往往会有你戽水，我抓鱼的事情发生。

## 砉的一声

老鹰砉的一声，从山崖飞了下来。

“砉”字在粤方言地区人们的口头上比较常用，在广州地区读 waak⁹，当地话“划”字音；用作动作迅猛的拟声词。

**砉［huā］，《新华字典》释义：象声词，形容迅速动作的声音。如：乌鸦~的一声飞了。**

例：三年不飞，一飞冲天。当你砉的一声起飞时，周围的人就会对你刮目相看。

## 圜了一圈

九哥带我到云龙大山圜了一圈。

“圜”字在粤方言地区人们的口头上比较常用，在广州地区读 waan⁴，当地话“环”字音；指环绕。

**圜［huán］，《新华字典》释义：围绕。**

例：人的一生，不过是在世间圜一圈而已，有人留下了痕迹，有人什么都没有留下。

## 制作糖糫

每年春节，妈妈都会给我们制作糖糫。

“糖糫”一词在粤方言地区人们的口头上比较常用，指一种用糖和面粉加工而成的食品。“糫”字在广州地区读 waan⁴，当地话“环”字音。

**糫［huán］，《中华字海》释义：古代一种用面粉做的食品。**

例：你见过、吃过糖糫吗？

## 逭山逭水

小林考上了大学，去找舅父借学费。舅母知道她的来意后，逭山逭水，一会说家里养猪亏了，一会说舅父赌输了。

“逭山逭水”一词在粤方言地区人们的口头上比较常用，指顾左右而言他。“逭”字在广州地区读 wun⁶，当地话“换”字音。

**逭［huàn］，《新华字典》释义：逃，避。**

例：公司老板在大会上逭山逭水，绝口不提耕地赔偿问题。

## 睆睆容山

睆睆容山，被容县、北流、桂平、兴业四个县市环绕着，多么雄伟呀！

“睆”字在粤方言地区人们的口头上比较常用，在广州地区读 wun²，当地话“碗”字音。

**睆［huàn］，《新华字典》释义：❶明亮。❷美好。**

例：人的一生，不可能朝哪里走都是光明睆睆，有的地段，一片黑暗。

## 擐上大衣

天气寒冷，出门在外，就要擐上大衣。

“擐”字在粤方言地区人们的口头上比较常用，在广州地区读 wun⁶，当地话“换”字音；（又）读 gwaan³，当地话“惯”字音；指披上、穿上。

**擐［huàn］，《新华字典》释义：穿，~甲执兵。**

例：快下暴雨了，妈妈叫我把秧苗擐好。

## 纭㞷长

我老家在山沟里，家里的田地，只要一年不耕种，草就纭㞷长。

“纭㞷”一词在粤方言地区人们的口头上比较常用，指草树无节制地疯长，“㞷”字在广州地区读 wong[4]，当地话“黄”字音。

**㞷［huáng］，《中华字海》释义：草木妄生。**

例：以前，云岭草木纭㞷；后来，人们把山砍光，全部种上了桉树。

## 脸色晄白

大哥和七哥的脸色晄白。五叔说这是因为他们血气少所致。

“晄白”一词在粤方言地区人们的口头上比较常用，指脸色苍白，“晄”字在广州地区读 fong[2]，当地话“晃”字音。

**晄［huǎng］，《新华字典》释义：因气血少而面部发白的病色。**

例：一个人如果脸色晄白，往往是不够健康的表现。

## 把脸颒净

我骑摩托车从家里到县城，通常会满面灰尘，进门第一件事，就是把脸颒净。

“颒”字在粤方言地区人们的口头上比较常用，在广州地区读 haan[1]，当地话“蟹”字音；（又）读 fui[3]，当地话“靧”字音；指用水洗。

**颒［huì］，《中华字海》释义：洗脸。**

“颒”字在粤方言地区不限于洗脸，当地人把“洗菜”“洗衣服”叫作“颒菜”“颒衣服”。

例：在我小时候，村里的婶子们常到河边颒衣服。

## 嬇吖

“嬇吖，你怎么坐了别人的座位？”在动车上，一个旅客拿着车票对霸座者说。

“嬇吖”一词在粤方言地区人们的口头上比较常用，指带有怨气的疑问。“嬇”字在广州地区读 wai[6]，当地话“恚”字音。

**嬇［huì］，《新华字典》释义：怨恨声。**

“婧吖，你怎么买这么多东西过来?”可见，在粤方言地区，“婧吖”一词，有时候也作惊喜语使用。

## 累瘃

六弟为了养家糊口，长年在山上帮别人伐木、装车，或者除草、采摘八角，每次回到家，他都是一副累瘃的神情。

“累瘃”一词在粤方言地区人们的口头上比较常用，指疲倦至极的模样。“瘃”字在广州地区读 fui[3]，当地话“喙”字音。

**瘃［huì］，《中华字海》释义：疲倦到了极点。**

例：人长期累瘃，就是在透支身体。

## 星光嘒嘒

以前，老三三更半夜就外出杀猪，他开着车赶路，天上星光嘒嘒。

“嘒嘒”一词在粤方言地区人们的口头上比较常用，指星光微明。“嘒”字在广州地区读 wai[6]，当地话“恚”字音；（又）读 wai[3]，当地话“畏”字音。

**嘒［huì］，《中华字海》释义：❶（星光）明亮（一说微小）的样子。❷象声词。如蝉声～～｜鸾声～～｜～～管声。**

例：许多人的一生，不过星光嘒嘒而已，没有太耀眼的光芒。

## 脑膭

老李肚子脑膭，服了不少药，不见效果。

“脑膭”一词在粤方言地区人们的口头上比较常用，在广州地区读 fui[1]fui[3]，当地话“魁悔”字音；指肿胀。

**脑膭［huì huǐ］，《中华字海》释义：肿得很厉害的样子。**

例：有些人贪欲过盛，以致外表脑膭。

## 惛公

阿木说：“我遇到了一个惛公，上万元的木材，他六千就卖给了我。”

“惛公”一词在粤方言地区人们的口头上比较常用，指糊涂虫，“惛”字在广州地区读 fan[1]，当地话“昏”字音。

**惛［hūn］，《新华字典》释义：糊涂。**

例：心想别人是惛公者，殊不知自己才是惛公。

## 掼了一把

晓峰轻轻掼了一把同学，同学就倒地受伤了。

“掼”字在粤方言地区人们的口头上比较常用，在广州地区读 wan⁴，当地话“浑”字音；（又）读 wan⁹，当地话“浑”字音；指推或掌控、把持。

**掼［hún］，《中华字海》释义：❶用手推。❷胁持。**

欧爷爷说：“活在世上，我们要自立，不要由别人掼。”这里的“掼”，指的是掌控、把持。

## 心忶

老六老婆在集市把四岁的孩子弄丢了，顿时心忶起来。

“心忶”一词在粤方言地区人们的口头上比较常用，指心慌意乱，“忶”字在广州地区读 wan⁴，当地话“魂”字音。

**忶［hún］，《中华字海》释义：心乱。**

例：要做到有备无患，才不至于心忶。

## 乱諢

老刘乱諢了半天，大家也不知道他要说什么。

“諢”字在粤方言地区人们的口头上比较常用，在广州地区读 wan⁶，当地话“混”字音；指说不清楚。

**諢［hùn］，《中华字海》释义：言语不明。**

例：有些人不善于说话，乱諢。

## 粪圂

过去，农村生活条件不好，粪圂既是茅房，又是饲养猪的场所。

“粪圂”一词在粤方言地区人们的口头上比较常用，指猪圈和厕所，“圂”字在广州地区读 wan⁶，当地话“浑”字音。

**圂［hùn］，《中华字海》释义：❶猪圈。如《墨子》圂〈名〉豕，猪也，把猪围起来，本义为猪圈。❷《玉篇》厕所。~，厕也。**

例：粪圂在中国存在了几千年，如今慢慢消失了。

## 劐鸡肠

每次杀鸡，我都用小刀劐鸡肠。

“劐”字在粤方言地区人们的口头上比较常用，在广州地区读 lik[7]，当地话“砾”字音；（又）读 wok[8]，当地话“获”字音；指用刀、剪的尖儿插入物体后顺势划开。

**劐［huō］，《新华字典》释义：❶用刀、剪的尖儿插入物体后顺势划开：用剪刀~开。❷同“耠”**

在粤方言地区，“劐”字也指用耕具犁土。如：妈妈让我在田里劐一道沟。

## 刀声騞騞

在我年少时，一到冬天，生产队里的牛总有冻死的。每当这时，我便在刀声騞騞中，看着队里的人解剖牛。

“騞”字在粤方言地区人们的口头上比较常用，在广州地区读 waak[9]，当地话“或”字音。

**騞［huō］，《新华字典》释义：形容用刀解剖东西的声音。**

例：每到过年，村里总会响起騞騞杀猪的声音。

## 佸一声

“你有酒喝就佸一声我！”“你上学就佸一声我！”类似这样的话，在我家乡，是常常有人说的。

“佸”字在粤方言地区人们的口头上比较常用，在广州地区读 wut[7]，当地话“活”字音；指呼唤凑在一起。

**佸［huó］，《新华字典》释义：相会，聚会。**

例：有人佸你，说明别人记得你。

## 老夥

老太婆常常对人说：“我十八岁嫁人，结婚没几天，老公就被抓壮丁当兵了。我等到快四十岁，才改嫁。我那时想，再不改嫁，就老夥了。”

“老夥”一词在粤方言地区人们的口头上比较常用，指过时、过度，“夥”字在广州地区读 fo[2]，当地话“火”字音。

**夥［huǒ］，《新华字典》释义：❶多。❷同“伙”。**

例：做任何事情都要抓住时机，千万不要等到老夥。

## 大风呼窢飐

昨天大风呼窢飐，一会儿就下起了大雨。

“呼窢飐”一词在粤方言地区人们的口头上比较常用，指大风狂吹，“窢”字在广州地区读 waak[9]，当地话“或”字音。

**窢［huò］，《中华字海》释义：逆风声（一说迅速）。**

例：昨天大风呼窢飐了一夜，早上人们发现庄稼全都东倒西歪了。

## “閄”地大喊一声

老四年少时喜欢搞恶作剧，他常常躲在门后，当小伙伴们从那里经过时，他就突然冒出来“閄”地大喊一声，别人被吓一跳，他却开怀大笑起来。

“閄”字在粤方言地区人们的口头上比较常用，在广州地区读 ho[1]，同普通话读音。

**閄［huò］，《中华字海》释义：象声词，人躲在暗处突然发出的使人惊骇的声音。**

例：老师教育我们，不要躲在暗处閄别人。

## “㗲”地大叫一声

婶婶“㗲”地大叫一声：弟弟爬上云梯了！”

“㗲”字在粤方言地区人们的口头上比较常用，在广州地区读 ho[1]，同普通话读音；是象声词，指人和动物遇到可怕的事情发出的惊骇的声音。

**㗲［huò］，《中华字海》释义：人和动物遇到可怕的事情发出的惊骇的声音。**

例：当你听到别人“㗲”地大叫一声时，不会无动于衷吧？

## 靃来靃去

在我老家，燕子特别多，它们在我家门口靃来靃去。

“靃”字在粤方言地区人们的口头上比较常用，在广州地区读 ho[1]，同普通话读音。

**霍［huò］，《中华字海》释义：象声词，鸟疾飞声，也泛指迅疾声。**

例：六叔家门口也有燕子霍来霍去。

## 谓

我们在操场上打球，打得正起劲，老师突然吹了一下哨子，大声喊："谓！快停下来。"

"谓"字在粤方言地区人们的口头上比较常用，在广州地区读 hui[1]，同普通话读音；是用于制止或中止某件事的语气词。

**谓［huì］，《中华字海》释义：中止。**

例：当你看见别人犯险时，大喊一声"谓"！那是功德无量呀！

## 䨼一䨼这块猪肉

你帮我䨼一䨼这块猪肉。

"䨼"字在粤方言地区人们的口头上比较常用，在广州地区读 joek[8]，当地话"约"字音；（又）读 wok[9]，当地话"获"字音。

**䨼［huò］，《康熙字典》释义：❶尺度。❷用秤称。**

"䨼"字在粤方言中的用法，近似于北方人所说的"约"（读"yāo"）。

# J

## 家里的事不用你赍

老八打算辍学打工补贴家用，他妈妈说："家里的事不用你赍，你去学校安心读书。"

"赍"字在粤方言地区人们的口头上比较常用，在广州地区读 gei[3]，当地话"记"字音；（又）读 dzai[1]，当地话"挤"字音；指挂怀或送东西给别人。

**赍［jī］，《新华字典》释义：❶怀抱着、带着：~志而殁（mò）（志未遂而死去）。❷把东西送给别人。**

例：生活在世间，总有一些事让你赍。

## 陈老大被刖死了

我们镇上发生了件大事，陈老大被刖死了！

“刉”字在粤方言地区人们的口头上比较常用，在广州地区读 gat[7]，当地话“吉”字音；指用刀子或利器捅。

**刉［jī］，《中华字海》释义：❶刺杀。❷断切；割。❸用瓦石磨礪钝刀。❹用血涂门。**

例：人不能因为自己手上有刀子，就随意刉别人。

## 老鼠咭咭嗻嗻叫

我小时候住在瓦房里，每天晚上，都会听到老鼠咭咭嗻嗻叫。

“咭咭嗻嗻”一词在粤方言地区人们的口头上比较常用，指老鼠的叫声，“咭”字在广州地区读 dzi[1]，当地话“吱”字音。

**咭［jī］，《中华字海》释义：鼠叫声。**

例：每当墙角传来咭咭嗻嗻的声音时，三叔只要一动桌角屋里便安静下来了。

## 秧苗稓稓稠稠

我年少时，在家里帮助妈妈插秧，我不会插，秧苗稓稓稠稠。

“稓稓稠稠”一词在粤方言地区人们的口头上比较常用，指禾苗根连着根，十分稠密，“稓”字在广州地区读 tsap[7]，当地话“缉”字音。

**稓［jī］，《中华字海》释义：禾苗稠密。**

例：把秧苗插得稓稓稠稠，就会影响它的生长。

## 乩乩这件事

我们屯子要修枫木社，主事的二叔为了让大家放心，请了个道士来乩乩这件事。

“乩”字在粤方言地区人们的口头上比较常用，在广州地区读 gei[1]，当地话“基”字音。

**乩［jī］，《新华字典》释义：占卜问疑。一种迷信活动。**

例：你要是心清如水，遇事何必乱乩？

## 被雷殛死

我上小学五年级那会儿，就听说邻村的老粹被雷殛死了。

“殛”字在粤方言地区人们的口头上比较常用，在广州地区读 gik[7]，当地话“击”字音。

**殛［jí］，《新华字典》释义：杀死。如：雷殛。**

例：作恶多端是没有好下场的，陈老大就被韩老二殛死了。

## 有路你就趌

在我家乡，有些父母对逃学的孩子会这样骂道：“有路你就趌!”

“趌”字在粤方言地区人们的口头上比较常用，在广州地区读 gat[9]，当地话“祮”字音；指离开。

**趌［jí］，《新华字典》释义：［趌趨］❶直怒走。❷直走。**

例：君不见咫尺长门闭阿娇，人生失意无南北。对不适宜你生存发展的地方，不要留恋，该趌你就趌。

## 有多快彶多快

阿林胡乱吃了几口饭，看看上学时间快到了，他扔下碗筷拔脚就跑，有多快彶多快。

“彶”字在粤方言地区人们的口头上比较常用，在广州地区读 gat[9]，当地话“祮”字音。

**彶［jí］，《中华字海》释义：急行。**

例：看你彶走的样子，又落东西在家里了吧。

## 真有劥

刘总只上过初中，白手起家，坐拥十几亿，认识他的人都说他真有劥!

“劥”字在粤方言地区人们的口头上比较常用，在广州地区读 gai[6]，当地话“计”字音；指有志气，有本领。

**劥［jí］，《中华字海》释义：有志力也。**

例：这个世界上，大多数人都想成为有劥的人。

## 太㨈

我儿子就读的班级，80 多个学生坐在一起，太㨈了。

“㨈”字在粤方言地区人们的口头上比较常用，在广州地区读 dzai[1]，当地话“挤”字音；指聚集，拥挤。

**㪶 [jí]，《中华字海》释义：❶蚕盛多的样子。❷汇聚。**

例：为了每一个人的安全，请大家都不要㪶在一起。

## 岌岌峇峇

“打铁佬，岌岌峇峇，老子当官儿当贼。”在我小时候，每逢看到打铁匠进屯，就会听到小伙伴们不停地这般胡诌。

“岌岌峇峇”一词在粤方言地区人们的口头上比较常用，指用铁锤锤打铁制品的时候发出的声音，“岌峇”一词在广州地区读 gik[9]hak[7]，当地话“极克”字音；（又）读 kap[7]hap[7]，当地话“级恰”字音。

**岌峇 [jí kè]，《中华字海》释义：锤铁声。**

例：每当我耳畔响起岌岌峇峇的声音时，我就想到了打铁匠浑身流汗的情景。

## 不要趚那么快

我老家在山沟里，过去山路很崎岖，每逢上学，爸爸妈妈就叮嘱我，不要趚那么快。

“趚”字在粤方言地区人们的口头上比较常用，在广州地区读 dzat[9]，当地话“疾”字音。

**趚 [jí]，《中华字海》释义：急走。**

例：人生路不容易走，每个人都应该从容一些，不要趚那么快。

## 諔諔齕齕

老威说话諔諔齕齕，听的人需要特别耐心。

“諔諔齕齕”一词在粤方言地区人们的口头上比较常用，指说话迟钝、断续，语意不连贯，“諔”字在广州地区读 gik[9]，当地话“极”字音。

**諔 [jí]，《中华字海》释义：说话迟钝吃力。**

例：快言快语的人不一定比说话諔諔齕齕的人更令人喜欢。

## 蹐蹐走路

父亲晚年蹐蹐走路的情景，至今还留在我脑海里。

“蹐蹐”一词在粤方言地区人们的口头上比较常用，指小步走路，“蹐”字在广州地区读 dzek[8]，当地话“脊”字音。

**蹐［jí］，《新华字典》释义：用极小的步子走路。**

例：女儿小时候蹐蹐走路的可爱模样让我至今仍难以忘怀。

## 满身虮

“哎，那个老母鸡，满身虮！”韦奶奶感慨。

“虮”字在粤方言地区人们的口头上比较常用，在广州地区读 dzi[1]，当地话“滋”字音；（又）读 gei[2]，当地话“几”字音。

**虮［jǐ］，《新华字典》释义：虱子的卵。**

粤方言地区的人把“虮”字的本义作了延伸：一是指烧开未开的水泡。如：水烧到起虮了吗？二是指人状如烧开未开的水泡那样迸发出的火气。如：他被人欺负了，却没虮起。

## 被村民掎住

骗子进村骗钱，被村民掎住了。

“掎”字在粤方言地区人们的口头上比较常用，在广州地区读 gap[9]，当地话“及”字音。

**掎［jǐ］，《新华字典》释义：拖住，牵制。**

例：活在这个世界，也许你掎住过别人，又被别人掎住过。

## 泥土太垍

很久不下雨，田里的泥土太垍，锄不动。

“垍”字在粤方言地区人们的口头上比较常用，在广州地区读 gat[7]，当地话“吉”字音；（又）读 gei[6]，当地话“忌”字音；指泥土坚硬。

**垍［jì］，《新华字典》释义：坚土。**

例：开挖宅基地，当挖到的泥土很垍时，就可以奠基了。

## 徛着吃饭

我读中学的时候，学校没有餐厅，全校同学都是徛着吃饭。

“徛”字在粤方言地区人们的口头上比较常用，在广州地区读 kei[5]，当地话

“企”字音。

**徛［jì］，《新华字典》释义：站立。**

例：老师讲课时得徛着上课，不然看不到每个同学的反应。

## 瘪痱

瘪痱有大有小，有些人的脸上或手上长着大瘪痱，给人留下了很深的印象。

“瘪痱”一词在粤方言地区人们的口头上比较常用，指黑痣，“痱”字在广州地区读 gei[3]，当地话“记”字音。

**痱［jì］，《新华字典》释义：皮肤上生来就有的深色斑。**

例：许多人身上都有瘪痱。

## 心㤎

儿子参加考试需要用身份证，但是又找不着，我为他心㤎了好几天，直到他找到身份证才放了心。

“㤎”字在粤方言地区人们的口头上比较常用，在广州地区读 gaa[1]，当地话“家”字音。

**㤎［jiā］，《中华字海》释义：心不安。**

例：凡事预则立，不预则废。有备者，则心不㤎。

## 不要到处乱唊

从小，爷爷就教育我：“遇事不要到处乱唊。”

“唊”字在粤方言地区人们的口头上比较常用，在广州地区读 app[8]，当地话“鸭”字音；（又）读 gaap[8]，当地话“铗”字音；指张口乱讲。

**唊［jiá］，《中华字海》释义：❶妄语。❷说话啰唆。**

例：没有谁喜欢到处乱唊的人。

## 累到劼劼叫

每次拔河比赛，队员们都累到劼劼叫。

“劼劼叫”一词在粤方言地区人们的口头上比较常用，指因极度用力而发出的声音，“劼”字在广州地区读 gaa[6]，当地话“家”字音。

**劼［jiá］，《中华字海》释义：［～～］用力的声音。**

例：不一会儿，阿明就累得劻劻叫了起来。

## 大厓

过年了，爸爸买了一块肉回来，那块肉好大厓。

“大厓”一词在粤方言地区人们的口头上比较常用，指样子大、块头大，“厓”字在广州地区读 gaap[8]，当地话“甲”字音。

**厓［jiá］，《中华字海》释义：大。**

在广州地区，“大厓”一词有时也用来形容人，指个头大，有粗鄙之意。

## 岬劶

我们屯建在一个很岬劶的地方。

“岬劶”一词在粤方言地区人们的口头上比较常用，指两山之间很狭小的地方，“岬”字在广州地区读 gaap[8]，当地话“夹”字音。

**岬［jiǎ］，《中华字海》释义：两山之间。**

例：住在一个岬劶的地方，久而久之，心情就会比较压抑。

## 戋戋

隔壁叔叔问：“你吃饭了吗？”我答：“吃了戋戋。”

“戋戋”一词在粤方言地区人们的口头上比较常用，指些许、少，“戋”字在广州地区读 dit[8]，当地话“跌”字音；（又）读 dzin[1]，当地话“笺”字音。

**戋［jiān］，《新华字典》释义：少，细微。**

例：老天爷给我们每一个人的都是戋戋光阴，我们要倍加珍惜。

## 搛肉

吃饭的时候，年轻人要主动给同桌的老人搛肉，这是我的家风。

“搛”字在粤方言地区人们的口头上比较常用，在广州地区读 gim[1]，当地话“兼”字音。

**搛［jiān］，《新华字典》释义：用筷子夹。**

粤方言地区的人们常用该词的引申义。如：“老李被区纪委搛掉了。”你不但听得懂，而且会感到用词生动形象。

## 用木櫼把房梁櫼起来

用木櫼把房梁櫼起来！

“櫼”字在粤方言地区人们的口头上比较常用，在广州地区读 tsim[1]，当地话“签”字音；作名词时指木楔子，作动词时指铺垫。

**櫼［jiān］，《新华字典》释义：木楔子。**

例：在国家这座大厦里，一个人即使是一块木櫼，那也是很了不起的。

## 瓜蘸了

许久没下雨，菜地里的瓜蘸了，恐怕挂不住。

“蘸”字在粤方言地区人们的口头上比较常用，在广州地区读 dzin[1]，当地话“煎”字音；指瓜蔫或瓜染病。

**蘸［jiān］，《中华字海》释义：瓜病。**

例：人和瓜一样，都有蘸的。

## 瞷瞷有多少人

农村举行庙会，管事的往往会默默瞷瞷有多少人参加。

“瞷”字在粤方言地区人们的口头上比较常用，在广州地区读 gaam[1]，当地话“监”字音。

**瞷［jiān］，《中华字海》释义：用眼睛点数（shù）。**

例：人头攒动，瞷人头往往瞷不准。

## 灯火暕光

城市的夜晚，灯火暕光，而乡村则是不同的。

“暕光”一词在粤方言地区人们的口头上比较常用，指明亮，“暕”字在广州地区读 gaan[2]，当地话“柬”字音。

**暕［jiǎn］，《新华字典》释义：明亮。**

例：不管世道如何，我们的心都要暕光。

## 山路巉崪

我老家的十二岭，山路巉崪，要走过十二段坡，转过十二道弯才能翻越。

“巉岏”一词在粤方言地区人们的口头上比较常用，在广州地区读 dzin⁵tsaan²，当地话“剪铲”字音；指迂回曲折。

**巉岏 [jiǎn chǎn]，《中华字海》释义：迂回曲折。**

例：大多数人的人生道路都是巉岏的。

## 一副僆僆的模样

老四一副僆僆的模样，没把人放在眼里。

“僆”字在粤方言地区人们的口头上比较常用，在广州地区读 dzin⁵，当地话“蹇”字音。

**僆 [jiǎn]，《中华字海》释义：傲慢。**

例：要做谦谦君子，不要一副僆僆的模样。

## 把树木橺去一些

我家山上的八角树种得太密了，爸爸要我把树木橺去一些。

“橺”字在粤方言地区人们的口头上比较常用，在广州地区读 gaan³，当地话“间”（jiàn）字音；指间伐。引申为“切除”、“除掉”。

**橺 [jiǎn]，《中华字海》释义：砍伐。**

例：今天我要橺掉一批三华李。

## 水笕

在我小时候，家里的生活用水是从小溪引到屋子旁边的。爷爷把水笕的一端搭在水渠上，清澈的溪水就从水笕的另一端流下来，这样，我们就可以用水桶等水了。

“笕”字在粤方言地区人们的口头上比较常用，在广州地区读 gaan²，当地话“简”字音。

**笕 [jiǎn]，《新华字典》释义：❶连接起来引水用的长竹管。❷横安在屋檐上承接雨水的长竹管。**

粤方言地区的人们习惯把横安在屋檐上承接雨水的陶管叫“瓦笕”。如：旧时的大户人家家里才用得起瓦笕。

## 厚厚的趼

以前，老大在农村干粗活，长年不穿鞋子，手脚都磨起了厚厚的趼。

“趼”字在粤方言地区人们的口头上比较常用，在广州地区读 gin[2]，当地话“茧”字音；（又）读 gaan[2]，当地话“简”字音。

**趼［jiǎn］，《新华字典》释义：手或脚上因长久摩擦而生的硬皮。**

例：看着爷爷手脚上厚厚的趼，我不禁感慨万千。

## 味醎

白切鸡是我家乡的一道大菜，吃的时候，要先在味醎上蘸上一蘸。

“味醎”一词在粤方言地区人们的口头上比较常用，指卤水，“醎”字在广州地区读 gaan[2]，当地话“碱”字音。

**醎［jiǎn］，《中华字海》释义：卤水。**

例：不管是多美味的鸡肉，如果没有好的味醎都会黯然失色。

## 褶裥

给衣服或者裙子做褶裥，需要好功夫。

“褶裥”一词在粤方言地区人们的口头上比较常用，指衣服或裙子上打的褶子，“裥”字在广州地区读 gaan[2]，当地话“柬”字音；（又）读 gaan[3]，当地话“谏”字音。

**裥［jiǎn］，《新华字典》释义：衣服上打的褶子。**

例：褶裥是服装上的一种艺术美。

## 蹇上云龙顶

老四说他每天都要蹇上云龙顶采割松脂。

“蹇”字在粤方言地区人们的口头上比较常用，在广州地区读 dzin[5]，当地话“謇”字音；指艰难地向上行走。

**蹇［jiǎn］，《新华字典》释义：❶跛，行走困难：~足。~步。❷迟钝，不顺利：~涩。~滞。~拙。~运。时乖命~。**

例：一座座珠穆朗玛峰，等待着勇士蹇上去。

## 不要把洗漱水溅到水沟里

每年除夕，唐大妈都叮咛我们：“大年初一不要把洗漱水瀽到水沟里。”

“瀽”字在粤方言地区人们的口头上比较常用，在广州地区读 dzin[3]，当地话“溅”字音；指泼（水），倾倒（液体）。

**瀽［jiǎn］，《新华字典》释义：泼（水），倾倒（液体）。**

例：大年初一不把洗漱水瀽到水沟里，家里一年就不会有苍蝇。

## 謇了几句

老二对我说，他最近和老大謇了几句。

“謇”字在粤方言地区人们的口头上比较常用，在广州地区读 dzin⁵，当地话“蹇”字音；指口吃，言辞不顺畅，引申为艰难地争辩。

**謇［jiǎn］，《新华字典》释义：❶口吃，言辞不顺畅。❷正直。**

例：五叔教育我们，不要一有误会就和别人謇。

## 门楗

我小时候，调皮捣蛋，曾经拆下厨房的门楗拿去玩。

“门楗”一词在粤方言地区人们的口头上比较常用，指插门的木棍子，“楗”字在广州地区读 gin⁶，当地话“件”字音。

**楗［jiàn］，《中华字海》释义：插门的木棍子。**

例：没了门楗，门就形同虚设。

## 嘴巴真諓

老晴嘴巴真諓，人家都说她能把树上的鸟哄下来呢。

“諓”字在粤方言地区人们的口头上比较常用，在广州地区读 dzin³，当地话“箭”字音。

**諓［jiàn］，《中华字海》释义：善言，巧言。**

例：嘴巴諓的人，表面上看似吃了不少甜头，背地里却要吃不少苦头。

## 趝到了前面

我带学生到容中参加体育考试，在 1000 米赛跑中，参赛者绕着大操场跑，前两圈，李昭发都落在别人后面，到了第三圈，他突然发力，趝到了前面，场上一片欢呼！

“趝”字在粤方言地区人们的口头上比较常用，在广州地区读 tsim³，当地话“僭”字音；指突然超越。

**䟅 [jiàn]，《中华字海》释义：❶进。❷超忽而腾疾。**

例：只要平时多锻炼，积蓄力量，你就很容易䟅过很多人。

## 牮住危墙

我老家厨房的墙向外倾斜了，我只好用木柱牮住危墙。

“牮”字在粤方言地区人们的口头上比较常用，在广州地区读 dzin3，当地话“箭”字音；指用木柱斜着支撑。引申义指有（强者）支持。

**牮 [jiàn]，《新华字典》释义：❶用木柱斜着支撑倾斜的房子。❷用土石挡水。**

例：老八仗着有人牮住，为所欲为。

## 栫住

我老家的鸡舍有一个比较大的洞，有时候狗会爬进去吃鸡食，妈妈让我用一块木柴栫住。

“栫”字在粤方言地区人们的口头上比较常用，在广州地区读 dzin3，当地话“荐”字音。

**栫 [jiàn]，《中华字海》释义：❶（用柴木）堵塞。❷篱笆。**

例：人总会有些漏洞，要是能提早栫住，别人就无机可乘。

## 山薑

在我家乡，山上随处都有山薑。以前，我母亲经常采回来做成菜吃。

“山薑”一词在粤方言地区人们的口头上比较常用，指一种长在野外形状像姜的植物，“薑”字在广州地区读 goeng1，当地话“姜”字音。

**薑 [jiāng]，《中华字海》释义：山姜。**

例：母亲所做的山薑滋味，至今让我无法忘怀。

## 滰干

每年年前，在我老家，每家每户都要浸泡一些糯米，然后滰干，再碾成粉，制作小叶粽。

“滰”字在粤方言地区人们的口头上比较常用，在广州地区读 king6，当地话“琼”字音；（又）读 king4，当地话“琼”字音；指沥干水分。

**滰［jiàng］，《说文解字》释义：浚干渍米也。**

例：三叔老是嫌我滰米滰得慢。

## 洪水四处洚

每年夏天一到，就常有台风，接着暴雨就来了，洪水四处洚，洚坏了不少村庄田地。

“洚”字在粤方言地区人们的口头上比较常用，在广州地区读 dzoeng3，当地话“酱”字音；（又）读 gong3，当地话“降”字音。

**洚［jiàng］，《新华字典》释义：大水泛滥：~水（洪水）。**

例：洪水四处洚之后常有瘟疫流行。

## 轇轕

张三和李四不知有何轇轕。

“轇轕”一词在粤方言地区人们的口头上比较常用，在广州地区读 gaau1got8，当地话“交葛”字音；多指纠缠不清的关系。

**轇轕［jiāo gé］，《新华字典》释义：❶交错；杂乱。❷引申为纠缠不清。❸空旷深远貌。**

例：轇轕少的人活得自在。

## 放一燋火

放一燋火就可以烧毁一片森林或一座城市，人人都一定要小心用火。

“一燋火”一词在粤方言地区人们的口头上比较常用，指一把火，“燋”字在广州地区读 dziu3，当地话“焦”字音；常用作火的量词。

**燋［jiāo］，《中华字海》释义：❶引火用的柴。❷古同“焦。”**

可见，在粤方言地区，人们所用的“燋”字，是它的引申义。

例：妈妈叫我到田里放一燋火。

## 老虎虠

在我老家，父亲那一代人，还常常听到老虎虠。

“虠”字在粤方言地区人们的口头上比较常用，在广州地区读 aau1，当地话“坳”字音；指老虎叫。

**虠［jiāo］，《中华字海》释义：虎声。**

例：一个人发出的号令，要是被人家当成老虎虠，说明这个人说话有分量。

## 把碗筷幧干净

我每一次把碗筷放进消毒柜消毒之前，都要把碗筷幧干净。

“幧”字在粤方言地区人们的口头上比较常用，在广州地区读 $giu^2$，当地话“缴”字音。

**幧［jiāo］，《中华字海》释义：擦拭。**

例：我们每天洗脸、洗澡后，就要用毛巾幧。

## 嶕峣入云

珠穆朗玛峰很高，它嶕峣入云。

“嶕峣”一词在粤方言地区人们的口头上比较常用，指高耸，在广州地区读 $dziu^1jiu^4$，当地话“焦尧”字音。

**嶕峣［jiāo yáo］，《现代汉语词典》释义：高耸。**

例：活在世上，如果你的成就足以影响千千万万的人，那你在人们心目中的形象，就如一座嶕峣的山峰一般。

## 被村民撨一顿

我周边的县市，常常出现偷狗贼。贼人一旦被村民抓住，就会被村民撨一顿。

“撨”字在粤方言地区人们的口头上比较常用，在广州地区读 $tsaau^6$，当地话“巢”字音；（又）读 $tsiu^6$，当地话“赵”字音；指拘击、打。

**撨［jiǎo］，《中华字海》释义：拘击。**

例：你有没有看见过别人被撨的场景？

## 做人做事不要太拗皦

欧爷爷教育我：“做人做事不要太拗皦。”

“拗皦”一词在粤方言地区人们的口头上比较常用，指执拗倔强的目光，引申为情绪抵触，“皦”字在广州地区读 $giu^6$，当地话“撬”字音。

**皦［jiǎo］，《中华字海》释义：［拗~］执拗倔强的目光。**

例：做人做事不拗蹻，和人相处就愉快。

## 慢慢趭回家

我读小学一二年级时，放学之后，就和大一点的伙伴们慢慢趭回家，想什么时候趭到家，就什么时候趭到家，完全没有按时回家的意识。

"趭"字在粤方言地区人们的口头上比较常用，在广州地区读 giu[5]，当地话"撬"字音；指漫不经心地走。

**趭［jiǎo］，《中华字海》释义：走貌。**

例：你可曾在路上趭来趭去？

## 把绳索敫在扁担头

过去，在容江白饭渡口，我常常看到把绳索敫在扁担头奔向码头的苦工。

"敫"字在粤方言地区人们的口头上比较常用，在广州地区读 gaau[2]，当地话"佼"字音；指缠绕。

**敫［jiǎo］，《中华字海》释义：系连。**

例：我儿子通常把洗干净的鞋子放在阳台上晾，把鞋带敫在晾衣架上。

## 白皦皦

女儿帮我把茶杯上的茶渍洗去之后，全套茶杯白皦皦的，像新买回来的一样，让人赏心悦目。

"白皦皦"一词在粤方言地区人们的口头上比较常用，指洁白，明亮，"皦"字在广州地区读 giu[2]，当地话"缴"字音。

**皦［jiǎo］，《新华字典》释义：❶洁白，明亮。❷清白，清晰。**

例：每月十五的月亮总是白皦皦的。

## 不能在学校佼

在我年少时，每次上学，父母都会叮咛我："不能在学校佼。"

"佼"字在粤方言地区人们的口头上比较常用，在广州地区读 gaau[2]，当地话"狡"字音；指要小聪明，搞小动作。

**佼［jiǎo］，《新华字典》释义：聪明、狡黠。**

例：人非圣贤，年少时，若是没一点佼，恐怕会很另类。

## 把柴虦结实

我少年时，每次和妈妈到山上砍柴，妈妈都要把柴虦结实。

“虦”字在粤方言地区人们的口头上比较常用，在广州地区读 dzin[6]，当地话“贱”字音；指捆绑。

**虦［jián］，《中华字海》释义：捆束。**

例：八路军战士们行军时都要用绑带把小腿虦实。

## 蓠筊

年少时，我和伙伴们常常举着蓠筊，到山外看采茶。

“蓠筊”一词在粤方言地区人们的口头上比较常用，指一种砸破后经水泡再晒干的用于照明的小竹子，“筊”字在广州地区读 gaau[2]，当地话“绞”字音。

**筊［jiǎo］，《新华字典》释义：用竹子编的绳索。**

例：蓠筊照我走过了少年时的黑夜，它的火光让我记忆尤深。

## 剿掉原生林

在我家乡，不少人剿掉原生林，在山上种上了速生桉树。

“剿”字在粤方言地区人们的口头上比较常用，在广州地区读 dziu[2]，当地话“勦”字音。

**剿［jiǎo］，《中华字海》释义：❶讨伐，灭绝。❷砍；削。**

例：剿掉原生林是不应该的。

## 訏这訏那

我爱人对女儿说：“爸爸供你读书够辛苦的了，你不要訏这訏那，訏了手机又訏电脑。”

“訏”字在粤方言地区人们的口头上比较常用，在广州地区读 giu[4]，当地话“撬”字音；指吵闹着提要求。

**訏［jiǎo］，《中华字海》释义：❶多言。❷取。**

例：铺路这笔资金，是我到县里訏回来的。

## 奸奸狡狡

欧爷爷教育我："做人不要奸奸狡狡。"

"奸奸狡狡"一词在粤方言地区人们的口头上比较常用，指欺诈，"狡"字在广州地区读 gaau[2]，当地话"搅"字音。

**狡［jiǎo］，《中华字海》释义：诈。**

例：奸奸狡狡之人容易获一时之利，也容易失掉一生之福。

## 妈妈嗷你回家

我对小林说："你妈妈嗷你回家吃饭!"

"嗷"字在粤方言地区人们的口头上比较常用，在广州地区读 aau[1]，当地话"坳"字音。

**嗷［jiào］，《中华字海》释义：呼喊、鸣叫。**

"嗷"字在粤方言地区使用频率非常高。

## 有多快就趭多快

几个小偷行窃失败之后，被群众追赶，他们几个有多快就趭多快。

"趭"字在粤方言地区人们的口头上比较常用，在广州地区读 dziu[6]，当地话"焦"字音。

**趭［jiào］，《中华字海》释义：奔跑。**

"趭"字在粤方言地区多用为"逃跑，逃离"的意思。如：十一叔知道阿木有钱，多次上门找他赌博，阿木知道十一叔来意后就趭了。

## 嗷嗷謷

老四肾结石发作，痛得他嗷嗷謷。

"嗷嗷謷"一词在粤方言地区人们的口头上比较常用，指因疼痛而大叫，"謷"字在广州地区读 aau[1]，当地话"坳"字音。

**謷［jiào］，《中华字海》释义：痛呼。**

例：对面病房经常有人嗷嗷謷。

## 鱎长的头发

小月故意在两边额角留了两缕鱎长的头发，显得不伦不类。

“鱎长”一词在粤方言地区人们的口头上比较常用，指过长（cháng）的样子，“鱎”字在广州地区读 kiu²，当地话“乔”字音。

**鱎［jiào］，《中华字海》释义：长（cháng）的样子。**

例：学校规定，男生不要把头发留得鱎长。

## 趫趫走

在我年少时，我老家是一个连自行车都很稀缺的地方，屯子里的人要到山外去，只能在山路上趫趫走。

“趫趫走”一词在粤方言地区人们的口头上比较常用，指快步行走的样子，“趫”字在广州地区读 giu⁶，当地话“轿”字音。

**趫［jiào］，《中华字海》释义：［~~］行走的样子。**

例：年少时，我没少在家乡的山路趫趫走。

## 斠时间

小时候，我家里的八卦钟一停摆，爷爷就会搬来梯子，叫我爬上去，对着爸爸的手表，斠时间。

“斠时间”一词在粤方言地区人们的口头上比较常用，指把钟表上错误的时间调整准确，“斠”字在广州地区读 gaau³，当地话“教”字音。

**斠［jiào］，《新华字典》释义：❶古时平斗斛的器具。❷校订。**

在粤方言地区，“斠”字包含“校订”的意思。如：你再斠一斠原稿。

## 这匹布很劼

在我年少时，屯里的人到长河供销社门市部买布，是要凭布票限量购买的。买布之前，卖布的服务员通常会说：“这匹布很劼的。”她很懂买布人的心思。

“劼”字在粤方言地区人们的口头上比较常用，在广州地区读 jit⁸，当地话“结”字音；（又）读 kit⁸，当地话“揭”字音；指坚韧，或谨慎、勤勉。

**劼［jié］，《新华字典》释义：❶坚固。❷谨慎。❸勤勉。**

在粤方言地区，“劼”字包含“谨慎”的意思。如：这个人办事很劼。这话使我暗暗吃惊。

## 崨嵲的虎头关

崨嵲的虎头关雄踞在都峤山的前方，有“一夫当关，万夫莫开”之险。

“崨嵲”一词在粤方言地区人们的口头上比较常用，在广州地区读 dze4je1，同普通话读音；（又）读 dzit9jip9，当地话“捷页”字音；指高俊险绝。

**崨嵲** [jié yè]，**《中华字海》释义：（山）高峻。**

例：你攀登过多崨嵲的山啊？

## 阿鹏头㔾

阿鹏头㔾，他爸爸说是先天性的，纠正不了。

“㔾”字在粤方言地区人们的口头上比较常用，在广州地区读 dze5，当地话“蔗”字音；指不正、歪。

**㔾** [jié]，**《中华字海》释义：❶头倾。❷壮勇。**

例：头㔾只是一个人的外表所在，人心正就好。

## 刉了一针

前几天，我到医院刉了一针流感疫苗。

“刉”字在粤方言地区人们的口头上比较常用，在广州地区读 gat7，当地话“吉”字音；指刺、注射。

**刉** [jié]，**《中华字海》释义：刺。**

在粤方言里，“刉”字还有“宰杀”的意思。如：我家今年刉了 10 头猪。

## 把小妹妹趌起

哥哥和妹妹坐在跷跷板上，哥哥一下便把小妹妹趌起了。

“趌”字在粤方言地区人们的口头上比较常用，在广州地区读 gat9，当地话“祮”字音；指状如坐跷跷板，一边高一边低。

**趌** [jié]，**《新华字典》释义：跳起。**

可见，粤方言地区使用的是“趌”字的引申义。

例：有的货车装载的货物太多太重，货物把车头都趌起来了。

## 泉水瀄瀄涌出

在老家，我家饮用的是山泉，泉眼终年有泉水瀄瀄涌出。

“瀄瀄”一词在粤方言地区人们的口头上比较常用，用作小水流出的拟状词，“瀄”字在广州地区读 dzit⁹，当地话“截”字音。

**瀄［jié］，《中华字海》释义：小水出。**

例：我家有几个泉眼，一直有泉水瀄瀄涌出。老谭这话意思是我家里有几个领工资的人。

## 让木材吸上两个月

我在山上砍了一些杂树，妈妈说要让木材吸上两个月才干爽。

“吸”字在粤方言地区人们的口头上比较常用，在广州地区读 dze²，当地话“姐”字音；指风干或晒干。

**吸［jié］，《中华字海》释义：晒干。**

例：听说胡杨树要吸上一千年才干。

## 袺了半包米

我从姐姐家里袺了半包米回来。

“袺”字在粤方言地区人们的口头上比较常用，在广州地区读 gat⁹，当地话“趌”字音；（又）读 git⁸，当地话“结”字音；指把东西置于扁担或木棍的后端挑起来（此时扁担或木棍的前端是空的，没有东西）。

**袺［jié］，《新华字典》释义：用衣襟兜东西。**

在粤方言里，用衣襟兜东西也叫袺，但是粤方言地区的人们更多使用的是“袺”字的引申义。

## 偈路

阿武说：“家具厂的老板答应给我每天开 150 元的工钱，可是到了发工资的时候，只给了我每天 100 元，我偈路了。”

“偈路”一词在粤方言地区人们的口头上比较常用，指离开，或脾气大，“偈”字在广州地区读 gat⁹，当地话“趌”字音；（又）读 git⁹，当地话“杰”字音。

**偈［jié］，《新华字典》释义：❶勇武。❷跑得快。**

粤方言地区的人把汉光武帝时洛阳令董宣那样的“强项令”叫作“偈颈佬”，二者意思是一样的。

## 逮逮走人

阿海到手机店顺了一台手机后，转头逮逮走人。

“逮逮”一词在粤方言地区人们的口头上比较常用，用作快步走的拟状词，“逮”字在广州地区读 dze[5]，当地话“姐”字音。

**逮［jié］，《中华字海》释义：疾走。**

例：当你看到一个人逮逮走的时候，他一定有急事。

## 水源泟出来

小风家的屋后，有水源泟出来。

“泟”字在粤方言地区人们的口头上比较常用，在广州地区读 dze[6]，当地话“姐”字音；（又）读 dzit[9]，当地话“捷”字音；指小水流出的样子。

**泟［jié］，《中华字海》释义：小水。**

例：水是生命之源，有水源泟出的地方，便具备了生存的条件。

## 山岊

我家有四处责任山，其中三处在山岊那里。

“山岊”一词在粤方言地区人们的口头上比较常用，指山角落，“岊”字在广州地区读 git[8]，当地话“结”字音。

**岊［jié］，《中华字海》释义：山角落。**

例：住在大山里的人，有些人家的房子建在山岊处。

## 你快睫睫看

老荣的儿子发生交通事故，朋友对他说：“你快睫睫看！”

“睫”字在粤方言地区人们的口头上比较常用，在广州地区读 dze[3]，当地话“蔗”字音；指窥视。

**睫［jié］，《中华字海》释义：急视。**

例：为人切莫用欺心，举头三尺有神明。上苍在睫住每一个人呢。

## 锅玻璃

阿敢在工厂专门做锅玻璃的工作。

“锅”字在粤方言地区人们的口头上比较常用，在广州地区读 gaai[3]，当地话“界”字音；指锯、割、切、裁等动作，把物品分割开的行为。

**锅 [jiè]，《中华字海》释义：锯；割；切；裁：~木。~玻璃。~纸刀。**

例：你看见过工人锅玻璃吗?

## 被犗掉

以前，我们队里有几头“牛犗”。

“牛犗”一词在粤方言地区人们的口头上比较常用，指阉割过的牛，“犗”字在广州地区读 gaai[3]，当地话“介”字音。

**犗 [jiè]，《新华字典》释义：阉割过的牛。**

在粤方言地区，某些人有一陋习，就是把结婚比较久但没有孩子的人叫“牛犗”。

## 濑尿褯

在我年少时，每逢妈妈让姐姐给妹妹洗尿布的时候，姐姐就会说：“濑尿褯!”

“濑尿褯”一词在粤方言地区人们的口头上比较常用，指尿布，“褯”字在广州地区读 gaai[3]，当地话“蚧”字音；（或）读 dzik[9]，当地话“席”字音。

**褯 [jiè]，《新华字典》释义：尿布。**

在粤方言地区，某些人有一陋习，就是把没有生育能力的男人叫“濑尿褯”。

例：老廖有时候骂他侄子“濑尿褯”，旁人听了都觉得没滋味。

## 岕岕地坐在家门口

奶奶到了九十多岁之后，就很少在屯子里走动了，她常常岕岕地坐在家门口。

“岕岕”一词在粤方言地区人们的口头上比较常用，指孤独，“岕”字在广州地区读 dze[1]，当地话“遮”字音。

**岕 [jiè]，《中华字海》释义：❶独居。❷单独。**

例：严格说来，每个人都在齐齐地走自己的人生道路。

## 唶了几句

老覃说："梁八太没谱了，逢人就吹嘘她读幼儿园的儿子如何如何了得，好像每一个人都比不上她儿子，这不，我就唶了几句，'你儿子肯定要被名牌大学录取了！'"

"唶"字在粤方言地区人们的口头上比较常用，在广州地区读 dze[6]，当地话"借"字音；指貌似赞美的暗讽。

**唶［jiè］，《新华字典》释义：赞叹。**

例：一个人，要是被别人唶了，他都不察觉，就太自以为是了。

## 菜太龄了

父亲吃了一口青菜，皱起眉头，对母亲说："这些菜太龄了，以后做菜，不要放那么多盐。"

"龄"字在粤方言地区人们的口头上比较常用，在广州地区读 gam[1]，当地话"今"字音；指味道过咸，味苦。

**龄［jīn］，《中华字海》释义：苦。**

在粤方言地区，当地人把"龄"字的本义引申为"吃得深"，如：老曾开的牙科诊所倒闭了，顾客都说他吃得太龄。

## "黄黔"和"黔黄"

粤方言地区的人习惯用颠倒词序的方法表达同义词的词性轻重，"黄黔"和"黔黄"便是一例。如：我家的黄皮果刚刚黄黔，这"黄黔"，指颜色浅黄。我家的黄皮果已经黔黄，这"黔黄"，指深黄色。

"黔"字在粤方言地区人们的口头上比较常用，在广州地区读 gam[5]，当地话"今"字音。

**黔［jīn］，《中华字海》释义：黄色。**

例：黄黔的稻谷刚刚成熟，黔黄的稻谷就熟透了。

## 把它殣起来

阿强家的猫得病死了，他含泪小心翼翼地把它殣起来。

“殣”字在粤方言地区人们的口头上比较常用，在广州地区读 dzam⁵，当地话“浸”字音；(又) 读 gan²，当地话“谨”字音。

**殣 [jìn]，《新华字典》释义：❶掩埋。❷饿死。**

在粤方言地区，“殣”字还有掩盖的意思，如：一棵大树倒在田里，把禾苗殣住了。

## 睡觉要墐棉被

天气转冷了，寄宿学校的老师提醒学生，晚上睡觉要墐棉被。

“墐”字在粤方言地区人们的口头上比较常用，在广州地区读 dzam⁵，当地话“浸”字音；（又）读 gan²，当地话“谨”字音；指用泥土涂塞，引申为覆盖。

**墐 [jìn]，《新华字典》释义：❶用泥土涂塞。❷同“殣”。**

在粤方言地区，“墐”字还指用泥土覆盖红薯藤的种植方法。如：墐薯藤。

## 酸菜臭祲

妈妈揭开腌制酸菜的坛子，说：“酸菜臭祲了，不能吃啦。”

“臭祲”一词在粤方言地区人们的口头上比较常用，指散发腐臭气味，“祲”字在广州地区读 dzam³，当地话“浸”字音；（又）读 dzam¹，当地话“针”字音。

**祲 [jìn]，《新华字典》释义：古人指不祥之气。**

在粤方言地区，人们常对说话不好听的人说：你说话臭祲。

## 溪水变得澿瀋

冬天一到，家乡的溪水就变得澿瀋起来。我年少时，看见妈妈在那里洗菜、洗衣服，手都冻僵了。

“澿瀋”一词在粤方言地区人们的口头上比较常用，在广州地区读 gam³sam²，当地话“禁婶”字音；指寒冷、冰冻。

**澿瀋 [jìn shěn]，《中华字海》释义：寒冷的样子。**

在粤方言地区，“澿瀋”一词也用于形容人在低温环境下的样子，如：黄老三一副澿瀋的模样。

## 㨹了他几拳

李三骂李六，李六㨹了他几拳，俩人都进了派出所。

“㨹”字在粤方言地区人们的口头上比较常用，在广州地区读 dam$^{2}$，当地话“扰”字音；（又）读 dzam$^{5}$，当地话“浸”字音；指击打。

**㨹［jìn］，《中华字海》释义：击。**

例：我喜欢看拳击比赛，拳击手在赛场你㨹我㨹，有的人经不起对方一㨹，就倒下了。

## 老妗

老妗今天来我家玩，妈妈让我杀鸡招待她。

“老妗”一词在粤方言地区人们的口头上比较常用，指父亲的舅母，“妗”字在广州地区读 kam$^{5}$，当地话“琴”字音。

**妗［jìn］，《新华字典》释义：❶舅母。❷妻兄、妻弟的妻子。**

例：俗话说，探亲莫说妗不亲，自己也作他人妗。

## “靳吃”和“靳下”

老六靳吃，他当干部时，去到哪里就吃到哪里；老六在某一户要是吃不上，那户人家如果有救济款，他就会靳下。

“靳”字在粤方言地区人们的口头上比较常用，在广州地区读 gam$^{6}$，当地话“金”字音；（又）读 gan$^{3}$，当地话“近”字音；指贪婪，吝啬，或指藏起来，不肯给予。

**靳［jìn］，《新华字典》释义：〈古〉吝啬，不肯给予。**

粤方言中的“靳”字包含了两层意思：靳吃，指贪婪，吝啬，专吃人家的，自家的不给别人吃；靳下，指藏起来，不肯给予。

## 两耳很睛

韦奶奶上百岁了，两耳还很睛，用正常的音量说话，她都能听得一清二楚。

“睛”字在粤方言地区人们的口头上比较常用，在广州地区读 dzing$^{1}$，当地话“精”字音。

**睛［jīng］，《中华字海》释义：听觉灵敏。**

例：人上了年纪，耳聙目明，就很难得。

## 几鬂头发

老路谢顶，头上只有稀稀疏疏的几鬂头发。

“鬂”字在粤方言地区人们的口头上比较常用，在广州地区读 ging$^{3}$，当地话“茎”字音；作量词，相当于根，用于指头发。

**鬂《中华字海》注“音未详”，《中华字海》释义：量词，用于头发。**

在容县，“鬂”字的本义有时候被引申为青菜的量词，如：我菜地里还有几鬂菜。

## 硗殌

陈老板三天不见人了，当门卫在办公室里发现他的时候，他已经硗殌了。

“硗殌”一词在粤方言地区人们的口头上比较常用，指僵硬，引申为死亡，“殌”字在广州地区读 geng$^{2}$，当地话“颈”字音。

**殌［jǐng］，《中华字海》释义：死。**

在粤方言地区，“硗殌”一词的本义有时被引申为人的脾气硬、性情不好，如：老七生性硗殌。

## 璟璟反光

老舅收藏的玉器璟璟反光，他凭此判断是真品。

“璟璟”一词在粤方言地区人们的口头上比较常用，多指玉的光彩，“璟”字在广州地区读 ging$^{2}$，当地话“景”字音。

**璟［jǐng］，《新华字典》释义：玉的光彩。**

例：人要是有一天能够璟璟发光，人家就会把你看成宝贝。

## 浕浕

去年冬天，田里撒满了清霜，禾秆全白了，有些人提着火笼取暖，老三只穿了一件单衣，浕浕地蜷缩在商铺门口。

“浕浕”一词在粤方言地区人们的口头上比较常用，在广州地区读 ging$^{6}$saang$^{2}$，当地话“竞省”字音；指因寒冷而蜷缩、打颤。

**浕浕［jìng shěng］，《中华字海》释义：寒冷的样子。**

例：有些人虽然穿得很暖，但是内心浣冼。

## 老开真頳

不管穿着多破旧的衣服，只看头脸，你就会发现老开真頳。

“頳”字在粤方言地区人们的口头上比较常用，在广州地区读 dzing6，当地话“净”字音；指帅气、有精神。

**頳［jìng］，《中华字海》释义：美，好看的（头）。**

例：头頳的人总是充满自信。

## 把门扃上

从小，爷爷奶奶和父母都提醒我，出入都要把门扃上。

“扃”字在粤方言地区人们的口头上比较常用，在广州地区读 gwing1，当地话“炯”字音；指门闩、钩等，用作动词时，指把门闩插上去。

**扃［jiōng］，《新华字典》释义：从外面关门的闩、钩等。**

例：在我乡下老家，有一种简易的门，出入随手扃上，只为防鸡狗进屋。

## 山头颎亮

住在大山沟里，到了夜晚，要是你突然看见山头颎亮，十有八九，是发生山火了。

“颎亮”一词在粤方言地区人们的口头上比较常用，指火光明亮，“颎”字在广州地区读 gwing2，当地话“炯”字音。

**颎［jiǒng］，《新华字典》释义：火光。**

例：只要心里火光颎亮，就算你行走在黑夜里，你人生的道路也是光明的。

## 太阳炅亮

夏日的太阳炅亮。

“炅亮”一词在粤方言地区人们的口头上比较常用，指太阳明亮，“炅”字在广州地区读 gwing2，当地话“炯”字音。

**炅［jiǒng］，《新华字典》释义：❶火。❷日光。**

例：有些人只要看见炅亮的阳光，心里就会跟着炅亮起来。

## 肚子就铜

有些人心情不好，肚子就铜。

“肚子铜”一词在粤方言地区人们的口头上比较常用，指没吃食物却感觉饱，没有食欲，“铜”字在广州地区读 dzung[5]，同普通话读音；（又）读 gwing[2]，当地话“炯”字音。

**铜［jiǒng］，《中华字海》释义：饱。**

例：就是肚子铜也得吃饭呀！

## 大鼎的鼏

在开元寺，我看到十来个僧人用绳索捆住一个大鼎的鼏，把它抬到了另一个地方安放。

“鼏”字在粤方言地区人们的口头上比较常用，在广州地区读 gwing[1]，当地话“扃”字音。

**鼏［jiǒng］，《中华字海》释义：鼎上横贯两耳的横杠。**

例：大鼎的鼏一定要坚固，不然，在抬起来的时候就容易发生意外。

## 把物品摎结实

我用摩托车搭载物品，弄丢了好几次。车上的物品散落在路上，自己却浑然不知。把物品摎结实很重要。

“摎”字在粤方言地区人们的口头上比较常用，在广州地区读 gau[2]，当地话“赳”字音；指缠绕、捆绑。

**摎［jiū］，《中华字海》释义：绞结。**

例：要是一个人单独操作，都能够把木柴摎结实在摩托车上，就有真功夫。

## 茾作一团

我常年给家里的肉桂除草，野草总是茾作一团，除起来很不容易。

“茾”字在粤方言地区人们的口头上比较常用，在广州地区读 gau[2]，当地话“纠”字音。

**茾［jiū］，《中华字海》释义：草互相纠结在一起。**

例：世间的坏人就像山里的野草，他们不但茾作一团，而且还茾到了好人身上。

## 野草萀毡

这十几年，农村的青壮年都进城务工去了，很多山路没有人行走，野草萀毡。

“萀毡”一词在粤方言地区人们的口头上比较常用，指草相缠生，“萀”字在广州地区读 gau$^{2}$，当地话“九”字音。

**萀［jiū］，《中华字海》释义：草相缠生。**

例：地里长着庄稼，就不会出现野草萀毡的现象。

## 把桌上的白糖舏干净

我年少时，看着妈妈把刚买回来的白糖倒进玻璃瓶里保存，有一些零星的白糖撒落在桌面上，妈妈看我嘴馋，让我把桌上的白糖舏干净。

“舏”字在粤方言地区人们的口头上比较常用，在广州地区读 giu$^{2}$，当地话“矫”字音；指以舌舔起物品。

**舏［jiǔ］，《中华字海》释义：以舌取物。**

例：如今食物丰富了，慢慢地，人们连“舏”的动作都感到陌生了。

## 到小河里斞鱼

在我们南方的乡下，年轻人拿着篸到小河里斞鱼是常有的事。

“斞”字在粤方言地区人们的口头上比较常用，在广州地区读 loey$^{1}$，当地话“滤”字音；（又）读 koey$^{1}$，当地话“俱”字音；指用篸、斗、勺捞取水中的物品。

**斞［jū］，《新华字典》释义：用斗、勺舀取。**

例：人生与社会就像是汪洋大海，一个人有何成就，就看他能斞到什么样的鱼。

## 群峰岨嵎

都峤山群峰岨嵎，耸立在容州、石寨、六王和杨梅四镇之间。

“岨嵎”一词在粤方言地区人们的口头上比较常用，在广州地区读 goey$^{1}$jy$^{4}$，当地话“居余”字音；指高崖或山石相向的地貌。

**崌嵎** [jū yú]**，《中华字海》释义：❶高崖。❷山石相向的地貌。**

例：三五成群的人聚集在广场上，难道不似群峰崌嵎？

## 㝒住双脚

每年冬天，我老家屯子里的人就聚集一处，燃起一堆火，㝒住双脚，一边烤火一边聊天。

“㝒”字在粤方言地区人们的口头上比较常用，在广州地区读 guk[9]，当地话“局”字音。

**㝒** [jú]**，《中华字海》释义：不敢伸。**

例：我曾经在被窝里㝒住脚受冻的日子一去不复返了。

## 跼着身体

我和阿寿跼着身体坐在车子的后备箱，从同江村回到镇上。

“跼”字在粤方言地区人们的口头上比较常用，在广州地区读 guk[9]，当地话“局”字音。

**跼** [jú]**，《中华字海》释义：❶（身体）弯曲。如《诗·小雅·正月》：“谓天盖高，不敢不~。”❷退缩。**

例：大丈夫能屈能伸，该跼着身体的时候，就得跼着。

## 背趜了

唐大妈年轻的时候常常肩挑背扛，用力过度，如今年纪大了，背趜了。

“趜”字在粤方言地区人们的口头上比较常用，在广州地区读 guk[7]，当地话“菊”字音；（又）读 guk[9]，当地话“局”字音；指身体伸不直。

**趜** [jú]**，《中华字海》释义：❶穷。❷体不伸。**

例：沉重的负担把无数妈妈的脊梁压趜了，但是她们的心永远不会趜。

## 狊狊地看着

阿武家的狗总是狊狊地看着陌生人。

“狊狊”一词在粤方言地区人们的口头上比较常用，指狗的眼神，“狊”字在广州地区读 goey[6]，当地话“惧”字音；（又）读 gwik[7]，当地话“隙”字音。

**狊［jú］，《中华字海》释义：犬视的样子。**

例："你不要狊狊地看着别人好吗！"这种提醒，耐人寻味。

## "駶"的一下

六少"駶"的一下，从水沟那边跳了过来。

"駶"字在粤方言地区人们的口头上比较常用，在广州地区读 guk[9]，当地话"局"字音；指跳跃。

**駶［jú］，《中华字海》释义：（马）跳跃。**

例：他像马一样，"駶"的一下就飞越了障碍。

## 弆好米和菜

我两个孩子在县城上高中那时，他们周末回到城里的住处，三四个小时之后又得返校，因此，我总是为他们弆好米和菜。

"弆"字在粤方言地区人们的口头上比较常用，在广州地区读 tsy[5]，当地话"储"字音；（又）读 goey[2]，当地话"举"字音。

**弆［jǔ］，《新华字典》释义：收藏；保藏。**

例：积谷防饥。一个家庭，弆好米和菜，家人就能够安心生活了。

## 遽遽赶到

李三开车快，挂了电话不到半个小时，他就遽遽赶到了这里。

"遽遽"一词在粤方言地区人们的口头上比较常用，指急速，"遽"字在广州地区读 goey[6]，当地话"巨"字音。

**遽［jù］，《新华字典》释义：❶急，仓促：不敢~下断语。❷遂，就。**

例：来如风雨，去似微尘。风和雨的确是遽的一下就到了。

## 醵好钱醵好柴

每每年关将至，我老家的人就有计划地醵好钱醵好柴。

"醵"字在粤方言地区人们的口头上比较常用，在广州地区读 dzoey[6]，当地话"聚"字音；（又）读 goey[6]，当地话"巨"字音；指凑、聚集。

**醵［jù］，《新华字典》释义：❶凑钱喝酒。❷聚集，凑（钱）：~资。**

例：常将有日当无日，莫将无时当有时。醵好钱醵好柴，就有备无患。

## 蠲掉欠账

父亲去世之后，我蠲掉了别人借他的欠账。

“蠲”字在粤方言地区人们的口头上比较常用，在广州地区读 gyn[1]，当地话“捐”字音；指免除。

**蠲［juān］，《现代汉语词典》释义：❶免除。❷积存。**

例：能蠲掉别人的欠账是件不容易的事，若能蠲掉偏见和仇恨，恐怕只有圣贤了吧。

## 那勬体魄

乡亲们常常赞叹：“我们要是有阿生阿福两兄弟那勬体魄，干起活来，就不怕了！”

“勬”字在粤方言地区人们的口头上比较常用，在广州地区读 gyn[1]，当地话“捐”字音；指块头大且壮实、好使。

**勬［juān］，《中华字海》释义：❶勤。❷强健。**

例：一个人要是体魄强勬，心智也强勬，那就接近完美了。

## 叽叽譔譔

欧爷爷对我说：“一个家庭，一个村落，如果总有些人喜欢叽叽譔譔，这个家庭，这个村落，是不可能是兴旺的。”

“叽叽譔譔”一词在粤方言地区人们的口头上比较常用，指不经思考乱说一通，“譔”字在广州地区读 dzoe[1]，用当地话“支靴”切，第 1 声；（又）读 gyn[6]，当地话“倦”字音。

**譔［juàn］，《中华字海》释义：流言。**

例：一个有思想的人，自己不会叽叽譔譔，也不会听别人叽叽譔譔。

## 身腃颈缩

奶奶睡觉时，经常身腃颈缩。

“身腃颈缩”一词在粤方言地区人们的口头上比较常用，指身体弯曲，脖子收缩；“腃”字在广州地区读 gyn[6]，当地话“倦”字音。

**腃［juàn］，《中华字海》释义：（身体）弯曲：“身~项缩。”**

例：爷爷教育我，年轻人要昂首挺胸，不要身腿颈缩。

## 大奆

村里的老人告诉我，我四爷爷虎背熊腰，个头很大奆。

“大奆”一词在粤方言地区人们的口头上比较常用，指块头特大，“奆”字在广州地区读 gyn[6]，当地话“倦”字音。

**奆［juàn］，《中华字海》释义：甚大。**

例：四爷爷虽然大奆，但是死在了老虎口下，大奆不等于天下无敌。

## 䤸酒

我小时候，常常给爷爷䤸酒，以此为乐。

“䤸酒”一词在粤方言地区人们的口头上比较常用，指斟酒，“䤸”字在广州地区读 gyn[1]，当地话“捐”字音。

**䤸［juàn］，《中华字海》释义：❶酒舀子。❷舀。**

例：我慢慢从给别人䤸酒的年纪到了别人给我䤸酒的年纪了。

## 抓住牛鼻桊

老封对老何说：“公司的事，你要放手给下面的人去管。”老何却说：“我得抓住牛鼻桊才行。”

“抓住牛鼻桊”一语，在粤方言地区人们的口头上比较常用，指把握住事物的关键，“桊”字在广州地区读 gyn[3]，当地话“眷”字音。

**桊［juàn］，《新华字典》释义：穿在牛鼻子上的小铁环或小木棍儿。**

例：善于抓住牛鼻桊的人，都是强者。同理，没让别人抓住牛鼻桊的人，也是不简单的人。

## 风筝线罥在树上

放风筝的人最怕风筝线罥在树上。

“罥”字在粤方言地区人们的口头上比较常用，在广州地区读 gyn[3]，当地话“眷”字音；指挂、搭、缠绕。

**罥［juàn］，《新华字典》释义：挂。**

例：大家都担心被病毒罥上。

## 躩躩走过

夏天，天色微明，我家门前便有人躩躩走过，他们要赶到山里去采割松脂。

“躩躩”一词在粤方言地区人们的口头上比较常用，指跳跃或快步，“躩”字在广州地区读 dzyt[9]，当地话“绝”字音；（又）读 fok[8]，当地话“霍”字音。

**躩［jué］，《中华字海》释义：❶跳跃。❷快步。**

例：人生的路并不漫长，芸芸众生，都在人间躩躩走过。

## 头上有一块硦

李三叔头上曾经有一块硦。

“硦”字在粤方言地区人们的口头上比较常用，在广州地区读 dzoe[3]，当地话“唞”字音；（又）读 kyt[8]，当地话“决”字音；指石块，引申为状如石块的疙瘩。

**硦［jué］，《新华字典》释义：❶石头。❷用于地名：石～（在吉林省集安）。**

例：李三叔年少时头上的硦现今不见了。

## 有多远趉多远

民国时期，老李在单位里管钱，他拿了钱就趉，心里想着有多远趉多远。

“趉”字在粤方言地区人们的口头上比较常用，在广州地区读 dzoek[8]，当地话“嚼”字音；指走、出走、离开。

**趉［jué］，《中华字海》释义：走。**

例：人的一生，总是在一个圈子里趉来趉去。

## 狘狘跑

在我老家那儿，有许多野猪，它们常常糟蹋庄稼，见到人就狘狘跑。

“狘狘跑”一词在粤方言地区人们的口头上比较常用，指野兽奔跑，“狘”字在广州地区读 dzyt[9]，当地话“绝”字音。

**狘［jué］，《中华字海》释义：兽奔跑。**

例：“你狘狘跑那么快干什么？”这话本身就很损。

## 泬泬流水

乡亲们从水电站经过，都会被发电厂厂房外面的出水口所吸引，泬泬流水，从洞里涌出，真叫人心潮澎湃呀！

“泬泬”一词在粤方言地区人们的口头上比较常用，用作水从洞穴中奔泻而出的拟状词，“泬”字在广州地区读 dzyt[9]，当地话“绝”字音。

**泬［jué］，《中华字海》释义：水从洞穴中奔泻而出。**

例：上善若水。若逢人生的狭道，人就要像水流一样，从洞穴中泬泬挤过去。

## 踸踸踢

在我读中学的时候，有一天深夜，突然有人爬到我床上来，我本能地踸踸踢。

“踸踸踢”一词在粤方言地区人们的口头上比较常用，指用力踢、猛踢，“踸”字在广州地区读 dzyt[9]，当地话“绝”字音。

**踸［jué］，《中华字海》释义：足有力。**

例：不管道路多艰险，你若能踸踸向前，就是有力量的人。

## 腰腰大笑

彤彤和弟弟一边看电视上的小品表演，一边腰腰大笑。

“腰腰”一词在粤方言地区人们的口头上比较常用，指放声开怀大笑的样子，“腰”字在广州地区读 dzoe[1]，当地话“吷”字音。

**腰［jué］，《康熙字典》释义：“~，~~，大笑也。”**

例：看着三叔滑稽的样子，大家不禁腰腰大笑了起来。

## 拿起耪锄就敀

以前，我家乡人口稀少，水田也少。到了大集体耕作的年代，人口大幅度增加，过去留下来的水田养活不了那么多人，于是队长带领村民们拿起耪锄就敀。

“敀”字在粤方言地区人们的口头上比较常用，在广州地区读 gat[9]，当地话“吉”字音；（又）读 gwan[6]，当地话“均”字音；指锄、挖、开垦。

**敀 [jūn],《中华字海》释义：垦田。**

例：我们现在看到的许多良田，都是前人用双手敀出来的。

## 馂到下顿

青菜最好是随炒随吃，不要馂到下顿。

“馂”字在粤方言地区人们的口头上比较常用，在广州地区读 doen[2]，当地话“墩”字音；（又）读 dzoen[3]，当地话“俊”字音。

**馂 [jùn],《新华字典》释义：吃剩下的食物。**

例：苦瓜镶是一道特别的菜，馂到下一餐之后重新加热，味道才最好。

## 捃八角

八角贵了，于是这段时间，很多人进山捃八角。

“捃”字在粤方言地区人们的口头上比较常用，在广州地区读 dzoen[2]，当地话“俊”字音；（又）读 kwan[3]，当地话“棍”字音。

**捃 [jùn],《新华字典》释义：拾取。**

例：我今天走在路上，白捃了三个西瓜。

## 穊粥

我小时候，家里严重缺粮，家人每天只能喝稀粥，喝不上穊粥。

“穊粥”一词在粤方言地区人们的口头上比较常用，指米多、水分少，很稠的粥，“穊”字在广州地区读 gat[9]，当地话“吉”字音；（又）读 gei[3]，当地话“记”字音。

**穊 [jì],《康熙字典》释义：《正韵》吉器切，音寄。《说文》稠也。**

例：如今粮食富足了，我们随时都可以煮穊粥喝。

## 用脚搢开

妈妈对孩子说：“天气寒冷，有时候棉被卷作一团，你就得用脚搢开，不然就盖不过脚。”

“搢开”一词在粤方言地区人们的口头上比较常用，指极度延展，“搢”字在广州地区读 dzin[5]，当地话“剪”字音。

**搢 [jiǎn],《中华字海》释义：[~搌] 极度延展。**

例：你曾经揞开过被子吗?

## 垪膩

老靳夏天不洗澡，身上很多垪膩。

“垪膩”一词在粤方言地区人们的口头上比较常用，指身体上状如膩子的污垢。“垪”字在广州地区读 gaai[4]，当地话“介”字音。

**垪［jiá］，《中华字海》释义：污垢。**

例：欧梅珍的猪场卫生搞得好，就连那些猪身上都没有垪膩。

## 把瓶盖毆开

“把瓶盖毆开”“把洗干净的衣服毆干”……在日常生活中，人们常常这样说。

“毆”字在粤方言地区人们的口头上比较常用，在广州地区读 no[3]，“挪”字音；（又）读 gau[6]，当地话“旧”字音；指拧。

**毆［jiù］，《中华字海》释义：❶揉屈。❷强击。**

例：如今大部分家庭使用洗衣机洗衣服，很多小孩没见过手洗衣服后毆干的情景。

# K

## 擖镬黑

我老家用大铁镬炒菜，时间长了，铁镬底部就会聚积厚厚的镬黑，这样，我每隔一段时间就得擖镬黑。

“擖”字在粤方言地区人们的口头上比较常用，在广州地区读 kaat[8]，当地话“卡压”切，第 2 声。

**擖［kā］，《新华字典》释义：用刀子刮。**

例：农村人把擖下来的镬黑叫“百草霜”，泡开水饮用，可清心火。

## 愒荒

随着农村劳动力大军进城务工，村里好些农田都愒荒了。

“愒荒”一词在粤方言地区人们的口头上比较常用，指抛荒、荒废，“愒”字在广州地区读 kaai²，当地话“柯矮”切；（又）读 koi³，当地话“丐”字音。

**愒［kài］，《中华字海》释义：❶荒废。❷急。**

例：田地愒荒就没有收获，生命愒荒就一事无成。

## 轗轥前行

很多人的一生，大多数时候都是在轗轥前行。

“轗轥”一词在粤方言地区人们的口头上比较常用，在广州地区读 ham²lam⁵，当地话“坎壈”字音。

**轗轥［kǎn lǎn］，《中华字海》释义：❶车行不平。❷不得志。**

例：轗轥前行是生命的常态，比起停滞不前要强得多。

## 山路窞窞

以前，我老家通往村外 10 公里的山路窞窞难行，最近这几年铺上水泥混凝土之后，就变得很通畅了。

“窞窞”一词在粤方言地区人们的口头上比较常用，在广州地区读 ham²dam⁵，当地话“坎扰”字音；指道路坎坷不平。

**窞窞［kǎn dàn］，《中华字海》释义：坎坷不平。**

例：生活之路窞窞难行者居多，弱者不断地抱怨，强者不断地修路铺路。

## 悒歁

李老四带着儿子开飞车，掉下山崖，他父子俩都摔伤了，车子也报废了。李老四出院回家半年多，每天都悒歁坐在家门口。

“悒歁”一词在粤方言地区人们的口头上比较常用，指因忧愁而发呆，“歁”字在广州地区读 ham²，当地话“坎”字音。

**歁［kǎn］，《现代汉语词典》释义：❶不自满。❷忧愁。**

例：三叔悒歁的模样，真令人可怜。

## 石岴

都峤山群峰罗列，山体里有不少石岴。

“石岴”一词在粤方言地区人们的口头上比较常用，指岩洞，“岴”字在广州地区读 ham$^{1}$，当地话“坎”字音。

**砍 [kàn]，《中华字海》释义：岩洞。**

例：人生的路上有一个个石砍，有些石砍风景秀美，还蕴藏了大批宝藏；有些石砍险象环生，人一旦进去就出不来了。

## 把柴冚好

天要下雨了，妈妈叫我把柴冚好。

“冚”字在粤方言地区人们的口头上比较常用，在广州地区读 kam$^{2}$，当地话“禽”字音。

**冚 [kǎn]，《中华字海》释义：盖。如：把被~好。**

例：一个才华出众的人，别人是冚不住的。

## 顑頷

我小妹小时候，一直长得很顑頷。

“顑頷”一词在粤方言地区人们的口头上比较常用，在广州地区读 kaam$^{5}$haan$^{1}$，当地话“槛悭”字音；（又）读 ham$^{2}$ham$^{5}$，当地话“砍坎”字音。

**顑頷 [kǎn hàn]，《新华字典》释义：因饥饿而面黄肌瘦的样子。**

例：如今，顑頷的小孩已很鲜见，小胖子倒是越来越多。

## 石磡

海生和阿荣把我们带到了石人山，石磡边上到处是藤萝。

“石磡”一词在粤方言地区人们的口头上比较常用，指石山的山崖，“磡”字在广州地区读 ham$^{3}$，当地话“勘”字音。

**磡 [kàn]，《新华字典》释义：山崖。**

例：住在山区的人家，有不少人是把房子建在山磡下面的，每逢下暴雨，就叫人提心吊胆。

## 瞰瞰升起

在每一个晴天的早晨，我屯子里的人，总能看见太阳从云龙大山顶上瞰瞰升起。

“瞰瞰”一词在粤方言地区人们的口头上比较常用，指太阳升起的样子，“瞰”字在广州地区读 gam$^{6}$，当地话“敢”字音；（又）读 ham$^{3}$，当地话“瞰”字音。

**瞰［kàn］，《中华字海》释义：日出貌。**

例：儿童如清晨的太阳一样瞰瞰升起，充满朝气。

## 闶阆

欧叔打电话给六叔，问房子建好了没有。六叔说刚建成一个闶阆。

“闶阆”一词在粤方言地区人们的口头上比较常用，在广州地区读 kong$^{3}$long$^{5}$，当地话“抗朗”字音；指建筑物的墙体建好后能看到的外形。

**闶阆［kāng láng］，《新华字典》释义：建筑物中空旷的部分。**

例：三叔站在还未建成的闶阆中，好似在回忆过去。

## 房屋康㝗

如今，不管是乡下还是城镇，都有不少康㝗的楼房。

“康㝗”一词在粤方言地区人们的口头上比较常用，在广州地区读 hong$^{1}$long$^{4}$，当地话“康郎”字音。

**康㝗［kāng láng］，《中华字海》释义：房屋空阔。**

例：房屋康㝗是一种衰败的景象。

## 㧬扣肉

扣肉是我家乡的大菜式。每逢酒席，厨师们都要把扣肉蒸脸，然后取出来，㧬扣肉，让扣肉皮朝上。

“㧬”字在粤方言地区人们的口头上比较常用，在广州地区读 kam$^{2}$，当地话“冚”字音。

**㧬［kǎng］，《中华字海》释义：盖，扣。如把碗头（里）的菜~倒 | 把帽子~到头上。**

例：世事的真相，往往不是人们在当前看到的样子，当事物被㧬过来之后，真相就显露了。

## 欬欱不止

老叔晚年整天欬欱不止，眼泪跟着流，让人看了心生怜悯。

“欤欨”一词在粤方言地区人们的口头上比较常用，在广州地区读 kong[3]hang[1]，当地话“亢吭”字音；指咳嗽。

**欤欨［kàng kēng］，《中华字海》释义：咳嗽。**

例：伯母告诉过我，爷爷临终前一个晚上欤欨不停。这事我一直无法忘怀。

## 尻腒尿

每次考试，坲常都是排在班级的尻腒尿。

“尻腒尿”一词在粤方言地区人们的口头上比较常用，指屁股，引申为最后，“尻”字在广州地区读 haau[1]，当地话“敲”字音；（又）读 haau[6]，当地话“敲”字音。

**尻［kāo］，《新华字典》释义：屁股。**

例：曾经排在尻腒尿的大师，熬到前面的大师都离去之后，他便成了头号。

## 薧硬

腊肉储存的时间太久了，就会薧硬，嚼不动。

“薧”字在粤方言地区人们的口头上比较常用，在广州地区读 haau[1]，当地话“烤”字音；指失去水分而变硬。

**薧［kǎo］，《中华字海》释义：干的食物：“凡其死、生、鲜、~之物，以共王之膳。”**

例：我爷爷那一代人，常常啃薧硬的木薯干充饥。

## 脑袋颟顸

老靳脑袋颟顸，很多人以为他脑容量大，一定聪明，其实不然。

“颟顸”一词在粤方言地区人们的口头上比较常用，在广州地区读 haau[1]aau[2]，当地话“烤拗”字音。

**颟顸［kǎo ǎo］，《中华字海》释义：大脑袋。**

例：脑袋颟顸的人一般不刁钻，不奸猾。

## 箬笼

我外公和二伯都善于编织箬笼。

“箬笼”一词在粤方言地区人们的口头上比较常用，在广州地区读

haau$^{2}$lou$^{5}$，当地话“烤捞”字音。

**筹箸［kǎo lǎo］，《中华字海》释义：用竹篾或柳条编成的盛东西的器物。**

例：年少时，我总是和二伯一起编一些筹箸到市场上卖，补贴家用。

## 箹榕树

在容县和岑溪交界的十二岭上有一箹新种的树，那是箹榕树。九哥说那箹树是二叔种的，百年之后，它就很大了。

“箹”字在粤方言地区人们的口头上比较常用，在广州地区读 po$^{1}$，当地话“颇”字音；用作树、竹、菜等植物的量词。

**箹［kē］，《中华字海》释义：❶竹枝因风摇曳而相互摩擦。❷方言，量词，株；棵：门口有~大榕树。**

例：每一个人都像森林里的一箹树，那些顶天立地的树，就格外引人注目。

## 殈呵

陈老板殈呵地躺在办公室，样子很可怖。

“殈呵”一词在粤方言地区人们的口头上比较常用，指欲死状，“殈”字在广州地区读 fo$^{1}$，当地话“科”字音。

**殈［kē］，《中华字海》释义：死的样子。**

例：司马懿殈呵的模样，当时骗过了无数的人。

## 把门盍上

从小，父母就教育我，出入都要随手把门盍上，防止鸡狗进屋。

“盍”字在粤方言地区人们的口头上比较常用，在广州地区读 hap$^{9}$，当地话“磕”字音；指关门的动作。

**盍［kē］，《中华字海》释义：关门。**

例：随手把门盍上，是一种好习惯。

## 不要搭别人

从小，欧爷爷就教育我们：“人生之路，山高水长，看见别人有好事，有出路，千万不要搭别人。”

“搭”字在粤方言地区人们的口头上比较常用，在广州地区读 kang$^{2}$，当地话“掯”字音；指为难、卡住，从中作梗等。

**搭［ké］，《新华字典》释义：❶握，持。❷方言，卡住。❸方言，刁难。**

在粤方言地区，人们把老是搭别人那种人叫“肾结石”，听到这种说法你就应该知道他们的意思了。

## 嵑高

我家乡的都峤山每一座山峰都嵑高。

“嵑高”一词在粤方言地区人们的口头上比较常用，指高俊，“嵑”字在广州地区读 got[9]，当地话“葛”字音；（又）读 hot[8]，当地话“渴”字音。

**嵑［kě］，《中华字海》释义：山石高峻的样子。**

例：嵑高的都峤山总是吸引着勇士去攀登。

## 几娔佬

每晚，老刘那里都有几娔佬围坐在一起喝茶聊天。

“娔”字在粤方言地区人们的口头上比较常用，在广州地区读 hak[7]，当地话“克”字音；用作年龄较大者的量词，相当于“个”，有轻慢之意。

**娔［kè］，《中华字海》释义：古代对老年妇女的蔑称。**

很显然，粤方言区的人把“娔”字更多地用在了年纪较大的男性身上。

## 礊实

老三这个人头脑礊实，不够灵活。

“礊实”一词在粤方言地区人们的口头上比较常用，指坚硬，引申为头脑不灵活，“礊”字在广州地区读 hak[7]，当地话“克”字音。

**礊［kè］，《中华字海》释义：坚硬。**

例：头脑礊实的人实实在在，不会算计别人。

## 船被艐住了

钟师傅一家住在船上，有时候遇到下游的水电站放水，他的船就被艐住了。

“艐”字在粤方言地区人们的口头上比较常用，在广州地区读 kik[7]，当地话“搭”字音。

**艐［kè］，《中华字海》释义：船触沙搁浅。**

例：人像船，在社会的江河里行驶，被艘住的时候，就进退两难。

## “㕉”的一声

我坐在办公室里，听到了“㕉”的一声传来，就知道隔壁的老师关门了。

“㕉”字在粤方言地区人们的口头上比较常用，在广州地区读 hak$^{7}$，当地话“刻”字音。

**㕉［kè］，《中华字海》释义：关门声。**

例：在人的一生中，有的门，你正想进去的时候，却传来了“㕉”的一声，这时，别失望，一定还会有别的门为你敞开。

## 没剋过人

我大哥是个在民国时期就开始教书的老先生，他说自己一辈子没剋过人。这话乡亲们全信。

“剋”字在粤方言地区人们的口头上比较常用，在广州地区读 kat$^{7}$，当地话“咳”字音；（又）读 hak$^{7}$，当地话“克”字音；指辱骂人。

**剋［kēi］，《新华字典》释义：❶打人。❷申斥。**

例：一辈子没剋过人，这种人涵养的确很好。

## 勒掯

小六的救济金一直没拿到手，屯子里的人就知道村委会里有人勒掯。

“勒掯”一词在粤方言地区人们的口头上比较常用，指按、压或刁难，“掯”字在广州地区读 kang$^{2}$，当地话“劥”字音。

**掯［kèn］，《新华字典》释义：❶按、压：掯住牛脖子。❷刁难：勒掯。**

例：谁都知道马六是在勒掯三叔，但是他爸是村委会主任，都拿他没办法。

## “河劥”和“劥人”

《水浒传》里的 108 位英雄，全是“劥人”。

“劥”字在粤方言地区人们的口头上比较常用，在广州地区读 haang$^{1}$，当地话“坑”字音时，指小溪，如：“河劥”；读 kang$^{3}$，当地话“掯”字音时，指有本事，如“劥人”。

**劥［kēng］，《中华字海》释义：❶溪。❷强劲，有力量。**

在粤方言地区，有不少人把“勍”字误作“劥”字使用，原因有二：一是他们不知道有“劥”字存在，《新华字典》没有收录这个字；二是部分人把“勍”字的粤语读音误作“劥”字音读——“勍”字的粤语读音其实是“倾”。“劥”字常作褒义词使用；“勍”字常作贬义词使用。

## 妔颠

老大老婆经常妔颠，不但老大受不了，邻居也受不了。

“妔颠”一词在粤方言地区人们的口头上比较常用，指女人大发脾气，“妔”字在广州地区读 kang[1]，当地话“劥”字音。

**妔［kēng］，《中华字海》释义：女子性情急躁暴戾。**

例：一个家庭有经常妔颠的女人，就不会幸福。

## 揁几下铜钟

每天早上，开元寺的和尚都要揁几下铜钟。

“揁”字在粤方言地区人们的口头上比较常用，在广州地区读 hang[1]，当地话“铿”字音；指撞、打等动作。

**揁［kēng］，《中华字海》释义：撞（钟）。**

例：揁铜钟其实不是为了警醒别人，而是为了警醒自己。

## 译定

去年清明节祭祖的时候，老一得意洋洋地说：“这次译定是我当局长！”

“译定”一词在粤方言地区人们的口头上比较常用，指一定，“译”字在广州地区读 hang[1]，当地话“硁”字音。

**译［kēng］，《中华字海》释义：［～～］一定要取得的样子。**

例：世上很多自己认为译定的事，其实未必实现。

## 欣欣咳

冬天天气干燥，在我们学校，总有一些师生欣欣咳。

“欣欣”一词在粤方言地区人们的口头上比较常用，是咳嗽的拟声词，“欣”字在广州地区读 hang[1]，当地话“吭”字音。

**欣［kēng］，《中华字海》释义：咳嗽。**

例：有的人一上火就欣欣咳。

## 脾气硁

阿猛脾气硁，周围的人对他爱理不理。

“硁”字在粤方言地区人们的口头上比较常用，在广州地区读 hang[1]，当地话“铿”字音；指石头被撞击时发出的声音或指脾气硬。

**硁［kēng］，《中华字海》释义：❶石头被撞击时发出的声音。❷［硁硁］形容浅薄固执。**

例：脾气硁，最终会害了自己。

## 辐辏

在我读五年级那年的暑假，我就帮爷爷拉木车往纸篷运竹麻，木车在村道上一路辐辏前行。这些往事，我记忆尤深。

“辐辏”一词在粤方言地区人们的口头上比较常用，在广州地区读 hang[1]ling[4]，当地话“铿楞”字音；多指转动得慢的车轮声。

**辐辏［kēng léng］，《中华字海》释义：车声。**

例：我国进入 21 世纪之后，人力车和牛马车辐辏前行的景象，只有在深山白云间才偶有出现了。

## 车声辑辑

在我年少时，屯里连自行车都是稀罕物。每当我听到屋外车声辑辑，就猜到十有八九是爸爸回来了。

“辑”字在粤方言地区人们的口头上比较常用，在广州地区读 kang[2]，同普通话读音；指较破旧的马车、牛车或自行车车轮转动时发出的声音。

**辑［kēng］，《中华字海》释义：车声。**

例：车声辑辑，那是我记忆深处一种充满希望和温暖的声音。

## 剾掉一块皮

有一个凶狠的大妈，在商场用指甲剾掉别人婴儿一块皮。

“剾”字在粤方言地区人们的口头上比较常用，在广州地区读 kau[1]，当地话“抠”字音。

**剾 [kōu]，《中华字海》释义：剜。**

“剾”通常指一种凶残、歹毒的行为。

## 双目眍瞜

老爷爷嘉福双目眍瞜，与众不同。

“眍瞜”一词在粤方言地区人们的口头上比较常用，在广州地区读 $kau^1lau^1$，当地话“抠搂”字音。

**眍瞜 [kōu lōu]，《中华字海》释义：眼窝深陷的样子。如：大病一场，眼睛都~~了。**

例：爷爷在最后的日子里，躺在床上双目眍瞜，令人不忍直视。

## 把新皮带弧上

我屯子里的农户使用的那些耕田机和打谷机，每年都需要更换皮带。村民们把磨损严重的旧皮带拆卸下来后，再把新皮带弧上。

“弧”字在粤方言地区人们的口头上比较常用，在广州地区读 $kau^1$，当地话“抠”字音；指安装机器皮带的特有动作。

**弧 [kōu]，《新华字典》释义：弓弩两端系弦的地方。**

粤方言地区人们使用的是“弧”字的引申义，他们把名词使用为动词了。

## 几彀小鸟

阿青和德华喜不自胜：“五伯，我家的燕子孵出了几彀小鸟！”

“彀”字在粤方言地区人们的口头上比较常用，在广州地区读 $kau^1$，同普通话读音；（又）读 $kau^3$，当地话“扣”字音；原义指初生的小鸟，引申为鸟、蛋甚至是人（有轻慢之意）的量词。

**彀 [kòu]，《新华字典》释义：初生的小鸟。**

例：“那彀孩子真可爱。”这话耐人寻味。

## 怐愗

田婶真怐愗，跑到邻居的菜地里摘菜。

“怐愗”一词在粤方言地区人们的口头上比较常用，在广州地区读 $kau^3mau^6$，当地话“扣懋”字音；指傻、精神不正常。

**怐愗［kòu mào］，《中华字海》释义：愚笨。**

例：欧爷爷教育我，笑话别人怐愗的人，自己本身就有点怐愗。

## 泉水淈淈涌出

我老家的泉眼终年都有泉水淈淈涌出。

“淈淈”一词在粤方言地区人们的口头上比较常用，常用作水涌出的拟状词，“淈”字在广州地区读 fat[7]，当地话“窟”字音。

**淈［kū］，《中华字海》释义：（水）涌出的样子。**

例：水是生命之源，在自己生活的地方，一家子能够拥有一处泉水淈淈涌出的泉眼，那便是美滋滋的事。

## 刳木为舟

《易·系辞下》中有：“刳木为舟，剡木为楫，舟楫之利，以济不通，致远以利天下。”

“刳”字在粤方言地区人们的口头上比较常用，在广州地区读 lou[1]，当地话“露”字音；（又）读 fu[1]，当地话“枯”字音；指从中间破开再挖空。

**刳［kū］，《新华字典》释义：从中间破开再挖空：~木为舟。**

例：我年少时，看到家乡的山上曾经有一些外地人刳木勺。

## 山包崫屼

十二岭东面的群山，一个个山包崫屼。

“崫屼”一词在粤方言地区人们的口头上比较常用，在广州地区读 fat[7]ngat[9]，当地话“窟兀”字音；指山包光秃秃。

**崫屼［kū wù］，《中华字海》释义：山光秃秃的样子。**

在粤方言地区，“崫屼”一词的义项，引申为人光头，如：老蒋的头多崫屼。

## 硁硁硞硞

华六河的河滩硁硁硞硞，行走起来很不方便。

“硁硁硞硞”一词在粤方言地区人们的口头上比较常用，指石头多的地方凹凸不平，“硞”字在广州地区读 huk[9]，当地话“酷”字音。

**硞［kù］，《中华字海》释义：［碌~］石不平的样子。**

例：人生的道路难免有某一段是碌碌硞硞的，但不可能所有的道路都如此。

## 火车嚳嚳开过

家乡开通铁路之后，我们就经常听到火车嚳嚳开过的声音。

“嚳嚳”一词在粤方言地区人们的口头上比较常用，指火车经过时发出的声音，“嚳”字在广州地区读 huk[9]，当地话“酷”字音。

**嚳［kù］，《中华字海》释义：拟声词，指火车前进发出的声响。**

例：当一个人的生命之水沸腾起来时，他的生命就能像火车一样嚳嚳前进。

## 擓背

小时候，我后背一旦痒了，奶奶就会伸手过来帮我擓背。

“擓”字在粤方言地区人们的口头上比较常用，在广州地区读 kwaai[5]，当地话“啧”字音；指搔、抓，或挎。

**擓［kuǎi］，《新华字典》释义：❶搔；抓：~痒痒。~破了皮。❷挎：~篮子。**

例：妈妈常常擓着菜篮子到菜地里摘菜。

## 徽偠走

叔叔年纪大了，他常常一个人在村道上徽偠走。

“徽偠”一词在粤方言地区人们的口头上比较常用，在广州地区读 fun[2]wun[6]，当地话“款缓”字音；指走路慢的样子。

**徽偠［kuǎn huǎn］，《中华字海》释义：慢慢走。**

例：徽偠行走是人的一种生命状态。

## 窾房子

在我们乡下有这样的俗语：“一年造屋，三年喝粥。”不少人家的房子建成之后，几年下来，还是窾房子。

“窾”字在粤方言地区人们的口头上比较常用，在广州地区读 fun[2]，当地话“款”字音；指空荡荡。

**窾［kuǎn］，《新华字典》释义：空。**

在粤方言地区，“窾”字的引申义指心里无负担。如：大表哥说他退休之后心就窾了。

## 跓躟奔回家

太阳已经下山，老二心急如焚，跓躟奔回家。

“跓躟”一词在粤方言地区人们的口头上比较常用，在广州地区读 hong[1]joeng[4]，当地话“狂囊”字音；指走路急，上身摆动幅度大的样子。

**跓躟［kuāng ráng］，《中华字海》释义：走得很快。**

例：听到三叔出事了，父母跓躟跓躟地往医院赶。

## 不用恇

阿海有时候小偷小摸的，同伴多次提醒他收手，他总是说：“不用恇。”

“恇”字在粤方言地区人们的口头上比较常用，在广州地区读 kong[4]，当地话“狂”字音；（又）读 hong[1]，当地话“康”字音；指惊恐，惧怕。

**恇［kuāng］，《新华字典》释义：惊恐，惧怕。**

例：阿海阴沟里翻船后，对同伴说：“我恇了！”

## 硄硄声响

在容江的涛门湾，有数百颗浑圆的大石头，洪水一来，那里就发出硄硄声响，动人心魄。

“硄硄”一词在粤方言地区人们的口头上比较常用，指波浪冲击石头时发出的响声，“硄”字在广州地区读 hong[1]，当地话“哐”字音。

**硄［kuāng］，《中华字海》释义：波浪冲击石头时发出的响声。**

例：硄硄声响是一种天籁。

## 抂攘

我每到一所学校，总是特别留意老师办公室、教室和学生宿舍，如果那些地方抂攘，就不必相信这所学校会管理得好。

“抂攘”一词在粤方言地区人们的口头上比较常用，指乱的样子，“抂”字在广州地区读 kong[4]，当地话“狂”字音。

**抂［kuáng］，《中华字海》释义：［~攘］乱的样子。**

例：一个人，只要其心不抂攘，其物自然不抂攘。

## 懭悢

阿苏对所有的村干部都竭力诋毁，附近要是谁过得比他好，他也要把人家损得一钱不值。大家都不理会他，他懭悢，一直想当村支书，但是当不上。

“懭悢”一词在粤方言地区人们的口头上比较常用，在广州地区读 kong[4]long[4]，当地话“狂狼”字音；指怅惘，不得志。

**懭悢［kuǎng láng］，《中华字海》释义：怅惘，不得志。**

例：一个男子自认为有能力当一个女子的丈夫，但是只要那女子不需要他的能力，他就懭悢。

## 道路儣俍

以前，从浪水到县城的土路很儣俍。

“儣俍”一词在粤方言地区人们的口头上比较常用，在广州地区读 kwong[3]long[4]，当地话“矿硠”字音。

**儣俍［kuǎng liáng］，《中华字海》释义：不平。**

例：世间总有儣俍事，人心如是亦难平。

## 楼宇爌炾

我们的祖国河山壮美，城乡各地楼宇爌炾。

“爌炾”一词在粤方言地区人们的口头上比较常用，在广州地区读 kong[3]fong[2]，当地话“旷晃”字音。

**爌炾［kuàng huǎng］，《中华字海》释义：宽敞明亮。**

例：爌炾的楼宇，源自人类同样爌炾的心胸。

## 刲边

年少时，我常常跟着大人干农活，用柴刀把竹子破开就是其中的一种活，我偶尔会把竹子破刲边。

“刲边”一词在粤方言地区人们的口头上比较常用，指物品被破开后出现大小不一的两份，“刲”字在广州地区读 gwai[1]，当地话“归”字音。

**刲［kuī］，《新华字典》释义：割。**

在粤方言地区，人们口头上对“刲”字的文化传承，是字典释义的引申义。

## 被𢍰起来了

从小到大，我经常听到身边的人议论，谁谁谁干了坏事，被𢍰起来了。

“𢍰”字在粤方言地区人们的口头上比较常用，在广州地区读 kwai[4]，当地话“葵”字音；原义指弓箭或刀子用手持的部位，引申为抓、拿。

**𢍰［kuí］，《中华字海》释义：弓箭或刀子用手持的部位。**

例：要是作奸犯科被𢍰起来，那就声名扫地了。

## 帽顶頍尖

以前，到了冬天，我屯子里的婴儿基本上都戴毛线织成的保暖帽，那些保暖帽帽顶頍尖。

“頍尖”一词在粤方言地区人们的口头上比较常用，指帽顶或头顶高尖，“頍”字在广州地区读 kwai[2]，当地话“跬”字音。

**頍［kuǐ］，《中华字海》释义：帽顶尖尖（一说前倾）的样子。**

例：现在，有一些女孩子喜欢用发饰把头发頍得高高的。

## 大膭

一般来说，相扑运动员都很大膭。

“大膭”一词在粤方言地区人们的口头上比较常用，指肥大，“膭”字在广州地区读 fui[1]，当地话“魁”字音。

**膭［kuì］，《中华字海》释义：肥大。**

例：我喜欢看相扑比赛，但我不愿意自己变得大膭。

## 乢树枝

每年春插结束后，我屯子里的人就要砍肉桂，剥桂皮。大人把桂树砍倒后，少年们就帮助乢树枝。

“乢”字在粤方言地区人们的口头上比较常用，在广州地区读 kwan[2]，当地话“捆”字音；指砍伐树枝，引申为砍伐的行为。

**乢［kūn］，《中华字海》释义：砍伐树枝。**

例：表姐问：“你家里的禾乢完了没有？”

## 髡头

坊间有这种说法："十个光头九个富。"实际上，髡头是一种不健康的状态。

"髡头"一词在粤方言地区人们的口头上比较常用，指光头，"髡"字在广州地区读 gwat⁹，当地话"掘"字音。

**髡［kūn］，《中华字海》释义：❶没有头发。❷耳门。**

粤方言地区的人们把屁股没毛的鸡叫"髡尿鸡"，他们把这个字的义项用得太传神了。

## 裈头裤

今天我要到街上买几条裈头裤。

"裈头裤"一词在粤方言地区人们的口头上比较常用，指内裤，"裈"字在广州地区读 gwat⁹，当地话"掘"字音；（又）读 gwan¹，当地话"君"字音。

**裈［kūn］，《新华字典》释义：古代称有裆裤或内裤。**

例：小孩子可以穿着裈头裤到处走，大人就不要这样了。

## 髡头装

在我年少时，人们的生活还比较贫困，一些四十岁以上的男人，为了省钱，到了理发的时候总是理髡头装。

"髡头装"一词在粤方言地区人们的口头上比较常用，指把头发理光的一种特殊"发型"，"髡"字在广州地区读读 gwat⁹，当地话"掘"字音；（又）读 kwan¹，当地话"坤"字音。

**髡［kūn］，《新华字典》释义：古代剃去头发的刑罚。**

"髡"本来指一种刑罚，后来常用引申义。

## 这人真悃

小六这人真悃啊！

"悃"字在粤方言地区人们的口头上比较常用，在广州地区读 kwan²，当地话"捆"字音；多指身体壮实。

**悃［kǔn］，《新华字典》释义：诚实，诚心。**

在粤方言地区，人们在传承了"悃"字的引申义。

## 肚子早就歉了

老六说他在山上干了一天活，肚子早就歉了。

“歉”字在粤方言地区人们的口头上比较常用，在广州地区读 hong$^{2}$，当地话“糠”字音；（又）读 hong$^{1}$，当地话“糠”字音；指（腹中）饥饿空虚。

**歉［kāng］，《说文解字》释义：饥虚也。**

在粤方言地区，“歉”字也指“家庭贫困”。如：前几年，我家里歉得很。

## 诃諤声

九哥和廖叔，每天都在诃諤声中快乐度日。

“诃諤”一词在粤方言地区人们的口头上比较常用，在广州地区读 o$^{1}$ngo$^{6}$，当地话“柯饿”字音。

**诃諤［kē è］，《中华字海》释义：笑语。**

例：人们能在诃諤声中快乐度日，就最好不过了。

# L

## 跦到坡底

昨天，阿九走路不小心，跦到坡底去了。

“跦”字在粤方言地区人们的口头上比较常用，在广州地区读 loey$^{1}$，当地话“雷”字音；（又）读 lai$^{3}$，当地话“丽”字音；指走路时失脚。

**跦［lèi］，《中华字海》释义：足跌。**

例：人生的道路不平坦，小心驶得万年船，我们每走一步，都要提防跦到坡底去。

## “䃚”的一声

容江北岸白饭码头上方有一个石场，有一回我在渡船上听到“䃚”的一声，循声举目望去，原来是石场塌方了。

“䃚”字在粤方言地区人们的口头上比较常用，在广州地区读 laa$^{5}$，当地话“喇”字音。

**𠫭［lā］，《中华字海》释义：山石崩裂声。**

例：“𠫭”声是自然之声，活在人间，听过这种声音，算是一种见识吧。

## 褴褴褦褦

我年少时，家里贫困，父母能把我们扯拉大，很不容易。我兄妹几个，都穿过褴褴褦褦的衣服。

“褴褴褦褦”一词在粤方言地区人们的口头上比较常用，指破破烂烂，“褴褦”在广州地区读 laa[6]saa[6]，当地话“拉砂”字音。

**褴褦［là sà］，《中华字海》释义：破衣。**

例：现在，只有一些乞丐才穿着褴褴褦褦的衣服。

## 剌开可乐瓶

我多次看到一些人用尖尖的小刀剌开可乐瓶。

“剌”字在粤方言地区人们的口头上比较常用，在广州地区读 laat[9]，当地话“辣”字音。

**剌［lá］，《新华字典》释义：刀刃与物件接触，由一端向另一端移动，使物件破裂或断开。**

例：在日常生活中，很多人都有过“剌”的动作。

## 瀬瀬流口水

说到杨梅，很多人就会瀬瀬流口水。难怪历史上有望梅止渴的典故。

“瀬瀬”一词在粤方言地区人们的口头上比较常用，“瀬”字在广州地区读 laa[5]，当地话“喇”字音。

**瀬［lá］，《中华字海》释义：［～～］❶滴落，流下。❷不连续，拉开时间。❸胡说。如乱～～。**

例：今天学校组织同学们去摘杨梅，虽然大家听到杨梅就瀬瀬流口水，但是各班要瀬开时间，分段前往，来回都要有秩序，不能乱瀬瀬。

## 藞藞磋磋

从小，欧爷爷就教育我，做人做事，不能藞藞磋磋。

“藞藞磋磋”一词在粤方言地区人们的口头上比较常用，“藞磋”一词在广州地区读 laa[2]dzaa[2]，当地话“啦抓”字音；指不中；或指粗率。

**藞蓌［lǎ zhǎ］，《中华字海》释义：❶不中貌；❷粗率，不检点。**

例：只要我们做人做事不藞蓌，那就问心无愧了。

## 石头礷礷坠落

从容县往平南的一级路上，有一段出现滑坡，石头礷礷坠落，把道路堵住了。

“礷礷”一词在粤方言地区人们的口头上比较常用，指石头坠落的样子，“礷”字在广州地区读 laa[5]，当地话“喇”字音。

**礷［là］，《中华字海》释义：石头坠落的样子。**

例：看到石头礷礷坠落，就必须远离那个地方。

## “㕇㕇”不同于“礷礷”

在粤方言里，“㕇㕇”和“礷礷”的读音是一样的，不管人们书写“石头㕇㕇崩落”，还是“石头礷礷崩落”，都是对的。但是二者所指又不尽相同。

**㕇［lā］，《中华字海》释义：山石崩裂声。**

**礷［là］，《中华字海》释义：石头坠落的样子。**

由此释义可见：“㕇㕇”是拟声词，“礷礷”是拟状词。

## 手背皵皶

韦奶奶年老之后，双手手背就很皵皶。

“皵皶”一词在粤方言地区人们的口头上比较常用，在广州地区读 laap[9]daap[8]，当地话“蜡答”字音。

**皵皶［là dā］，《中华字海》释义：❶皮瘦宽貌。❷腥膻。**

例：脸庞和手脚皵皶也许不好看，但是，除了严重消瘦的病人，只有长寿老人才会那样。

## 㺚獦飞过

我们经常看到一些鸟在天上㺚獦飞过。

“㺚獦”一词在粤方言地区人们的口头上比较常用，在广州地区读 laap[9]taap[8]，当地话“蜡塌”字音。

**㕸㗇 [là tà]，《中华字海》释义：飞翔的样子。**

例：人类虽然不能够像鸟一样㕸㗇飞翔，但是能够制造出飞往太空的飞船。

## 䌨䌨飒飒

爷爷说："家里的物品，不要放得䌨䌨飒飒，要摆放得整整齐齐才好看。"

"䌨䌨飒飒"一词在粤方言地区人们的口头上比较常用，指物品多而杂乱的样子，"䌨飒"一词在广州地区读 laap⁹saap⁸，当地话"蜡霎"字音。

**䌨飒 [làsà]，《中华字海》释义：多而杂乱的样子。**

例：只要心不䌨飒，物自然不䌨飒。

## 风颲颲一吹

在闷热的夏天，风颲颲一吹，就凉快了。

"颲颲"一词在粤方言地区人们的口头上比较常用，指风吹的样子，"颲"字在广州地区读 laa⁵，当地话"喇"字音。

**颲 [là]，《中华字海》释义：风貌。**

例：如果你是风，就要在夏天颲颲吹，不要在冬天颲颲吹。

## 㩼㩌

老师每天都要安排学生打扫学校的㩼㩌。

"㩼㩌"一词在粤方言地区人们的口头上比较常用，在广州地区读 laa⁶dzaa⁶，当地话"啦抓"字音；指垃圾，肮脏。

**㩼㩌 [là zá]，《中华字海》释义：肮脏，邋遢。**

例：虽然大多数人爱干净，不喜欢㩼㩌，但是也有不少人对㩼㩌视而不见。

## 㨃一㨃灰尘

家里的竹席经年未用，铺开之后，我就用毛巾㨃一㨃灰尘。

"㨃"字在粤方言地区人们的口头上比较常用，在广州地区读 laat⁹，当地话"辣"字音。

**㨃 [là]，《中华字海》释义：擦拭附着物。**

例：一个人不仅要把身上的灰尘㨃掉，还要把心上的灰尘㨃掉。

## 火爉爉烧起来

我和家人把铲除的野草集中在田里，点上火，风一吹，火就爉爉烧起来了。

“爉爉”一词在粤方言地区人们的口头上比较常用，指火势猛，“爉”字在广州地区读 laap$^{9}$，当地话“蜡”字音。

**爉［là］，《中华字海》释义：火貌。**

例：人要像火一样爉爉燃烧自己，温暖他人。

## 鬎鬁

爸爸对我说：“对公益事业，能出多大力就出多大力，千万不要鬎鬁。”

“鬎鬁”一词在粤方言地区人们的口头上比较常用，在广州地区读 lak$^{7}$lei$^{1}$，当地话“簕利”字音；（或）读 laat$^{8}$lei$^{1}$，当地话“瘌痢”字音；指人的头发浓密如针毡，被称为“难剃的头”，比喻人吝啬、固执、不近人情。

**鬎鬁［là lì］，《新华字典》释义：同“瘌痢”，秃疮，生在人头上的皮肤病。**

字典对“鬎鬁”一词的释义，有错误的存疑。2017 年 8 月 30 日《玉林日报》刊登了《“鬎鬁”不同“瘌痢”》一文，指出了这个问题。

## 𢅁㩄的衣服

年少时，我穿过很𢅁㩄的衣服。

“𢅁㩄”一词在粤方言地区人们的口头上比较常用，在广州地区读 laai$^{6}$saai$^{5}$，当地话“赖晒”字音；指衣服破烂。

**𢅁㩄［lǎi shǎi］，《中华字海》释义：衣破貌。**

例：有些人衣着𢅁㩄，心灵却很美好；有些人衣着光鲜，内心却很𢅁㩄。

## 𧝓㬈虫

阿亨是个𧝓㬈虫，经常日上三竿也不起床。

“𧝓㬈虫”一词在粤方言地区人们的口头上比较常用，指肮脏、不干净的人，“𧝓㬈”一词在广州地区读 laai$^{6}$aai$^{1}$，当地话“赖隘”字音。

**𧝓［lǎi］，《中华字海》释义：堕坏；毁坏。**

**㬈［ài］，《中华字海》释义：❶洁净。❷白色。**

显然，“襰皧”一词是粤方言地区的人们根据这两个字的本义合成的词语。

例：我们都喜欢干净，讨厌襰皧。

## 不要诔邻诔里

广西容县有一句俗话：“拉屎不出诔地硬，拉屎不出诔风吹。”欧爷爷教育我们：“自己做不好事情，要从自己身上找原因，不要诔邻诔里。”

“诔”字在粤方言地区人们的口头上比较常用，在广州地区读 laai$^{6}$，当地话“赖”字音；指诬赖。

**诔［lài］，《正字通》释义：以言相诬。**

例：他自己能力不够，就诔别人没做好！

## 被大火爤伤

不少消防队员去救火后都会被大火爤伤。

“爤”字在粤方言地区人们的口头上比较常用，在广州地区读 laat$^{7}$，当地话“辣”字音；指火炽热、滚烫。

**爤［lài］，《中华字海》释义：火的炎毒。**

在粤方言地区，阳光猛烈也叫“爤”。如：今天太阳真爤。

## 赉了钱

不知是谁在路上赉了钱，我捡到了。

“赉”字在粤方言地区人们的口头上比较常用，在广州地区读 laai$^{5}$，当地话“拉”字音；（又）读 loi$^{6}$，当地话“来”字音；指把钱物遗落留给了别人。

**赉［lài］，《新华字典》释义：赐、给。如：赏～。**

例：强者总是把钱物赉给别人，弱者却等待别人赉给自己钱物。

## 醂䵋

八叔的脸很醂䵋。

“醂䵋”一词在粤方言地区人们的口头上比较常用，在广州地区读 laam$^{4}$tsaam$^{4}$，当地话“蓝惭”字音。

**醂䵋［lán cán］，《中华字海》释义：脸型长。**

例：你是否见过醂䵋的人？

## 艦艬

阿青长得真艦艬，比她爸爸妈妈都高出了一大截。

“艦艬”一词在粤方言地区人们的口头上比较常用，在广州地区读 $laam^4tsaam^4$，当地话“蓝谗”字音。

**艦艬［lán chán］，《中华字海》释义：身体修长。**

例：很多人都希望自己拥有艦艬的身材。

## 漤几坛芥菜

每年冬天，妈妈都要漤几坛芥菜。

“漤”字在粤方言地区人们的口头上比较常用，在广州地区读 $laam^5$，当地话“览”字音。

**漤［lǎn］，《新华字典》释义：❶把柿子放在热水或石灰水里泡几天，去掉涩味。❷用盐腌（菜），除去生味。**

例：“漤”是中华饮食文化里的一种工艺，这种工艺不能失传。

## 面顲

小杨患了胃病，长期不能正常饮食，以致面顲。

“顲”字在粤方言地区人们的口头上比较常用，在广州地区读 $laam^5$，当地话“漤”字音。

**顲［lǎn］，《中华字海》释义：面黄肌瘦。**

例：面顲的人身体有问题。

## 心焱

老大一生奔波，晚年看到儿子娶不到媳妇，整天一副心焱的样子。

“心焱”一词在粤方言地区人们的口头上比较常用，指悲愁的样子，“焱”字在广州地区读 $laam^5$，当地话“览”字音。

**焱［lǎn］，《中华字海》释义：悲愁的样子。**

例：谋事在人，成事在天，倘能问心无愧，便不必心焱。

## 坎壈

老达经年不顺，整天满脸坎壈之色。

“坎壈”一词在粤方言地区人们的口头上比较常用，指抑郁不平，比喻不顺利，“壈”字在广州地区读 laam⁵，当地话“褛”字音；（又）读 lam⁵，当地话“凛”字音。

**壈［lǎn］，《中华字海》释义：［坎～］抑郁不平，喻不顺利。如：“英雄～～识天意，失路东归亦何济。”**

例：人生之事坎壈者十之八九，不必整日忧愁。

## 窞窽

陈老二满脸窞窽，甚是狰狞。

“窞窽”一词在粤方言地区人们的口头上比较常用，在广州地区读 laam⁶taan¹，当地话“滥滩”字音。

**窞窽［làn tān］，《中华字海》释义：❶不平。❷深穴。**

“窞窽”的第二个义项是“深穴”。如：这些矿洞太窞窽了，不要随便进去。

## 䝨䝼

黄老四太䝨䝼了，五保户的钱财他都敲诈。

“䝨䝼”一词在粤方言地区人们的口头上比较常用，在广州地区读 laan⁶haan¹，当地话“烂悭”字音；指贪财。

**䝨䝼［làn hàn］，《中华字海》释义：贪财。**

例：钱财是身外之物，不要䝨䝼。

## 壏埮

自良镇同江村往潮塘那个地方地势壏埮。

“壏埮”一词在粤方言地区人们的口头上比较常用，在广州地区读 laan⁶taan³，当地话“烂叹”字音。

**壏埮［làn tàn］，《中华字海》释义：地势平坦而狭长。**

例：人生极少有平坦而宽阔的道路，常有壏埮的路段。

## 三瓤西瓜

天气太热了，我吃了三瓤西瓜。

“瓤”字在粤方言地区人们的口头上比较常用，在广州地区读 lim$^4$，当地话“帘”字音；指把瓜剖开切成块之后的量词。

**瓤［lián］，《中华字海》释义：瓜子。**

从《中华字海》的释义来看，粤方言对“瓤”字所作的传承，近似引申义。或是辞书有所遗漏。

## 阳光䁖过的山坳

我老家在山区，阳光䁖过的山坳草树并不丰茂。

“䁖”字在粤方言地区人们的口头上比较常用，在广州地区读 laam$^3$，当地话“览”字音；指跨过去的意思。

**䁖［làn］，《中华字海》释义：阳光照不到。**

例：阳光䁖过的山坳，月光往往也䁖过，总是照不到。

## 躴𨈆

八叔吃饭又快又多，八婶多次规劝他，不要那么躴𨈆。

“躴𨈆”一词在粤方言地区人们的口头上比较常用，在广州地区读 long$^4$hong$^2$，当地话“狼康”字音。

**躴𨈆［láng kang］，《中华字海》释义：❶形容吃得又多又快。❷笨重。❸不清洁。**

例：八叔吃饭躴𨈆，少了点斯文样，可是干起活来，那是风风火火。

## 䀶䀭

在草原上，狼是最䀶䀭的。

“䀶䀭”一词在粤方言地区人们的口头上比较常用，在广州地区读 long$^4$hong$^1$，当地话“狼康”字音。

**䀶䀭［láng kang］，《中华字海》释义：贪婪的样子。**

例：在人世间，有的人比狼还要䀶䀭，所以就没活出人样。

## 老李更㝗

在我们这个地方，潘老师算㝗的了，他身高一米八三。可是门卫老李更㝗，他身高一米九四！

“㝗”字在粤方言地区人们的口头上比较常用，在广州地区读 long$^4$，当地话“狼”字音。

**㝗［láng］，《中华字海》释义：高。**

例：个子㝗不㝗和遗传有关，最关键的，是要身体健康。

## 真够劤

阿发真够劤，他到女朋友家帮忙，连续不停地把 14 包稻谷从一楼背到了三楼顶。

“劤”字在粤方言地区人们的口头上比较常用，在广州地区读 long$^4$，当地话“狼”字音。

**劤［láng］，《中华字海》释义：有力量。**

例：老六是我们屯子里最劤的人。

## 衣衫裉褬

阿财精神失常之后，总是衣衫裉褬，失魂落魄。

“裉褬”一词在粤方言地区人们的口头上比较常用，在广州地区读 long$^5$song$^2$，当地话“朗磉”字音。

**裉褬［lǎng sǎng］，《中华字海》释义：衣服破烂。**

例：人都是要面子的，要是浑身裉褬，那就让人觉得没有面子。

## 下塱屯

昨天，我们到下塱屯小朱家走访。

“塱”字在粤方言地区的地名中有保留，在广州地区读 long$^5$，当地话“塱”字音。

**塱［lǎng］，《中华字海》释义：江湖边的低洼地。**

例：你知道带“塱”字的地名有哪些呢？

## 趤趤䞩䞩

年少时，父亲就经常告诫我："不要整天趤趤䞩䞩。"

"趤趤䞩䞩"一词在粤方言地区人们的口头上比较常用，指游手好闲，不务正业，终日游荡，"趤"字在广州地区读 long6，当地话"浪"字音。

**趤［làng］，《中华字海》释义：游手好闲，不务正业，终日游荡。**

例：趤趤䞩䞩的人看似朋友不少，实际上只是酒肉朋友。

## 眼衣服

粤方言地区的人们把"晾衣服"叫"眼衣服"。

"眼"字在粤方言地区人们的口头上比较常用，在广州地区读 long6，当地话"浪"字音。

**眼［làng］，《新华字典》释义：晾晒。**

例：学生宿舍眼衣服的空间很小，这是住校生的生活困惑。

## 不要逢人就哰

欧爷爷说："逢人就哰的人令人生厌，不要逢人就哰。"

"哰"字在粤方言地区人们的口头上比较常用，在广州地区读 lou2，当地话"佬"字音；指啰里啰嗦说个没完。

**哰［láo］，《中华字海》释义：言语烦絮不可解。**

例：一个家庭，要是有个爱哰的人，便不会安宁。

## 嘮嘈

妹妹的房子下面是街道，那里有十几个水果摊，整天嘮嘈不已。

"嘮嘈"一词在粤方言地区人们的口头上比较常用，在广州地区读 lou4tsou4，当地话"劳曹"字音。

**嘮嘈［láo cáo］，《中华字海》释义：（声音）大而嘈杂。**

例：大多数人不喜欢住在嘮嘈的地方。

## 天堂山真嶚巢

天堂山真嶚巢啊，我们攀登了三个多小时，才登上山顶。

“嶚巢”一词在粤方言地区人们的口头上比较常用，在广州地区读 laau⁶tsaau⁴，当地话“捞巢”字音。

**嶚巢［láo cháo］，《中华字海》释义：山高。**

例：嶚巢的山，一般攀登的人不多。

## 勑勡

表叔花去积攒了大半辈子的钱，建了三层楼，可是楼房建得太勑勡，他一家子郁闷不已。

“勑勡”一词在粤方言地区人们的口头上比较常用，在广州地区读 lou⁴tsou⁴，当地话“劳曹”字音。

**勑勡［láo cáo］，《中华字海》释义：物未精细。**

例：把产品做得勑勡的工厂，最终只有关门的份。

## 䜮䜩

从峤北村村口往二围顶的道路太䜮䜩了。

“䜮䜩”一词在粤方言地区人们的口头上比较常用，在广州地区读 lou⁴ngou⁴，当地话“劳敖”字音。

**䜮䜩［láo áo］，《中华字海》释义：长。**

例：人生是一趟䜮䜩的远征，没有回程。

## 谚谚谏谏

开会的时候，如果出现谚谚谏谏的场面，又无人加以控制，就不会有好结果。

“谚谚谏谏”一词在粤方言地区人们的口头上比较常用，指嘈杂，“谚谏”一词在广州地区读 lou⁴laap⁹，当地话“劳蜡”字音。

**谚谏［láo là］，《中华字海》释义：语声杂乱。**

例：爸爸教育我，在公共场合，不要有谚谏的习惯。

## 嶗嶆

云龙大山的草树焚烧光之后，九哥带我到山顶转了一圈，站在山巅，我们感觉太嶗嶆了！

“嶗嶆”一词在粤方言地区人们的口头上比较常用，在广州地区读 $lou^4tsou^4$，当地话“劳曹”字音。

**嶗嶆［láo cáo］，《中华字海》释义：山势深空险峻。**

例：不登高，不涉远，就不知道天下高山嶗嶆，江河磅礴。

## 磱磆

我和海生拉着山上垂下来的藤蔓，半攀半爬，奋力向上，来到了大围顶，往四野望去，只见磱磆一片，令人震撼无比！

“磱磆”一词在粤方言地区人们的口头上比较常用，在广州地区读 $lou^6hou^1$，当地话“涝蒿”字音。

**磱磆［lào hāo］，《中华字海》释义：（山谷）空大的样子。**

例：磱磆的山谷是大地的心胸，只有置身高处，人们才能看得清大地的胸怀。

## 环境太啰嘞

凡是靠近市场的地方，环境太啰嘞，不适宜居住和学习。

“啰嘞”一词在粤方言地区人们的口头上比较常用，指声音烦闹，“嘞”字在广州地区读 $lak^9$，当地话“簕”字音。

**嘞［lè］，《中华字海》释义：声音烦闹。**

例：有的年轻人三五成群，一边喝着酒，一边侃大山，啰嘞到三更半夜。

## 朸力

爸爸对我说：“年轻人就要有年轻人的样子，读书要朸力，工作也要朸力。”

“朸力”一词在粤方言地区人们的口头上比较常用，指竭尽全力，“朸”字在广州地区读 $lok^9$，当地话“乐”字音。

**朸［lè］，《中华字海》释义：力。**

例：一个朸力的人，他的人生充满了希望。

## 砳砳声响

我老家的房屋在山边，听到砳砳声响，是常有的事。那是由于拳头大小的石头不时从山边滚到地坪上来。

“砳”字在粤方言地区人们的口头上比较常用，在广州地区读 lak[9]，当地话“簕”字音。

**砳［lè］，《中华字海》释义：象声词，石头撞击声。**

例：华六河的砂石含金量比较大，那里有挖掘机采挖，砳砳声响经年不息。

## 仂旧谷

每年夏收之前，母亲就要我仂旧谷，打包，把谷仓腾出来装新谷。

“仂”字在粤方言地区人们的口头上比较常用，在广州地区读 lak[7]，当地话“簕”字音；指余数，引申为清理、收拾余下部分（看看还有多少）。

**仂［lè］，《新华字典》释义：余数。**

例：有些人进城定居了，把老家的所有全仂光了。

## 水泐

都峤山有上百座丹霞地貌的大石山，每一座石山的山体，都有水泐的纹理。

“泐”字在粤方言地区人们的口头上比较常用，在广州地区读 lak[9]，当地话“簕”字音；指石头被水冲击而成的纹理或指亲手书写。

**泐［lè］，《新华字典》释义：❶石头被水冲击而成的纹理。❷同“勒”(le)。❸手泐（亲手写，旧时书信用语）。**

例：看到都峤山水泐的痕迹，我感慨无限。

## 一甋瓦

我们堂屋屋脊那一甋瓦上面，还有一埠青砖。

“甋”字在粤方言地区人们的口头上比较常用，在广州地区读 loey[4]，当地话“雷”字音；指屋脊上的瓦，有时用作屋脊上的瓦的量词。

**甋［léi］，《中华字海》释义：屋脊上的瓦。**

例：我们从航拍的视频上看到，有些地方保存着比较多的古建筑，看着一甋甋的屋脊，真叫人感慨万千。

## 把秧苗插成摞

在农村生活，就要学会干农活，把秧苗插成摞，就是其中之一。

“摞”字在粤方言地区人们的口头上比较常用，在广州地区读 loey[4]，当地话“雷”字音；指成行、成排，有条理。

**擽 [léi]，《中华字海》释义：条理。**

例：能把书本摆放成擽的孩子，往往有一种良好的学习态度。

## 儽颓

二峡年轻时自诩顶天立地，但是一事无成，到了暮年，一副儽颓的模样，状如斗败的公鸡。

“儽颓”一词在粤方言地区人们的口头上比较常用，指懒散懈怠，疲惫、颓丧的样子，“儽”字在广州地区读 loey5，当地话“吕”字音。

**儽 [léi]，《中华字海》释义：懒懈也。疲惫、颓丧的样子。**

例：儽颓的模样，是一种自我否定的表现。

## 真扐

阿青真扐，平时不用下苦功，就轻松考上了名校。

“扐”字在粤方言地区人们的口头上比较常用，在广州地区读 loek7，当地话“略”字音；指非常出色、优秀。

**扐 [lè]，《中华字海》释义：材十人。见《说文》。**

例：一个人可以不扐，但是必须实在。

## 织藟织篮

我外公和二伯都很擅长用竹篾织藟织篮。

“藟”字在粤方言地区人们的口头上比较常用，在广州地区读 loey1，当地话“雷”字音；（又）读 loey4，当地话“雷”字音；指（用藤条或竹篾编织的）筐子。

**藟 [léi]，《中华字海》释义：（藤制的）筐子。**

例：使用藤竹编织而成的藟藟篮篮装果蔬，比起使用塑料袋装果蔬，更环保。

## 臛腺

二十多年前，我看见附近屯子里有几个妇女的脖子臛腺，好生奇怪，邻居告诉我，那是缺碘引起的疾病。

“腲腇”一词在粤方言地区人们的口头上比较常用，在广州地区读 loey[5]fui[3]，当地话“儡悔”字音；指肿大的样子。

**腲腇［lěi huǐ］，《康熙字典》释义：肿貌。**

例：身体某个部位腲腇，就是有疾病了。

## 起瘤

我每次听到有人用刀刨竹青的时候，就浑身起瘤，难受极了。

“瘤”字在粤方言地区人们的口头上比较常用，在广州地区读 loey[5]，当地话“蕾”字音；指鸡皮疙瘩。

**瘤［lěi］，《中华字海》释义：皮肤上起的鸡皮疙瘩。**

例：我不晓得听到用刀刨竹青的声音就浑身起瘤是一种什么过敏反应。

## 头颣

鹏哥虽然头颣，但是心态好，自称“阿颣”，我不好意思当面这样叫他。

“颣”字在粤方言地区人们的口头上比较常用，在广州地区读 loey[1]，当地话“雷”字音。

**颣［lèi］，《中华字海》释义：头不正。**

例：大家都说鹏哥头颣心正，能和周围的人和睦共处。

## 起纇

阿罗买了块丝巾，用了一个冬季，第二年就不用了。我问她才知道，丝巾起纇了。

“纇”字在粤方言地区人们的口头上比较常用，在广州地区读 loey[6]，当地话“泪”字音。

**纇［lèi］，《中华字海》释义：❶丝上的疙瘩。❷缺点；毛病。❸乖戾，反常。**

例：丝巾起纇了就不要再用了。

## 遛到安全地带

学校每个学期都要进行防震、防火、反恐安全演练。每次演练，警报声一响，师生必须以最快的速度遛到安全地带。

“逻”字在粤方言地区人们的口头上比较常用，在广州地区读 loey[1]，当地话“雷”字音；指快速奔跑。

**逻 [lèi]，《中华字海》释义：行急。**

例：一万年太久，只争朝夕。有些事情要急办，有多快就要逻多快。

## 把灶台礌干净

我老家的火灶烧柴，灶台容易脏，妈妈每天早上都要把灶台礌干净。

“礌”字在粤方言地区人们的口头上比较常用，在广州地区读 loey[1]，当地话“雷”字音。

**礌 [lèi]，《中华字海》释义：反复揩擦，蹭。**

例：有些人洗澡的时候，习惯用毛巾不断地在自己身上礌。

## 莱莱的柠檬

我在门外种了一棵四季柠檬，这些年，莱莱的柠檬挂满了枝头，叫人赏心悦目。

“莱”字在粤方言地区人们的口头上比较常用，在广州地区读 loey[6]，当地话“类”字音；指果实满枝，下坠。

**莱 [lèi]，《中华字海》释义：❶耕多草。❷果实下垂的样子。**

例：人活在世上，就像一棵果树，要是果实莱莱，生命就很有价值。

## 礧谷

我老家在大山里，爷爷那一代人，用礧礧谷。

“礧”字保存在粤方言地区人们口头上，在广州地区读 loey[1]，当地话“雷”字音；指一种似磨的工具，有时也用作动词。

**礧 [lèi]，《中华字海》释义：❶砻，一种似磨的工具。❷用~磨去稻壳。**

例：“礧”的使命早已完成，我们不该忘记的是，它曾经是农民必不可少的工具。

## 给爷爷酹酒

每年重阳节扫墓，我都要给爷爷酹酒。

“酹”字在粤方言地区人们的口头上比较常用，在广州地区读 laai[6]，当地话

“赖”字音。

**酹［lèi］，《新华字典》释义：把酒浇在地上，表示祭奠。**

例：先父常常吟咏“人生有酒须当醉，一滴何曾到九泉”。先人生前过得不好，儿孙拜祭时酹再多的酒又有何益?

## 掕绳索

我奶奶和母亲习惯收集捆绑商品的塑料绳，用于掕绳索。

“掕”字在粤方言地区人们的口头上比较常用，在广州地区读 lang[1]，当地话“愣”字音。

**掕［lēng］，《中华字海》释义：捻。**

在粤方言地区，“掕”字有一个特殊的引申义，指像捻绳子一样，把别人玩弄于股掌之中。如：你不要指望能掕我。

## 崚嶒

云龙大山太崚嶒了，我和九哥爬了三个多小时，才登上山顶的瞭望台。

“崚嶒”一词在粤方言地区人们的口头上比较常用，在广州地区读 laang[4]tsang[4]，当地话“冷层”字音；（又）读 ling[4]tsang[4]，当地话“陵层”字音。

**崚嶒［léng céng］，《新华字典》释义：形容山高。**

例：人的一生，要勇于攀登崚嶒的山峰。

## 大风䬅䬅吹

来到大水顶的山垭口，你准会感到大风䬅䬅吹，那个地方的大风几乎没有停止过。

“䬅䬅”一词在粤方言地区人们的口头上比较常用，用作大风的拟状词，“䬅”字在广州地区读 laang[4]，当地话“冷”字音；（又）读 ling[4]，当地话“零”字音。

**䬅［léng］，《康熙字典》释义：大风。**

例：昨天傍晚大风䬅䬅吹，好似要把人一起吹走一样。

## 清倰

老四在单位里的工作很清倰。

“清倰”一词在粤方言地区人们的口头上比较常用，指清闲，不用做事，“倰”字在广州地区读 lang[1]，当地话“冷”字音。

**倰［lèng］，《中华字海》释义：❶［~僜（dèng）］象声词，形容弦乐声。❷行走疲惫。❸不做事。**

“倰”字还有两个义项，在粤方言地区得到了传承：①倰僜，是弦乐声的象声词。如：伯父有一个拨动起来就能发出倰僜倰僜声响的金属器。②行走疲惫。如：我今天走了一天的路，腿都倰了。

## 踜蹬

年少时，我和屯里的小伙伴吃过粥就踜蹬踜蹬地在山路上奔跑，朝学校赶去。

“踜蹬”一词在粤方言地区人们的口头上比较常用，在广州地区读 laang[1]dang[1]，当地话“棱登”字音；指奔跑的样子。

**踜蹬［lèngdēng］，《中华字海》释义：行貌。**

例：只要你留心田径比赛的电视节目，就会看到运动员参加短跑踜蹬踜蹬飞奔的画面。

## 倰儯

广西很多地方种了速生桉树，那些树苗种下才几个月，就倰儯倰儯地伸到了半空中。

“倰儯”一词在粤方言地区人们的口头上比较常用，在广州地区读 laang[4]tang[4]，当地话“冷腾”字音；指伸长的样子。

**倰儯［lèng téng］，《中华字海》释义：长貌。**

例：一些父母总希望自己的孩子能倰儯倰儯地长高，其实，人正常发育才是正常的。

## 慴㥏

黎老二的儿子非常慴㥏，周围的人都不待见他。

“慴㥏”一词在粤方言地区人们的口头上比较常用，在广州地区读 lik[7]sik[7]，当地话“砾息”字音；指耍小聪明，轻慢，不庄重。

**慴㥏［lí xī］，《中华字海》释义：欺骗；轻慢。**

例：慴㥏的人，容易碰壁。

## 老牛真难刿

入冬时节，农村总有一些老牛被冻死。屠夫们拿着刀，一边解牛一边叹息道："老牛真难刿。"

"刿"字在粤方言地区人们的口头上比较常用，在广州地区读 lei[1]，当地话"离"字音；指慢慢割。

**刿［lí］，《中华字海》释义：割。**

例：年轻人打他人的歪主意暴露后，往往会受到警告"老牛都没刿你，你想刿老牛啊？"

## 褵褷

小鸡小鸭刚刚出壳的时候，总是浑身褵褷的。

"褵褷"一词在粤方言地区人们的口头上比较常用，在广州地区读 lei[4]si[1]，当地话"离师"字音。

**褵褷［lí shī］，《中华字海》释义：❶羽毛初生时濡湿黏合貌。❷离披散乱貌。**

例：妈妈被大雨淋透了，全身褵褷回到了家。

## 褵褷落索

我年少时，和屯里其他孩子一样，都穿得黎褷落索。

"黎褷落索"一词在粤方言地区人们的口头上比较常用，指衣服破旧的样子，"黎褷"一词在广州地区读 lei[4]si[1]，当地话"离师"字音。

**黎褷［lí shī］，《中华字海》释义：衣服破烂。**

例：在身穿黎褷落索衣服的岁月，我们内心充满了对好日子的憧憬。

## 劙刺

我年少时极少穿鞋，妈妈叫我小心劙刺，外出时还是穿上鞋好一些。

"劙刺"一词在粤方言地区人们的口头上比较常用，指诸如肉中刺一类的尖利东西，"劙"字在广州地区读 lei[6]，当地话"利"字音；作动词使用时，指刺破、割破。

**劙［lí］，《新华字典》释义：刺破、割破。**

例：不穿鞋子走路，最怕被劙刺劙破脚板。

## 詈邻居

老七的女人嘴巴似刀子，隔三差五就詈邻居。

“詈”字在粤方言地区人们的口头上比较常用，在广州地区读 lei[1]，当地话“离”字音；指辱骂。

**詈［lí］，《中华字海》释义：骂。**

例：动不动就詈别人，只能说这个人没有教养。

## 沥沥荦荦

有一位家长对我说：“郑老师做事总是沥沥荦荦的，是个好老师。”

“沥沥荦荦”一词在粤方言地区人们的口头上比较常用，指办事头绪分明，干练，“荦”字在广州地区读 lok[8]，当地话“洛”字音；（又）读 lok[9]，当地话“落”字音。

**荦［luò］，《新华字典》释义：［荦荦］明显，分明：~~大端。**

例：人们都喜欢办事沥沥荦荦的人。

## 多种花不种艻

欧爷爷教育我，活在世界上，我们要多种花不种艻。

“艻”字在粤方言地区人们的口头上比较常用，在广州地区读 lak[9]，当地话“簕”字音。

**艻［lì］，《中华字海》释义：荆棘。**

例：李师傅在他的果园四周种满了艻。

## 蒚兮

翻过云龙大山，东面的群山，很多山头都蒚兮。

“蒚兮”一词在粤方言地区人们的口头上比较常用，指草木稀疏的样子，“蒚”字在广州地区读 lei[1]，同普通话读音。

**蒚［lì］，《中华字海》释义：草木稀疏的样子。**

例：蒚兮的山头下面，说不定有宝藏。

## 从石头上砅过去

家在山区的人都知道，山路很弯，溪流把山路一段一段隔断。在我老家那里，从前没架木桥的地方，溪水中间总有一些大石头，人们进出大山，都要从石头上砅过去。

“砅”字在粤方言地区人们的口头上比较常用，在广州地区读 $lik^7$，当地话“跞”字音。

**砅［lì］，《中华字海》释义：踏着石头过水。**

例：活在人间，你可曾有过从石头上砅过去的经历？

## 伸头入苙

社会上骗人的圈套很多，一旦失去警惕，就会伸头入苙。

“苙”字在粤方言地区人们的口头上比较常用，在广州地区读 $lap^7$，当地话“笠”字音。

**苙［lì］，《中华字海》释义：猪圈。如：“如追放豚，既入其~。”**

例：一个人倘若安分守己，不贪财色，便不会轻易伸头入苙。

## 两狗相犻

我们常常看见两狗相犻。

“犻”字在粤方言地区人们的口头上比较常用，在广州地区读 $lei^1$，同普通话读音；指你咬我咬，互相缠斗。

**犻［lì］，《中华字海》释义：狗争斗的样子。**

例：人和人斗起来，往往比两狗相犻有过之而无不及。

## 㕸静

暑假一到，我就常常一个人到㕸静的山林里给肉桂除草。

“㕸”字在粤方言地区人们的口头上比较常用，在广州地区读 $lik^9$，当地话“沥”字音；指寂静。

**㕸［lì］，《中华字海》释义：［寂㕸］寂静无人。**

例：㕸静的环境最适宜学习。

## 眼睛昽昽曨曨

梁师傅眼睛昽昽曨曨，他当门卫，再合适不过了。

“昽昽曨曨”一词在粤方言地区人们的口头上比较常用，指眼睛明亮，眼珠不停地转动，“昽曨”一词在广州地区读 $lik^7luk^7$，当地话“砾碌”字音。

**昽曨［lì lù］，《中华字海》释义：目明。**

例：城市车多人多，外出时眼睛一定要昽曨。

## 秝兮

春插和夏插之初，我们尽可能把禾苗插得秝兮一点，待禾苗茁壮成长之后，就稠密了。

“秝兮”一词在粤方言地区人们的口头上比较常用，指疏朗分明，“秝”字在广州地区读 $lei^1$，当地话“离”字音。

**秝［lì］，《中华字海》释义：稀疏分明。**

例：野草长得特别快，半个月前就算是秝兮几棵，半个月后也是茂密的一片了。

## 轹辘

年少时，我常常用手摇动父亲的自行车，当车轮轹辘轹辘地转动时，我快乐极了。

“轹辘”一词在粤方言地区人们的口头上比较常用，在广州地区读 $lik^7luk^7$，当地话“砾碌”字音；指车轮或辘轳的转动声或转动的样子。

**轹辘［lì lù］，《中华字海》释义：❶形容车轮或辘轳的转动声。❷转动貌。❸车子的轨道。**

例：人其实就像车轮一样，在社会上轹辘轹辘地转动着。

## 风太飕

伐木工人常常在野外煮饭，野外的风太飕，用火时要非常小心。

“飕”字在粤方言地区人们的口头上比较常用，在广州地区读 $lei^6$，当地话“利”字音。

**飕［lì］，《中华字海》释义：风急。**

例：有些人说话很急，比风还要飚，难免招致祸事。

## 头发变得髿稀

林老大服刑期满后，头发变得髿稀了。

“髿稀”一词在粤方言地区人们的口头上比较常用，指头发稀疏，“髿”字在广州地区读 lei[1]，同普通话读音。

**髿［lí］，《中华字海》释义：头发稀疏。**

例：很多人年纪大了，头发就会变得髿稀。

## 孷开

九哥对我说：“我几个儿子长大成人了，为了让他们更好发展，我孷开了他们。”

“孷”字在粤方言地区人们的口头上比较常用，在广州地区读 lei[1]，同普通话读音。

**孷［lí］，《中华字海》释义：分。**

例：兄弟就像秧苗一样，被孷开了，才能更好地成长。

## 剺开

刚到省城读书那天，阿火在小吃店吃过一碗米粉之后，正要付款，却发现自己的口袋被剺开了。

“剺”字在粤方言地区人们的口头上比较常用，在广州地区读 lei[1]，同普通话读音。

**剺［lí］，《中华字海》释义：割开。**

例：小偷剺破了阿火的口袋，却剺不破他求学的心。

## 疬淅

老陈躺在床上，神情疬淅，好几天不能进食了。

“疬淅”一词在粤方言地区人们的口头上比较常用，在广州地区读 lik[7]sik[7]，当地话“砾息”字音；指临近死亡的样子。

**疬淅［lì xī］，《中华字海》释义：欲死的样子。**

例：大约是狗的命大吧，老刘家的狗疬淅了几个星期，竟然还能活过来。

## 詈词

让梁八洋洋得意的是，她懂得的詈词特别多。

“詈词”一词在粤方言地区人们的口头上比较常用，指骂人的词语，“詈”字在广州地区读 lei[6]，当地话“利”字音。

**詈［lì］，《新华字典》释义：骂：詈骂。［~辞］骂人的话。**

例：詈词多的人嘴巴很脏，他们尝不到世间最好的食物。

## 声音真呖

有的歌手天生一副好嗓子，声音呖，还不容易破声。

“呖”字在粤方言地区人们的口头上比较常用，在广州地区读 lik[7]，当地话“砾”字音；指声音清脆。

**呖［lì］，《新华字典》释义：形容鸟类清脆的叫声。**

例：有些人喜欢唱歌，声音不呖；有些人声音呖，却不喜欢唱歌。

## 不要到处趚

孩子放学回到家，妈妈马上提醒他，先完成作业，不要到处趚！

“趚”字在粤方言地区人们的口头上比较常用，在广州地区读 lik[7]，当地话“砾”字音。

**趚［lì］，《新华字典》释义：走动。**

例：到处趚的人见识多，见闻广。徐霞客就是一个到处趚的人。

## 猪脷

爸爸叫我到集市上买一根猪脷回来。

“猪脷”一词在粤方言地区人们的口头上比较常用，指猪的舌头，“脷”字在广州地区读 lei[6]，当地话“利”字音。

**脷［lì］，《中华字海》释义：〈方〉畜牲的舌头。**

粤方言区的人们习惯把“舌”叫“脷（利）”，表达了趋吉避凶的愿望。

## 趷趷趯趯

夏日的早晨，总有一些邻居趷趷趯趯从我老家门前走过，他们急着到山上去采割松脂。

“趔趔趄趄”一词在粤方言地区人们的口头上比较常用，指行色匆匆，“趔趄”二字在广州地区读 lik[9]tsek[8]，当地话“沥尺”字音。

**趔趄 [lì chì]，《中华字海》释义：行走的样子。**

例：我难以忘怀的，是自己在日落黄昏时从山林里趔趔趄趄赶回家的情景。

## 劆肉皮

在市场的肉行里，我们常常看到屠夫劆肉皮。

“劆”字在粤方言地区人们的口头上比较常用，在广州地区读 loeng[1]，当地话“亮”字音；（又）读 lim[4]，当地话“镰”字音；指轻刺、剥开。

**劆 [lián]，《中华字海》释义：轻刺。**

例：每年清明节前后，我屯子里的人就会开始劆肉桂皮。

## 覝鱼塘

我老家到处是鱼塘，屯子里的人经常覝鱼塘，关注着鱼塘源头是否有活水来，鱼塘漏不漏水。

“覝”字在粤方言地区人们的口头上比较常用，在广州地区读 lim[4]，当地话“帘”字音。

**覝 [lián]，《中华字海》释义：察看。**

例：到别人的地盘里去，你要是到处覝，就会引起别人警惕。

## 灰熑熑

如今，一些农户进了城，家里的房子没有人住，灶膛灰熑熑的。

“灰熑熑”一词在粤方言地区人们的口头上比较常用，指灶膛冷，长时间没有用火，“熑”字在广州地区读 lim[4]，当地话“鬑”字音。

**熑 [lián]，《中华字海》释义：❶绝。❷火不绝。**

“熑”字的第二个义项是“火不绝”。如：消防战士扑救了一天一夜，楼上依然有物品在熑着。

## 僋儳

老皮长得太僋儳了。

“儖儳”一词在粤方言地区人们的口头上比较常用，在广州地区读 laan$^4$saan$^4$，当地话“兰潺”字音；（又）读 laam$^4$tsaam$^4$，当地话“蓝巉”字音；指样子难看。

**儖儳** [lán chán]，**《中华字海》释义：相貌丑恶。**

在粤方言地区，“儖儳”还指品质低劣的物品。例如，老陈说：我吃的基本是儖儳货。

## 草木槏槏

戈壁滩草木槏槏，看不到南国那种葱茏。

“槏”字在粤方言地区人们的口头上比较常用，在广州地区读 lim$^4$，当地话“镰”字音。

**槏** [lián]，**《中华字海》释义：草木稀疏的样子。**

例：把草木槏槏的沙漠改造成绿洲，是中国人民的伟大创举。

## 长得瘷

彤彤出生之后，前几个月都是皮包骨，长得瘷，喝了奶粉之后才有好转。

“瘷”字在粤方言地区人们的口头上比较常用，在广州地区读 lim$^2$，当地话“廉”字音；指瘦弱。

**瘷** [lián]，**《中华字海》释义：瘦病。**

例：老起的女儿和彤彤的状况刚好相反：她出生时块头很大，上学之后就变瘷了。

## 踺踺蹇蹇

老威说话踺踺蹇蹇，让人听起来很吃力。

“踺踺蹇蹇”一词在粤方言地区人们的口头上比较常用，指表达能力差，言不达意，“踺蹇”一词在广州地区读 lin$^4$dzin$^5$，当地话“连剪”字音。

**踺蹇** [lián jiǎn]，**《中华字海》释义：遭遇坎坷。亦指口吃貌。**

在粤方言地区传承的文化中，“踺蹇”还指遭遇坎坷。如：我虽半生踺蹇，但能百折不挠。

## 勬勬厤厤

老浮习惯勬勬厤厤，经常做顺手牵羊的事。

“瓣瓣瓑瓑”一词在粤方言地区人们的口头上比较常用，指贪小便宜，“瓣瓑”一词在广州地区读 lim[2]lik[9]，当地话“脸沥”字音。

**瓣瓑［lián lì］，《中华字海》释义：小劣。**

例：老浮替人干活从来不惜力，还做得井井有条，只是瓣瓣瓑瓑的事多了，别人就不怎么请他干活了。

## 四处獜

我在肉桂林里发现几头小野猪的一瞬，它们也看见了我，然后那些小家伙顷刻间就四处獜走了。

“獜”字在粤方言地区人们的口头上比较常用，在广州地区读 lyn[1]，“联”字音；（又）读 lyn[3]，“联”字音；指（兽类）逃跑着往隐蔽处躲藏。

**獜［lián］，《中华字海》释义：［~猭］（兽类）奔跑。**

在粤方言地区，“獜”字有时候作为贬义词用来形容人的行为，如：人家终于找上门来了，让我们村附近那个骗婚女无处獜。

## 死缝

宇宙到底有多大？如果宇宙有边界的话，它之外是什么？这些问题就像死缝，让人解不开。

“缝”字在粤方言地区人们的口头上比较常用，在广州地区读 lit[7]，当地话“列”字音；指死结。

**缝［lián］，《中华字海》释义：丝线纠结不解。**

例：人的一生，难免有几个死缝。

## “蜎”和“獜”的异同

在粤方言里，“蜎”和“獜”的读音相同，表达的意思也有相同之处，指动物往隐蔽处躲藏。但二者也是有区别的。

我们先看《中华字海》中对这两个字的释义：

**蜎［yuān］，《中华字海》释义：❶蚊子的幼虫。❷弯曲。❸［~~］蜿蜒蠕动。❹姓。**

**獜［lián］，《中华字海》释义：［~猭］（兽类）奔跑。**

从《中华字海》对“蜎”［yuān］的释义❸可见，“蜎蜎”指“（虫子）蜿蜒蠕动”；又从《中华字海》对“獜”［lián］的释义可见：“獜猭”指“（兽类）奔跑。”

在粤方言地区“蜎”和“獗”的读音是相同的，都读“鸾”字变音，二者的意思，都是指动物向前进（找地方躲藏）；二者的引申义，都用于人为某事躲藏。不同之处是：前者用于虫子，后者用于野兽。

## 酸醶

昨晚吃剩的菜变酸醶了，现在怎么吃？

“酸醶”一词在粤方言地区人们的口头上比较常用，指醋味，“醶”字在广州地区读 lim²，当地话“脸”字音。

**醶［liǎn］，《中华字海》释义：［～醶］醋味。**

例：食用已经酸醶的剩菜容易致病，还是不要吃为好。

## 嬚净

小月把脸洗得嬚净！

“嬚净”一词在粤方言地区人们的口头上比较常用，指干干净净，“嬚”字在广州地区读 lim²，当地话“脸”字音。

**嬚［liǎn］，《中华字海》释义：清美。**

例：大多数人喜欢嬚净的人和物，讨厌肮脏的事物。

## 结溓

在严寒冬天的大清早，我们往往能看到夜里装着少许水的脸盆结溓的情景。

“溓”字在粤方言地区人们的口头上比较常用，在广州地区读 lim⁵，当地话“脸”字音。

**溓［liǎn］，《中华字海》释义：薄冰。**

例：不管世间多么严寒，只要一个人的心不结溓，他走到哪里，都是春天。

## 味道馇

伙计们帮雷生干了一个上午的活，他舅子却把冰冻了一个月的饭菜加热招待大家，怪不得饭菜味道馇。

“馇”字在粤方言地区人们的口头上比较常用，在广州地区读 lim⁵，当地话“脸”字音；指味道索然。

**馇 [liǎn]，《中华字海》释义：食无味。**

例：美味的食物往往能够让人对工作产生热情，但要是招待的东西味道馇，便让大家没了干劲。

## 火光爦爦

住在大山沟里，我们经常用小火炉煮饭，火生起来之后，锅底下便火光爦爦。

“爦”字在粤方言地区人们的口头上比较常用，在广州地区读 lim5，当地话“脸”字音。

**爦 [liǎn]，《中华字海》释义：小燃火。**

例：林场的巡山员说，只要远远看见山上火光爦爦，就会令他们高度紧张。

## 熑熑发光

住在大山沟里，我们经常在夜间看到山的那边熑熑发光。

“熑”字在粤方言地区人们的口头上比较常用，在广州地区读 lim6，当地话“潋”字音；指光的样子。

**熑 [liàn]，《中华字海》释义：光貌。**

例：夜间，在山里熑熑发光的，多半是磷火。

## 穕穖

刚插下一两天的禾苗，样子往往是穕穖的，施了回青肥之后，就开始茁壮成长了。

“穕穖”一词在粤方言地区人们的口头上比较常用，在广州地区读 lim4haan1，当地话“敛悭”字音；多指禾草不实，引申为人的神情不屑。

**穕 [liàn]，《中华字海》释义：[ ~穖] 禾不实貌。**

在粤方言地区，小孩被师长斥责后出现情绪抵触不以为意的模样，也叫“穕穖”。这是个引申义。

## 心悢

我连续写作，好几年没有正常收入了，却不知道心悢。

“心悢”一词在粤方言地区人们的口头上比较常用，指空虚惆怅，“悢”字在广州地区读 loeng[6]，当地话“谅”字音。

**悢［liàng］，《中华字海》释义：惆怅；悲伤：~然。**

例：只要做到问心无愧，便不会心悢。

## 开湸放水

每年夏收，要捕捉放养在稻田里的鱼，我得先开湸放水。

“湸”字在粤方言地区人们的口头上比较常用，在广州地区读 loeng[6]，当地话“亮”字音；原义指大水，引申为排水口。

**湸［liàng］，《中华字海》释义：大水。**

例：种田和养鱼都要注意，不能把湸开得太大。

## 有多快蹽多快

年少时，我常常跟着爷爷到山里去。爷爷嘱咐我，单独在一处的时候，一旦遇见大蛇或野兽，有多快蹽多快。

“蹽”字在粤方言地区人们的口头上比较常用，在广州地区读 liu[1]，当地话“辽”字音；（又）读 liu[4]，当地话“辽”字音。

**蹽［liāo］，《新华字典》释义：❶快走，跑：他一天~了一百里地。❷溜走：趁人没注意，他~了。**

例：男子汉该吃亏时就吃亏，该磨难时就磨难，这个时候就不要有多快蹽多快。

## 屪蚂蚁窝

我年少时，和小伙伴们学着老四，常常用尿屪蚂蚁窝。

“屪”字在粤方言地区人们的口头上比较常用，在广州地区读 liu[1]，当地话“辽”字音；（又）读 liu[4]，当地话“辽”字音；指男阴，或指男性拉尿淋（某处或某物）。

**屪［liáo］，《中华字海》释义：男阴。**

由《中华字海》对“屪”字的释义来看，在粤方言地区传承的，包括该字的引申义。

## 敹了几针

我最难忘的，是上初中时，有一件衣服脱了线，爸爸戴着眼镜，帮我在衣服上繚了几针。

“繚”字在粤方言地区人们的口头上比较常用，在广州地区读 liu[3]，当地话“辽”字音。

**繚［liáo］，《新华字典》释义：❶选择。❷缝缀：~贴边。~上几针。**

“繚”字在粤方言地区的引申义指一种手术。例：老三在医院被繚了几针。

## 窌窎

我们到了大山灯窎那个地方，往下一看，实在是窌窎，令人惊悚不已。

“窌窎”一词在粤方言地区人们的口头上比较常用，指幽深无比，“窌”字在广州地区读 liu[4]，当地话“辽”字音。

**窌［liáo］，《中华字海》释义：❶深空。❷针灸穴位名：肩~。肘~。**

例：世间有高耸入云的山峰，自然就有窌窎不见底的沟壑，这便是天地之道。

## 高嶚嶚

大容山像一道屏障，高嶚嶚地屹立在南国大地上。

“高嶚嶚”一词在粤方言地区人们的口头上比较常用，指高峻，“嶚”字在广州地区读 liu[4]，当地话“辽”字音。

**嶚［liáo］，《中华字海》释义：高峻。**

例：大城市的孩子很少看见高嶚嶚的大山，大山里的孩子很少看见高嶚嶚的大厦。

## 茎叶蹽疏

我老家屋前原本有一棵上百年的大榄树，树冠绿荫如盖，后来茎叶蹽疏，慢慢就枯死了。

“蹽”字在粤方言地区人们的口头上比较常用，在广州地区读 liu[4]，当地话“辽”字音。

**蹽［liáo］，《中华字海》释义：草木茎叶稀疏。**

例：人的头发就像草木的茎叶，年纪越大越蹽疏。

## 嵺湫

马路镇那边的山头一片嵺湫，满目疮痍。

"嵺崺"一词在粤方言地区人们的口头上比较常用，在广州地区读 liu⁴kiu²，当地话"辽窍"字音。

**嵺崺［liáo qiǎo］，《中华字海》释义：山色萧条。**

例：绿水青山就是金山银山，我们一定要变嵺崺的山头为青山。

## 豂谾

从远处看，都峤山的每一座山都是坚不可摧的特大岩石体，可是走进其中的山洞，你才发现里面是豂谾的。

"豂谾"一词在粤方言地区人们的口头上比较常用，在广州地区读 liu⁴hung⁴，当地话"寥鸿"字音；指空空荡荡。

**豂［liáo］，《新华字典》释义：❶空谷。❷空。❸深。**

**谼［hòng］，《新华字典》释义：❶大的山谷，深沟。❷鲁谼山，山名，又地名，都在安徽省桐城。**

从《新华字典》对"豂"和"谾"两个字的释义看，它们是同义词，在粤方言地区，人们把它们组合成了一个词。

## 蓼长

邻居阿福演绎了当代版揠苗助长的故事：水稻刚插下去才两个月，他就喷施速长激素920，那禾秆几天时间就蓼长起来，十天不到，竟然抽穗扬花了。

"蓼长"一词在粤方言地区人们的口头上比较常用，指长的样子，"蓼"字在广州地区读 liu⁵，当地话"蓼"字音。

**蓼［liǎo］，《中华字海》释义：长的样子。**

例：阿福喷施了速长激素920的水稻，尽管禾秆蓼长，稻穗却很短。

## 磟碉

我祖叔屋后有一块磟碉的大石头，我担心它迟早会滚下来。

"磟碉"一词在粤方言地区人们的口头上比较常用，在广州地区读 liu⁴diu³，当地话"辽吊"字音；。

**磟碉［liǎo diǎo］，《中华字海》释义：石头悬垂的样子。**

例：都峤山有几处磟碉的巨石，远观游客站在上头，令人胆战心惊。

## 鬓发嫽娇

金月鬓发嫽娇，让人觉得很另类。

“嫽娇”一词在粤方言地区人们的口头上比较常用，在广州地区读 liu⁴giu⁶，当地话“辽轿”字音；多指女人鬓发长。

**嫽娇**［liǎo jiào］，**《中华字海》释义：长。**

例：我读小学时，老师说女孩子鬓发嫽娇，就如丝绦在侧一般，甚是好看。

## 脑袋顟颻

有些人脑袋顟颻，与众不同。

“顟颻”一词在粤方言地区人们的口头上比较常用，在广州地区读 liu⁶jiu⁴，当地话“廖尧”字音。

**顟颻**［liào yáo］，**《中华字海》释义：头长的样子。**

例：这世上，有人脑袋顟颻，有人脑袋扁短。

## 鷚鷂

驴大习惯双眼看天，两鼻鷚鷂，一副把谁都不放在眼里的模样。

“鷚鷂”一词在粤方言地区人们的口头上比较常用，在广州地区读 liu⁶jiu⁶，当地话“廖耀”字音。

**鷚鷂**［liào yào］，**《中华字海》释义：鼻子上仰样。**

例：双眼平视，鼻子便不会鷚鷂，这样子就显得不卑不亢。

## 尥野果

我家乡四季都有野果。老师时常提醒学生：“尥野果有危险，不要尥野果！”

“尥”字在粤方言地区人们的口头上比较常用，在广州地区读 liu¹，当地话“廖”字音；（又）读 liu⁶，当地话“廖”字音；指身体尽可能前倾，把腿、身体和手伸展到最长。

**尥**［liào］，**《新华字典》释义：❶骡马等跳起来用后腿向后踢：~蹶子。❷口语指淘气：这个小孩真~。**

例：骡马尥蹶子的时候，千万别站得太近。

## 勴死敌人

影视剧里，双方激战，一方有时会在险要的隘口上方用石头勴死对方。

“勴”字在粤方言地区人们的口头上比较常用，在广州地区读 loey$^{4}$，当地话“雷”字音；指把东西集中在高处往下推的动作。

**勴［léi］，《中华字海》释义：以物磊磊自高推下也。**

例：我在山林里打柴的时候，每一次都是把打好的柴勴到山脚再搬运回家。

## 秘密的事不能讕

大多数人吃了大亏之后才明白：保密的事不能讕。

“讕”字在粤方言地区人们的口头上比较常用，在广州地区读 lit$^{9}$，当地话“咧”字音；指不加防范随意地说。

**讕［liè］，《中华字海》释义：多言。**

例：什么事都随意讕的人，非但办不成大事，还要吃亏。

## 䕲䕲动

只要风一吹，草就会䕲䕲动起来。

“䕲䕲”一词在粤方言地区人们的口头上比较常用，用作风吹草动的拟状词，“䕲”字在广州地区读 lip$^{9}$，当地话“猎”字音。

**䕲［liè］，《中华字海》释义：草动的样子。**

例：人不是草，不要有那么一点风就䕲䕲动起来。

## 㖸㖸哵哵

大多数人都讨厌㖸㖸哵哵的人。

“㖸㖸哵哵”一词在粤方言地区人们的口头上比较常用，指啰里啰唆，废话多，“㖸哵”一词在广州地区读 lit$^{9}$dze$^{6}$，当地话“咧借”字音。

**㖸哵［liè dié］，《中华字海》释义：多话。**

例：善于倾听意见的人，哪怕是面对别人㖸㖸哵哵，他们也能耐心地听。

## 嚻骨头

狗最喜欢嚻骨头。

“嚻”字在粤方言地区人们的口头上比较常用，在广州地区读 le[1]，同普通话读音；指啃骨头的动作。

**嚻［liè］，《中华字海》释义：啃骨头的声音。**

例：老九把一块骨头嚻完了。

## 火苗熌熌

只要木柴足够干爽，点着之后，一会儿我们就会听到火苗熌熌。

“熌熌”一词在粤方言地区人们的口头上比较常用，指火燃烧时发出的声音，有时也指火燃烧的状态，“熌”字在广州地区读 lit[9]，当地话“咧”字音。

**熌［liè］，《中华字海》释义：火声。**

在粤方言地区，“熌熌”一词所表达的火势及其发出的声音，一般在中度以下，不用于形容猛烈的火势及其发出的巨大声响。

## 懯懯惵惵

有些人习惯懯懯惵惵。

“懯懯惵惵”一词在粤方言地区人们的口头上比较常用，指轻薄，不正经的样子；“懯惵”一词在广州地区读 lit[9]dze[6]，当地话“咧借”字音。

**懯惵［liè dié］，《中华字海》释义：轻薄的样子。**

例：大多数人不喜欢懯懯惵惵的人。

## 眼睛矋䁯

长期使用电脑和手机的人，眼睛基本会变得矋䁯。

“矋䁯”一词在粤方言地区人们的口头上比较常用，在广州地区读 le[1]se[1]，前一个字同普通话读音；后一个字读当地话“些”字音；指眼睛看不清楚。

**矋［liè］，《中华字海》释义：❶目暗。❷病视。**

**䁯［xiē］，《中华字海》释义：目不明。**

可见，在粤方言地区，“矋䁯”一词是由这两个意义相近的字组合而成的。

## 插禾要成秼

爷爷对我们说：“插禾要成秼，不要插得像蛇爬一样。”

“秼”字在粤方言地区人们的口头上比较常用，在广州地区读 lit[9]，当地话

“列”字音。

**秝［liè］，《中华字海》释义：禾苗行列整齐。**

例：以前，谁要是能插禾成秝，就往往被人看好。

## 风飋飋吹

我们到了云龙顶，风飋飋吹，迎着风，人睁不开眼，连呼吸都困难，汗湿的衣服却一会儿就干了。

“飋飋”一词在粤方言地区人们的口头上比较常用，用作大风的拟状词，“飋”字在广州地区读 le[1]，同普通话读音。

**飋［liè］，《中华字海》释义：（风）猛烈。**

例：身处风飋飋吹的地方，你会感受到大自然强大的威力。

## 松树栗栗

在我青少年时，老家有很多农户都以割松脂为生。如今，山上松树栗栗，令人唏嘘不已。

“栗栗”一词在粤方言地区人们的口头上比较常用，用作树木疏朗的拟状词，“栗”字在广州地区读 le[1]，同普通话读音。

**栗［liè］，《中华字海》释义：木疏貌。**

例：如今，一些边远山区的小村庄，人丁如树木栗栗一般，屈指可数。

## 爉爉作响

在每一个早晨和黄昏，我老家的灶膛就会爉爉作响，我便知道是母亲在生火做饭。

“爉爉”一词在粤方言地区人们的口头上比较常用，是火燃起来发出声音的拟声词，“爉”字在广州地区读 lit[9]，当地话“列”字音。

**爉［liè］，《中华字海》释义：火声。**

“爉”和“熭”的读音和释义相同。

## 骨膶

很多人都觉得骨膶上的肉味道更加鲜美。

“骨膶”一词在粤方言地区人们的口头上比较常用，指肋骨之间的肉，

“脟”字在广州地区读 lit[8]，当地话“咧”字音；（又）读 lyt[8]，当地话“埒”字音。

**脟［liè］，《新华字典》释义：〈古〉肋骨上的肉。**

例：如今的人习惯把骨脟上的肉叫排骨肉。

## 砖埒

胡师傅说他徒弟砌的墙砖埒太大。

“埒”字在粤方言地区人们的口头上比较常用，在广州地区读 lit[8]，当地话“咧”字音；（又）读 lyt[8]，当地话“脟”字音；指墙上砖头之间的缝隙。

**埒［liè］，《新华字典》释义：❶矮墙。❷同等：财力相~。**

例：现在的住宅基本上是楼房，看不到墙体的砖埒。

## 竹簚

在我老家那里，家家户户都使用竹簚晒萝卜干。

“簚”字在粤方言地区人们的口头上比较常用，在广州地区读 lip[9]，当地话“猎”字音。

**簚［liè］，《中华字海》释义：晒干物品用的竹器。**

例：竹簚是用竹片纵横交织编成的竹器，其状如竹席，但比竹席粗糙。

## 狗长得獜

老八家的公狗长得獜，别家的公狗看见它就远远地躲开了。

“獜”字在粤方言地区人们的口头上比较常用，在广州地区读 loen[1]，当地话“麟”字音；原义指狗的身躯壮实，引申为人的身体结实。

**獜［lín］，《中华字海》释义：犬健。**

例：身躯獜的狗比起臃肿的狗更能狩猎。

## 大雨霖雳直下

昨天大雨霖雳直下，到夜里才停下来，街道被水淹了，出不了门。

“霖雳”一词在粤方言地区人们的口头上比较常用，在广州地区读 lam[4]lik[9]，当地话“林沥”字音；用作滂沱大雨的拟状词。

**霖雳［lín lì］，《中华字海》释义：雨下得不停的样子。**

例：大雨霖霈下，是一种自然的天气现象，我素来以欣赏的态度去面对它。

## 不能让火燐出

在我年少时，家里煮饭、炒菜、烧水用的都是简易的火灶，每次烧火，妈妈就让我在旁边守住，不让火燐出。

“燐”字在粤方言地区人们的口头上比较常用，在广州地区读 loen4，当地话“邻”字音；指火蔓延。

**燐 [lín]，《中华字海》释义：火延烧。**

例：在野外用火要格外小心，一旦火燐山就会酿成大祸。

## 崊崊嵚嵚

都峤山崊崊嵚嵚，攀登其间，要格外小心。

“崊崊嵚嵚”一词在粤方言地区人们的口头上比较常用，指（山石）险峻，“崊嵚”一词在广州地区读 lam4jam1，当地话“林钦”字音。

**崊嵚 [lín qīn]，《中华字海》释义：（山石）险峻。**

例：面对崊崊嵚嵚的山石，我们领略到了大自然的险峻之美。

## 啉着录取信息

填报了高考志愿后，女儿就成天啉着录取信息。

“啉”字在粤方言地区人们的口头上比较常用，在广州地区读 lam2，当地话“林”字音。

**啉 [lín]，《中华字海》释义：想要知道的样子。**

例：在工作和生活中，总有一些事让你啉着吧。

## 瞵贼子

二十多年前，一些邻居在山里采割好的松脂被偷掉不少，他们迫不得已，连夜躲进山里，瞵贼子。

“瞵”字在粤方言地区人们的口头上比较常用，在广州地区读 lam5，当地话“林”字音；指躲在暗地里凝视。

**瞵 [lín]，《中华字海》释义：凝视的样子。**

例：做人做事要正正当当，一个人的所作所为，一直都有老天在瞵着。若要人不知，除非己莫为。

## 把老人擸起来

有一个老头在大市场里摔倒了，一位路过的大叔把老人擸了起来。

“擸”字在粤方言地区人们的口头上比较常用，在广州地区读 lam$^2$，当地话“林”字音；指搂抱式的扶起。

**擸 [lǐn]，《中华字海》释义：❶扶。❷挺。**

例：有的人擸起摔倒的人反被讹诈，这种事让好人心寒。

## 啉伤啉死

啉伤啉死盗贼的村民，最后都要负法律责任。

“啉”字在粤方言地区人们的口头上比较常用，在广州地区读 lam$^6$，当地话“林”字音；指用棍棒殴打。

**啉 [lǐn]，《中华字海》释义：❶杀。❷打。**

例：老八家的几条狗被别人活活啉伤啉死。

## 砂轮甐薄

老三对老六说：“这砂轮都甐薄了，还留着干什么？”

“甐”字在粤方言地区人们的口头上比较常用，在广州地区读 lin$^1$，同普通话读音；（又）读 loen$^1$，当地话“邻”字音；指因磨损而变薄或指器物坚固。

**甐 [lìn]，《中华字海》释义：❶因磨损而变薄。❷器物。❸器物坚固。**

例：这几件瓷器真甐，摔了几次都没碎。

## 临临侺侺

老财走路的时候总是临临侺侺的模样，他路过时，屯子里的人都看着他，他却对屯子里的人爱看不看。

“临临侺侺”一词在粤方言地区人们的口头上比较常用，指低着头的样子，“临侺”一词在广州地区读 lam$^4$sam$^4$，当地话“林岑”字音；（又）读 lam$^4$ sam$^6$，当地话“林甚”字音。

**临侺 [lìn shèn]，《中华字海》释义：低头。**

例：临临侺侺的人爱思考。

## 有多快就淩多快

年少时，我和姐姐到山外上学，每天早上，我们喝了粥，放下碗筷，拔腿就跑，在上学路上有多快就淩多快。

“淩”字在粤方言地区人们的口头上比较常用，在广州地区读 ling$^{6}$，当地话“令”字音；（又）读 ling$^{4}$，当地话“凌”字音。

**淩［líng］，《中华字海》释义：奔驰；急行。**

例：在人世间，凡事淩得快的人，往往能抢占先机。

## 谷秢了

夏秋之季，母亲会打电话给我，告诉我谷秢了，这时，我便回家帮忙了。

“秢”字在粤方言地区人们的口头上比较常用，在广州地区读 ling$^{4}$，当地话“凌”字音。

**秢［líng］，《中华字海》释义：谷物刚成熟。**

“秢”字的引申义用得比较广，如相亲或孩子高考后，邻居出于关心，往往会问“秢吗?”他们的意思是“成吗?”

## 头发髫鬑

表哥年届知天命，头发髫鬑。

“髫鬑”一词在粤方言地区人们的口头上比较常用，指头发稀疏，“髫”字在广州地区读 ling$^{4}$，当地话“零”字音。

**髫［líng］，《中华字海》释义：头发稀疏。**

例：人的头发就像一棵树的枝叶，头发髫鬑就如树的枝叶稀疏。

## 䟘开

生活中总是有这样的人：有饭吃，他不请自来；有活干，他马上䟘开。

“䟘”字在粤方言地区人们的口头上比较常用，在广州地区读 long$^{6}$，当地话“令”字音；指离开。

**䟘［líng］，《中华字海》释义：去。**

例：遇事就䟘的人，没有担当。

## 跉踻

年少时，老四要当老大，随意对小伙伴们发号施令，我不从，到了上学和放学时，他就故意不让大伙和我走在一块儿，要我跉踻一个人在山路上走。

“跉踻”一词在粤方言地区人们的口头上比较常用，在广州地区读 $ling^4ping^1$，当地话“灵屏”字音；指孤独、另自一人。

**跉踻［líng píng］，《中华字海》释义：孤独的样子。**

例：猛兽总是独行，牛羊才成群结队。当你跉踻走山路的时候你便是不一般的人了。

## 妹姈

老四家来了好几个漂亮的妹姈！

“妹姈”一词在粤方言地区人们的口头上比较常用，指聪明伶俐的少女，“姈”字在广州地区读 $ling^1$，当地话“铃”字音。

**姈［líng］，《新华字典》释义：❶古女子人名用字。❷女子聪敏伶俐。**

例：生子当如孙仲谋。生女当生好妹姈。

## 均匀地熘

我年少时，妈妈教我练习炒青菜：先把灶膛里的火烧得足够猛烈，待镬头温度足够，再放油，然后把青菜倒进镬头，反复均匀地熘……

“熘”字在粤方言地区人们的口头上比较常用，指翻炒，在广州地区读 $lau^1$，当地话“漏”字音；（又）读 $lau^6$，当地话“漏”字音。

**熘［liū］，《新华字典》释义：烹饪方法，跟炒相似，作料里掺淀粉：~肉片。也作“溜”。**

“熘”字在粤方言地区被用得比较广，指翻炒、搅拌等动作，其外延范围比字典中大。如：［熘糠］搅拌鸡食。［熘水泥］搅拌混凝土。

## 风飗飗地吹

夏日的晚上，我来到楼顶纳凉，风飗飗地吹，好凉快呀！

“飗”字在粤方言地区人们的口头上比较常用，在广州地区读 $lau^4$，当地话“留”字音。

**飗［liú］，《中华字海》释义：［～～］微风吹动的样子。**

例：我愿成为你夏日的飗飗凉风，伴你左右，为你驱暑。

## 澑澑泬泬

年少时，我和屯子里的伙伴们都缺衣少食，在冬天里常常被冻得澑澑泬泬。

“澑澑泬泬”一词在粤方言地区人们的口头上比较常用，指手足冻僵的样子，“澑泬”一词在广州地区读 $lau^4kau^4$，当地话“留求”字音。

**澑泬［liú qiú］，《中华字海》释义：手足冻貌。**

例：如今丰衣足食，很多青少年根本不知道澑澑泬泬是何种滋味。

## 蟉蟉虬虬

我老家的山上，长满了各种藤蔓，这些藤蔓蟉蟉虬虬，盘根错节。

“蟉蟉虬虬”一词在粤方言地区人们的口头上比较常用，指弯弯曲曲，盘根错节，“蟉虬”一词在广州地区读 $lau^4kau^4$，当地话“留求”字音。

**蟉虬［liú qiú］，《中华字海》释义：蜷曲，盘曲。**

例：人世间很多事就如藤蔓那样蟉蟉虬虬，理不清。

## 畱荒山种木薯

在我老家，村民们几十年来一直畱荒山种木薯、肉桂、八角等作物。

“畱”字在粤方言地区人们的口头上比较常用，在广州地区读 $lau^1$，当地话“留”字音。

**畱［liú］，《中华字海》释义：❶烧去草木之后下种。❷开沟引水灌溉。❸姓。**

例：如今，在我家乡，有不少村民畱荒山种桉树。

## 火熮棍

年少时，爷爷带我到山里去放牛，冬天，为了取暖，爷爷常常在野外生一堆火，他递给我一根火熮棍，叫我不时地捅一下火堆。

“火熮棍”一词在粤方言地区人们的口头上比较常用，指用来捅火堆的木棒，好让木柴集中在一起焚烧或者制止火苗蔓延到别的地方，“熮”字在广州地区读 $lau^1$，当地话“留”字音。

**熮［liǔ］，《中华字海》释义：**❶烈。❷烧。❸烂。

在粤方言地区，有些人把皮肤黝黑的人叫“火熮棍”，这是不文明的叫法。

## 刘草

田边的野草太多了，我喝过粥就得去刘草。

“刘”字在粤方言地区人们的口头上比较常用，在广州地区读 lau[1]，当地话“留”字音；指斩除。

**刘［liǔ］，《中华字海》释义：割。**

例：刘草是一种很原始的劳作方式，效果很好。现在的人除草基本上都施除草剂了。

## 放罶

我刚毕业工作那三年，学校的陈老师常常带着我到容江放罶。

“罶”字在粤方言地区人们的口头上比较常用，在广州地区读 lau[5]，当地话“柳”字音。

**罶［liǔ］，《新华字典》释义：捕鱼的竹篓子，鱼进去就出不来。**

例：不是每一个人都有过放罶的经历。对我而言，那是一段难忘的岁月。

## 碌碡

我从小跟着父母种田，使用过的碌碡，如今还存放在旧宅的农具房里。

“碌碡”一词在粤方言地区人们的口头上比较常用，在广州地区读 luk[7]dzuk[9]，当地话“麓轴”字音；指一种农具，用于平场地。

**碌碡［liù zhou］，《新华字典》释义：农具，用石头做成，圆柱形，用来轧谷物，平场地。**

例一：农村实行家庭联产承包责任制之后，我家乡的农械厂生产过大批铁制的碌碡。例二：在我家乡，有一种碌碡豆，那是一种形状像碌碡的豆类植物，可食用。

## 㥨他

老倪残疾了，拄着拐杖走路。他逢人就说他挨不过父亲，父亲九十几岁了，身体健康硬朗，走路不用拐杖，他和父亲的身体状况呀，最好能换过来，这才合情理。老倪的话传到了他父亲耳朵里，倪老伯就有点慁他。

“慁”字在粤方言地区人们的口头上比较常用，在广州地区读 lau[1]，当地话“留”字音。

**慁［liù］，《中华字海》释义：怨恨。**

例：人不是神仙，活在世上，有谁没被别人慁过？

## 瓦霤水

以前缺水的时候，逢着下雨，我就用水桶接瓦霤水洗脸洗澡，结果被邻居叫停了。

“瓦霤水”一词在粤方言地区人们的口头上比较常用，指从屋檐流下来的雨水，“霤”字在广州地区读 lau[6]，当地话“留”字音。

**霤［liù］，《中华字海》释义：❶从屋檐流下来的雨水。如：檐~丨承~丨滴~穿石。❷屋檐沟。如：屋~丨水~。❸屋檐。**

例：邻居告诉我，用瓦霤水洗脸洗澡，皮肤会发痒。

## 躘踵

我的孩子刚学走路那时，在客厅里躘踵躘踵地走来走去，让人忍俊不禁。

“躘踵”一词在粤方言地区人们的口头上比较常用，在广州地区读 lung[4]dzung[1]，当地话“龙中”字音。

**躘踵［lóng zhōng］，《中华字海》释义：❶小孩儿走路的样子。❷不强举。**

例：每一个正常人都有过躘踵学步的人生阶段。

## 山巃

云龙大山下面，是一道又长又大的山巃。

“山巃”一词在粤方言地区人们的口头上比较常用，指又长又大的山谷，“巃”字在广州地区读 lung[4]，当地话“龙”字音。

**巃［lóng］，《中华字海》释义：长大的山谷。**

例：山巃是大自然真面目的其中一面，谁能遇见，实属有幸。

## 鼓声鼕鼕

“鼕鼕，鼕鼕，鼕鼕鼕鼕……”节奏感强烈的鼓声一响，就让人精神振奋。

“鼞”字在粤方言地区人们的口头上比较常用，在广州地区读 lung$^{4}$，当地话“龙”字音。

**鼞［lóng］，《中华字海》释义：［～～］鼓声。**

例：听广东四会的鼓手打鼓，看他们随着鼓声的节奏全身舞动，上下跳跃，我们在这鼞鼞声中感受到了传统文化的魅力。

## 巃嵸

巃嵸入云的云龙大山屹立在我家乡的东方，屹立在我思乡的梦里。

“巃嵸”一词在粤方言地区人们的口头上比较常用，在广州地区读 lung$^{4}$dzung$^{3-2}$，当地话“龙粽”字音。

**巃嵸［lóng zǒng］，《中华字海》释义：高耸。**

例：珠穆朗玛峰是世人心中最巃嵸的山峰。

## 躘躅

不管是坐是立，有些人的身体就是很躘躅。

“躘躅”一词在粤方言地区人们的口头上比较常用，在广州地区读 long$^{5}$tung$^{2}$，当地话“垄桶”字音。

**躘躅［lǒng tǒng］，《中华字海》释义：身体不端正。**

例：年轻人不要让自己身体躘躅。

## 墙竉

过去，农村的房子基本上都是用泥砖建造的，墙竉很多，老鼠、蟑螂都可以从墙竉里穿越。

“墙竉”一词在粤方言地区人们的口头上比较常用，指墙上的孔穴，“竉”字在广州地区读 lung$^{1}$，当地话“龙”字音。

**竉［lǒng］，《中华字海》释义：孔穴。**

例：现在，我们在农村住的是楼房，楼房的优点是墙上没有墙竉，老鼠没法钻进来，缺点是夏天的时候，墙体大量吸热，像蒸笼。

## 石硦

都峤山有很多石硦，有很大一部分还没有人进去过。

"石硦"一词在粤方言地区人们的口头上比较常用，指岩洞，"硦"字在广州地区读 lung[1]，当地话"龙"字音。

**硦［lòng］，《中华字海》释义：洞穴。**

例：未经开发的石硦有潜在的危险，禁止人冒险进去。

## 衖衖衝衝

我父亲在世的时候，有时在外喝了酒，便会衖衖衝衝走回家。

"衖衖衝衝"一词在粤方言地区人们的口头上比较常用，指跌跌撞撞，"衖衝"一词在广州地区读 lung[1]tsung[1]，当地话"龙冲"字音。

**衖衝［lòng chōng］，《中华字海》释义：行走偏偏倒倒的样子。**

例：人年纪大了，走起路来，难免衖衖衝衝。

## 泥窿

奶奶对我说："在山上遇到下雨，千万不要到泥窿里去躲。"

"泥窿"一词在粤方言地区人们的口头上比较常用，指土质洞穴，"窿"字在广州地区读 lung[1]，当地话"龙"字音。

**窿［lòng］，《中华字海》释义：洞穴。**

例：在下雨天，泥窿容易塌方。

## 㑝戇

老牛的儿子很㑝戇，读完了小学，连父母的名字都写不出来。

"㑝戇"一词在粤方言地区人们的口头上比较常用，指愚笨，"㑝"字在广州地区读 lung[6]，当地话"龙"字音。

**㑝［lòng］，《中华字海》释义：［～戇］愚笨。**

例：我知道自己是一个㑝戇的人。

## 塘剅口

我老家的鱼塘都有塘剅口。

"塘剅口"一词在粤方言地区人们的口头上比较常用，指鱼塘的出水口，"剅"字在广州地区读 dau[6-2]，当地话"豆"字音；（又）读 lau[4]，当地话"留"字音。

**𡋾［lóu］，《新华字典》释义：堤坝下面的水口，水道：~口，~嘴。**

例：我老家的塘𡋾口一般都放置了带刺的杉树叶，鱼碰到刺就会往回游。

## 太䁖

老倪太䁖了，经常趁别人不在，就采摘人家的果子和蔬菜。

“䁖”字在粤方言地区人们的口头上比较常用，在广州地区读 lau[1]，当地话“漏”字音；指贪婪。

**䁖［lóu］，《中华字海》释义：贪。**

例：人太䁖，的确可以得到一些不属于自己的财物，它的代价是赔上自己的道德。

## 老匧

老倪这人是个十足的老匧：邻居家有饭吃有酒喝，他准时到场；吃喝完了，听说需要帮什么忙，不知他默默匧到了哪里！

“老匧”一词在粤方言地区人们的口头上比较常用，“匧”本是簸箕一类的器具，用于筛豆、筛糠等，筛的时候，簸箕中总有一些东西不是从箕眼筛出去，而是从箕面上甩出去的，因此引申为从旁逃走（的人），“匧”字在广州地区读 lau[6]，当地话“漏”字音。

**匧［lòu］，《中华字海》释义：❶从旁逃走。❷簸箕一类的器具。**

例：凡是有“老匧”名声的人，四处不受人待见。

## 黑𪑮𪑮

我爷爷住过的旧房子下面有一个地下室，里面黑𪑮𪑮的。

“黑𪑮𪑮”一词在粤方言地区人们的口头上比较常用，就是黑的意思，“𪑮”字在广州地区读 lou[4]，当地话“卢”字音；（又）读 lou[1]，当地话“卢”字音。

**𪑮［lú］，《中华字海》释义：黑色。**

例：有的房子采光不好，黑𪑮𪑮的，叫人住着不舒服。

## 火䵼

我们把松明子点燃之后，火䵼跟着就飘荡起来了。

“火黸”一词在粤方言地区人们的口头上比较常用，指某些燃烧物释放出来的黑色物质，“黸”字在广州地区读 lou[1]，当地话“卢”字音；（又）读 lou[4]，当地话“卢”字音。

**黸**［lú］，**《中华字海》释义：黑色。**

例：火黸附着的物体会跟着变黑。

## 㪐㪗

有一次，班主任钟老师对大家说：“我这个人说话有点㪐㪗。”说到“㪐㪗”一词时，他突然改国语为粤语发音，这事让我记忆犹新。

“㪐㪗”一词在粤方言地区人们的口头上比较常用，在广州地区读 lak[7]kak[7]，当地话“簕揩”字音；（又）读 lat[7]kat[7]，当地话“甩咳”字音；指不滑利或不稳。

**㪐㪗**［lù kū］，**《中华字海》释义：❶不滑利。❷不稳。**

例：说话㪐㪗未必就是缺点，有时候反而让人记忆深刻。

## 䐁䐁响

阿大说，有时候，他的耳朵会莫名其妙䐁䐁响。

“䐁”字在粤方言地区人们的口头上比较常用，在广州地区读 luk[7]，当地话“碌”字音。

**䐁**［lù］，**《中华字海》释义：耳鸣。**

例：人有了毛病，或者上了年纪，就免不了耳朵䐁䐁响。

## 趢趚

每天早上六点半，我们学校就会发出趢趚趢趚的脚步声，那是学生在晨跑。

“趢趚”一词在粤方言地区人们的口头上比较常用，在广州地区读 luk[7]tsuk[7]，当地话“碌束”字音。

**趢趚**［lùsù］，**《中华字海》释义：跑动的声音。**

例：趢趚趢趚的声响，是青春的声音。

## 偻魁

有的拳击运动员身躯偻魁，让人不敢招惹。

“俥魁”一词在粤方言地区人们的口头上比较常用，一般指人的个头大，“俥”字在广州地区读 luk⁷，当地话“碌”字音。

**俥［lù］，《中华字海》释义：［~魁］大貌。**

在粤方言地区，有人把块头大的人叫“大俥木”，这是不文明的叫法。

## 摝住

有几个贼子进村，在社坛那里乱挖一通，被村民摝住了。

“摝”字在粤方言地区人们的口头上比较常用，在广州地区读 luk⁷，当地话“辘”字音。

**摝［lù］，《中华字海》释义：❶抓住。❷捋。**

例：谁要是干坏事，谁就要想到被摝住会怎么样。

## 罛罟

过去，在梅江上，常常有渔民拿着罛罟捕鱼。

“罛罟”一词在粤方言地区人们的口头上比较常用，在广州地区读 llou⁶gu³，当地话“路固”字音。

**罛罟，［lù gù］，《中华字海》释义：一种捕取鱼的器具。**

例：以前，我每每看到墙上挂着的罛罟，就想到了江里鲜美的鱼。

## 眼珠睩睩转

上课的时候，董强经常眼珠睩睩转，不知道他在想什么。

“睩睩”一词在粤方言地区人们的口头上比较常用，是眼睛转动的拟状词，“睩”字在广州地区读 luk⁷，当地话“碌”字音；（又）读 luk⁹，当地话“录”字音。

**睩［lù］，《新华字典》释义：眼珠转动。**

例：有人说眼珠睩睩转的人爱思考，也有人说眼珠睩睩转的人分神。

## 僇人

老四爱说假话僇人。

“僇人”一词在粤方言地区人们的口头上比较常用，指用假话羞辱人，“僇”字在广州地区读 luk⁷，当地话“录”字音；（又）读 luk⁹，当地话“录”

字音。

**僇［lù］，《新华字典》释义：侮辱。**

例：僇人的人总是让人很不舒服。

## 趢趗趢趗

四哥和爸爸握着手电筒，在崎岖的山路上趢趗趢趗一路走回来了。

“趢趗”一词在粤方言地区人们的口头上比较常用，在广州地区读 $luk^7tsuk^7$，当地话“碌促”字音；指小而急促的脚步。

**趢趗［lùcù］，《中华字海》释义：步子小而急促。如，“～～胡马蹄。”**

例：听到三叔回来了，奶奶立马趢趗着走出房门。

## 硉硉转动

在江河里，常常有一些砂石随着江水硉硉转动。

“硉硉”一词在粤方言地区人们的口头上比较常用，指沙石随水转动的样子，或指物体庞大，“硉”字在广州地区读 $luk^7$，当地话“碌”字音。

**硉［lù］，《中华字海》释义：［～矹］❶高耸突出物。❷沙石随水转动的样子。❸雄健不凡。**

例：这个根雕真大硉。

## 肚子朧朧响

昨天，我喝冷饮太多，肚子整天都在朧朧响。

“朧朧”一词在粤方言地区人们的口头上比较常用，指腹鸣，“朧”字在广州地区读 $luk^7$，当地话“碌”字音。

**朧［lù］，《中华字海》释义：腹鸣。**

例：有过拉肚子经历的人，都有过肚子朧朧响的经历。

## 把硬币摝起来

小时候，我看到河边的小水窝里有好多硬币，就叫来爷爷，爷爷把硬币摝了起来。

“摝”字在粤方言地区人们的口头上比较常用，在广州地区读 $luk^7$，当地话“辘”字音。

**摝［lù］，《中华字海》释义：❶摇动。❷捞取。如："河里失钱河里~。"**

例：把李果摝下来。

## 噗踛一跳

小琴噗踛一跳，从大石头上下来了。

"噗踛"一词在粤方言地区人们的口头上比较常用，是跳跃的象声词，"踛"字在广州地区读 luk9，当地话"陆"字音。

**踛［lù］，《中华字海》释义：跳跃。**

例：英勇的八路军战士一个个噗踛噗踛地越过壕沟。他们矫健的身姿，让人敬慕不已。

## 竹篭

我们那儿是竹子之乡，竹编业发达，竹篭就是其中制品之一。

"篭"字在粤方言地区人们的口头上比较常用，在广州地区读 long5，当地话"垄"字音；（又）读 luk7，当地话"碌"字音；指箱子。

**篭［lù］，《新华字典》释义：❶竹箱。❷用竹篾编的盛零碎东西的小篓。**

粤方言地区的人们把箱子俗称为"篭"，把棺材婉称为"长篭"。

## 儢过头

我们村里有几个一事无成的人，他们长得并不差，脑子也不笨，就是儢过头了。

"儢"字在粤方言地区人们的口头上比较常用，在广州地区读 loey4，当地话"吕"字音。

**儢［lǚ］，中华字海》释义：［~~］懒散、懈怠的样子。**

例：一个人偶尔儢一下，无关紧要。要是长期儢下去，他一辈子就完了。

## 雨水褛褛

夏日酷热，偶遇屋外雨水霻霻，让人觉得爽快。

"霻霻"一词在粤方言地区人们的口头上比较常用，指雨水连续不停的样子，"霻"字在广州地区读 loey5，当地话"吕"字音。

**霻［lǚ］，《中华字海》释义：雨貌。**

例：日出日落，月圆月缺，雨水霎霎，都是天地固有的现象。

## 揵去木灰

我老家的人在制作粽子时有一套传统工艺：用米碎木的枝叶烧成灰加水浸泡，经沉淀，揵去木灰，用木灰水搅拌糯米，再包粽子。

“揵”字在粤方言地区人们的口头上比较常用，在广州地区读 loey[6]，当地话“滤”字音。

**揵［lǜ］，《中华字海》释义：去滓汁。**

例：很多人都没见过揵木灰提取木灰水的传统工艺。

## 高山嵂崒

我老家高山嵂崒，山外很多姑娘都不愿意嫁到山里来。

“嵂崒”一词在粤方言地区人们的口头上比较常用，在广州地区读 loet[9]dzoet[7]，当地话“律卒”字音；指高耸的样子。

**嵂崒［lǜ zú］，《中华字海》释义：高耸貌。**

例：高山嵂崒，是自然之美。

## 脔成几块

我在市场买回了一块好大的肉，拿回家后，我把肉脔成几块。

“脔”字在粤方言地区人们的口头上比较常用，在广州地区读 lyn[5]，当地话“暖”字音。

**脔［luán］，《新华字典》释义：切成小块的肉：~割（分割）。**

“脔”字在粤方言地区被引申为割。例：我在山上被野草脔了几刀。

## 团圞

十五的月亮真团圞。

“团圞”一词在粤方言地区人们的口头上比较常用，指圆，“圞”字在广州地区读 lyn[1]，当地话“联”字音；（又）读 lyn[4]，当地话“联”字音。

**圞［luán］，《中华字海》释义：❶［团圞］形容圆，如“明月~~。”❷团聚，团圆。**

例：我们在圆桌边团圞坐着吃饭。

## 踠蹬

母亲年纪大了，身躯已经踠蹬。

“踠蹬”一词在粤方言地区人们的口头上比较常用，在广州地区读lyn⁴kyn⁴，当地话“鸾蜷”字音。

**踠蹬［luán quán］，《中华字海》释义：弯曲（身体）。**

例：有些人身板直，上了百岁身体都不踠蹬。

## 嗵憃

老颜做事最嗵憃，她发现自己家的水管断裂了，为了引水到家，她竟然割了一截别人家的水管接上去了！

“嗵憃”一词在粤方言地区人们的口头上比较常用，指行为无耻，“憃”字在广州地区读loen[1]，当地话“卵”字音；（又）读loen[5]，当地话“卵”字音。

**憃［luǎn］，《中华字海》释义：❶［嗵～］行无廉隅。❷［～子］对胖子的戏称。**

“憃”字在粤方言地区也用于对人蔑称。例：阿目这个憃脬！

## 碧利

这把刀磨得很碧利。

“碧”字在粤方言地区人们的口头上比较常用，在广州地区读读loe[1]，同普通话读音；指锋利或割。

**碧［lüè］，《新华字典》释义：锋利。**

在粤方言地区“碧”字常常被用作动词“割”。如：阿大磨刀不小心，碧了一刀自己的脚。

## 䫢颉

老蛤样子䫢颉，30年前，他成天混在镇上的派出所，替派出所为镇上的群众给自行车登记、打码、上牌，胡所长称他是活雷锋，来办事的人对他肃然起敬。

“䫢颉”一词在粤方言地区人们的口头上比较常用，在广州地区读lo⁴kut⁸，当地话“啰括”字音。

**顸颏 [luō kuò]，《中华字海》释义：脸丑。**

例：虽然老蛤样子顸颏，但是他心灵美、行为美，所以镇上的人都能记住他。

## 把稻谷羸起来

夏秋时节，我们在晒场上晒稻谷，到了傍晚，就要把稻谷羸起来，盖住。

“羸”字在粤方言地区人们的口头上比较常用，在广州地区读 lo³，当地话“摞”字音。

**羸 [luó]，《中华字海》释义：谷物堆积。**

例：农民们看着羸起来的稻谷，就会喜上心头。

## 你有几个腡？

我家乡有这样一段俗语：“一腡贫，二腡富，三腡上街卖豆腐……”你有几个腡？

“腡”字在粤方言地区人们的口头上比较常用，在广州地区读 lo⁴，当地话“罗”字音；指环状形的指纹（非环状形的指纹，称为“箕”或“簩”）。

**腡 [luó]，《新华字典》释义：手指纹。**

可见，粤方言地区人们在口头上传承的“腡”字义项，比《新华字典》对该字的释义更明确。

## 剆勒

老车几兄弟因宅基地纠纷，剆勒打了起来。

“剆勒”一词在粤方言地区人们的口头上比较常用，指用棍棒打架、格斗的样子，“剆”字在广州地区读 lo⁴，当地话“螺”字音。

**剆 [luǒ]，《中华字海》释义：相击。**

例：动不动就剆勒打起来的人，不是文明人。

## 躍跸

老卫老婆没啥文化，又爱逞强，进了单位，做起事来躍跸。

“躍跸”一词在粤方言地区人们的口头上比较常用，在广州地区读 lo³tso³，当地话“摞挫”字音；原义比喻失意、困顿，引申为一塌糊涂。

**躣跁 [luò cuò]，《中华字海》释义：比喻失意、困顿。**

例：这些年，我过得很躣跁。

## 食堂有什么䴲䴵

李校长叫老梁去看看食堂有什么䴲䴵。

“䴲䴵”一词在粤方言地区人们的口头上比较常用，在广州地区读 lo³so³，当地话“摞琐”字音；原义指小米粥，引申为食物。

**䴲䴵 [luòsuò]，《中华字海》释义：❶小米粥。❷麦粥。**

例：朋友来作客，我们就要准备足够的䴲䴵。

## 谬沥

在生活中，我们总会遇见一些说话谬沥的人。

“谬沥”一词在粤方言地区人们的口头上比较常用，在广州地区读 liu⁴lik⁹，当地话“撩沥”字音；指花言巧语，或指（对含沙射影之语）不知所云。

**谬沥 [liáo lì]，《中华字海》释义：❶巧言。❷言不明。**

例：欧爷爷教育我们不要说谬谬沥沥的话。

## 覼一覼

妈妈说她不小心把绣花针弄丢在地上了，叫我覼一覼。

“覼”字在粤方言地区人们的口头上比较常用，在广州地区读 laat⁹，当地话“辣”字音；（又）读 loi⁶，当地话“睐”字音；指（凝神）内顾。

**覼 [lài]，《说文解字》释义：内视也。**

例：小物品一旦掉到地上，就需要慢慢覼。

## 惂惂转

欧振驰五叔说，很多事，在他心里惂惂转。

“惂惂转”一词在粤方言地区人们的口头上比较常用，在广州地区读 luk⁷，当地话“辘”字音；指心转，或用作心转的拟状词。

**惂 [lù]，《中华字海》释义：❶心闲。❷心转。**

例：什么事，曾在你心里惂惂转？

# M

## 瞤住双眼

爸爸买了好东西回家，对孩子说：“瞤住双眼，猜猜这是什么?”

“瞤”字在粤方言地区人们的口头上比较常用，在广州地区读 mai3，当地话“米”字音；（又）读 mei3，当地话“美”字音。

**瞤［mèi］，《中华字海》释义：眼睛闭合。**

例：王师北定中原日，家祭无忘告乃翁。对爱国诗人陆游来说，至死不能让他瞤上双眼的，是国家的统一大业。

## 䁾䁶

俗话说：四十四，眼出刺。我自打到了这个年纪，眼睛就䁾䁶了。

“䁾䁶”一词在粤方言地区指视力差，“䁶”字在广州地区读 maa4，当地话“麻”字音，指勉强看得见。

**䁶［má］，《中华字海》释义：慢慢看的样子。**

例：李校长 92 岁了，他每天拿着放大镜，在书报上䁶。

## 䫉颬

阿大磨刀不小心伤了自己的脚，他老婆极尽讽刺挖苦之能，说他是想试试刀利不利。阿大听了，䫉颬难过。

“䫉颬”一词在粤方言地区人们的口头上比较常用，在广州地区读 maa4haa1，当地话“麻虾”字音；指有口难言。

**䫉颬［má xiá］，《中华字海》释义：难语。**

例：活在世上，难免有䫉颬的时候。

## 闁闁

咸叔看见漂亮的女生，就闁闁盯着人家，叫人很不舒服。

“闁闁”一词在粤方言地区人们的口头上比较常用，在广州地区读 maa1haa1，当地话“妈虾”字音。

**闩闩 [mà xiā]，《中华字海》释义：邪视。**

例：眼睛是心灵的窗户，眼睛闩闩的人，怎么可能是善类！

## 床杩

檬木质地坚硬，是我家乡的优质木材，人们制作木床、床杩、床柱等，基本上都用檬木。

“杩”字在粤方言地区人们的口头上比较常用，在广州地区读 maa$^5$，当地话“码”字音；（又）读 maa$^6$，当地话“骂”字音。

**杩 [mà]，《中华字海》释义：床头横木。**

例：现在很多年轻人不懂床杩是何物。

## 劢力工作

女儿实习了，我鼓励她劢力工作。

“劢力”一词在粤方言地区人们的口头上比较常用，指尽心尽力，“劢”字在广州地区读 maai$^6$，当地话“迈”字音。

**劢 [mài]，《新华字典》释义：努力。**

例：劢力是一种积极的生命状态。

## 霢霢霂霂

霢霢霂霂的甘霖，是上天对人间的恩赐。

“霢霢霂霂”一词在粤方言地区人们的口头上比较常用，形容小雨飘下，“霢霂”二字在广州地区读 mak$^7$muk$^7$，当地话“脉木”字音；（又）读 mak$^9$muk$^9$，当地话“脉木”字音。

**霢霂 [mài mù]，《新华字典》释义：小雨。**

“霢霂”一词，《新华字典》所释的本义是“小雨”，可见，粤方言地区人们在口头上传承的，是其引申义。

例：老天终于霢霢霂霂下起了小雨。

## 颟顸

老熏啥也不懂，却喜欢凑热闹，不管人家说什么，他总是一脸颟顸。

“颟顸”一词在粤方言地区人们的口头上比较常用，在广州地区读

maan4haan1，当地话“蛮悭”字音；（又）读 mun4hon1，当地话“瞒刊”字音；形容人茫然不知所措的样子。

**颟顸［mān hān］，《新华字典》释义：❶不明事理。❷漫不经心。**

例：多学习，多请教他人，遇到很多事情就不至于一脸颟顸。

## 寷黑

各地景区的洞穴，里面都是寷黑的。

“寷黑”一词在粤方言地区人们的口头上比较常用，“寷”字在广州地区读 maa4，当地话“蛮”字音；指洞穴或房子昏黑的样子。

**寷［mán］，《中华字海》释义：洞穴里昏黑的样子。**

例：进入寷黑的房子，就让人很不舒服。

## 老牛走得趧

年少时，妈妈对我说：“你上学时不要像老牛那样走得趧，不然就会迟到。”

“趧”字在粤方言地区人们的口头上比较常用，在广州地区读 mun4，当地话“瞒”字音。

**趧［mán］，《中华字海》释义：行走迟缓。**

例：走得趧的年轻人，缺少生活的激情。

## 慲皮牛

妈妈对老石说：“你去学校读书，要多动脑，勤快些，不能做慲皮牛。”

“慲皮牛”一词在粤方言地区人们的口头上比较常用，是对糊涂、不明白事理或欺瞒，做事不主动的人的蔑称；“慲”字在广州地区读 mun4，当地话“瞒”字音。

**慲［mán］，《中华字海》释义：❶糊涂，不明白事理。❷欺瞒。**

例：“慲皮牛”是一个可耻的称号，这种帽子，不会戴在奋发有为的青年头上。

## 乌云厖荡

夏日，天上会突然乌云厖荡，大雨不期而至。

“厖荡”一词在粤方言地区人们的口头上比较常用，指（乌云）大、厚重，

“厖”字在广州地区读 mong[4]，当地话“茫”字音。

**厖［máng］,《新华字典》释义：❶大，厚重。❷姓。**

例：厖荡的乌云可以聚集在天上，不能聚集在我们的心中。

## 大奅

老金长得很大奅，但是不爱学习，也不爱劳动。

“大奅”一词在粤方言地区人们的口头上比较常用，指高大壮实，“奅”字在广州地区读 mong[2]，当地话“忙”字音。

**奅［máng］,《中华字海》释义：高大壮实。**

例：人要是长得大奅却无所事事，就会被别人小看。

## 大颟头

金生脸大，头发浓密，一个大颟头，英姿勃发。

“大颟”一词在粤方言地区人们的口头上比较常用，指头型大且毛发浓密整齐帅气，“颟”字在广州地区读 mong[3]，当地话“茫”字音。

**颟［máng］,《中华字海》释义：头貌。**

例：人拥有大颟是一种天分，只有珍惜这种天分的人，大颟才有价值。

## 梦寣

阿潘和我曾同住一室，入睡后，每一个晚上他都会梦寣一番。

“梦寣”一词在粤方言地区人们的口头上比较常用，指梦话，“寣”字在广州地区读 mong[1]，当地话“芒”字音。

**寣［máng］,《中华字海》释义：梦话。**

例：经常梦寣的人，身体是不太健康的。

## 漭沆

洪水泛滥成灾，漭沆一片，让人无奈。

“漭沆”一词在粤方言地区人们的口头上比较常用，指（水）盛大，“漭”字在广州地区读 mong[5]，当地话“莽”字音。

**漭［mǎng］,《中华字海》释义：［漭沆］（水）盛大。**

例：看漭沆之水，真令人心潮澎湃。

## 大膀

现在的中小学生，体型臃肿的增多了，大膀的却不多见。

“大膀”一词在粤方言地区人们的口头上比较常用，指粗壮，“膀”字在广州地区读 mong[3]，当地话“茫”字音。

**膀［mǎng］，《中华字海》释义：粗壮。**

例：臃肿和大膀二者，有着天壤之别。

## 田蟊

种田人最讨厌田蟊。

“田蟊”一词在粤方言地区人们的口头上比较常用，指稻田里吃苗根的害虫，“蟊”字在广州地区读 maau[4]，当地话“矛”字音。

**蟊［máo］，《中华字海》释义：吃苗根的害虫。如：蟊贼（喻坏人）。**

例：如今的福寿螺就像过去的田蟊，专门侵犯作物的根部。

## 芒草楙楙

回到乡下老家，我看到屯子四周芒草楙楙，人烟稀少。

“楙楙”一词在粤方言地区人们的口头上比较常用，指茂盛，“楙”字在广州地区读 mau[6]，当地话“茂”字音。

**楙［mǎo］，《中华字海》释义：茂盛。**

例：让楙楙芒草长在地里，不要长在我们心里。

## 毷氉

阿蔡无所事事，口袋空空如也，整天毷氉地坐在小村庄的商店门口，等着别人给烟抽。

“毷氉”一词在粤方言地区人们的口头上比较常用，在广州地区读 mou[6]sou[3]，当地话“冒扫”字音。

**毷氉［mào sào］，《中华字海》释义：烦恼；愁闷。**

例：有目标，并勇于行动的人，从来没有毷氉的神情。

## 芼芼草

昨天，伯母看见我母亲就问：“你又去哪里了?”母亲说：“我到菜地芼芼草。”

“芼”字在粤方言地区人们的口头上比较常用，在广州地区读 mau[6]，当地话“茂”字音；（又）读 mou[6]，当地话“雾”字音；指拇指和食指触碰到地面把刚长出来还比较矮（短）的菜或草的根部夹住拔掉的动作，引申为牛马羊等牲畜吃地上短草的动作。

**芼［mào］，《新华字典》释义：拔取（菜、草）。**

例：田埂上的草太短了，你不要把牛牵到那里芼。

## 一层堳

容江边的公路在铺设柏油之前，路旁的树木、野草和庄稼，经常有一层堳。

“堳”字在粤方言地区人们的口头上比较常用，在广州地区读 mui[4]，当地话“煤”字音；指灰尘。

**堳［méi］，《康熙字典》释义：尘也。**

例：人不能让自己的心灵蒙上一层堳。

## 脢肉

以前，我家里养猪的时候，每次杀猪，屠夫都要把脢肉割下来，留给我奶奶吃。

“脢肉”一词在粤方言地区人们的口头上比较常用，指背脊肉、脊椎两旁的瘦肉，“脢”字在广州地区读 mui[4]，当地话“梅”字音。

**脢［méi］，《新华字典》释义：背脊肉，脊椎两旁的瘦肉。**

在粤方言地区人们口头传承的“脢”字义项中，有引申为“家底、钱财”这一义项。如：老兄你脢厚，我吃大户来了。

## 陈老大殙了

镇上疯传一个消息：“无恶不作的陈老大殙了!”

“殙”字在粤方言地区人们的口头上比较常用，在广州地区读 mai[3]，当地话“眛”（mèi）字音；因“殙”字与“眛”字同音，“眛”字本义指“闭上眼睛”，而人死是闭上眼睛的，故“殙”字在粤方言地区是“人气绝、死掉”

的委婉说法。

**殙［mèi］，《中华字海》释义：气绝。**

例：瞓上双眼的人未必就殙了，殙了的人也未必瞓上双眼。

## 水沊

云龙大山西麓有一个地方叫沊水，顾名思义，沊水就是水沊的所在地。

“水沊”一词在粤方言地区人们的口头上比较常用，指水的发源地或泉眼，“沊”字在广州地区读 man³，当地话“汶”字音。

**沊［mèn］，《新华字典》释义：水从地下冒出。**

例：我老家的饮用水水源十分充足，到处都能找得到水沊。

## 掹住手

老人和小孩在街道上走的时候，最好有大人掹住手。

“掹”字在粤方言地区人们的口头上比较常用，在广州地区读 mang³，当地话“盟”字音。

**掹［mēng］，《新华字典》释义：❶掹鸡特，地名，在广西。❷〈方〉拉，拽。**

例：你小时候，有谁掹过你的手？长大之后，你可曾想过掹他的手？

## 曚瞛

李大爷年纪大了，茕茕孑立，他隔三岔五在山村的道路上走着，曚瞛地东张西望。

“曚瞛”一词在粤方言地区人们的口头上比较常用，在广州地区读 mung²dzung²，当地话“朦总”字音；指有心事，眼神略带呆滞地张望。

**曚瞛［mēng zǒng］，《中华字海》释义：视貌。**

例：这人间，有多少人曚瞛地观望着世界？

## 天霿霿黑

年少时，我常常跟着爷爷在山里放牛，到了落日黄昏，爷爷就会说：“天霿霿黑了，赶牛回家啦！”

“霿霿黑”一词在粤方言地区人们的口头上比较常用，指天色昏暗，“霿”

字在广州地区读 mung[1]，当地话“蒙”字音。

**霿［méng］，《中华字海》释义：天色昏暗。**

在粤方言地区，有时候人们会这样说“天霿霿光”。“天霿霿光”指的是黎明时天色昏暗，有一丝亮光。

## �鬡鬡

即使是大白天，只要是一个人走进云龙大山，眼前苍苍莽莽，覭覭鬡鬡的景象，就难免让我的心情有那么一点紧张。

“覭覭鬡鬡”一词在粤方言地区人们的口头上比较常用，指草木丛茸、朦胧不清，“鬡”字在广州地区读 mung[4]，当地话“蒙”字音。

**鬡［méng］，《中华字海》释义：［覭～］草木丛茸、朦胧不清。**

例：覭覭鬡鬡是那些远山的本来面目。

## 竹篃

在我年少时，家里爷爷和妈妈都采割松脂补贴家用。他们把竹篃挂在松树上，接采割后流下来的松脂。

“竹篃”一词在粤方言地区人们的口头上比较常用，指竹筒，即把竹子锯成杯状，用来量米（米篃）或盛松脂，或作笔筒使用，“篃”字在广州地区读 mak[7]，当地话“唛”字音。

**篃［méng］，《中华字海》释义：❶竹名。❷竹筒。❸竹笋。**

例：如今，竹篃只作为量杯或读书人的笔筒使用了。

## 大甍

金岩个头很大甍，但是不爱学习，不爱干活。

“大甍”一词在粤方言地区人们的口头上比较常用，指外形大，“甍”字在广州地区读 mang[3]，当地话“掹”字变音。

**甍［méng］，《中华字海》释义：大。**

例：贵州斗牛场上的牛都很大甍。

## 眼瞢

我老家有一句俗语：“六十学裁缝，学得来，眼又瞢。”

“瞢”字在粤方言地区人们的口头上比较常用，在广州地区读 mung$^4$，当地话“蒙”字音；指视力差。

**瞢［méng］，《新华字典》释义：目不明。**

例：很多人到了五十来岁，或者更早，眼睛就瞢了。

## 龙茸

我家养过好几次狗，其中有两条狗的毛是龙茸的。

“龙茸”一词在粤方言地区人们的口头上比较常用，指蓬松，“龙”字在广州地区读 mung$^4$，当地话“蒙”字音。

**龙［méng］，《新华字典》释义：〔～茸〕蓬松。**

例：二伯养的狗，毛发以龙茸者居多。

## 艠䑮

在一个小山村的商店里，有十几个人打牌，兴致正浓时，警察突然堵住了门口，吓得个个一脸艠䑮。

“艠䑮”一词在粤方言地区人们的口头上比较常用，在广州地区读 mang$^1$dzang$^1$，当地话“盟僧”字音；指心情不舒畅，脸色难看。

**艠䑮［méng sēng］，《中华字海》释义：神不爽也。**

例：看着三叔艠䑮的神色真是让人又好气又好笑。

## 白醿

我家里常年腌制柠檬，有一次，我打开了其中一罐，发现柠檬上面长了一层白醿，心里一急，立即就要把长白醿的几个柠檬舀出来扔掉。

“白醿”一词在粤方言地区人们的口头上比较常用，指腌制物上的白醭，“醿”字在广州地区读 mung$^1$，当地话“懵”字音。

**醿［měng］，《中华字海》释义：物上的白醭。**

例：深入生活，你就会见识到白醿并非异物。

## 黸黑

屋外响着闷雷，我拉开窗帘，看到天地黸黑一片，暴雨很快就要来了。

“黸黑”一词在粤方言地区人们的口头上比较常用，指乌黑，“黸”字在广州地区读 mang[3]，当地话“掹”字音。

**黽 [měng]，《中华字海》释义：❶春秋时鲁国邑名。❷冥。**

例：老桂无儿无女，他自感前程黽黑。

## 懵𩔗

十四伯说他患了高血脂，成天懵𩔗，有些事刚才还想着，转过头就记不起来了。

“懵𩔗”一词在粤方言地区人们的口头上比较常用，在广州地区读 mung[2]hung[2]，当地话“懵孔”字音；指头昏胀。

**懵𩔗 [měng hǒng]，《中华字海》释义：头昏。**

例：人在发烧时，也可能会出现懵𩔗的状况。

## 蕄趟

三桂八十几岁的时候，常常独自蕄趟蕄趟到圩镇上去，又独自蕄趟蕄趟走回来。

“蕄趟”一词在粤方言地区人们的口头上比较常用，在广州地区读 mung[1]sung[1]，当地话“蒙嵩”字音；指走路很累的模样。

**蕄趟 [mèng xiòng]，《中华字海》释义：疲行貌。**

例：如今，有这种蕄趟体验的人很少了。

## 脾气猛

牛叔一直想当村委会主任，村民嫌他脾气猛，一直不投他的票，这样，他脾气就更猛，动不动就气急败坏。

“猛”字在粤方言地区人们的口头上比较常用，在广州地区读 maang[5]，当地话“猛”字音；（又）读 mang[2]，当地话“盟”字音；指急躁，容易暴怒。

**猛 [měng]，《中华字海》释义：烦躁，脸色不好，说话火气大。如：老妈不知为啥，脾气特别~。**

例：脾气猛的人往往办不成大事。

## 瘽疔

自小，我就听老人说眉心长瘽疔的人特别聪明。

“瘼疛”一词在粤方言地区人们的口头上比较常用，指黑痣，“瘼”字在广州地区读 mak[9]，当地话“墨”字音。

**瘼［mèng］，《中华字海》释义：〈方〉黑痣。**

例：听说胸口长有大瘼疛的人，胸怀大志。

## 覹𩑔

小强头覹𩑔地走出了老师办公室。

“覹𩑔”一词在粤方言地区人们的口头上比较常用，在广州地区读 mei[1]dai[1]，当地话“眯低”字音。

**覹𩑔［mí dī］，《中华字海》释义：垂下头的样子。**

例：生活虽然不容易，但是不必头覹𩑔，我们要昂首挺胸。

## 眼𧡧𧡧

外公病倒了，大家去看他，他躺在床上，眼𧡧𧡧地看着大家，不说话。

“𧡧”字在粤方言地区人们的口头上比较常用，在广州地区读 mei[1]，当地话“眯”字音；指病人的目光。

**𧡧［mí］，《中华字海》释义：病人视。**

例：有些人遭受了挫折，总是眼𧡧𧡧地看人看物。

## 老天㥝你

欧振驰五叔对年轻人说：“一个人生下来什么都不懂，所以要学习，但在书本上学到的知识，应用到实际之中，可能行不通，老天㥝你，㥝够了，你才会应对自如，从容镇定。”

“㥝”字在粤方言地区人们的口头上比较常用，在广州地区读 mai[2]，当地话“米”字音。

**㥝［mǐ］，《中华字海》释义：磨砺。**

例：能受天磨真铁汉，不遭人妒是庸才。没有被老天㥝够的人，就成不了大事。

## 湈两口酒

老四说：“我湈两口酒再开工。”

“弭”字在粤方言地区人们的口头上比较常用，在广州地区读 mei[3]，当地话“沕”字音。

**弭［mǐ］，《中华字海》释义：饮，喝。**

例：今年我养几十头猪，看看能不能赚来几口弭弭，要是半口都弭不上，就放弃了。

## 敉平他们

村里有几个年轻人因赌博被抓了起来，村支部书记知道后，说：“我敉平他们的家人!”

“敉”字在粤方言地区人们的口头上比较常用，在广州地区读 mai[2]，当地话“米”字音；（又）读 mai[5]，当地话“米”字音；指安抚，使平定，引申为摆平、搞定。

**敉［mǐ］，《新华字典》释义：安抚，使平定。**

例：时至今日，我们还是不知道爷爷是如何在一个晚上敉平了土匪。

## 沕水

小时候，老四带我们到小溪戏水，我们常常沕水。

“沕水”一词在粤方言地区人们的口头上比较常用，指潜入水中，“沕”字在广州地区读 mei[3]，当地话“弭”字音。

**沕［mì］，《中华字海》释义：隐没。**

例：有的人活在社会上，沕得非常深。

## 眯害虫

我在屋外种了一棵柠檬树，前段时间，柠檬树的叶子被害虫啃掉了不少，我不得不就近眯害虫。

“眯”字在粤方言地区人们的口头上比较常用，在广州地区读 mei[1]，同普通话读音。

**眯［mì］，《中华字海》释义：❶暂视。❷细视。**

例：世上很多事，我们必须慢慢眯，才能看清它的真面目。

## 用砂浆塓一下

堂屋的墙壁已经坑坑洼洼，二叔说过了年之后，要用砂浆塓一下。

“塓”字在粤方言地区人们的口头上比较常用，在广州地区读 mik[9]，当地话“觅”字音。

**塓［mì］，《中华字海》释义：涂抹（墙壁）。**

在粤方言地区“塓”字的义项，有时被引申为“涂脂抹粉”。

例：穆三老婆不会打扮，天天把脸塓个半尺厚，招摇过市，她还不知道丑。

## 晚晛

小兰隔了一年多才回到村子里，孩子晚晛看着她，她的眼泪流了下来。

“晚晛”一词在粤方言地区人们的口头上比较常用，在广州地区读 min[5]hin[3]，当地话“免宪”字音；指眼巴巴地看着。

**晚晛［miǎn xiàn］，《中华字海》释义：目视貌。**

例：当亲人晚晛看着你，却一言不发，你心里会是何种滋味？

## 把脸偭过去

我在写板书时，突然把脸偭过去，就看到小亮在搞小动作。

“偭”字在粤方言地区人们的口头上比较常用，在广州地区读 min[2]，当地话“缅”字音；指转过脸或故意回避。

**偭［miǎn］，《新华字典》释义：❶向，面向。❷违背。**

例：领导安排老魏值班，他故意偭开。

## 草葂

我们在牧畜顶上放牛，才过去一个星期，牛吃掉草的地方，又长出了青青的草葂。

“草葂”一词在粤方言地区人们的口头上比较常用，指细小的草，“葂”字在广州地区读 miu[5]，当地话“渺”字音。

**葂［miǎo］，《中华字海》释义：细小的草。**

“葂”字在粤方言地区被引申为毛发。例：他的大光头才两天就长葂了。

## 眀眼

陈老板眀眼，看相的凭这一点断定他歹毒、贪婪、势利。

“眀眼”一词在粤方言地区人们的口头上比较常用，指眼睛小，“眀”字在广州地区读 me[1]，当地话“乜”字音。

**瞑 [mié]，《中华字海》释义：眼睛小。**

例：狗和人不同，很多狗不瞑眼，却很凶。

## 䁾䫇

波婶长着一张䁾䫇的脸，身材纤弱，似乎被风一吹就会倒下的样子。

“䁾䫇”一词在粤方言地区人们的口头上比较常用，在广州地区读 me[4]tse[3]，当地话“咩且”字音；指脸型短小。

**䁾 [miè]，《康熙字典》释义：面小也。**

**䫇 [qiè]，《康熙字典》释义：~，短貌。**

例：鹏哥虽然长着一张䁾䫇的脸，但是脑子不简单。

## 㒝僣

黎老板为人㒝僣，厂里的员工因此走光了，他再也经营不下去。

“㒝僣”一词在粤方言地区人们的口头上比较常用，在广州地区读 me[4]tse[2]，当地话“咩且”字音；指奸诈。

**㒝僣 [miè tiē]，《中华字海》释义：多诈。**

例：㒝僣的人都以为自己比别人聪明，却不知道人有千算，天只有一算，违背天道的人，算不过天。

## 覕在哪里

我一不小心，就记不起电车的钥匙覕在哪里了。

“覕”字在粤方言地区人们的口头上比较常用，在广州地区读 me[1]，同普通话读音。

**覕 [miè]，《中华字海》释义：❶隐蔽而看不见。❷寻找。**

例：我的身份证不见了，你帮我覕覕。

## 把油漆㳸在窗框上

木工师傅把窗框给我做好之后，我自己把油漆㳸在窗框上。

“㳸”字在粤方言地区人们的口头上比较常用，在广州地区读 me[4]，当地话“咩”字音。

**溠［miè］，《中华字海》释义：涂饰。**

在粤方言地区，"抹擦"一类动作也叫"溠"，例：我每天都要在太阳穴上溠些正金油。

## 搣搣乜乜

有些家长任由自己的小孩搣搣乜乜，结果酿成大祸：有个五六岁的男孩在动车上随意踢打乘客，对方盛怒之下，给男孩来了个"过肩摔"，教训何其深也。

"搣搣乜乜"一词在粤方言地区人们的口头上比较常用，指用小动作不断挑衅，"搣"字在广州地区读 me[1]，当地话"乜"字音；（又）读 mit[7]，当地话"灭"字音；指压、拔等动作。

**搣［miè］，《中华字海》释义：用手拔、摩。如：你怎么把家里的钥匙~断了？**

在粤方言地区，"搣"字的本义还被引申为"打压"。例：有些小领导在单位里老是搣无权无势的人。

## 礣砎

在我老家的河道里，到处是礣砎的石头。

"礣砎"一词在粤方言地区人们的口头上比较常用，在广州地区读 me[1]dze[1]，同普通话读音。

**礣砎［miè jiè］，《中华字海》释义：坚硬。**

例：有些人思想如岩石，很礣砎。

## 刡掉木薯皮

妈妈挖了几根木薯回来，让我帮着刡掉木薯皮。

"刡"字在粤方言地区人们的口头上比较常用，在广州地区读 man[3]，当地话"敏"字音；指削掉。

**刡［mǐn］，《中华字海》释义：削。**

例：妈妈让我刡掉苹果皮给妹妹吃。

## 忞上大学去

每年高考前 100 天，我们县里的高中就会召开毕业生誓师大会，鼓励学生们忞上大学去。

“忞”字在粤方言地区人们的口头上比较常用，在广州地区读 ming[3]，当地话“皿”字音；（又）读 man[4]，当地话“文”字音；原义指勤勉、努力，引申为勇往直前。

**忞［mǐn］，《新华字典》释义：勉励。**

例：一个人若能为理想忞过，此生便无憾。

## 覭贼

去年，因为我邻居的八角被偷掉了不少，所以他们连夜躲进山里覭贼。

“覭”字在粤方言地区人们的口头上比较常用，在广州地区读 ming[4]，当地话“瞑”字音。

**覭［míng］，《中华字海》释义：在暗中仔细看。**

例：一个做事光明磊落的人，从来不担心有人覭他。

## 八头猽

欧梅珍家的母猪生了猪娃，她打电话告诉我：“八头猽!”

“猽”字在粤方言地区人们的口头上比较常用，在广州地区读 ming[2]，当地话“螟”字音。

**猽［míng］，《中华字海》释义：小猪。**

例：前年，受非洲猪瘟危害，很多养猪户连一头猽都不剩。

## 慏怪

阿海近来一副慏怪的模样，原来是和女朋友分手了。

“慏怪”一词在粤方言地区人们的口头上比较常用，在广州地区读 ming[5]tsing[5]，当地话“瞑程”字音；指意犹未尽。

**慏怪［mǐng chěng］，《中华字海》释义：意不尽。**

例：后来我才明白，爷爷那时慏怪的神色到底意味着什么。

## 做事不要嚤

从小，爸爸就教育我：“做事不要嚤。”

“嚤”字在粤方言地区人们的口头上比较常用，在广州地区读 mo[1]，当地话

“摩”字音。

**嚤［mō］，《中华字海》释义：慢，拖拉。**

例：做事嚤的人往往不能抢占先机。

## 劘掉

老刘帮我把生锈的一段钢材劘掉了。

“劘”字在粤方言地区人们的口头上比较常用，在广州地区读 mo⁴，当地话“磨”字音。

**劘［mó］，《新华字典》释义：切削。**

例：社会是一台庞大的机器，它无时无刻不在劘掉一些人。

## 醾醪

老罗当众训斥老达到他家偷蜂箱，老达抵赖不过，醾醪着老脸，无地自容。

“醾醪”一词在粤方言地区人们的口头上比较常用，在广州地区读 mo³lo³，当地话“磨罗”字音。

**醾醪［mǒ luǒ］，《中华字海》释义：❶脸色青。❷惭愧。**

例：我年届知天命，尚未成一事，心中醾醪有加。

## 过嫼

最让老倪过嫼的事是，他认为比不上他的人都先后当了村支书，他却连村干部也当不上。

“过嫼”一词在粤方言地区人们的口头上比较常用，指过度妒忌、愤怒，“嫼”字在广州地区读 mang¹，当地话“掹”字音。

**嫼［mò］，《中华字海》释义：因嫉妒而发怒。**

例：见人富贵生欢喜，莫把心头似火烧。安于本分，何必过嫼。

## 看谁颏得久

年少时的夏日，我和小伙伴们常常在家乡小溪的水潭里戏水，其间，我们把头颏到水里去，看谁颏得久。

“颏”字在粤方言地区人们的口头上比较常用，在广州地区读 mo³，当地话“摩”字音。

**颏［mò］，《中华字海》释义：头潜入水中。**

例：我们在家里，用脸盆装进水，就可以在脸盆里颏。

## 嚜吓

欧老先生说，他以前到县城买货，下了班车，一摸口袋，那一千块没了，就突然嚜吓起来了。

“嚜吓”一词在粤方言地区人们的口头上比较常用，在广州地区读 $mak^9hak^7$，当地话“墨黑”字音；指受惊吓。

**嚜［mò］，《中华字海》释义：惊。**

例：凡事多个心眼，就不至于遇事嚜吓。

## 眛碎了

妈妈把一些糯米炒熟，让我眛，眛碎了制作糕饼。

“眛”字在粤方言地区人们的口头上比较常用，在广州地区读 $mo^3$，当地话“摩”字音。

**眛［mò］，《中华字海》释义：把米舂碎。**

例：现在很多家庭有了家用碎粉机，不用再眛炒米了。

## 嶕岶

我老家有好几嶕岶肉桂林。

“嶕岶”一词在粤方言地区人们的口头上比较常用，在广州地区读 $mok^8pok^8$，当地话“漠朴”字音；指茂密的（竹林或树林），有时两个字分开单独使用，但所指的依然是“茂密的（竹林或树林）”，常作量词。

**嶕岶［mò pò］，《中华字海》释义：茂密的样子。**

例：一个农村家庭，有几嶕八角林，有几岶肉桂林，生活就会很殷实。

## 眛白

我阿彤的手脚和脸蛋都眛白。

“眛白”一词在粤方言地区人们的口头上比较常用，指白白净净，“眛”字在广州地区读 $mut^9$，当地话“沫”字音。

**眛［mò］，《中华字海》释义：浅白色。**

例：皮肤昧白的人，穿各种颜色的衣服都好看。

## 瞐寋

老唐的两个儿子都很能赚钱，生活无忧，美中不足的是，他自己双目瞐寋。

“瞐寋”一词在粤方言地区人们的口头上比较常用，在广州地区读 mak[9]sak[7]，当地话“墨塞”字音；指眼睛看不见。

**瞐寋［mò sè］，《中华字海》释义：视无所见。**

例：色盲的人对某一种颜色会瞐寋。

## 趚进学校

阿海在街上打了半天游戏，然后从围墙外趚进学校。

“趚”字在粤方言地区人们的口头上比较常用，在广州地区读 mo[3]，当地话“摩”字音；指偷偷地翻越或偷偷地走过。

**趚［mò］，《中华字海》释义：❶行走貌。❷越。**

在粤方言地区，“趚”字有一个义项是“偷偷地走过”。如：警察趚到了坏人身后。

## 覓了半天

昨天，我的银行卡不见了，我不得已在家里翻箱倒柜，覓了半天。

“覓”字在粤方言地区人们的口头上比较常用，在广州地区读 mo[3]，当地话“摩”字音。

**覓［mò］，《中华字海》释义：寻找。**

例：每一个人度过的岁月，都是永远覓不回来的。

## 心恈恈

每年高考、中考之后，考生和家长们心恈恈想着的，就是录取通知书。

“恈”字在粤方言地区人们的口头上比较常用，在广州地区读 mau[4]，当地话“牟”字音。

**恈［móu］，《中华字海》释义：［恈恈］因喜爱而想得到。**

例：每一个人，都应该思考自己一生心恈恈追求的是什么。

## 小鸟雹羽毛

在家乡河边的石头上，我经常能看到一些小鸟雹羽毛。

“雹”字在粤方言地区人们的口头上比较常用，在广州地区读 $muk^9$，当地话“沐”字音。

**雹［mù］，《中华字海》释义：鸟类用嘴蘸尾脂腺分泌的油脂润泽羽毛。**

例：在我小时候，爷爷常常笑我洗脸像小鸟雹羽毛一样。

## 霂霂想念

孩子们很小的时候，他们在家里霂霂想念着我；如今，孩子到外地读书了，我霂霂想念他们。

“霂霂”一词在粤方言地区人们的口头上比较常用，指想念，“霂”字在广州地区读 $muk^9$，当地话“沐”字音。

**霂［mù］，《中华字海》释义：❶美好。❷［霂霂］思念的样子。❸毛湿。**

在粤方言地区，“霂”字的另外两个义项，也很常用：①美好。如：这孩子长得真霂。②毛湿。如：小鸡刚出壳，绒毛还霂湿。

## 暱曪

每年夏季，台风一来，就要下好几天雨，这时，太阳就会很暱曪。

“暱曪”一词在粤方言地区人们的口头上比较常用，在广州地区读 $mo^1lo^3$，当地话“摩罗”字音。

**暱曪［mó luǒ］，《中华字海》释义：太阳无光。**

例：在晒稻谷的时候，最怕遇上暱曪天。

## 瀎泧

我老家门前有两条小溪，溪流瀎泧瀎泧地流淌着，终年不息，养育着一代又一代的人。

“瀎泧”一词在粤方言地区人们的口头上比较常用，在广州地区读 $me^1se^1$，同普通话读音；（又）读 $mit^9sit^8$，当地话“篾泄”字音；指水流动的样子。

**瀎泧［miè xiè］，《中华字海》释义：水流动之状。**

例：人类就像溪流一样在蓝天下瀎泧着，生生不息。

## 坟窋窿

乱葬岗上有不少坟窋窿。

“坟窋窿”一词在粤方言地区人们的口头上比较常用，指墓穴，“窋”字在广州地区读 mang³，当地话“盟”字音；（又）读 ming⁵，当地话“皿”字音。

**窋［mǐng］，《说文解字》释义：洞窟。**

例：都峤山上到处窿窿窋窋。

## 不要开口就冯冯滚

在我小时候，就听到欧爷爷教育大家说：“做人不要开口就冯冯滚。”

“冯冯滚”一词在粤方言地区人们的口头上比较常用，指张开嘴巴乱说一通，多指夹杂着脏话。“冯”字在广州地区读 maa⁶，当地话“骂”字音。

**冯［mà］，《中华字海》释义：多言。**

例：一个有教养的人，不会开口就冯冯滚。

## 瞀颟

老三很瞀颟，经常做傻事。

“瞀颟”一词在粤方言地区人们的口头上比较常用，指笨、傻，“瞀”字在广州地区读 mau³，当地话“茂”字音；又读 mau⁶，当地话“谬”字音。

**瞀［mào］，《康熙字典》释义：《玉篇》莫候切，音茂。乱明。**

例：活到知天命之年，我才发现，自己其实很瞀颟。

## 脾气太暋

老倪脾气太暋，周围的人都不愿接近他。

“暋”字在粤方言地区人们的口头上比较常用，在广州地区读 ming⁵，当地话“皿”字音；（又）读 man⁵，当地话“敏”字音。

**暋［mǐn］，《中华字海》释义：强横；顽悍。**

例：脾气不要太暋，否则惹祸。

## 鞔鞋

我的皮鞋坏了，我便到修鞋匠那里鞔鞋。

“鞔”字在粤方言地区人们的口头上比较常用，在广州地区读 mong$^{2}$，当地话“芒”字音；（又）读 mun$^{4}$，当地话“门”字音。

**鞔［mán］，《新华字典》释义：❶把皮革固定在鼓框的周围，做成鼓面：牛皮可以~鼓。❷把布蒙在鞋帮上：~鞋。**

例：鞔鼓和鞔鞋，都需要好手艺。

## 慣傒

老四被别人冤枉了，他满心慣傒。

“慣傒”一词在粤方言地区人们的口头上比较常用，在广州地区读 maai$^{4}$haai$^{4}$，当地话“霾鞋”字音。

**慣傒［mái xié］，《中华字海》释义：心不平。**

例：但凡让你慣傒的事，你都不会轻易忘记。

## 我的婺

阿海说：“老师，把你的手机借给我用一下吧，我要打电话给我的婺。”

“婺”字在粤方言地区人们的口头上比较常用，在广州地区读 me$^{4}$，当地话“咩”字音；指母亲，引申为老婆子。

**婺［mí］，《中华字海》释义：古代齐人对母亲的称呼。**

在粤方言地区，“婺”字的义项被引申为老妇人。［老婺］指老妇人。［婺子］指年纪较大的妇人。如：关老师虽然还没有结婚，但是样子像婺子。

# N

## 秾艳

在我老家的山上，到处都是秾艳的花木。

“秾”字在粤方言地区人们的口头上比较常用，在广州地区读 nung$^{4}$，当地话“农”字音。

**秾［nóng］，《新华字典》释义：指花木繁盛。如：~艳。**

例：每天看着秾艳的花木，我的心情就格外舒畅。

## 弟弟嗱姐姐逛街

弟弟嗱姐姐逛街去了。

“嗱”字在粤方言地区人们的口头上比较常用，在广州地区读 naa[1]，当地话“拿”字音。

**嗱［nā］，《中华字海》释义：和，跟。**

例：你嗱谁最要好？

## 袃袃衲衲

小时候，我和姐姐常常穿着袃袃衲衲的衣服去学校。

“袃袃衲衲”一词在粤方言地区人们的口头上比较常用，指缝缝补补，“袃”字在广州地区读 naa[1]，同普通话读音。

**袃［ná］，《中华字海》释义：破旧的衣服。**

例：想起袃袃衲衲的衣服，也就想起了以往淳朴的民风。

## 猪乸

欧梅珍家养了十头猪乸。

“猪乸”一词在粤方言地区人们的口头上比较常用，指母猪，“乸”字在广州地区读 naa[2]，当地话“拿”字音。

**乸［nǎ］，《新华字典》释义：〈方〉雌，母的：鸡～（母鸡）。**

粤方言地区的人们习惯把“老婆”叫成“老婆乸”，这是一种粗鄙的叫法。

## 黐得很牢固

用这种胶水补鞋，黐得很牢固。

“黐”字在粤方言地区人们的口头上比较常用，在广州地区读 naa[1]，当地话“拿”字音。

**黐［nǎ］，《中华字海》释义：相黏着。**

在粤方言地区，“黐”字的义项常常被引申为人的关系密切。如：我和老刘经常黐在一块喝茶聊天。

## 补衲衫

我这一代人在年少时，穿补衲衫和补衲裤是家常便饭。

“补衲”一词在粤方言地区人们的口头上比较常用，指打补丁，“衲”字在广州地区读 naa[1]，同普通话读音。

**衲［nà］，《中华字海》释义：❶缝补，补缀。如补～，百～衣。❷用许多布块缝缀而成的和尚衣。❸和尚的代称或自称。如老～，贫～。**

在粤方言地区，“衲”字的义项常常被作为“补丁”的量词。如：摩托车轮胎被扎破漏气了，快请师傅补一衲。

## 肥朒朒

小时候过年生产队分猪肉，队长故意把肥朒朒的猪肉分给我，我心情很不好。

“肥朒朒”一词在粤方言地区人们的口头上比较常用，指肥腻，“朒”字在广州地区读 naap[9]，当地话“纳”字音。

**朒［nà］，《中华字海》释义：肥腻。**

例：欧梅珍看着猪栏里肥朒朒的肉猪，心里美滋滋的。

## 嘴巴啫啫动

二伯老了，他不说话的时候，嘴巴也啫啫动。

“啫”字在粤方言地区人们的口头上比较常用，在广州地区读 naap[9]，当地话“呐”字音；指嘴巴动。

**啫［nà］，《中华字海》释义：口动。**

例：是不是人年纪大了，嘴巴就会啫啫动？我五祖叔也是这样。

## 亃静

年富力强的人外出谋生去了，孩子们到山外上学了，我老家剩下的基本是留守老人。到了晚上，屯子里一片亃静。

“亃静”一词在粤方言地区人们的口头上比较常用，指寂静，“亃”字在广州地区读 naap[8]，当地话“纳”字音。

**亃［nà］，《中华字海》释义：静。**

例：冧静的环境很适合学习和写作。

## 䖖䖖走动

爷爷听到呼救声，提起火铳，一路狂奔，赶到梁武的房子外面，只见一只硕大的老虎，在他的猪栏外面䖖䖖走动……

“䖖䖖”一词在粤方言地区人们的口头上比较常用，指老虎在平地上行走而非跳跃的模样，“䖖”字在广州地区读 naap[9]，当地话“纳”字音。

**䖖［nà］，《中华字海》释义：虎行貌。**

在粤方言地区，“䖖䖖”一词也用作肥猪、笨熊等动物行走的拟状词。

## 瓬瓦

盖瓦房的师傅都知道瓬瓦和瓪瓦。

“瓬瓦”一词在粤方言地区人们的口头上比较常用，指俯盖的瓦，“瓬”字在广州地区读 naap[9]，当地话“纳”字音。

**瓬［nà］，《中华字海》释义：俯盖的瓦。**

例：瓪瓦盖反了，漏雨问题就很大；瓬瓦盖反了，虽然也漏雨，但相对漏得小一些。

## 粡回去

我用胶水把皮鞋开裂的地方粡回去了。

“粡”字在粤方言地区人们的口头上比较常用，在广州地区读 naa[1]，同普通话“nà”字音。

**粡［nà］，《中华字海》释义：粘。**

例：你用胶水粡过破鞋吗？

## 庘㕯

从功曹屯往十二岭脚屯的山路上，有一个庘㕯，我第一次路过那儿的时候，非常吃惊，因为此前在梦里见过那个地方。

“庘㕯”一词在粤方言地区人们的口头上比较常用，指关隘，“㕯”字在广州地区读 naap[8]，当地话“纳”字音。

**㕯［nà］，《中华字海》释义：［庘～］隘。**

例：我喜欢和邻居一起在自己家乡的大山穿行，到了庳庮之处，倍觉风光无限。

## 影子濌濌晃动

我每一次在家乡小溪的水窝边洗手洗衣或洗菜，就会看见自己的影子濌濌晃动。

“濌濌”一词在粤方言地区人们的口头上比较常用，指水面不平，上下起伏的样子，“濌”字在广州地区读 naap[9]，当地话“呐”字音。

**濌［nà］，《中华字海》释义：❶影动。❷水动貌。**

例：要是在湖里，你看到自己的影子濌濌晃动，会不会头晕目眩？

## 肥妠妠

如今生活条件好了，很多小孩长得肥妠妠。实际上，壮实的身体才是健康的。

“肥妠妠”一词在粤方言地区人们的口头上比较常用，指胖乎乎，“妠”字在广州地区读 naap[9]，当地话“纳”字音。

**妠［nà］，《康熙字典》释义：小儿肥貌。**

例：肥妠妠的小孩子往往被人当成“福娃”，这种“福娃”其实是处在亚健康状态的。

## 凹凹

往年，我老家屋前的沙田柚果实累累，采摘那天，几个小伙子攀到树上，踩得树枝都凹凹下去了。

“凹凹”一词在粤方言地区人们的口头上比较常用，指物体低垂的样子，“凹”字在广州地区读同普通话音；“凹”字读 naap[9]，当地话“纳”字音。

**凹［nà］，《中华字海》释义：［凹～］物体低垂貌。**

在粤方言地区，当地人习惯把“凹凹”一词拆开使用，意思不变。

## 虫子蝈蝈动

今年夏天，妈妈对我说：“秧苗上好多小虫子蝈蝈动，不断地啃食叶片，你快去打农药除虫。”

“蜌蜌”一词在粤方言地区人们的口头上比较常用，指虫动的样子，“蜌”字在广州地区读 naap[9]，当地话“虩”字音。

**蜌［nà］，《中华字海》释义：虫动的样子。**

在粤方言地区，“蜌蜌”和“虩虩”的读音以及动物的动作情状是一样的，只不过前者指虫动的样子，后者指老虎（也用于肥猪、熊猫）行走的样子。

## 把竹筏箶在竹根上

我刚出来工作那几年，在容江边上的一个中学里任教。假日里，陈老师常常带我捕鱼。捕鱼前后，我们把竹筏箶在竹根上。

“箶”字在粤方言地区人们的口头上比较常用，在广州地区读 naap[8]，当地话“纳”字音。

**箶［nà］，《中华字海》释义：缆，系舟的竹索。**

例：生活在水乡，如果你连竹筏都没有箶过，就枉生在那里了。

## 孻叔

我孻叔排行十八。

“孻”字在粤方言地区人们的口头上比较常用，在广州地区读 laai[1]，当地话“拉”字音；指最小的、剩下的。

**孻［nái］，《中华字海》释义：广东、福建一带称老年所生幼子为孻。**

粤方言地区“孻”字的义项被引申为“剩下的”，如：“果子孻”指主人采摘后残留在树上的果子。

## 褦襶

阿财精神异常，生活艰难，六月天竟穿着又脏又厚的衣服，让人觉得褦襶。

“褦襶”一词在粤方言地区人们的口头上比较常用，在广州地区读 naai[6]daai[3]，当地话“乃戴”字音。

**褦襶［nài dài］，《新华字典》释义：衣服粗重宽大，既不合身，也不合时。比喻不晓事，无能。**

例：老针老婆褦襶得要命，但他还是硬硬地安排她在镇政府工作。

## 馕不出来

老师要求我们多馕美文。他说：“如果你们连《岳阳楼记》《滕王阁序》这样的美文都馇不出来，就不能算是个学文科的了。”

“馇”字在粤方言地区人们的口头上比较常用，在广州地区读 naam[5]，当地话“腩”字音。

**馇［nǎn］，《中华字海》释义：❶连舔带吸地吃。❷背诵。如：他能一口气地~下来。**

例：听说经常馇古诗文的人，记忆力特别强。

## 湿㬮㬮

在我们南方，回南天一到，整个屋子的地板砖、墙砖满是水，阳台上和室内的衣物，全是湿㬮㬮的。

“湿㬮㬮”一词在粤方言地区人们的口头上比较常用，指温湿，“㬮”字在广州地区读 naam[8]，当地话“纳”字音。

**㬮［nǎn］，《中华字海》释义：温湿。**

例：陆医生说，北方没有湿㬮㬮的天气，所以也没有风湿病。不知是真是假。

## 石壁氹

石壁氹的水深不见底，给我们一种神秘莫测的感觉。

“氹”字在粤方言地区人们的口头上比较常用，在广州地区读 nong[6]，当地话“囊”字音；（又）读 kek[6]，当地话“剧”字音；指河流弯曲且水深之处。

**氹［náng］，《中华字海》释义：广东一带对弯曲的河流之称。**

例：河氹水深，有危险，靠近时要小心。

## 鬤鬤鬞鬞

驴八老婆的头发鬤鬤鬞鬞，令人生厌。

“鬤鬤鬞鬞”一词在粤方言地区人们的口头上比较常用，指头发蓬松散乱，“鬞”字在广州地区读 nong[4]，当地话“囊”字音。

**鬞［nàng］，《中华字海》释义：发乱。**

例：与其让头发鬤鬤鬞鬞，不如剪短点。

## 齉咽

一旦患上感冒，我就鼻塞，鼻腔齉咽。

“齉咽”一词在粤方言地区人们的口头上比较常用，指鼻子塞，“齉”字在广州地区读 nong[1]，当地话“囊”字音；（又）读 nong[6]，当地话“囊”字音。

**齉［nàng］，《新华字典》释义：鼻子堵住，发音不清：~鼻儿。**

例：听说人每年偶得感冒、鼻塞、鼻腔齉咽，能提高身体免疫力。

## 譊架

梁八爱指点别人，她出现在人群中，就免不了譊架。

“譊架”一词在粤方言地区人们的口头上比较常用，指吵架，“譊”字在广州地区读 naau[4]，当地话“挠”字音。

**譊［náo］，《中华字海》释义：争辩；喧嚣。**

例：好为人师者，迟早会发生和别人譊架的事。

## 乱怓怓

一个学校的教师办公室和学生宿舍要是乱怓怓的话，这个学校的管理水平，就高不到哪里去。

“乱怓怓”一词在粤方言地区人们的口头上比较常用，指乱七八糟，“怓”字在广州地区读 naau[4]，当地话“挠”字音。

**怓［náo］，《中华字海》释义：乱。**

例：物品乱怓怓仅是一种现象，人心乱怓怓就不好了。

## 高嶩嶩

都峤山的每一座山峰都是高嶩嶩的，在攀爬的时候，最怕脚底一滑。

“高嶩嶩”一词在粤方言地区人们的口头上比较常用，指（山）高耸险峻，“嶩”字在广州地区读 naau[4]，当地话“挠”字音。

**嶩［náo］，《中华字海》释义：（山）高耸险峻。**

例：每一个远大的人生目标，都是高嶩嶩的。

## 䦧起来

每逢赶集日，长河圩就䦧起来了。

“䦧”字在粤方言地区人们的口头上比较常用，在广州地区读 nou[4]，当地话“脑”字音；指人多、拥挤、热闹。

**譊 [nǎo]，《中华字海》释义：闹。**

在粤方言地区，“譊”字有个引申义，指“够浑”。如：老徐说，我那被子，三年没洗，今天洗了，那洗被子的水譊得厉害。

## 烂淖淖

我老家在大山沟里，山沟里的水田烂淖淖，特别难走。

“烂淖淖”一词在粤方言地区人们的口头上比较常用，指泥土稀烂，“淖”字在广州地区读 naau[6]，当地话“闹”字音。

**淖 [nào]，《新华字典》释义：烂泥。**

例：前人说，烂泥扶不上墙。如果你没见过烂淖淖的泥，就不好理解这句话。

## 谷秳

在我家乡，晚稻要在 7 月 5 日之前播种。超过这个时间，水稻长谷秳的可能性就大了。

“谷秳”一词在粤方言地区人们的口头上比较常用，指水稻茎秆上的稃壳，“秳”字在广州地区读 noet[9]，当地话“讷”字音。

**秳 [nè]，《中华字海》释义：谷物脱粒后所剩的茎秆稃壳。**

在粤方言地区，“秳”有两个引申义，①指无用之才。如：阿大是谷秳。②指空虚，如：近来我口袋太秳了。

## 瓾瓜

小时候，奶奶带我到瓜棚下看瓜，她提醒我说：“刚长出来的瓜很嫩，你不要瓾瓜。”

“瓾瓜”一词在粤方言地区人们的口头上比较常用，多指用指甲伤瓜，“瓾”字在广州地区读 noey[5]，当地话“馁”字音。

**瓾 [něi]，《中华字海》释义：伤瓜。**

例：被瓾过的瓜不仅长得小，还畸形。

## 肥嫎

据说唐朝人以肥嫎为美。

“肥嫩嫩”一词在粤方言地区人们的口头上比较常用，指胖乎乎，“嫩”字在广州地区读 nyn[1]，当地话“嫩”字音。

**嫩［nèn］，《新华字典》释义：〈古〉同“嫩”。**

例：表姐生了个肥嫩嫩的孩子。

## 东嚨西嚨

有些人说话简洁明了，有些人喜欢东嚨西嚨。

“东嚨西嚨”一词在粤方言地区人们的口头上比较常用，指（说话）东拉西扯，“嚨”字在广州地区读 nang[3]，当地话“能”字音。

**嚨［něng］，《中华字海》释义：多话。**

例：说话简洁明还是东嚨西嚨，是成功者和失败者的明显区别。

## 䦵到极点

看到谁家儿子相亲，他就跑到女方家里说男方的坏话；看到比自己强的人，他就四处诋毁……老倪真是䦵到极点了！

“䦵”字在粤方言地区人们的口头上比较常用，在广州地区读 jai[6]，当地话“曳”字音；指人品和能力俱差，却不服输。

**䦵［nǐ］，《康熙字典》释义：智少力劣而争。**

例：䦵到极点的人总是把失败归咎于别人和命运。

## 眼睨

在我老家那里，有一段童谣：“打雀佬，眼睨睨，枪一响，雀就飞！”

“睨”字在粤方言地区人们的口头上比较常用，在广州地区读 nei[1]，当地话“你”字音；（又）读 ngai[6]，当地话“魏”字音；指斜着眼睛或闭上一只眼。

**睨［nì］，《新华字典》释义：有斜着眼睛看、偏斜等意思。**

在粤方言地区，人们习惯把先天斜眼睛的人叫“睨眼佬”，这是一种不文明的叫法。

## 惄惄想着你

阿妮擅自离开学校两年多，杳无音信。她回来后，妈妈就说：“我每天都惄惄想着你，你都不知道妈妈的痛苦。”

“惄惄”一词在粤方言地区人们的口头上比较常用，指痛苦地思念，“惄”字在广州地区读 nik[9]，当地话“溺”字音。

**惄［nì］，《中华字海》释义：忧郁，伤痛。**

例：乡下有多少留守儿童惄惄地想着在外工作的父母，而那些父母又惄惄地想着孩子啊。

## 湿溺

年少时，老四曾经把一些湿溺的木耳拿到供销社收购门市去卖，收购员不收，要他拿回家晒。

“湿溺”一词在粤方言地区人们的口头上比较常用，指物体表面潮湿，“溺”字在广州地区读 nap[9]，当地话“粒”字音。

**溺［nì］，《中华字海》释义：［湿～］水貌。**

例：手洗的衣服，刚洗出来的时候是湿溺的。

## 惄着别人

善于打牌的人，都时刻惄着别人手上有什么牌。

“惄”字在粤方言地区人们的口头上比较常用，在广州地区读 noet[7]，当地话“讷”字音；（又）读 nik[7]，当地话“匿”字音；指在心里默默计算。

**惄［nì］，《中华字海》释义：心柔密。**

在粤方言地区，当地人习惯把算命先生的算命行为叫“惄八字”，把算命先生择日叫“惄日子”。

例：时刻惄着别人手里的牌，不如专心打好自己手里的牌。

## 揤上司

叶生没啥本事，但是爱揤上司。

“揤”字在粤方言地区人们的口头上比较常用，在广州地区读 naa[1]，当地话“拿”字音。

**揤［niǎ］，《中华字海》释义：巴结，讨好。如：～肥｜他最爱～上司。**

例：揤领导不如自己有实力来得踏实。

## 粘稻不回糯

种植粘稻，产出来的稻谷却像黏米，这叫粘稻不回糯。

“粘稻”一词在粤方言地区人们的口头上比较常用，指糯稻，“粘”字在广州地区读 nim[1]，当地话“黏”字音。

**粘［nián］，《中华字海》释义：糯稻。**

例：我家每年都会种一些粘稻。

## 艌墙缝

老家的石墙砌成之后，妈妈让我搅拌一些水泥浆艌墙缝。

“艌”字在粤方言地区人们的口头上比较常用，在广州地区读 nip[9]，当地话“捻”字音；（又）读 nim[6]，当地话“念”字音；指用砂浆或泥浆填补缝隙。

**艌［niàn］，《中华字海》释义：用桐油和石灰填补船缝。**

可见，在粤方言地区，“艌”字义项的外延扩大了。如：稻田漏水了，我抠了一团泥土，艌住漏洞。

## 褭长

阿青双腿褭长，个子很高。

“褭长”一词在粤方言地区人们的口头上比较常用，指柔长，“褭”字在广州地区读 niu[4]，当地话“尿”字音。

**褭［niào］，《中华字海》释义：柔长。**

例：生活中，褭长的东西很多，如瓜蔓、嫩竹……

## 单㭨

我们学校来了一个新校警，身高一米九四，但是很单㭨。

“单㭨”一词在粤方言地区人们的口头上比较常用，原指树木长得高但树干纤细，引申为人个子高但身体单薄，“㭨”字在广州地区读 niu[4]，当地话“尿”字音。

**㭨［niǎo］，《中华字海》释义：木长弱貌。**

例：人过于单㭨就缺少力气。

## 软㚷㚷

小兰身体软㚷㚷的，最适宜练舞。

“软㚷㚷”一词在粤方言地区人们的口头上比较常用，指软美，“㚷”字在广州地区读 niu[4]，当地话“尿”字音。

**奀 [niǎo]，《中华字海》释义：软美。**

例：软奀奀的人干不了重活。

## 士气苶

不论男女老幼，如果士气苶，就干不了大事。

“苶”字在粤方言地区人们的口头上比较常用，在广州地区读 ne[2]，当地话“蔫”字音；（又）读 nip[9]，当地话“聂”字音；指状态衰弱，不强大、不强劲。

**苶 [nié]，《新华字典》释义：疲倦，精神不振。**

在粤方言地区，“苶”字义项的外延已经扩大，其中之一是指“光不强”。如：这电灯太苶。

## 踗住脚

女儿学画画，经常画到凌晨两点才休息，但凡这时，我若是需要走动，就踗住脚，不发出声音。

“踗”字在粤方言地区人们的口头上比较常用，在广州地区读 nip[9]，当地话“嗫”字音；指轻轻走。

**踗 [niè]，《中华字海》释义：行轻。**

例：在会议室里，能踗住脚走，是一种良好的修养。

## 埝静

一入夜，小山村就埝静了。

“埝静”一词在粤方言地区人们的口头上比较常用，指寂静，“埝”字在广州地区读 nip[9]，当地话“嗫”字音。

**埝 [niè]，《中华字海》释义：❶深。❷空。❸静。**

例：小山村过于埝静，缺少了生气。

## 敜老鼠洞

冬天，野草衰败了，田边的老鼠洞暴露在外，这时，我们就会用泥巴敜老鼠洞，然后，在一个没有敜住的洞口烧火，把老鼠烟死。

“敜”字在粤方言地区人们的口头上比较常用，在广州地区读 ne1，同普通话读音；（又）读 nip9，当地话“捻”字音。

**敜［niè]，《中华字海》释义：堵塞，封闭。**

例：生活不容易，千万不要敜住自己的路。

## 笝猪粪

年少时，爷爷让我笝猪粪来给水稻施肥。

“笝”字在粤方言地区人们的口头上比较常用，在广州地区读 nip9，当地话“聂”字音；指一种竹制夹子，可以用于夹地上的东西，引申义为“夹”的动作。

**笝［niè]，《中华字海》释义：镊子。**

在粤方言地区，当地人把金属镊子也叫“笝”。

## 讘讘吺吺

从小，奶奶就教育我不要对弟弟妹妹和邻居的小孩讘讘吺吺。

“讘讘吺吺”一词在粤方言地区人们的口头上比较常用，指用杂乱的言语挑逗，“讘”字在广州地区读 nip9，当地话“嗫”字音。

**讘［niè]，《中华字海》释义：多言，妄语。**

例：我从小就发现，善良的孩子容易招惹恶人讘讘吺吺。

## 痆死

我在小学时曾对老师说：“老师，我桌面上有好多蚂蚁，我把它们一只只地痆死了。”

“痆”字在粤方言地区人们的口头上比较常用，在广州地区读 ne1，同普通话读音。

**痆［niè]，《中华字海》释义：压。**

例：若被别人痆住，你就难有出头之日。

## 㸎暖

在寒冷的冬天，就算穿的衣服少一点，只要有一个火炉子，我们的手脚也会㸎暖。

“燶暖”一词在粤方言地区人们的口头上比较常用，指暖和，“燶”字在广州地区读 nim[1]，当地话“念”字音。

**燶［niè］，《中华字海》释义：❶暖。❷火。**

例：不管天气多么寒冷，我们的心都要燶暖。

## 不要像虫子一样虮虮走

我上小学的时候，走路不快，时有迟到的现象。同伴提醒我，要走快一些，不要像虫子一样虮虮走。

“虮虮”一词在粤方言地区人们的口头上比较常用，指虫子前行的样子，“虮”字在广州地区读 ne[1]，同普通话读音。

**虮［niè］，《中华字海》释义：虫行貌。**

例：在浩瀚宇宙中，哪一个人不是虮虮走动呢？

## 牛脌木根

我家乡有一种草药，叫牛脌木根，卖草药的人挂了个牌子，上书“牛奶木根”，虽然“奶”和“脌”两个字意思相同，但是读音不一样，过往行人一时理解不了。

“脌”字在粤方言地区人们的口头上比较常用，在广州地区读 ning[6]，当地话“宁”字音。

**脌［nín］，《中华字海》释义：乳房或乳汁。**

例：六婶年轻的时候长了脌胸疮，痛得死去活来。

## 捻住笔杆

老师对我说：“写毛笔字的时候，你得捻住笔杆。”

“捻”字在粤方言地区人们的口头上比较常用，在广州地区读 lin[2]，当地话“练”字音。

**捻［nǐn］，《中华字海》释义：搦。**

例：孩子常常帮我捻脖子、捻肩膀，好不舒服。

## 双髻头

我老家有这样一句俗语：“双髻头，打架恶过牛。”哥哥头上虽然有三个髻，但是性情温和。

“髩”字在粤方言地区人们的口头上比较常用，在广州地区读 ning$^2$，当地话“宁”字音；（又）读 ning$^4$，当地话“宁”字音；指发旋。

**髩［níng］，《中华字海》释义：基本意思是头发蓬松。**

可见，在粤方言地区人们口头传承的文化中，“髩”字的义项和《中华字海》的释义有区别，也有联系，一般发旋处头发都比较蓬松。

## 头顸

我儿子的头顸有三个发旋。

“头顸”一词在粤方言地区人们的口头上比较常用，指头顶，“顸”字在广州地区读 ning$^2$，当地话“宁”字音。

**顸［nǐng］，《中华字海》释义：头顶。**

例：头顸上面是青天。

## 笀篰

二伯在世的时候，用竹篾编织了好多笀篰，他无偿分给了屯里各家各户使用。如今，我看到那些笀篰，就会想起二伯。

“笀篰”一词在粤方言地区人们的口头上比较常用，在广州地区读 ning$^2$leng$^5$，当地话“髩龄”字音；指竹制器具。

**笀篰［nǐng lǐng］，《中华字海》释义：箱笼之类。**

在粤方言地区，当地人常常把“笀篰”一词拆开使用，不论“笀”或“篰”，其所指的物品，外形都是一样的，但通常“笀”比“篰”大一些。

## 佇佇到地里

巴哥到广东务工了，他爱人在家带孩子，孩子上学后，她就一个人佇佇到地里干活。

“佇”字在粤方言地区人们的口头上比较常用，在广州地区读 ning$^1$，当地话“宁”字音；指蹬蹬走路的样子。

**佇［nìng］，《中华字海》释义：［～～］行走的样子。**

例：妈妈在乡下，常常一个人佇佇去菜地摘菜。

## 头发鬤囊

阿娜父亲去世了，母亲对她爱理不理，她上了中学，头发鬤囊，叫人看了心酸。

“鬤囊”一词在粤方言地区人们的口头上比较常用，在广州地区读 nung⁴nong⁴，当地话“农囊”字音 。

**鬤囊［nóng ráng］，《中华字海》释义：头发散乱。**

例：一个人头发鬤囊，不代表心里鬤囊。

## 狔毛狗

我家养过好几条狗，其中有几条是狔毛狗。

“狔毛狗”一词在粤方言地区人们的口头上比较常用，指一种毛既蓬松又纤长的狗，“狔”字在广州地区读 nung¹，当地话“农”字音；（又）读 nung⁴，当地话“农”字音。

**狔［nóng］，《中华字海》释义：一种毛又多又长的狗。**

例：不少人觉得养狔毛狗吉利，养癞皮狗就倒霉。

## 煮炴饭

从小，妈妈就教我和姐姐学煮饭，米和水的比例一定要合适，用大火把饭烧开之后，四五分钟，灶里的火就要减弱，预防煮炴饭。

“炴”字在粤方言地区人们的口头上比较常用，在广州地区读 nong¹，当地话“农”字音；指饭菜烧焦、烧煳。

**炴［nóng］，《中华字海》释义：焦；煳：煮~饭。**

在粤方言地区，“炴”字有一个义项指“生活艰难”。如：老三一家这些年过得很炴。

## 裱厚

在我少年时，即使是夏天，我和很多同学身上依然穿着裱厚的衣服。

“裱厚”一词在粤方言地区人们的口头上比较常用，指（衣服）厚，“裱”字在广州地区读 nung³，当地话“农”字音。

**裱［nóng］，《中华字海》释义：（衣服）厚。**

例：如今，不到特别冷的时候，我们都不穿袯厚的衣服。

## 蓬茙

我老家的水田边是一条小溪，小溪旁长满了芦苇，夏秋之季，一片蓬茙。

“蓬茙”一词在粤方言地区人们的口头上比较常用，指芦苇花，“茙”字在广州地区读 nung[4]，当地话“农”字音。

**茙［nóng］，《中华字海》释义：［蓬～］芦苇花。**

例：我家田边的芦苇长得太高了，每年夏插前后，我就要把它砍倒，那时候，溪边遍地都是蓬茙。

## 冻浓

年少时，每逢大冬天，我就陪着姐姐，把牛赶到云龙大山山脚下，那里山水草木冻浓，一片萧索。

“冻浓”一词在粤方言地区人们的口头上比较常用，指冷坏的样子，“浓”字在广州地区读 nung[1]，当地话“农”字音。

**浓［nòng］，《中华字海》释义：［冻～］寒貌。**

在粤方言地区，“冻浓”也叫“冷浓”。如：妈妈说，洗完衣服，她的手都冷浓了。

## 发獿

巴哥的狗很容易发獿，见到路人就狺，然后追过去要咬人，邻居劝他好好管教自己的狗。

“獿”字在粤方言地区人们的口头上比较常用，在广州地区读 nou[1]，当地话“恼”字音；引申为人生气。

**獿［nóu］，《中华字海》释义：狗发怒的样子。**

在粤方言地区，“獿”字的义项，也指“人愤怒”，这是个引申义。如：不去惹别人，一般就不会招人獿。

## 耨田边草

我家里的水田紧靠山边，野草特别多，所以我不得不每隔一段时间就去耨田边草。

“耨”字在粤方言地区人们的口头上比较常用，在广州地区读 nau[6]，当地话“扭”字音；指用刀、耪等农具斩除野草。

**耨［nòu］，《新华字典》释义：❶古代一种锄草工具。❷锄草：深耕易~。**

可见，粤方言地区人们口头上传承的，是“耨”字在《新华字典》中释义❷的义项。

## 狗獳

老倪百事不顺，无论去到哪里，都状如狗獳。

“狗獳”一词在粤方言地区人们的口头上比较常用，指发怒的（狗），“獳”字在广州地区读 nou[1]，当地话“恼”字音。

**獳［nòu］，《中华字海》释义：发怒的（狗）。**

在粤方言地区，“狗獳”又叫“狗易子”，狭义指狗卵，引申为骂人的话，这种叫法很粗鄙。

## “㺜”和“獳”不同

在粤方言地区，“㺜”和“獳”读音相同，都和狗有关，但二者有区别，不可互用。

先看《中华字海》对这两个字的解释：

**㺜［nóu］，《中华字海》释义：狗发怒的样子。**

**獳［nòu］，《中华字海》释义：发怒的（狗）。**

可见，“㺜”指的是“狗发怒的样子”，是一个形容词；“獳”指的是“发怒的（狗）”，是一个名词。如今，在网络媒体上解说“獳”文化的人，基本上都把“獳”当成了“㺜”，把名词当形容词使用了，这是一个错误。

## 搙绳索

每年收割稻谷之前，妈妈都帮我搙绳索。

“搙”字在粤方言地区人们的口头上比较常用，在广州地区读 no[1]，当地话“糯”字音；指用力搓。

**搙［nù］，《中华字海》释义：捻。**

在粤方言地区，“搙”比“捻”的程度更重，“搙”的动作重心在手掌，“捻”的动作重心在手指。所以，当地人常说：“重重搙”“轻轻捻”。“搙”和“捻”常常被引申为“收拾”和“修理”某人的特定行为。

## 孥儿

“你有几个孥儿?”这种问题，在粤方言地区很常见。

“孥儿”一词在粤方言地区人们的口头上比较常用，指孩子，“孥”字在广州地区读 nung⁶，当地话“浓”字音；（又）读 nou⁴，当地话“奴”字音。

**孥［nú］,《新华字典》释义：儿子，或妻和子。**

在粤方言地区，人们已有相当长时间以“侬”代替“孥”书写，这是很普遍的书写错误。“侬”字在字典里指的是“你”或“我”。“人侬”，指别人，也可以用于指我自己。如：这孩子是人侬的，这个“人侬”指的是别人。“侬”字在字典里没有“孩子”的义项，因此，以“侬”代替“孥”，是书写上的错误。

## 衣服还是很㶶

到了回南天，我们把洗好的衣服晾一个星期，到头来衣服还是很㶶的。

“㶶”字在粤方言地区人们的口头上比较常用，在广州地区读 noey³，当地话“女”字音。

**㶶［nǜ］,《中华大字典》释义：湿。**

例：回南天，衣服㶶，人的心情往往也跟着㶶。

## 心恧

虚度年华，一事无成的人，到老了就会心恧。

“心恧”一词在粤方言地区人们的口头上比较常用，指心中有愧，“恧”字在广州地区读 noey³，当地话“女”字音。

**恧［nǜ］,《中华字海》释义：惭愧：愧～。**

例：不虚度年华，不碌碌无为，不为人卑劣，不生活庸俗，就不会心恧。

## 㬉香

阿大不在了，他种的九里香还在，花开的时候，屯子里㬉香阵阵，这时，我自然而然就想起了阿大。

“㬉香”一词在粤方言地区人们的口头上比较常用，指温暖芳香，“㬉”字在广州地区读 nyn²，当地话“嫩”字音；（又）读 nyn⁵，当地话“暖”字音。

**香麐 [nún]，《中华字海》释义：香气。**

例：每每想起那些关心爱护过我的人，我心头就一片香麐香。

## 踳田

春插和夏插过后一周，我们就得去踳田。

“踳田”一词在粤方言地区人们的口头上比较常用，指用脚践踏禾苗根部的一种耘田方法，“踳”字在广州地区读 nok[9]，当地话“诺”字音。

**踳 [nuò]，《中华字海》释义：有蹈足貌，践踏。**

例：种过水稻的人都知道踳田。踳田是种植水稻的一个环节。

## 搦起笔就写字

欧展志常常搦起笔就写字。

“搦”字在粤方言地区人们的口头上比较常用，在广州地区读 nik[7]，当地话“匿”字音；指拿、握。

**搦 [nuò]，《新华字典》释义：❶握，持，拿着：~管（执笔）。❷挑惹：~战。**

粤方言地区有一句俗语：“要搦得起，也要放得下。”

## 詉詉嚨嚨

有些人说话总是习惯詉詉嚨嚨。

“詉詉嚨嚨”一词在粤方言地区人们的口头上比较常用，在广州地区读 naa[1]naa[1]nang[3]nang[3]，当地话“拿拿能能”字音；指说话东拉西扯。

**詉 [ná]，《中华字海》释义：言不正。**

**嚨 [něng]，《中华字海》释义：多话。**

可见，“詉嚨”一词是粤方言地区人们在口头上传承下来的词语。

## 岰嬲

我经常从十二岭的岰嬲经过，往返于玉林和梧州两地。

“岰嬲”一词在粤方言地区人们的口头上比较常用，指山岭两端交界的地方，“嬲”字在广州地区读 niu[3]，当地话“尿”字音。

**嬲 [niǎo]，《康熙字典》释义：《集韵》乃了切，《等韵》音袅。岰~，**

山貌。

在粤方言地区，“崂㠊”也叫“岭㠊”。

## 石㠊

前段时间，老四到石㠊（地名，位于广西容县浪水镇白饭村）砍树。

“㠊”字在粤方言地区人们的口头上比较常用，在广州地区读 nok[8]，当地话“诺”字音。

**㠊［náng］，《中华字海》释义：山角落。**

在粤方言地区，当地人习惯把“墙角”叫“壁㠊根”，这是一个引申义。

## 涊涊流汗

阿志双手汗腺特别大，两个手掌经常涊涊流汗。

“涊涊流汗”一词在粤方言地区人们的口头上比较常用，指汗水不停冒出来。“涊”字在广州地区读 nin[5]，当地话“年”字音；（又）读 nin[2]，当地话“年”字音；指（汗或水）冒出来的样子。

**涊［niǎn］，《古汉语常用字字典》释义：冒汗的样子。**

例：你何曾涊涊流汗？

# O

## 饭甌

老刘收藏了一批 20 世纪七八十年代农村学校食堂里使用的饭甌，并把它们视若珍宝。

“饭甌”一词在粤方言地区人们的口头上比较常用，指用于盛饭的瓦盆，“甌”字在广州地区读 au[1]，当地话“欧”字音。

**甌［ōu］，《中华字海》释义：瓦盆。**

例：老刘收藏饭甌完全是出于怀旧。以前自己最喜欢的饭甌，如今收藏在自己家中，对他来说，弥足珍贵。

## 瓦瓯

红光村缸瓦屯曾生产大量瓦瓯，如今，还有很多精品，被收藏在制作师傅家中。

“瓦瓯”一词在粤方言地区人们的口头上比较常用，指瓦器，“瓯”字在广州地区读 au[1]，当地话“欧”字音。

**瓯 [ōu]，《中华字海》释义：瓦器。**

例：瓦瓯和藤竹制品的复兴，对于乡村振兴是极大的助力。

# P

## 牛角䯱开

我家养过一头大公牛，牛角䯱开，样子很威严。

“䯱开”一词在粤方言地区人们的口头上比较常用，原义指牛角向左右张开，引申为人的两腿向两边张开，“䯱”字在广州地区读 paa[1]，当地话“趴”字音。

**䯱 [pā]，《中华字海》释义：牛角向左右张开。**

例：坐着的时候两腿䯱开，是一种很不文雅的姿势。

## 矶应

下雨天，我们有时候会听到矶应一声，循声望去，便会看见石头崩裂。

“矶应”一词在粤方言地区人们的口头上比较常用，指石头破裂的声音，“矶”字在广州地区读 paa[1]，当地话“趴”字音。

**矶 [pā]，《中华字海》释义：石头破裂的声音。**

“矶应”一词，在粤方言地区有时候被引申为人突然向前摔倒的拟状词。如：老七从山上跑下来，“矶应”一声摔在地上。

## 羓羓飞过

在我老家的天空，经常有鸟儿羓羓飞过。

“羓羓”一词在粤方言地区人们的口头上比较常用，指飞的样子，“羓”字在广州地区读 paa[1]，当地话“趴”字音。

**羓 [pā]，《中华字海》释义：飞的样子。**

例：人虽然不能像鸟一样羓羓飞，但是人可以造出飞机。

## 竹笆

年少时，我经常用竹笆笆地上的松针。

“竹笆”一词在粤方言地区人们的口头上比较常用，指搂柴草的竹制器具，“笆”字在广州地区读 paa[4]，当地话“耙”字音。

**笆［pá］，《新华字典》释义：搂柴草的竹制器具。**

例：如今，竹笆在我家乡已经无影无踪。缩小版的竹笆成了工艺品。

## 浪涛澎汃

在海边，时常可以听到浪涛澎汃。

“澎汃”一词在粤方言地区人们的口头上比较常用，指波浪冲击声，“汃”字在广州地区读 paa[1]，当地话“趴”字音。

**汃［pà］，《中华字海》释义：水波相击声。［澎～］波浪冲击声。**

例：听浪涛澎汃，是否让你心潮澎湃？

## 撑簰捕鱼

1990 年至 1992 年，我常常跟着陈老师在容江撑簰捕鱼。

“簰”字在粤方言地区人们的口头上比较常用，在广州地区读 paai[4]，当地话“排”字音。

**簰［pái］，《中华字海》释义：筏子。**

例：撑簰捕鱼是我年轻时候的难忘往事。

## 蹒过河

张海生带着我们在他家乡的河里摸石螺，河水有点浑，我们深一脚浅一脚地边摸边走，海生说：“蹒过去，没问题的。我以前蹒了无数次了。”

“蹒”字在粤方言地区人们的口头上比较常用，在广州地区读 pun[6]，当地话“盘”字音；（又）读 but[9]，当地话“脖”字音。

**蹒［pán］，《中华字海》释义：徒步涉水。**

例：在人生的旅途上，有很多河流横在我们面前，需要我们蹒过去。

## 水流瀊瀊旋转

在容江的白马峡，水流瀊瀊旋转。

“瀊瀊”一词在粤方言地区人们的口头上比较常用，指水流回旋，“瀊”字在广州地区读 pun4，当地话“盘”字音。

**瀊［pán］，《中华字海》释义：水回旋。**

例：大河水流瀊瀊旋转是一种壮观的自然景象。

## 扣襻

我买了两件唐装衫，衫上有布扣和扣襻。

“扣襻”一词在粤方言地区人们的口头上比较常用，指扣住纽扣的套，“襻”字在广州地区读 paan1，当地话“攀”字音；（又）读 paan3，当地话“盼”字音。

**襻［pàn］，《新华字典》释义：扣住纽扣的套。如：扣～｜纽～。**

例：使用布扣和扣襻的唐装，在穿上和脱下的时候，比较费时。

## 饭镑

以前，我常常用饭镑盛饭。

“饭镑”一词在粤方言地区人们的口头上比较常用，泛指平底锅、盘、罐之类的器具，“镑”字在广州地区读 paang1，当地话“彭”字音。

**镑［pāng］，《中华字海》释义：泛指平底锅、盘、罐之类的器具。如：饭～。**

例：奶奶老是端着饭镑过来，要给我加饭。

## 斛出

小时候，我用米升量米，妈妈叫我不要装得太满，不然会斛出。

“斛出”一词在粤方言地区人们的口头上比较常用，指谷、米、豆装满量器直至溢出，“斛”字在广州地区读 pong4，当地话“雱”字音。

**斛［pāng］，《中华字海》释义：谷物装满量器直至溢出。**

例：粤方言地区的人们习惯图吉利，大年初一量米，要边量边喊：“斛出了！斛出了！”

## 膨胀

我们周围都有不少人习惯吃到肚子膨胀。

“膨胀”一词在粤方言地区人们的口头上比较常用，指胀，“膨”字在广州地区读 paang[1]，当地话“彭”字音。

**膨［pàng］，《中华字海》释义：胀。**

例：过去肚子膨胀的人被看成有福之人，如今人们觉得这是不健康的表现。

## 大雨霶霈

2021 年 7 月，河南省大雨霶霈，牵动着全国人民的心。

“霶霈”一词在粤方言地区人们的口头上比较常用，在广州地区读 pong[4]pui[3]，当地话“雱沛”字音；指雨大。

**霶霈［pāng pèi］，《中华字海》释义：❶大雨。❷比喻盛大；盛多。**

例：大雨霶霈是一种自然现象。

## 大雪雱雱

初冬，海南岛上的人们还穿着短袖衣服，北国就可能大雪雱雱了。

“雱雱”一词在粤方言地区人们的口头上比较常用，指雨雪下得很大的样子，“雱”字在广州地区读 pong[4]，当地话“旁”字音。

**雱［pāng］，《新华字典》释义：雨雪下得很大的样子。**

在粤方言地区，“雱雱”一词被引申为“成群的蚊子飞舞的样子”。如：只要有人进入深山，那里的蚊子就会围住人雱雱飞舞。

## 膖臭

不知谁在会议室里放屁，搞得室内膖臭。

“膖臭”一词在粤方言地区人们的口头上比较常用，指非常臭，“膖”字在广州地区读 paang[1]，当地话“彭”字音。

**膖［pāng］，《中华字海》释义：非常、特别。例如：这附近有个工厂，经常把空气弄得膖臭。**

例：膖臭的气味让人窒息。

## 耪光田塍

我老家的田塍野草太多了，昨天，妈妈叫我耪光田塍。

“耪”字在粤方言地区人们的口头上比较常用，在广州地区读 pong[1]，当地话“旁”字音；作名词时指一种除草、翻松泥土的大口农具；作动词时指用耪除草。

**耪［pǎng］，《新华字典》释义：用锄翻松土地。**

例：我家乡的人基本上是用耪耪地里的草。

## 嗙大牛

大奤三喜欢嗙大牛，他竟把自己的经历嗙成英雄落难，这家伙真是无药可救。

“嗙大牛”一词在粤方言地区人们的口头上比较常用，指吹牛皮，“嗙”字在广州地区读 pong[1]，当地话“旁”字音；（又）读 bong[2]，当地话“榜”字音。

**嗙［pǎng］，《中华字海》释义：自夸，吹牛。**

例：“嗙”这种言行，本身就很卑劣。

## 㖞㖞声

前几年，在我老家那里，每逢三更半夜，就会传出㖞㖞声，时间一久，大家就知道是老大用木棒敲铁皮谷囤。

“㖞㖞”一词在粤方言地区人们的口头上比较常用，指敲击声，“㖞”字在广州地区读 pong[4]，当地话“庞”字音；（又）读 paang[4]，当地话“彭”字音。

**㖞［pàng］，《中华字海》释义：敲击声。**

粤方言地区的人们在口头上常用“呼㖞”“呼呼㖞㖞”和“呼呤㖞啷”形容比较大的声响。

## 毞轻

爆米花一类的膨化食品全是毞轻的东西。

“毞轻”一词在粤方言地区人们的口头上比较常用，指质地疏松重量很轻（的东西），“毞”字在广州地区读 paau[1]，当地话“抛”字音。

**毞［pāo］，《中华字海》释义：❶毛竖起的样子。❷轻。**

例：鸿毛虽是毞轻之物，但古人云：“千里送鸿毛，礼轻情意重”。

## 一脬尿

人到了一定年纪，睡到半夜，就要起来撒一脬尿。

“脬”字在粤方言地区人们的口头上比较常用，在广州地区读 paau[1]，当地话“抛”字音；指膀胱，即尿脬，有时用作屎尿的量词。

**脬［pāo］，《新华字典》释义：❶膀胱：尿（suī）~。❷量词，用于屎尿：一~屎。**

在粤方言地区，“脬”字作为量词时，往往作为贬损他人的词语，如：你看，那脬家伙，到处尿！

## 爮爮背

俗话说：好要别人夸，痒要自己抓。可是，要是脊背痒了，自己想抓也抓不到。我小时候，一旦脊背痒了，就喊奶奶或者妈妈：“快帮我爮爮背。”

“爮”字在粤方言地区人们的口头上比较常用，在广州地区读 paau[4]，当地话“抛”字音；指用五指如手推木刨刨木板的样子搔痒。

**爮［páo］，《中华字海》释义：抓，搔。**

例：现如今，轮到我经常给别人爮脊背。

## 老鹰翢翢飞

在我老家那里，天上经常有老鹰翢翢飞。但凡这时，屯子里的母鸡就会警觉地发出叫声。

“翢”字在粤方言地区人们的口头上比较常用，在广州地区读 pou[4]，当地话“袍”字音；（又）读 paau[4]，当地话“飑”字音；指形体大的鸟飞翔的样子。

**翢［pǎo］，《中华字海》释义：飞。**

例：人走运的时候，就如老鹰在天上翢翢飞。

## 衣裤褒褒

有些人体形特别大，他们衣裤褒褒。

“褒”字在粤方言地区人们的口头上比较常用，在广州地区读 paau[1]，当地话“泡”字音；（又）读 pou[1]，当地话“袍”字音；指衣服阔大。

**褒［pào］，《中华字海》释义：衣缓貌。**

例：要是体形瘦削的人衣裤褒褒，就很褦襶。

## 吹大奅

吹大奅的人至少可以分为两大类：一类是用荒诞的故事或用夸大其词的说话方式逗人乐的，本质上不损人；另一类是专门说假话诓人的，本质上损人。

“吹大奅”一词在粤方言地区人们的口头上比较常用，指说大话，“奅”字在广州地区读 paau[3]，当地话“炮”字音。

**奅［pào］，《新华字典》释义：❶虚大。❷方言，说大话骗人。**

例：有些人爱吹大奅遭人痛恨，他们是专门说假话诓人的。

## 三十楃

去年，妈妈和妹妹，还有我，从山上扛了一大堆木柴到路边，我们卖给了柴贩，一共三十楃，每楃都超过 100 斤。

“楃”字在粤方言地区人们的口头上比较常用，在广州地区读 paau[3]，当地话“炮”字音；指重量单位，某些地区用作计量单位，相当于份。

**楃［pào］，《中华字海》释义：古代重量单位，因物而异，数量不定。**

在粤方言地区，“楃”字的义项常被引申为“一手”“一趟”。如：有些人打牌赌博，一楃就赢了三家。

## 奅高

年少时，只要进山，老四就带领小伙伴把山上的石头往山下推，看着石头一边往下翻滚，一边弹跳起来奅高，我们心里就会产生一种莫名的愉快。

“奅”字在粤方言地区人们的口头上比较常用，在广州地区读 paau[1]，当地话“抛”字音；指弹起。

**奅［pào］，《中华字海》释义：起。**

例：如今的功夫片，只要一个武功高的人踢了对手一脚，对手就被奅得老高，或奅出成丈远，比踢球还容易。

## 有昢

我苦苦地等了几年，出版字典这件事终于有昢了。

“昢”字在粤方言地区人们的口头上比较常用，在广州地区读 pui[1]，当地话“坯”字音；原义指阴雨天将晴而未晴的样子，引申为眉目。

**昢［pèi］，《中华字海》释义：阴雨天将晴而未晴的样子。**

例：一种努力，坚持得久了，迟早会有昢。

## 躴在门口

年少时，我喜欢躴在门口看风景。

“躴”字在粤方言地区人们的口头上比较常用，在广州地区读 bang$^6$，当地话“崩”字音；（又）读 pang$^4$，当地话“凭”字音。

**躴［pēn］，《中华字海》释义：斜靠。**

例：在车站，有一位母亲太累了，她躴着十几岁的儿子睡着了。这场景，让人感动。

## 傰着墙壁

年少时，我家乡刚有电视机，小伙伴们有幸看了连续剧《霍元甲》，大家来了兴致，就常常傰着墙壁练习倒立。

“傰”字在粤方言地区人们的口头上比较常用，在广州地区读 bang$^6$，当地话“崩”字音；（又）读 pang$^4$，当地话“凭”字音。

**傰［pēn］，《中华字海》释义：靠。他~倒着墙偷听隔壁的谈话。**

例：我和哥哥在山上背傰着背聊天。

## 木㟗𡳞

我老家附近有一个地方叫木㟗𡳞，那地方真的就像一个大木盆。

“㟗”字在粤方言地区人们的口头上比较常用，在广州地区读 pun$^4$，当地话“盆”字音。

**㟗［pén］，《中华字海》释义：山形似盆。**

例：其实，我老家的屯子就建在㟗中，那里防风聚气，山环水绕，是个好地方。

## 砏訇

前几天，我听到砏訇一声巨响，原来是大路那边翻了车。

“砏訇”一词在粤方言地区人们的口头上比较常用，形容大声，“砏”字在广州地区读 ping$^1$，当地话“评”字音。

**訇［pēng］，《中华字海》释义：［~訇］形容大声。**

例：世界之大，总会有訇訇声发出。你听到过多大的訇訇声？

## 捹了一棍

祖叔家的狗跑到邻居家咬鸡，他的狗被人家捹了一棍。

“捹”字在粤方言地区人们的口头上比较常用，在广州地区读 hang[1]，当地话“亨”字音。

**捹［pēng］，《中华字海》释义：打。**

例：我在山上打柴时，常常把成捆的木柴绑在摩托车上面之后，再把地上的木柴插到车上的柴捆中间，用力捹进去，这样，整捆柴就很结实了。

## 车声軯軯

在我老家对面的道路上，常常传来车声軯軯。

“軯軯”一词在粤方言地区人们的口头上比较常用，多指农用车空车在不平坦的道路上开过时发出的声音，“軯”字在广州地区读 paang[4]，当地话“嘭”字音。

**軯［pēng］，《中华字海》释义：车声。**

例：经营农用车的人，都不愿意自己的车经常车声軯軯。

## “閛”的一声

母亲关门时经常发出“閛”的一声，她总是把门关得很重。

“閛”字在粤方言地区人们的口头上比较常用，在广州地区读 paang[4]，当地话“嘭”字音。

**閛［pēng］，《中华字海》释义：关门声。**

例：关门时发出“閛”的一声，是不爱护门的表现。

## 抨抨

前几年，老大常常有事没事就抨抨抨抨地敲锣，屯子里的人不胜其烦。

“抨”字在粤方言地区人们的口头上比较常用，在广州地区读 paang[4]，当地话“嘭”字音；指敲击声。

**抨［pēng］，《中华字海》释义：击声。**

例：大家都要讲文明，午休晚休时间，不要在小区掰掰掰掰地乱敲，有些人无视别人的感受，结果酿成惨剧。

## 惴惴

老倪近来总是一副惴惴的样子。其实并没人惹他，只是他觉得别人过得比他好。

“惴惴”一词在粤方言地区人们的口头上比较常用，在广州地区读ping[1]gwang[1]，当地话“怦訇”字音。

**惴惴［pēng hōng］，《中华字海》释义：愤怒的样子。**

例：一个人经常惴惴的话，久而久之就没了人样，正常的人不应该那样。

## 硼硠

在暴风雨中，突然传来了“硼硠”一声，原来是人家楼顶的一块大铁皮被风掀翻到了地上。

“硼硠”一词在粤方言地区人们的口头上比较常用，在广州地区读paang[4]long[4]，当地话“嘭狼”字音。

**硼硠［pēng lánɡ］，《中华字海》释义：大声。**

例：过去的大官出行，总是有人拿着锣在前面硼硠硼硠地鸣锣开道。

## 烟雾熢焞

我老家的厨房，有时候烟雾熢焞。

“熢焞”一词在粤方言地区人们的口头上比较常用，在广州地区读pung[4]but[9]，当地话“蓬勃”字音；（又）读pung[4]baak[9]，当地话“蓬卜”（“萝卜”的“卜”）”字音。

**熢焞［péng bó］，《中华字海》释义：烟郁结的样子。**

例：烟囱保持畅通，厨房就不会烟雾熢焞。

## 鬔鬆

昔日的杨校长站在被告席上，头发鬔鬆，没有了神气。

“鬔鬆”一词在粤方言地区人们的口头上比较常用，在广州地区读pun[4]sung[1]，当地话“蓬松”字音；指头发散乱的样子。

**鬔鬆［péng sōng］，《中华字海》释义：毛发散乱貌。**

例：头发鬔鬆的人，精神状态就差了。

## 髼鬤

阿今老爸去世之后，他老妈就精神错乱了。现如今她头发髼鬤，脸色枯槁，很多人都远远躲着她。

“髼鬤”一词在粤方言地区人们的口头上比较常用，在广州地区读 pung4jong4，当地话“蓬儴”字音；指头发散乱的样子。

**髼鬤［péng ráng］，《中华字海》释义：(头发）散乱。**

例：阿今老妈逐步恢复正常之后，头发就不再髼鬤，大家也不再躲着她了。

## 鬅鬙

九哥带我到了云龙大山深处，我们看到一片鬅鬙的景象。

“鬅鬙”一词在粤方言地区人们的口头上比较常用，在广州地区读 pung4dzang1，当地话“蓬僧”字音；既指头发散乱的样子，又指山石花木等参差散乱的情状。

**鬅鬙［péng sēng］，《新华字典》释义：❶头发散乱貌。❷喻山石花木等参差散乱。**

例：云龙大山经过深度开发之后，山地被开挖成了梯级地，种上桉树，鬅鬙的景象便没有了。

## 蟛蜞

我老家的水田有数不清的蟛蜞。

“蟛蜞”一词在粤方言地区人们的口头上比较常用，在广州地区读 paang4kei4，当地话“彭其”字音。

**蟛蜞［péng qí］，《新华字典》释义：形似小螃蟹，与蟹相比，个小肉少，长在稻田边的小溪、沟渠、堤岸里。**

例：先父在的时候，每年夏插，总要把蟛蜞抓回家，用油炸了，当下酒菜。

## 搒榄子

我老家有好几棵黑榄树，每年，榄果都挂得很稠密。到了秋天，我们就上树搒榄子。

“搒”字在粤方言地区人们的口头上比较常用，在广州地区读 paang[4]，当地话“彭”字音。

**搒［péng］，《新华字典》释义：用棍棒或竹板打。**

“搒”字在粤方言地区，有时也指“打人”。如：阿青老爸说，阿青要是敢在学校谈恋爱，回到家就要给他搒棍子。

## 鼓声鼙鼙

春节一到，我们老家就鼓声鼙鼙。

“鼙鼙”一词在粤方言地区人们的口头上比较常用，指鼓声，“鼙”字在广州地区读 paang[4]，当地话“彭”字音。

**鼙［péng］，《中华字海》释义：鼓声。**

例：鼙鼙鼓声，是多么令人振奋。

## 稝穙

爸爸说：“就算有非常充足的秧苗，也不要把田插到稝穙。”

“稝穙”一词在粤方言地区人们的口头上比较常用，指禾苗或草稠密，“稝”字在广州地区读 paang[4]，当地话“棚”字音。

**稝［péng］，《中华字海》释义：禾苗稠密。**

例：如今很多山路杂草稝穙，人无法通行了。

## 耳朵聋聁

小廖耳朵聋聁，正常的声音，她听不到。

“聋聁”一词在粤方言地区人们的口头上比较常用，指耳朵聋，“聁”字在广州地区读 paang[1]，当地话“烹”字音。

**聁［péng］，《中华字海》释义：［聋～］聋子。**

例：听说耳朵聋聁的人一般也哑，好在小廖不哑。

## 辣辣车声

每天天还没亮，我老家对面的公路上就会传来辣辣车声，那些农用车要进山运木材。

“镑镑”一词在粤方言地区人们的口头上比较常用，指车声，“镑”字在广州地区读 paang$^4$，当地话“彭”字音。

**镑［péng］，《中华字海》释义：车声。**

例：每一部现代战争片，都有车队向前线镑镑开进的场景。

## 大风凨凨吹

在平贯顶那里，大风凨凨吹，风力发电机的扇叶一直在悠悠转动。

“凨凨”一词在粤方言地区人们的口头上比较常用，指大风的声音或风吹的样子，“凨”字在广州地区读 paang$^4$，当地话“棚”字音。

**凨［péng］，《中华字海》释义：❶大风声。❷风貌。**

例：海边常有大风凨凨吹，每每漫步在其中，我就不禁回忆起从前。

## 霶霶落下

我家乡处在亚热带季风气候地区，夏天，有时乌云骤聚，雷鸣电闪，顷刻之间大雨就会霶霶落下来。

“霶霶”一词在粤方言地区人们的口头上比较常用，指雨声，“霶”字在广州地区读 pang$^4$，当地话“朋”字音。

**霶［péng］，《中华字海》释义：雨声。**

例：大雨霶霶过后，天很快就会放晴。

## 硼䃶

这些年，我家乡用地膜育秧。风一吹，地膜就硼䃶。

“硼䃶”一词在粤方言地区人们的口头上比较常用，在广州地区读 pang$^4$wang$^4$，当地话“朋泓”字音；指风吹动帷帐的声音，或帷帐被风吹得鼓起的样子。

**硼䃶［péng hóng］，《汉书·扬雄传上》释义：“帷～～其拂汨兮，稍暗暗而靓深。”颜师古注引孟康曰：“～～，风吹帷帐鼓貌。”**

例：来到内蒙古大草原，我们就可以见识到风吹帷帐硼䃶的样子。

## 膨脝

如今，在中小学校园里，膨脝的学生，随处可见。

“膨脝”一词在粤方言地区人们的口头上比较常用，在广州地区读paang⁴hang¹，当地话“彭亨”字音。

**膨脝［péng hēng］，《新华字典》释义：肚子胀大的样子。**

例：很多膨脝的男士，都想把大肚子减小。

## 憉悙

在云龙顶，我给九哥拍了一张照片，他一副憉悙的模样，显得自信满满。

“憉悙”一词在粤方言地区人们的口头上比较常用，在广州地区读paang⁴hang¹，当地话“彭亨”字音；指自信好强的样子。

**憉悙［péng hèng］，《中华字海》释义：自信好强。**

例：老王上幼儿园的时候样子就憉悙，长大后的确与众不同。

## 殍殍

前年，许多地方的猪感染了猪瘟，殍殍的死猪横七竖八地倒在猪场上，惨不忍睹。

“殍殍”一词在粤方言地区人们的口头上比较常用，在广州地区读paang⁴hang¹，当地话“彭亨”字音；指死尸肿胀。

**殍殍［péng hēng］，《中华字海》释义：死尸肿胀。**

例：有的人虽然学医，但是看见殍殍的尸体就发抖，所以无法胜任医生的工作。

## 塳尘

妈妈说：“地坪塳尘太多，扫地时一定要洒水，不然就会到处塳。”

“塳”字在粤方言地区人们的口头上比较常用，在广州地区读pung¹，当地话“蓬”字音。

**塳［péng］，《中华字海》释义：❶尘土。❷尘土随风扬起。**

例：在土路上开车，塳尘塳得很。

## 鼓声韸韸

正月里，我老家鼓声韸韸，那是舞狮队进屯舞狮来了。

“韸韸”一词在粤方言地区人们的口头上比较常用，指敲打得比较轻快的锣鼓声，“韸”字在广州地区读 paang[4]，当地话“嘭”字音。

**韸［péng］，《中华字海》释义：鼓声和谐。**

例：但凡鼓声韸韸时，所舞的两个狮子就互相依偎在一起，作缠绵状。

## 脸色皏白

大兄晚年脸色皏白，没有血气。

“皏白”一词在粤方言地区人们的口头上比较常用，指苍白，“皏”字在广州地区读 pung[2]，当地话“捧”字音。

**皏［pěng］，《中华字海》释义：浅白色。**

例：脸色皏白是一种病态。

## 馪馞

到过我老家的人，都说那里花香馪馞。因为我屯子的四周都种有九里香。

“馪馞”一词在粤方言地区人们的口头上比较常用，在广州地区读 pong[5]but[9]，当地话“蚌脖”字音。

**馪馞［pèng bó］，《中华字海》释义：香气浓烈。**

例：有些酒酒香馪馞，有些肉菜香馪馞。

## 草木樥樥

我家乡的大山草木樥樥，很多人都觉得阴森可怕。

“樥樥”一词在粤方言地区人们的口头上比较常用，指草木茂盛，“樥”字在广州地区读 pong[5]，当地话“蚌”字音。

**樥［pèng］，《中华字海》释义：草木茂盛。**

例：绿水青山就是金山银山，草木樥樥的大地充满生机。

## 伾上街

昨天我和儿子伾上街。

“伾”字在粤方言地区人们的口头上比较常用，在广州地区读 pat[7]，当地话“匹”字音；指去、前往。

**伾［pī］，《中华字海》释义：走貌。**

例：上小学的时候，我和小伙伴一般 20 分钟就从家里伾到了学校。

## 皵䉶不堪

在我老家那里，自从各家各户建了楼房之后，旧房子就废弃了，现如今所有的瓦房都变得皵䉶不堪，摇摇欲坠。

“皵䉶”一词在粤方言地区人们的口头上比较常用，在广州地区读 pei[1]pou[1]，当地话“纰痡”字音；指旧房子将要崩塌的样子。

**皵䉶［pī pū］，《中华字海》释义：屋欲坏。**

例：从 2020 年起，农村开展了“三清三拆”活动，那些皵䉶的房屋，很快就消失不见了。

## 諀学生

我刚刚当老师的时候，父亲就对我说：“要尊重每一个学生，不要动不动就諀学生。”

“諀”字在粤方言地区人们的口头上比较常用，在广州地区读 pat[7]，当地话“匹”字音。

**諀［pī］，《中华字海》释义：呵斥声。**

例：我们要以理服人，不能动不动就諀一个人。

## 手机屏幕㱟了

在去年，我使用的手机曾经几次掉到地上，每一次手机屏幕都㱟了。

“㱟”字在粤方言地区人们的口头上比较常用，在广州地区读 pei[1]，当地话“披”字音。

**㱟［pī］，《中华字海》释义：器物上出现裂纹。**

例：老人说，我们日常使用的茶杯、饭碗，一旦㱟了，就必须换成新的。

## 孔雀翍开双翅

昨天，在动物园，我们看见孔雀翍开双翅，真是美丽极了。

“翍”字在粤方言地区人们的口头上比较常用，在广州地区读 pei[1]，当地话“披”字音。

**翍［pī］，《中华字海》释义：鸟张开羽毛的样子。**

例：有老鹰出现在天空的时候，地上的母鸡就会本能地翍开双翅保护小鸡。

## 耚松

妈妈让我扛锄头到大黎岗，把地耚松，让她种菜。

“耚”字在粤方言地区人们的口头上比较常用，在广州地区读 pat[7]，当地话“匹”字音；指用耪、锄把地翻松的动作。

**耚［pī］，《中华字海》释义：耕地。**

例：爸爸年轻时，半天就耚好了大黎岗的三块地。

## 一埤力

彤彤要参加高考了，外祖叔答应帮她一埤力，重点辅导她半天。

“一埤力”一词在粤方言地区人们的口头上比较常用，指一把力，“埤”字在广州地区读 pei[4]，当地话“皮”字音。

**埤［pí］，《新华字典》释义：增加：~益。**

可见，粤方言地区人们在口头上传承的是“埤”字的引申义。

例：在人生的道路上，不论谁帮过你一埤力，都不应该忘记。

## 刯杉树皮

许多年前的清晨，妈妈常让我到山里刯杉树皮。

“刯”字在粤方言地区人们的口头上比较常用，在广州地区读 pai[1]，当地话“批”字音；指用刀剥。

**刯［pí］，《中华字海》释义：刀析也，剥也。**

例：刯树皮的日子一去不复返了。

## 雨水从街道𠂢流过去

每次下大雨，我都看见雨水从街道𠂢𠂢流过去。

“𠂢”字在粤方言地区人们的口头上比较常用，在广州地区读 be[1]，当地话“啤”字音；指水斜流的样子。

**𠂢［pí］，《中华字海》释义：水斜流。**

例：容江的河道很弯，在好几处河段，都有江水从一侧𠂢往另一侧的景象。

## 庀了一回

刘校长一个星期前到三班庀了一回，如今这个班纪律大为好转。

“庀”字在粤方言地区人们的口头上比较常用，在广州地区读 pat[7]，当地话“匹”字音；指整治。

**庀［pǐ］，《新华字典》释义：❶具备。❷治理。**

例：庀一个班或一所学校，都要有相应的方法。

## 钊掉墙上的渣土

表哥说装修房屋前要先钊掉墙上的渣土，再抹水泥浆。

“钊”字在粤方言地区人们的口头上比较常用，在广州地区读 pai[1]，当地话“批”字音。

**钊［pǐ］，《中华字海》释义：削。**

例：铺地板之前，如果地上有水泥结痂，就得先钊掉。

## 五埤墙

表哥说，这一面墙还要砌五埤砖才到顶。

“埤”字在粤方言地区人们的口头上比较常用，在广州地区读 pei[4]，当地话“皮”字音；（又）读 bei[3]，当地话“秘”字音；是墙砖的单位，作量词使用，用一层砖头砌成的墙称为一埤墙或一埤砖。

**埤［pì］，《新华字典》释义：城上矮墙。**

可见，在粤方言地区，“埤”字的义项和《新华字典》对该字的释义不尽相同，但是有关联。

## 乱谝

你们乱谝什么呢？谝这么久。

“谝”字在粤方言地区人们的口头上比较常用，在广州地区读 pin[4]，当地话“片”字音；（又）读 pin[5]，当地话“片”字音；指胡说八道或吹嘘。

**谝［piǎn］，《新华字典》释义：❶花言巧语。❷显示，夸耀。**

例：大多数人不喜欢张口就乱谝的人。

## 呞闲话

我屯子里的人一有空就聚集到老六家门口呞闲话。

“呞”字在粤方言地区人们的口头上比较常用，在广州地区读 pin[3]，当地话“片”字音；指和颜悦色且低声说话。

**呞［piàn］，《中华字海》释义：闲谈。如：~一~。**

例：大多数人生活有了着落，一有空就喜欢和熟人呞一呞。

## 两肼

屠夫把猪的躯体分成两肼。

“肼”字在粤方言地区人们的口头上比较常用，在广州地区读 pin[3]，当地话“片”字音。

**肼［piàn］，《中华字海》释义：躯体的一半。**

例：以前，我老家的农户每逢杀猪，都习惯把猪分成两肼过秤。

## 薸

年少时，我屯里的水田，都有很多薸，如今，那些薸没了踪影。

“薸”字在粤方言地区人们的口头上比较常用，在广州地区读 piu[4]，当地话“瓢”字音。

**薸［piáo］，《中华字海》释义：浮萍。**

例：幸好现在有了电脑，要不然就没办法让小孩子认识薸了。

## 狗太猵

大祖叔家的狗太猵了，常常趁邻居厨房不关门，就溜进去偷肉吃。

“猵”字在粤方言地区人们的口头上比较常用，在广州地区读 piu[1]，当地话“漂”字音。

**猵［piào］，《中华字海》释义：狡猾。**

例：这些年，有的人比狐狸还要猵，其结果不是身败名裂，就是身陷囹圄。

## 猵犹

在我老家的山林里，经常有松鼠在树上猵犹飞蹿。

“獙猭”一词在粤方言地区人们的口头上比较常用，在广州地区读 $piu^1dzak^7$，当地话“漂则”字音；（又）读 $piu^1dzaak^8$，当地话“漂责”字音。

**獙猭［piàozé］，《中华字海》释义：轻捷，敏捷。**

在粤方言地区，“獙猭”一词的两个字常分开使用，其意思不变。

## 日落瞥瞥

我年少时，每当日落瞥瞥，就看见奶奶开始烧洗澡水、生火做饭。

“瞥”字在粤方言地区人们的口头上比较常用，在广州地区读 $pe^3$，同普通话读音；（又）读 $pit^8$，当地话“瞥”字音；指太阳下山的样子。

**瞥［piē］，《中华字海》释义：［~~］日落势。**

例：每当日落瞥瞥的时候，漂泊在异乡的游子，思乡之情就会油然而生。

## 斃掉

妈妈让我把柿子皮斃掉，然后拿到楼顶去晒。

“斃”字在粤方言地区人们的口头上比较常用，在广州地区读 $pit^8$，当地话“撇”字音。

**斃［piē］，《中华字海》释义：削。**

例：你吃苹果之前斃皮吗？

## 嫳啧

梁八去到哪里都经常对人嫳啧。

“嫳啧”一词在粤方言地区人们的口头上比较常用，指性急易怒。“嫳”字在广州地区读 $pe^1$，同普通话读音；（又）读 $pit^8$，当地话“撇”字音。

**嫳［piè］，《中华字海》释义：❶性急易怒。❷［~屑］衣服飘动的样子。❸轻薄的样子。**

“嫳”字在粤方言地区还有两个义项：①衣服飘动的样子。如：小月穿着薄薄的连衣裙驾驶电车，裙子一路嫳嫳飘动。②轻薄的样子。如：老四不过一介校警，但回到农村就有发表不完的高见，为人实在太嫳。

## 乱詧

大奇二喜欢到处乱詧，令人生厌。

“謍”字在粤方言地区人们的口头上比较常用，在广州地区读 pan[5]，当地话“频”字音；（又）读 pan[4]，当地话“频”字音。

**謍［pín］，《中华字海》释义：多言。**

例：喜欢乱謍的人，必定命途多舛。

## 野姘

梁二叔在山里养鸡，有一个野姘在一起帮忙，不知是何方人氏。

“野姘”一词在粤方言地区人们的口头上比较常用，指来路不明的女人；“姘”字在广州地区读 ping[1]，当地话“拼”字音；（又）读 pan[5]，当地话“牝”字音。

**姘［pín］，《中华字海》释义：妾。**

在粤方言地区，“姘”字多用于对样子不好看的女人的贱称，所以不要随便用。不过，当地也有父母直接把自家女儿叫“野姘”甚至“死姘”的，这是恶毒话。

## 猪牝

妹妹家里养了十几头猪牝。

“猪牝”一词在粤方言地区人们的口头上比较常用，指母猪，“牝”字在广州地区读 pan[5]，当地话“贫”字音。

**牝［pìn］，《新华字典》释义：指雌性的（鸟兽）。**

在粤方言地区，“老猪牝”和“起生（发情）狗牝”之类的词语，常用作损女性的话，不要随便用。

## 耳聋聠

阿廖是个耳聋聠，说话很大声她都听不见。

“耳聋聠”一词在粤方言地区人们的口头上比较常用，指聋子，“聠”字在广州地区读 ping[1]，当地话“拼”字音；（又）读 ping[3]，当地话“拼”字音。

**聠［pīng］，《中华字海》释义：耳闭。**

在粤方言地区，“耳聋聠”一词含有明显的贬损之意，不要轻易使用。

## 流水湃湃

容江流水湃湃，站在江边，总是让人心旷神怡。

“泵泵”一词在粤方言地区人们的口头上比较常用，指水流的样子，“泵”字在广州地区读 ping[1]，当地话“娉”字音。

**泵［pīng］，《新华字典》释义：水流的样子。**

例：在江边看泵泵流水，思考宇宙人生，的确有“逝者如斯夫，不舍昼夜”之感。

## 砯磞

在大藤峡，江水冲击石壁，砯磞作响。

“砯磞”一词在粤方言地区人们的口头上比较常用，在广州地区读 bing[1]bong[1]，当地话“乒邦”字音。

**砯磞［pīngbāng］，《中华字海》释义：象声词。**

例：你见过江水冲击石壁砯磞作响的场景吗？那是大自然绝美的景象。

## 船竮

以前，我们容江白饭渡的渡船，顶部有一个用竹篾编织而成的船竮。没有人过江的时候，船工就在船竮下面休息。

“竮”字在粤方言地区人们的口头上比较常用，在广州地区读 ping[1]，当地话“拼”字音，（又）读 ping[4]，当地话“竮”字音。

**竮［pīng］，《中华字海》释义：舟车篷。**

例：船竮和车竮是舟车的隐蔽场所。

## 箄竮

上世纪 90 年代之前，在我老家那里，很多家庭的院门处都有一个代替门的箄竮。

“箄竮”一词在粤方言地区人们的口头上比较常用，指一种由竹篾编成的遮拦物，“竮”字在广州地区读 ping[1]，当地话“拼”字音；（又）读 ping[4]，本地话“竮”字音。

**竮［pīng］，《中华字海》释义：一种由竹篾或蒲苇编成的器具。**

例：一个简易的箄竮，凝聚着浓浓的乡土气息。

## 草木藨藨

我老家有一块山地，原本种了肉桂，前几年，我让人把肉桂砍光了，不出半年，便草木蓱蓱，如今已荒芜不堪。

“蓱蓱”一词在粤方言地区人们的口头上比较常用，指草木茂盛，“蓱”字在广州地区读 pang[4]，当地话“凭”字音。

**蓱［píng］，《中华字海》释义：［～～］草木茂盛。**

例：草木蓱蓱是大山的本来模样。

## 大火焩焩

自小我就喜欢跟着小伙伴到砖窑去看窑工烧砖，从窑口往里看，里面大火焩焩，令人震撼。

“焩焩”一词在粤方言地区人们的口头上比较常用，指大火很旺的样子，“焩”字在广州地区读 pang[4]，当地话“朋”字音。

**焩［píng］，《中华字海》释义：火貌。**

例：人的一生，要像焩焩大火一样燃烧自己。

## 淜渼

西江大藤峡江水淜渼，令人惊心动魄。

“淜渼”一词在粤方言地区人们的口头上比较常用，在广州地区读 pang[4]bui[6]，当地话“凭焙”字音。

**淜渼［píng bèi］，《中华字海》释义：水流汹涌激荡的样子。**

例：江河淜渼，是大自然的壮美景象。

## 群鸟翍翍飞

我老家的天空，常常有群鸟翍翍飞。

“翍翍”一词在粤方言地区人们的口头上比较常用，指鸟飞翔的样子，“翍”字在广州地区读 put[8]，当地话“泼”字音。

**翍［pō］，《中华字海》释义：飞翔的样子。**

例：在我老家的天上，常常有飞机翍翍飞过。

## 鞞大

老路脸庞鞞大，大多数人的脸，都没有他的大。

“鞞大”一词在粤方言地区人们的口头上比较常用，指脸大的样子，“鞞”

字在广州地区读 paak[8]，当地话“魄”字音。

**䪙［pò］，《中华字海》释义：❶脸大的样子。❷［欺～］脸丑。**

例：脸庞䪙大的人特别“有脸”，别人在他们面前“没脸”。

## 身娝

吕老师身娝，干体力活不如身材结实的人那样能干。

“娝”字在粤方言地区人们的口头上比较常用，在广州地区读 pou[3]，当地话“剖”字音；（又）读 pou[1]，当地话“剖”字音；指肥胖但不壮实的样子。

**娝［pǒu］，《康熙字典》释义：妇人肥貌。**

在粤方言地区，“娝”字的义项不限于指“妇人肥貌”，其含意可扩展至“男女老幼肥胖但不壮实的样子”，甚至用来指“猪的囊膪”。如：我不要这块娝囊肉（猪的胸腹部肥而松软的肉）。

## 美发髻髻

小丽美发髻髻，笑容可掬。

“髻髻”一词在粤方言地区人们的口头上比较常用，指头发美的样子，“髻”字在广州地区读 pou[4]，当地话“剖”字音。

**髻［póu］，《中华字海》释义：美发。**

例：每一个人在美发髻髻的青春时代，都要惜时努力，不要虚度年华。

## 把黄糖和米粉裒匀

过年的时候，我老家那里家家户户都要用大芒叶包糍粑，糍粑是由黄糖和米粉裒匀而成的。

“裒”字在粤方言地区人们的口头上比较常用，在广州地区读 pau[4]，当地话“剖”字音；指把两种或多种物品均匀地搅拌在一起。

**裒［póu］，《新华字典》释义：❶聚集。❷减少。如：裒多益寡。**

例：每年春插和夏插，我都要把几种化肥裒匀，然后再施肥。

## 攴一攴身上的泥尘

浪水至容城的公路，在铺设柏油之前，只要是晴天，就尘土飞扬，在这段路上来回一次，我都得攴一攴身上的泥尘。

“攴”字在粤方言地区人们的口头上比较常用，在广州地区读 pok[8]，当地话“扑”字音。

**攴［pū］，《中华字海》释义：轻轻地击打。**

例：每次回到家，儿子便拿来毛巾，让我攴一攴身上的泥尘，此情温馨至极。

## 不让粥潽出

年少时，我常常端坐在火灶前，一边给火灶添柴煮粥，一边留意灶台上的粥锅，不让粥潽出。

“潽出”一词在粤方言地区人们的口头上比较常用，指液体沸腾溢出，“潽”字在广州地区读 pou[1]，当地话“铺”字音。

**潽［pū］，《新华字典》释义：液体沸腾溢出。**

例：守在灶台边，看着不让粥潽出，是我曾经拥有过的一段时光，如今只剩下回忆。

## 野草穙住稻田

我老家的水田在山边，只要一年不耕作，就有大量的野草穙住稻田。

“穙”字在粤方言地区人们的口头上比较常用，在广州地区读 buk[9]，当地话“瀑”字音。

**穙［pú］，《新华字典》释义：❶谷类作物堆积。❷禾苗或草长得稠密。**

在粤方言地区，“穙”字有“谷类作物堆积”这个义项。如：地坪上穙满了刚割下来还没脱粒的禾把。

## 不要酺在一起

前几年，白饭村的村干部每天进屯三次，放高音喇叭，要求村民待在家里，不要酺在一起。

“酺”字在粤方言地区人们的口头上比较常用，在广州地区读 buk[9]，当地话“瀑”字音；（又）读 pou[4]，当地话“菩”字音；泛指聚会饮酒，引申为向人群集中的地方靠近。

**酺［pú］，《新华字典》释义：〈古〉朝廷特许的聚会饮酒，也泛指聚会饮酒。**

例：不习惯酺，耐得住孤独，实在是一种超然于世的人生。

## 眼瞨

年届知天命，我就眼瞨了，每每用电脑工作，眼睛就很吃力。

“眼瞨”一词在粤方言地区人们的口头上比较常用，指因年长或近视等原因视力下降，“瞨”字在广州地区读 pou², 当地话“普”字音。

**瞨［pú］,《新华字典》释义：目暗。**

例：手机普及之后，很多青少年都眼瞨了。这是值得关注的社会问题。

## 鸡脯肉

鸡肉是我家乡最重要的肉菜，逢年过节，家家户户都杀鸡。把全鸡蒸煮熟透之后，年轻人要把鸡脯肉剁下来，放到一个盘子里，留给老人享用。

“鸡脯肉”一词在粤方言地区人们的口头上比较常用，指鸡胸脯的肉，“脯”字在广州地区读 pou², 当地话“脯”字音。

**脯［pú］,《中华字海》释义：❶脯鱼。❷家禽胸脯的肉。**

例：懂行的人都知道，其实鸡腿肉比鸡脯肉更嫩。

## 鼾声鼾鼾

我睡着之后，不久就会鼾声鼾鼾。

“鼾”字在粤方言地区人们的口头上比较常用，在广州地区读 pou⁴, 当地话“莆”字音；指鼾声。

**鼾［pú］,《中华字海》释义：［~鼾］鼾。**

例：鼾声鼾鼾是一种毛病，可以根治。

## 诌谱

我屯子里的妇女们，一有空就聚集在一起诌谱。

“诌谱”一词在粤方言地区人们的口头上比较常用，在广州地区读 paau³dzaau¹, 当地话“豹嘲”字音；指乱说一通。

**诌谱［páo zāo］,《中华字海》释义：乱语。**

例：平时喜欢诌谱的人，都成不了大事。

## 穮稵

父亲多次告诫我，种田切莫过度施肥，过度施肥就会穮稵，禾苗虽然长得好，但是稻谷不多。

“穮稵”一词在粤方言地区人们的口头上比较常用，在广州地区读 paau[1]maau[4]，当地话“泡茅”字音；指禾叶浓郁，稻谷稀少。

**穮［pāo］，《中华字海》释义：［~稵］禾虚貌。**

**稵［máo］，《康熙字典》释义：谟交切，音茅。穮~，禾不实也。**

例：人要努力才能取得成功，但不是努力了就一定成功：有的人虽然很努力，却很穮稵。

## 脾气娦㔥

五叔欧振驰说，他教过的学生当中，有几个脾气娦㔥的，他们都为此付出了沉重代价。

“娦㔥”一词在粤方言地区人们的口头上比较常用，指脾气急，“娦”字在广州地区读 paang[1]，当地话“烹”字音。

**娦［pēng］，《康熙字典》释义：急也。**

例：脾气娦㔥迟早会惹祸上身，我们要有雅量一些，不要做脾气娦㔥的人。

# Q

## 眼睘睘

大罗眼睘睘地看着母亲被邻居打了两个耳光，便冲上去，还了邻居两个耳光，邻居眼睘睘看着他。

“眼睘睘”一词在粤方言地区人们的口头上比较常用，指吃惊地瞪着眼，“睘”字在广州地区读 king[4]，当地话“琼”字音。

**睘［qióng］，《康熙字典》释义：目惊视也。**

例：小李眼睘睘看着自己的孩子被人欺负。

## 跂跂走

老姑丈要回家了，张表姐对他说：“老姑丈你跂跂走，不要急。”

“䟬”字在粤方言地区人们的口头上比较常用，在广州地区读 jau[6]，当地话“邱”字音；指慢慢。

**䟬［qiù］，《康熙字典》释义：［～～］行貌。**

例：快节奏的社会生活，让很多人匆忙着，不能再䟬䟬走了。

## 伹头伹脑

我是个伹头伹脑的人，不怎么让人待见。

“伹头伹脑”一词在粤方言地区人们的口头上比较常用，指笨头笨脑，“伹”字在广州地区读 sy[4]，当地话“薯”字音；（又）读 tsoey[1]，当地话“蛆”字音。

**伹［qū］，《中华字海》释义：笨拙。**

例：一个人外表伹头伹脑并不要紧，心里一定要明明白白。

## 僛僛参参

灿妹的头发僛僛参参，原来是他表哥给剪的。

“僛僛参参”一词在粤方言地区人们的口头上比较常用，指参差不齐的样子或身子摇摇晃晃的样子，“僛”字在广州地区读 tsi[1]，同普通话读音。

**僛［qī］，《中华字海》释义：❶身子摇摇晃晃的样子。❷参差不齐的样子。**

例：老爸在外面喝高了，一路僛僛参参走回来。

## 𠆭𠆭龁龁

有位 60 多岁的老大爷，把歌唱得𠆭𠆭龁龁，却毫无自知之明，硬闯电视台选秀。

“𠆭𠆭龁龁”一词在粤方言地区人们的口头上比较常用，指参差，也指读书或唱歌断断续续，不流畅，“𠆭”字在广州地区读 kei[1]，当地话“崎”字音。

**𠆭［qí］，《中华字海》释义：❶参差。❷（节拍）不合。**

例：朗诵或唱歌，要是𠆭𠆭龁龁，就是缺少天分的表现。

## 不要把碗摞得太敧

爸爸叫我们不要把碗摞得太敧，以防摔破。

“敧”字在粤方言地区人们的口头上比较常用，在广州地区读 kei[1]，当地话

“崎”字音。

**攲［qī］，《中华字海》释义：倾斜。**

例：世界上有好几座斜塔，样子比较攲，却没有倒下。

## 何老大差不多蟣了

何老大被抓进监狱，突然大病，差不多蟣了。

“蟣”字在粤方言地区人们的口头上比较常用，在广州地区读 tsai[4]，当地话“齐”字音；指危险、完蛋，也指完成。

**蟣［qí］，《中华字海》释义：❶蠿。❷讫事之乐。❸欲望，希望。❹且。❺危。**

在粤方言地区，“蟣”字有“讫事之乐”的义项。如：收蟣水稻我们就杀鸡喝酒！

## 懠了一通

有几个同学在教室打闹，被老师懠了一通。

“懠”字在粤方言地区人们的口头上比较常用，在广州地区读 tsai[6]，当地话“齐”字音；（又）读 tsai[4]，当地话“齐”字音；指愤怒，斥责。

**懠［qí］，《中华字海》释义：愤怒。**

例：人要控制好情绪，不要动不动就懠一通别人。

## 石榴顶真岂

石榴顶真岂呀，附近好多人都没有到过上面。

“岂”字在粤方言地区人们的口头上比较常用，在广州地区读 kei[5]，当地话“企”字音；指高峻。

**岂［qǐ］，《中华字海》释义：山高貌。**

例：不管多岂的山，都有人攀登。

## 婍嬟

胡师傅理头发，理得好婍嬟。

“婍嬟”一词在粤方言地区人们的口头上比较常用，在广州地区读 kei[5]lei[6]，当地话“奇利”字音；（又）读 kei[5]ji[2]，当地话“奇旖”字音；指美好。

**婍嬟［qǐ yǐ］，《中华字海》释义：好貌。**

例：我们要把家乡建设得婍婍嬟嬟。

## 唭嶷

孩子们一边吃姑姑带来的龙眼，一边唭嶷细语。

“唭嶷”一词在粤方言地区人们的口头上比较常用，在广州地区读 kei⁴ji⁴，当地话“其疑”字音；（又）读 kei¹ji¹，当地话“其疑”字音。

**唭嶷［qì yì］，《中华字海》释义：❶没有听见的样子。❷笑的样子。**

例：我朝廖叔招手，叫他过来喝茶，他听不清我说啥，在路上唭嶷着。

## 徛实

以前，每逢赶集日，白饭渡就徛实了人。如今，有关部门作出了规定，每趟渡只允许载客 20 人。

“徛实”一词在粤方言地区人们的口头上比较常用，指挤满，“徛”字在广州地区读 tsi¹，同普通话读音。

**徛［qì］，《中华字海》释义：［～集］人多的样子。**

例：小时候，我们常常徛集在爷爷身边，听他讲故事。

## 油罐放得太攲

老刘在集市上买了一罐花生油，他回家时把油罐放得太攲了，结果溢出了一些。

“攲”字在粤方言地区人们的口头上比较常用，在广州地区读 kei¹，当地话“崎”字音。

**攲［qì］，《中华字海》释义：倾斜。**

例：农村人习惯把劈好的柴码在屋外，他们不会把柴摆放得太攲，不然就会倒下来。

## 奓着门槛

“一个人要是奓着门槛，让你判断，这人是想进还是想出呢？”据说，这是大明朝国师刘基的夫人给他出的难题，刘基回答不了。

“奓”字在粤方言地区人们的口头上比较常用，在广州地区读 kaa¹，当地话

“卡”字音；指跨着。

**㚘［qiá］，《中华字海》释义：跨出门槛。**

可见，在粤方言地区，“㚘”字的释义是“跨着”，而不限定是“跨出”还是“跨进”。这个释义显然更合理。

## 拿㧟

我年少时，曾和几个青年人跟着我爸爸到都峤山游玩，我们刚进入一个岩洞，就突然蹿出了一条大蛇，在众人惊叫之际，我爸爸信手就把大蛇拿㧟住了。

“拿㧟”一词在粤方言地区人们的口头上比较常用，指捉拿，“㧟”字在广州地区读 kaa[1]，当地话“抹”字音。

**㧟［qiá］，《中华字海》释义：［拿～］捉拿。**

例：见到蛇，我不敢拿㧟，比父亲差远了。

## 欦欦笑

刘主任见到人就欦欦笑，是个平易近人的领导。

“欦”字在粤方言地区人们的口头上比较常用，在广州地区读 jam[2]，当地话“饮”字音；（又）读 him[1]，当地话“谦”字音；指微笑。

**欦［qiān］，《中华字海》释义：含笑。**

例：天生就欦欦笑的人，运气不会差。

## 褰手捋臂

你褰手捋臂，到底想干什么？

“褰手捋臂”一词在粤方言地区人们的口头上比较常用，指把衣袖往手臂卷起来，比喻准备打架或者干活。“褰”字在广州地区读 hin[1]，当地话“牵”字音。

**褰［qiān］，《新华字典》释义：把衣服提起来：～裳。**

例：徒步走过小河的时候，我们要把裤管褰起来。

## 搴起来

“阿清的女儿百里挑一，不知谁能搴起来？”邻居们感慨道。

“搴起来”一词在粤方言地区人们的口头上比较常用，指拔取、拿下，“搴”字在广州地区读 hin[1]，当地话“牵”字音。

**搴［qiān］，《新华字典》释义：❶拔取：斩将~旗。❷同“褰。”**

例：老师经常鼓励同学们要尽可能地把名校的录取通知书搴下来！

## 麻雀鹐稻谷了

妈妈打电话给我，说家里的水稻熟透了，麻雀鹐稻谷了，快回来收割。

“鹐”字在粤方言地区人们的口头上比较常用，在广州地区读 tsim[1]，当地话“签”字音；（又）读 dzaam[1]，当地话“簪”字音；泛指鸟兽牲畜和人触碰过或糟蹋过某种东西。

**鹐［qiān］，《新华字典》释义：尖嘴的家禽或鸟啄东西：鸡~麦穗︱乌鸦把瓜~了。**

可见，“鹐”字义项的外延，在粤方言地区的含义，比《新华字典》对其释义更广。如：爷爷告诫我们，还不能采摘的三华李、龙眼、荔枝，千万不要鹐树上的果子，一旦鹐过了就容易招虫子。

## 眼覼覼

芸彤上幼儿园的时候，有一次，她回到家就对爸爸说：“我同桌偷了我的橡皮，我发现后，就拿回来，他眼覼覼看着我，我不怕他”。

“覼”字在粤方言地区人们的口头上比较常用，在广州地区读 tsoeng[1]，当地话“猖”字音；（又）读 hin[1]，当地话“牵”字音。

**覼［qiān］，《中华字海》释义：凶狠地注视。**

例：我在公交上看见一个小偷在偷钱包，他发现我后便眼覼覼看着我。

## 慢慢蹇

我老家在大山沟里，老一辈人要到山外赶集，都是三五成群慢慢蹇。

“蹇”字在粤方言地区人们的口头上比较常用，在广州地区读 hin[1]，当地话搴”字音；指走路的样子。

**蹇［qiān］，《康熙字典》释义：走貌。**

例：大多数人的人生道路，都需要慢慢蹇。

## 鎌颔

大山里的生活很艰苦。我的上一辈人，以及我的青少年时代，在干活时，经常干到辗颔不堪。

“辗颔”一词在粤方言地区人们的口头上比较常用，指辛苦而疲惫的模样，“辗”字在广州地区读 hin[1]，当地话“牵”字音。

**辗［qiān］，《中华字海》释义：劳苦。**

例：因为有过辗颔的人生际遇，所以我们会更加珍惜美好的生活。

## 钤章

2020 年春季学期，到了 4 月初才开学，入学前我要带孩子拿表格到村委会签字钤章。

“钤章”一词在粤方言地区人们的口头上比较常用，指盖章，“钤”字在广州地区读 kam[2]，当地话“禽”字音；（又）读 kim[4]，当地话“钳”字音。

**钤［qián］，《新华字典》释义：❶印章。［～记］旧时印的一种❷盖印章：～印｜～章。**

例：老刘爱收藏，他有好几个钤记。现在很多人没有见过那宝贝儿。

## 碗墘

我们使用的饭碗，必须是完好无缺的。如果碗墘有一丁点破损或不够光滑，都可能伤及吃饭人的嘴。

“墘”字在粤方言地区人们的口头上比较常用，在广州地区读 jin[4]，当地话“言”字音；（又）读 kin[4]，当地话“乾”字音；指旁边或指器物的边沿。

**墘［qián］，《中华字海》释义：❶旁边。❷器物的边沿。**

例：我在老家的鱼塘墘种了几棵甘蔗。

## 不停地犟

我上小学五年级之后，每逢暑假，父母就安排我拉牛溏田。夏天气温高，牛渴了、饿了会不停地犟，这时，我得牵它去喝水、吃草。

“犟”字在粤方言地区人们的口头上比较常用，在广州地区读 tsoeng[1]，当地话“猖”字音；（又）读 tsoeng[3]，当地话“唱”字音。

**犟［qiǎn］，《中华字海》释义：牛凶狠不服牵引。**

在粤方言地区，“犟”字有一个义项，指“顽劣的人不服从管教”，这是个引申义。如：小唐太犟了，在学校谁也管不住他。

## 话语言言

火哥话语言言，听话的人很留意去听，也听不清楚他说什么。

“言言”一词在粤方言地区人们的口头上比较常用，在广州地区读 hin[2]jim[2]，当地话“谴掩”字音；指说话很急。

**言言 [qiǎn yǎn]，《中华字海》释义：说话很急的样子。**

在粤方言地区人们有时把“言言”两个字分开，单独使用，指的仍然是说话很急的样子。

## 芒草蒨蒨

在我老家房子的周边和田边、山上，随处可见芒草蒨蒨。

“蒨”字在粤方言地区人们的口头上比较常用，在广州地区读 sin[6]，当地话“倩”字音。

**蒨 [qiàn]，《中华字海》释义：用以形容草长得茂盛的状貌。**

例：一个人不管经历何种艰难，只要他心中满怀希望，而非野草蒨蒨，便光明在前。

## 关歉橱柜

每次打开橱柜门之后，我都会重新关歉橱柜，防止老鼠乘虚而入。

“歉”字在粤方言地区人们的口头上比较常用，在广州地区读 tsim[7]，当地话“堑”字音；指闭合。

**歉 [qiàn]，《康熙字典》释义：物相值合也。**

例：有些木工做工不细，制作的橱柜，柜门关不歉。

## 江水嵱嵱

容江进入沙腰石角湾之时，江水嵱嵱，坐船的人从那里经过，心惊肉跳。

“嵱”字在粤方言地区人们的口头上比较常用，在广州地区读 tsoeng[1]，当地话“枪”字音；指水击石的声音，用作象声词。

**嵱 [qiāng]，《中华字海》释义：[ ~ ~ ] 象声词，水激石的声音。**

例：江水嵱嵱，实在是大自然的天籁。

## 咚咚嗆

春节一到，在我老家那个小山村，就会传来“咚咚嗆、咚咚嗆嗆、咚咚嗆”的锣鼓声。

“嗆”字在粤方言地区人们的口头上比较常用，在广州地区读 tsoeng2，当地话“抢”字音；指锣的声音，用作象声词。

**嗆［qiāng］，《中华字海》释义：锣等金属器物撞击声。**

例：“咚咚嗆、咚咚嗆嗆、咚咚嗆”，这是民间喜庆的声音。

## 戗一下

我们把衣服晾在阳台上面，待晾的衣服和晾干的衣服，都要使用撑衣杆戗一下。

“戗”字在粤方言地区人们的口头上比较常用，在广州地区读 tsoeng3，当地话“唱”字音；指撑或捅。

**戗［qiàng］，《新华字典》释义：❶填：～金（器物上作嵌金的花纹）。❷支撑，支持。**

在粤方言地区，“戗”字有一个义项，指“捅”，这是个引申义。如：你拿根竹竿过来戗木瓜。

## 麪鼻

妈妈打开厨柜，突然问：“这碗面条是什么时候放在里面的？都麪鼻了！”

“麪”字在粤方言地区人们的口头上比较常用，在广州地区读 tsoeng3，当地话“唱”字音；指馊味。

**麪［qiàng］，《中华字海》释义：面馊。**

例：面条麪鼻，人不可以再吃了，拿来喂猪，看似不浪费，其实也是不可取的。

## 颏勍

老倪的几个孩子脾气都颏勍，没有教养。

“颏勍”一词在粤方言地区人们的口头上比较常用，指脾气大、不温和，“颏”字在广州地区读 giu1，当地话“撬”字音。

**颂［qiāo］，《中华字海》释义：不媚。**

例：样子颂勍的人，自尊心都极强。

## 拿个饭秉来

阿光问："饭秉在哪里？拿个饭秉来舀饭！"

"秉"字在粤方言地区人们的口头上比较常用，在广州地区读 tsiu[1]，当地话"锹"字音。

**秉［qiāo］，《中华字海》释义：饭勺之类的用具。**

例：以前，我们农家使用的饭秉，多半是家里人自己用木料或竹片做成的。

## 硗硬

我老家的水田边有一块石壁，石壁上是硗硬的沙土，野草在其间却长得特别好。

"硗硬"一词在粤方言地区人们的口头上比较常用，指地坚硬不肥沃，"硗"字在广州地区读 haau[1]，当地话"敲"字音。

**硗［qiāo］，《新华字典》释义：地坚硬不肥沃。如：硗薄。**

在粤方言地区，"硗硬"一词也指"思想固执、脾气硬"，这是个引申义。例如，爸爸告诫我："脾气要温和些，不要硗硬。"

## 捅一锹

陈老大作恶多端，被仇家捅了一锹，一命呜呼。

"锹"字在粤方言地区人们的口头上比较常用，在广州地区读 tsiu[1]，当地话"锹"字音；指匕首。

**锹［qiāo］，《中华字海》释义：匕。**

例：探险家进入未知的地方一般都随身带锹。

## 愀然作色

倪哥在商铺坐了 20 分钟左右，裤袋里上万块钱就不翼而飞了，他愀然作色。

"愀"字在粤方言地区人们的口头上比较常用，在广州地区读 tsiu[2]，当地话"悄"字音。

**愀［qiǎo］，《新华字典》释义：脸色改变，~然作色。**

例：在人世间，遇大事愀然作色者居多。泰山崩于前而色不变，麋鹿兴于左而目不瞬者，实为凤毛麟角。

## 硬殼殼

核桃和石栗的外壳是硬殼殼的。

“殼”字在粤方言地区人们的口头上比较常用，在广州地区读 kaau[1]，当地话“靠”字音；（又）读 haau[1]，本地话“拷”字音。

**殼［qiào］，《中华字海》释义：坚硬的外皮。**

例：有些人表面像石栗椎，看似硬殼殼，实际上内心很脆弱。

## 䯤䯤

阿均参与传销，如今落得倾家荡产，没有正常收入，心里很䯤䯤。

“䯤䯤”一词在粤方言地区人们的口头上比较常用，在广州地区读 kiu[3]jiu[6]，当地话“翘鹞”字音。

**䯤䯤［qiào yào］，《中华字海》释义：不安。**

例：颠沛流离的生活，让人在䯤䯤中度日如年。

## 诮人

昨天我们到小王家里摘黄瓜，他妈妈发现黄瓜没了之后就诮人。

“诮”字在粤方言地区人们的口头上比较常用，在广州地区读 giu[1]，当地话“撬”字音；（又）读 tsiu[3]，当地话“俏”字音。

**诮［qiào］，《新华字典》释义：责备。**

例：奶奶教育我们，要与人为善，不要轻易诮人。

## 䯤高

霸哥爬到䯤高的树顶摘八角，让人捏了把汗。

“䯤高”一词在粤方言地区人们的口头上比较常用，指高而危险，“䯤”字在广州地区读 kiu[3]，当地话“翘”字音。

**䯤［qiào］，《中华字海》释义：高。**

在粤方言地区，“䯤高”一词有个引申义，指“好高骛远”。如：上了年纪的人都劝年轻人不要心头毃高。

## 皵皮

我买了一个皮包，雨淋之后，就皵皮了。

“皵”字在粤方言地区人们的口头上比较常用，在广州地区读 kiu[3]，当地话“翘”字音。

**皵［qiào］，《中华字海》释义：皮或表层凸起。**

在粤方言地区，“皵”字有个引申义，指“油漆剥离”。如：先父留下来的家具，都皵漆了。

## 气悏

老井本想摘些人家果园的龙眼，想不到果园里的狼狗咆哮着追过来，吓得他气悏不已。

“悏”字在粤方言地区人们的口头上比较常用，在广州地区读 tse[2]，当地话“扯”字音。

**悏［qiè］，《中华字海》释义：恐惧而喘息。**

例：气悏是一种人生体验，你经历过吗？

## 㰼㰼大笑

优秀的小品演员能带给国人无数快乐的瞬间，他们的表演换来了观众的㰼㰼大笑。

“㰼”字在粤方言地区人们的口头上比较常用，在广州地区读 tse[1]，同普通话读音；指大笑的样子。

**㰼［qiè］，《中华字海》释义：张口大笑。**

例：㰼㰼大笑是一种生命的体会，你有过吗？

## 老肖老婆挈了

老肖是个干事稳当的人，可是挣的钱少，老婆嫌他穷，几次扬言要挈，后来果然挈了。

“挈”字在粤方言地区人们的口头上比较常用，在广州地区读 tse[2]，当地话“扯”字音；指夫妻的一方不离婚而离家出走。

**掣［qiè］，《中华字海》释义：［活~头］丈夫还在而改嫁的妇女。**

在粤方言地区，“掣”字多半指夫妻中的女方逃婚离开男方，但是也指男方逃婚离开女方的现象。如：三娘的母亲是个地主女儿，生性骄横，三娘的父亲是个斯斯文文的大学毕业生，他受不了老婆的臭脾气，在三娘两岁时就掣了，杳无音信。

## 颈趄就趄人

阿唐被人取笑，他颈趄就趄人，不对别人发怒。

“颈趄”和“趄人”二词，在粤方言地区人们的口头上比较常用，“颈趄”指很气愤；“趄人”指走人、离开。“趄”字在广州地区读 tse[2]，当地话“扯”字音；（又）读 kit[8]，当地话“揭”字音。

**趄［qiè］，《新华字典》释义：❶离去；❷勇武，壮健。**

例：“如果做不到，就立马趄人！”爷爷颈趄地说道。

## 瘈住气

陈大作恶多端，与韩二结了夺妻之仇，被韩二捅了一刀之后，邻居把他急急忙忙送到卫生院抢救，看热闹的人守在抢救室门外，不停地问医生：“陈大怎么样了？”医生冷冷地说：“瘈住气！”

“瘈住气”一语在粤方言地区人们的口头上比较常用，指处于濒死状态下的呼吸，“瘈”字在广州地区读 tse[2]，当地话“扯”字音。

**瘈［qiè］，《中华字海》释义：病人气息微弱。**

例：瘈住气或许是生命的最后状态，不过，也有瘈住气而恢复如初的人。

## 嵚嵜

都峤山双峰嵚嵜，让人望而生畏。

“嵚嵜”一词在粤方言地区人们的口头上比较常用，在广州地区读 jam[1]kei[1]，当地话“钦崎”字音。

**嵚嵜［qīn qí］，《中华字海》释义：（山）高峻。**

例：无限风光在险峰！人间的许多高峰，原本就嵚嵜，只有登上顶峰的人，才能领略到无限美景！

## 嵚崟

华山多嵚崟呀，无数的攀登者都以登上它的顶峰为荣。

“嵚崟”一词在粤方言地区人们的口头上比较常用，在广州地区读 $jam^1jam^4$，当地话“钦吟”字音；指高峻。

**嵚崟［qīn yín］，《中华字海》释义：高峻。**

例：三山五岳，无不嵚崟，只有勇者，才能让它们居于自己的脚下。

## 骎骎奔跑

从小，我就盼望自己能走进呼伦贝尔大草原，骑上骏马，骎骎奔跑。

“骎骎”一词在粤方言地区人们的口头上比较常用，指马跑得很快的样子，比喻事业进行迅速，“骎”字在广州地区读 $tsam^1$，当地话“侵”字音。

**骎［qīn］，《新华字典》释义：形如马跑得很快的样子，喻事业进行迅速，如“~~日上。”**

例：我的著作出版之后，事业就骎骎日上了。

## 嶜崟

娑婆岩非常嶜崟，我们沿着石壁一路攀爬，用了三个多小时，才到顶。

“嶜崟”一词在粤方言地区人们的口头上比较常用，在广州地区读 $kam^4jam^4$，当地话“琴吟”字音。

**嶜崟［qín yín］，《中华字海》释义：高峻；险峻。**

例：人生的高山多嶜崟，不攀登，哪能领略到人间美好的风光呢？

## 肣住双脚

天气一冷，我就习惯肣住双脚取暖。

“肣”字在粤方言地区人们的口头上比较常用，在广州地区读 $kam^4$，当地话“禽”字音。

**肣［qín］，《中华字海》释义：（脚）收缩。**

例：天冷时，你肣过双脚吗？

## “着慬”比“着紧”更慬

“着慬”比“着紧”更慬——此话怎讲？

“夜风凛凛，独回望旧事前尘。是以往的我，充满怒愤、诬告与指责，积压着满肚气不愤，对谣言反应甚为着紧……”当这首旋律优美的粤语歌曲《沉默是金》唱响之时，那如诗一般的歌词，往往会让心情烦躁、情绪冲动的人平静下来，进入冷静的思考状态，并在心中滋生一种无惧人生风雨、战胜困难的力量！在珠江流域生活的人，平时基本上都使用粤方言，大家都喜爱粤语歌曲，并能够准确地理解歌词的意思。但对北方的朋友来说，粤语歌词里的一些词语，令他们费解——他们问过我：《沉默是金》里的“着紧”是什么意思？

其实，生活在两广的大多数人都知道“着紧”一词指的是“着急、紧张”的意思，它的构词方式，和“着急”一样，都属于动宾式词语。只要你能理解“着急”，就可以理解“着紧”——在此处，“紧”“急”同义。

容县方言作为粤方言的分支，其文化底蕴尤其深厚，在传承古代汉语文化方面，发挥着独特的作用。在容县方言里，与“着紧”一词同音的词语“着慬”，值得玩味。

字典对“慬”的注音为“qín”，释义为“①勇敢。②忧愁；烦恼”。按《说文解字》的方法解释，“慬”为形声字，左边竖心旁，指该字和心理活动有关；右边“堇”表读音。从“慬”字的释义②分析，容县方言里的“着慬”，准确表达了“着急、紧张”的意思。例如（容县方言）：“她的孩子在街上不见了，不知有多（着）慬。”由此可见，在当地方言里，单单一个与“紧”字同音的“慬”字，就非常准确地表达了“着急”的意思。这是单独一个“紧”字所无法达到的表达效果。

“慬”字还有一个义项，指“勇敢”，在容县方言里，这个义项也是被充分地利用着，例如（容县方言）：“柯受良驾车飞越了黄河，多慬啊！”这个义项，还有一个引申义“厉害”，例如（容县方言）：“小杨高考得了730分，他真是慬！”

综上所述，“着慬”一词，其内涵比“着紧”一词更丰富，前者比后者的外延更大。“着慬”比“着紧”更慬！

## 趻来趻去

傅男中风了，落了个腿疾，好在还能自理，每天在路上趻来趻去。

“趻”字在粤方言地区人们的口头上比较常用，在广州地区读 dam[2]，当地话“扰”字音；（又）读 tsam²，当地话“寝”字音；指艰难行走的样子。

**赾［qǐn］，《中华字海》释义：❶行难。❷跛行貌。**

例：在路上或街上遇到赾来赾去的人，我们都应该谦让。

## 搇住古董

老刘每天都搇住古董慢慢欣赏。

“搇”字在粤方言地区人们的口头上比较常用，在广州地区读 tsam²，当地话“寝”字音；指拿着东西。

**搇［qǐn］，《中华字海》释义：持物。**

例：李老师一出门就搇着拐杖。

## 心忴

知道老大的死因后，屯子里的人心忴不已：他贻误了治疗时机！

“忴”字在粤方言地区人们的口头上比较常用，在广州地区读 tsam³，当地话“吣”字音。

**忴［qìn］，《中华字海》释义：忧伤，悲痛。**

例：活在世上，谁没经历过心忴的事？

## 揿门铃

来到封师傅门外，我就揿门铃。

“揿”字在粤方言地区人们的口头上比较常用，在广州地区读 gam⁶，当地话“禁”字音；指用手指按压。

**揿［qìn］，《新华字典》释义：〈方〉用手按：~电铃。**

在粤方言地区，当地人习惯把“图钉”叫作“揿钉”。

## 荩谷荩柴

快下雨了，晒谷就要荩谷，晒柴就要荩柴。

“荩”字在粤方言地区人们的口头上比较常用，在广州地区读 gam⁶，当地话“禁”字音。

**荩［qìn］，《中华字海》释义：覆盖。**

在粤方言地区，“荩”字的义项，还包含“遮住”的意思。如：老三的瓦顶被大树蔓住了。

## 云彩在空中霠霠飘过

我故乡的山很秀，我故乡的水很清，我故乡的天很蓝，常有云彩在空中霠霠飘过。

“霠”字在粤方言地区人们的口头上比较常用，在广州地区读 gam$^6$，当地话“禁”字音；指云行的样子。

**霠［qìn］，《中华字海》释义：云行。**

例：行到水穷处，坐看云起时。这是多诗意的人生呀！在故乡的青山绿水间，看天上白云霠霠飘过，我这一介凡夫俗子，便拥有了诗佛的心境。

## 粪圊

随着农村人居环境的改善，曾经绵延许多年的粪圊已悄然消失。

“粪圊”一词在粤方言地区人们的口头上比较常用，指茅厕，“圊”字在广州地区读 hing$^1$，当地话“轻”字音；（又）读 tsing$^1$，当地话“青”字音。

**圊［qīng］，《新华字典》释义：茅厕、化粪池。**

在粤方言地区，有“抬圊佬”一词，指抬棺材的人。

## 领赇

阿俊去广东之后，娶了老板的独生女，他领赇接受了人家的千万家财。

“领赇”一词在粤方言地区人们的口头上比较常用，指白白地得到，坐享其成，“赇”字在广州地区读 king$^2$，当地话“顷”字音；（又）读 tsing$^4$，当地话“情”字音。

**赇［qíng］，《新华字典》释义：承受财产等，坐享其成。**

例：妈妈每天煮好饭，让给孩子们领赇吃。

## 性情太勍

驴叔觉得自己教女无方，几个女儿都性情太勍。

“勍”字在粤方言地区人们的口头上比较常用，在广州地区读 king$^2$，当地话“顷”字音；（又）读 king$^4$，当地话“琼”字音；指不温顺、无教养，倔强。

**勍［qíng］,《新华字典》释义：强。如：～敌。**

长期以来，在粤方言地区，大多数人把“勍”当成“劥”（kēng）去读去用。这是个普遍的错误。

## 殑殑

大祖叔爱赌博，输多赢少，囊中羞涩，他又常年咳嗽，一副殑殑的样子。

“殑殑”一词在粤方言地区人们的口头上比较常用，在广州地区读king[2]ling[4]，当地话“顷凌”字音。

**殑殑［qíng líng］,《中华字海》释义：病困的样子。**

例：大祖叔样子殑殑，就连他的两个儿子也不可怜他。

## 泉水檾檾

老家的小水池泉水檾檾，我用水管把泉水引到了自家楼顶的水塔，用起来方便多了。

“檾”字在粤方言地区人们的口头上比较常用，在广州地区读king[2]，当地话“顷”字音；指泉水侧出。

**檾［qǐng］,《中华字海》释义：侧出泉。**

例：家里独自拥有一个泉水檾檾的小水池，那是很幸福的事。

## 庼儿

舅父来了，我让他自己在庼儿喝茶，我做饭。

“庼儿”一词在粤方言地区人们的口头上比较常用，指小厅堂，“庼”字在广州地区读king[2]，当地话“顷”字音。

**庼［qǐng］,《新华字典》释义：小厅堂。**

例：如今农村的住宅，有的还保留有庼儿，有的只有大厅。

## 不要把“謦计”写成“倾计”

两广粤方言区的人习惯把“谈话”叫作“倾计”，把和声细语谈话叫作“慢慢倾”。实际上，把“倾”代替“謦”在文字上使用，是两广粤方言区人们在用语方面的一个错误。

“倾”字在字典里的释义有四项：❶斜，歪：～斜。～侧。～塌。～圮。～

跌。❷趋向：~向。~心。~慕。~注。左~。右~。❸使器物反转或歪斜以倒出里面的东西；引申为尽数拿出，毫无保留：~箱倒箧（亦称“倾筐倒皮”）。~盆大雨。~城。~洒。~销。❹用尽（力量）：~听。~诉。~吐。从字典对“倾”字的第❹项释义来看，“倾诉”“倾吐”的“倾”只有“用尽（力量）”的意思，没有“谈”和“说”这方面的意思；“诉”和“吐”才有“谈”和“说”这方面的意思。

在粤方言里，只有“謦”才有“谈笑”的释义，由于“謦”不常见不常用，又由于“倾”与“謦”同音，还由于“倾诉”“倾吐”等词语有“谈”和“说”的意思，所以，人们就常常把“倾”误为“謦”使用，把“倾计”误为“謦计”一词长期使用。我们不要再把“倾”误作“謦”，把“謦计”写成“倾计”了。

## 縻紧孩子

在寒冷的冬天，很多大人总是用小棉袄縻紧孩子。

“縻”字在粤方言地区人们的口头上比较常用，在广州地区读 lyn²，当地话“联”字音；指束缚、包裹。

**縻［qǔn］，《中华字海》释义：束缚。**

例：银行里的硬币总是被縻得很紧。

## 把牛掅住

以前的一个早上，我家的牛不知为何，自己从牛栏跑出去，沿着村道一直往前走，邻居发现后，把牛掅住了。

“掅”字在粤方言地区人们的口头上比较常用，在广州地区读 tsing³，当地话“秤”字音。

**掅［qìng］，《中华字海》释义：抓住。**

例：从小，爷爷奶奶和父母就教育我，千万不要干坏事，不然，被别人掅住，他们的老脸都要丢尽了。

## 水瀞就不要洗澡

年少时，我离家上学，爸爸妈妈说：“到了冬天，水瀞就不要洗澡。”

“瀞”字在粤方言地区人们的口头上比较常用，在广州地区读 tsing³，当地话“秤”字音；（又）读 dzing[6]，当地话“清”字音；多指水寒冷。

**瀞［qìng］，《中华字海》释义：寒冷。**

例：入冬之后，溪水很瀞。

## 天气儬

我年少时，离家上学之后，父母就嘱咐我：“天气儬就要多穿衣服。”

“儬”字在粤方言地区人们的口头上比较常用，在广州地区读 tsing[3]，当地话“秤”字音；指天气寒冷。

**儬［qìng］，《中华字海》释义：寒冷。**

例：在我小时候，天气明明就很儬，我爷爷还是经常冒着严寒去干活。

## 车篜笼

伯母说：“你看阿四那辆三轮车在路上颠来颠去，那车篜笼摇头晃脑一般，我真担心它翻了！”

“车篜笼”一词在粤方言地区人们的口头上比较常用，指车篷，“篜”字在广州地区读 kung[4]，当地话“穹”字音。

**篜［qióng］，《中华字海》释义：［～笼］车篷。**

在粤方言地区，当地人习惯把渡船的船篷叫“船篜笼”。

## 脚步跫跫

每天上午第三节下课，我们学校就脚步跫跫，那是师生们在参加大课间跑步。

“跫”字在粤方言地区人们的口头上比较常用，在广州地区读 kung[4]，当地话“琼”字音；指脚步声。

**跫［qióng］，《新华字典》释义：形容脚踏地的声音。**

例：脚步跫跫，是一种健康向上的声音。

## 拿衣服到楼顶晎

春天阴雨绵绵，好不容易等到天晴，我们急着拿衣服到楼顶晎。

“晎”字在粤方言地区人们的口头上比较常用，在广州地区读 kung[5]，当地话“穹”字音；指太阳晒东西。

**晾 [qióng]，《中华字海》释义：日干物。**

例：夏日，人不能在太阳下晾太久，不然就会有危险。

## 䯳鬆

黄老板行事高调，为人霸气，后来突然就病倒了，当他再次出现在大家眼前时，已是脸色枯槁，头发䯳鬆而花白了。

“䯳鬆”一词在粤方言地区人们的口头上比较常用，在广州地区读 kung[4]sung[1]，当地话“穷松”字音；指头发蓬松散乱。

**䯳鬆 [qióng sōng]，《中华字海》释义：头发蓬松散乱。**

例：有些人不爱梳头，头发总是䯳鬆的。

## 慢趥趥

廖叔的日子过得好悠闲，有时候他在村道上转悠大半天，肚子饿了才慢趥趥地回家。

“慢趥趥”一词在粤方言地区人们的口头上比较常用，指慢悠悠，“趥”字在广州地区读 tsau[1]，当地话“秋”字音；（又）读 jau[1]，当地话“丘”字音。

**趥 [qiū]，《中华字海》释义：行貌。**

例：年轻人行事要风风火火，走起路来就不能慢趥趥。

## 脙住脚

有些跳水运动员在跳水的时候，是脙住脚连翻数圈才入水的。

“脙”字在粤方言地区人们的口头上比较常用，在广州地区读 taau[1]，当地话“秋”字音；（又）读 kau[4]，当地话“球”字音。指膝盖弯曲。

**脙 [qiū]，《康熙字典》释义：膝盖弯。**

例：古代没有椅子的时候，士人们经常脙着脚面对面谈话。

## 傲气夻夻

老何这人，在地方的小报上发表过若干篇小文章，就看谁都是小学生，一副傲气夻夻的派头。

“夻”字在粤方言地区人们的口头上比较常用，在广州地区读 kau[4]，当地话“馗”字音；指傲气逼人的样子。

**叴［qiú］，《中华字海》释义：傲气逼人的样子。**

例：傲气叴叴者，四处不受人待见。

## 耳鸣啾啾

年少时，我和小伙伴们在家乡小溪的水潭里戏水，潜到潭底再上岸之后，耳朵往往会进水，免不了耳鸣啾啾。

“啾”字在粤方言地区人们的口头上比较常用，在广州地区读 kau$^4$，当地话“球”字音。

**啾［qiú］，《中华字海》释义：耳鸣。**

例：飞机飞过之后，年少的我总是会因此耳鸣啾啾。

## 趜蜷

天气寒冷的时候，我经常趜蜷着双脚取暖。

“趜蜷”一词在粤方言地区人们的口头上比较常用，指双足或单足蜷缩，“趜”字在广州地区读 kau$^4$，当地话“球”字音。

**趜［qiú］，《中华字海》释义：足不伸。**

例：看着三叔在寒风里双腿趜蜷的样子，我们不禁心生怜意。

## 猷猷

二伯九十几岁了，他说他耳朵时有猷猷之声。

“猷”字在粤方言地区人们的口头上比较常用，在广州地区读 kau$^4$，当地话“球”字音；指耳朵里的声音。

**猷［qiú］，《中华字海》释义：耳中声。**

例：一个人，也许到了九十几岁，耳朵就会出现猷猷之声。

## 阿纨

我家乡的人们习惯把小男孩叫“阿纨”。

“纨”字在粤方言地区人们的口头上比较常用，在广州地区读 kau$^4$，当地话“球”字音；原义指小牛，引申为小男孩，当地人把小男孩当作小畜，以贱名称呼，本意是期冀鬼神不侵扰，容易长大成人。

**纨［qiú］，《中华字海》释义：幼小。**

在粤方言地区也有把“阿纨”叫“纨弟”的，后者显得亲切些。

## 鼽衄

阿韧兄妹几个小时候鼻孔里总是布满鼽衄，大多数人见了就远远躲着他们。

“鼽衄”一词在粤方言地区人们的口头上比较常用，在广州地区读 kau⁴nuk⁹，当地话“球侬”字音。

**鼽衄［qiú nǜ］，《新华字典》释义：指鼻出血和流清涕。**

例：你见过满脸鼽衄的小孩子吗？

## 恶訄訄

前几天的赶集日，镇上来了几个恶訄訄的人，强行推销他们的商品，被仗义执言的曾三叔摆平了。

“恶訄訄”一词在粤方言地区人们的口头上比较常用，指凶恶地逼迫，“訄”字在广州地区读 kau⁴，当地话“球”字音。

**訄［qiú］，《新华字典》释义：逼迫。**

例：与人为善才是长久之计，恶訄訄的人没有好结果。

## 塞鼽鼽

很多人都有这样的感觉，只要患了感冒，不久鼻子就会塞鼽鼽。

“塞鼽鼽”一词在粤方言地区人们的口头上比较常用，指鼻子堵塞不通，“鼽”字在广州地区读 kau⁴，当地话“球”字音。

**鼽［qiú］，《新华字典》释义：鼻子堵塞不通。**

在粤方言地区人们习惯把水管堵塞也叫“塞鼽鼽”，这是个引申义。如：奇怪了，这段水管怎么就塞鼽鼽了？

## 一糗饭

读小学的时候，我早上经常看见一些同学手里捧着一糗饭边吃边走路。

“糗”字在粤方言地区人们的口头上比较常用，在广州地区读 kau¹，当地话“球”字音；（又）读 jau²，当地话“柚”字音；用作形容词或量词，作形容词时指饭或面食粘连成块状或糊状；作量词时相当于个、块、团。

**糗［qiǔ］，《新华字典》释义：❶干粮，炒米粉或炒面。❷饭或面食粘连成**

**块状或糊状。**

糗，《说文》："熬米麦也。"或作"粲"。可见，"粲"是"糗"的异体字。

## 美发髷髷

强哥美发髷髷，羡煞了好多人。

"髷"字在粤方言地区人们的口头上比较常用，在广州地区读 kuk[7]，当地话"曲"字音；指（毛发）卷曲。

**髷［qū］，《中华字海》释义：卷曲。**

例：在我们身边，美发髷髷的人并不多。

## 脚胐

在我老家的屯子里，有一个深到脚胐的天然水窝，我的祖祖辈辈都在那里洗衣洗菜。

"胐"字在粤方言地区人们的口头上比较常用，在广州地区读 kuk[7]，当地话"曲"字音。

**胐［qū］，《中华字海》释义：膝关节。**

例：很多地方严重缺水，我老家那条仅有脚胐深的小溪，是人们的无价之宝。

## 把火焌灭

每次炒完菜，妈妈就叫我把火焌灭。

"焌"字在粤方言地区人们的口头上比较常用，在广州地区读 dzoet[7]，当地话"卒"字音；它有三个义项：①把燃烧着的东西弄灭；②一种烹饪法；③用不带火苗的火烧烫。

**焌［qū］，《新华字典》释义：❶把燃烧着的东西弄灭：把香火儿~了。❷一种烹饪法，在热锅里加油，油热后先放作料，然后放菜：~油。~豆芽。❸用不带火苗的火烧烫：拿香火儿~一下。**

"焌"字三个义项，你都了解吧？

## 累劬劬

老六养了五个孩子，每天都起早贪黑地干活，累劬劬才进家门。

“累劬劬”一词在粤方言地区人们的口头上比较常用，指疲惫不堪，“劬”字在广州地区读 koey$^{4}$，当地话“渠”字音。

**劬［qú］，《新华字典》释义：过分劳苦，勤劳。**

例：事实上，干活干到累劬劬的人，未必就有很高的收入。

## 大竘竘

福哥是个大竘竘的人，上山下田，都很能干。他年轻的时候，他老爸觉得他留在生产队里拿工分，才不会亏了他那大竘竘的身板子。

“大竘竘”一词在粤方言地区人们的口头上比较常用，指块头大且壮实有力气，“竘”字在广州地区读 goey$^{6}$，当地话“巨”字音。

**竘［qǔ］，《新华字典》释义：雄健，雄壮。**

例：个头长得大竘竘而又聪明的人，很少。

## 婘柔柔

美美的身材婘柔柔的，真好看。

“婘柔柔”一词在粤方言地区人们的口头上比较常用，多指女孩子身材标致而柔软的样子，“婘”字在广州地区读 kyn$^{4}$，当地话“惓”字音。

**婘［quán］，《新华字典》释义：美好的样子。**

例：男人的身材要是婘柔柔的，那就少了阳刚之气。

## 慢彽彽

小强数学考得差，心情不好，放学后，他独自慢彽彽地走回家去。

“慢彽彽”一词在粤方言地区人们的口头上比较常用，指走路慢的样子，“彽”字在广州地区读 hyn$^{3}$，当地话“绻”字音。

**彽［quǎn］，《中华字海》释义：缓慢行走。**

例：老人走路慢彽彽无可厚非，要是年轻人走路慢彽彽，就显得没有精神。

## 牛鼻拳

我在小山村长大，小时候就认识牛鼻拳。

“牛鼻拳”一词在粤方言地区人们的口头上比较常用，指牛鼻木，“拳”字在广州地区读 hyn$^{3}$，当地话“券”字音。

**桊 [quàn],《中华字海》释义：牛鼻木。**

在粤方言地区人们习惯把控制他人的行为称为“上牛鼻桊”，这是一个引申义。如：小李说，我要给老板上牛鼻桊。

## 皱韏韏

我父亲在的时候，穿过最好的鞋，莫过于一双皱韏韏的皮鞋。

“皱韏韏”一词在粤方言地区人们的口头上比较常用，指皱巴巴，“韏”字在广州地区读 hyn[3]，当地话“券”字音。

**韏 [quàn],《中华字海》释义：皮革的皱褶。**

在粤方言地区人们习惯把人的脸庞皱巴巴称为“皱韏韏”，这种说法不含褒贬。

## 豢牛鼻

年少时，我家里养牛，爷爷或爸爸为了给小牛上牛鼻桊，通常用木棍把牛鼻豢开，我看着就觉得疼。

“豢”字在粤方言地区人们的口头上比较常用，在广州地区读 hyn[3]，当地话“券”字音；指把牛鼻捅穿的行为。

**豢 [quàn],《中华字海》释义：穿牛鼻。**

在粤方言地区人们习惯把控制他人称为“豢牛鼻”。如：公司必须要有管理员工的措施，这样才能“豢牛鼻”。

## 潅水

天好久没下雨，太干旱了，隔三岔五，我就要给柠檬树潅水。

“潅”字在粤方言地区人们的口头上比较常用，在广州地区读 tsoe[3]，以该字普通话读音第四声作为该字广州话第一声，读广州话第三声；指灌溉、淋水。

**潅 [quē],《中华字海》释义：浇灌。**

在粤方言地区人们习惯把帮助人于危急之中的行为叫“潅水”，这是个引申义。如：老巴兄妹几个，在他们父亲病故母亲改嫁之后，得到祖婶一家时常潅水，不然的话，他们哪有今天。

## 大风礐礐

大风礐礐，从容江峡山石壁扫过，叫人真切地感受了大自然的威力。

“礐”字在粤方言地区人们的口头上比较常用，在广州地区读 tsoe[1]，同普通话读音。

**礐［què］，《中华字海》释义：❶疾风激水击石成声。❷山多大石。❸坚硬；坚定。**

例：岁月就像大风礐礐，让世上的人如峡山石壁上的砂石一样，被慢慢吹走。

## 趞趞走过

我刚上小学的时候，不懂看八卦钟上的时间，妈妈叫我每天早上看着家对面的道路上从黑木方向趞趞走过的学生，就追过去，和他们一起上学。

“趞”字在粤方言地区人们的口头上比较常用，在广州地区读 tsoe[1]，同普通话读音。

**趞［què］，《中华字海》释义：行走轻捷的样子。**

例：我敬佩家乡的农民，他们挑着秧苗，或者扛着稻谷，竟然可以在田埂上趞趞行走。

## 硗埆

看了新闻我才知道，十万大山脚下一些地方土地硗埆，很难种植农作物，那里的人们生活很不容易。

“硗埆”一词在粤方言地区人们的口头上比较常用，指贫瘠，“埆”字在广州地区读 kok[8]，当地话“确”字音。

**埆［què］，《中华字海》释义：［硗～］贫瘠。**

例：一个人，如果内心硗埆，他就永远不会有富裕的人生。

## 皵皲

松树和龙眼树的皮是皵皲的。

“皵”字在粤方言地区人们的口头上比较常用，在广州地区读 tsoe[1]，同普通话读音。

**皵［què］，《中华字海》释义：❶树皮粗糙坼裂。❷皮肤皲裂。**

例：人年纪大了，皮肤也会变得皵皲，这是人生的规律。

## 搉谷

我爷爷那一代人，家里连脚踏打谷机都没有，到了收割水稻的时候，他们只好双手握住割下来的禾把，在谷斗上搉谷。

“搉”字在粤方言地区人们的口头上比较常用，在广州地区读 kyt[8]，当地话“阙”字音。

**搉［què］，《新华字典》释义：敲击。**

在粤方言地区人们习惯把打人叫“搉人”。如：有些人生性凶残，动不动就搉人。

## 慢慢夋

三桂生前经常在村道上慢慢夋，不知道他要夋到哪里去。

“夋”字在粤方言地区人们的口头上比较常用，在广州地区读 tsoen[1]，当地话“逡”字音；指行走迟缓的样子，引申为慢慢走。

**夋［qūn］，《中华字海》释义：❶行走迟缓的样子。❷倨。**

例：年轻人如果行动太夋，就很难取得成功。

## 不要歶

阿光在家乡很歶，他爸爸说，你到城里读书，就不要歶，再歶，迟早要吃亏。

“歶”字在粤方言地区人们的口头上比较常用，在广州地区读 tsyn[3]，当地话“串”字音。

**歶［qūn］，《中华字海》释义：气盛。**

例：天下很多人都喜欢拿软柿子捏，一个人有点歶，别人就不敢轻易招惹他。

## 逡回来

我家乡有句俗语：火烧鸡毛，逡回头。

“逡”字在粤方言地区人们的口头上比较常用，在广州地区读 tsoen[1]，当地话“春”字音；指后退。

**逡［qūn］，《新华字典》释义：退。**

例：人生的道路很曲折，不可能一帆风顺，我们必须勇往直前，万万不能火烧鸡毛，逡回头。

## 焄老鸡

前天，我回到家，问妈妈锅里煮的是什么，妈妈说："焄老鸡。"

"焄"字在粤方言地区人们的口头上比较常用，在广州地区读 kwan[2]，当地话"群"字音。

**焄［qún］，《中华字海》释义：在水里久煮。**

在粤方言地区人们习惯把持之以恒地干某件难事叫"焄老鸡"，这是一个引申义。如：有些人参加高考，反反复复考了十多次，真是焄老鸡。

## 群山峮嶙

我家乡群山峮嶙，大哥在的时候，曾经在重阳节带着我们，翻山越岭，拜祭祖先。

"峮嶙"一词在粤方言地区人们的口头上比较常用，指山相连的样子，"峮"字在广州地区读 kwan[4]，当地话"裙"字音。

**峮［qún］，《中华字海》释义：［～嶙］山相连的样子。**

例：看看群山峮嶙，真是叫人思绪万千。

# R

## 姌嫋

阿欣出生的时候，块头特别大，到了一岁之后，她似乎在一夜之间就姌嫋起来了，如今二十多岁，依然如此。

"姌嫋"一词在粤方言地区人们的口头上比较常用，在广州地区读 jim[5]niu[5]，当地话"冉袅"字音。

**姌嫋［rǎn niǎo］，《中华字海》释义：纤弱的样子。**

在粤方言地区，人们有时把"姌嫋"两个字分开，单独使用，指的仍然是纤弱的样子。

## 髯毶

我很小的时候，跟着妈妈到集市上玩。在集市上，我看到一个大人指着另一个全身邋遢的人说："有个髯毶佬来到这里！"

"髯毶"一词在粤方言地区人们的口头上比较常用，在广州地区读 kaam[1]tsaam[4]，当地话"槛蚕"字音；（又）读 jim[4]saam[1]，当地话"髯三"字音。

**髯毶［rán sān］，《中华字海》释义：（毛发等）蓬松散乱。**

例：我发现"髯毶佬"多半是精神异常的人。

## 衣服太穰

读鲁迅先生的小说《孔乙己》，我们会感觉孔乙己的衣服太穰了。

"穰"字在粤方言地区人们的口头上比较常用，在广州地区读 joeng[4]，当地话"羊"字音；它有三个义项：①与《新华字典》释义相同，指衣服脏；②引申为办事拖泥带水，办得一塌糊涂；③指为人卑劣无耻，令人作呕。

**穰［ráng］，《新华字典》释义：指衣服脏。**

例①：阿海做事太穰了，他妈妈叫他上山采割松脂，他到了山上就玩手机，直到傍晚回家，都没干成活。例②：李四这人穰到了极点，骗人家帮他干活，干完活一直不给工钱。

## 慢慢躟

阿松躟脚，去哪里都是慢慢躟。

"躟"字在粤方言地区人们的口头上比较常用，在广州地区读 joeng[2]，当地话"羊"字音；（又）读 joeng[4]，当地话"羊"字音；指脚疾或疾行。

**躟［ráng］，《中华字海》释义：疾行貌。**

在粤方言地区，当地人有把患脚疾者叫"躟脚佬"或"躟脚婆""躟脚仔"或"躟脚妹"的现象，这是一种蔑称。

## 头发鬤

阿炯长年不洗头，也不洗澡，他头发鬤，身体臭。

"鬤"字在粤方言地区人们的口头上比较常用，在广州地区读 joeng[4]，当地话“羊”字音；指（头发）散乱、脏。

**鬤［ráng］，《中华字海》释义：（头发）散乱。**

例：我上小学的时候，经常朝头发鬤的女生看过去，傻笑。

## 一路勷回

靳叔买彩票中了上百元，喜不自胜，从小商店一路勷回。

“勷”字在粤方言地区人们的口头上比较常用，在广州地区读 joeng4，当地话“羊”字音；指脚步轻快地走。

**勷［ráng］，《中华字海》释义：行走的样子。**

例：人逢喜事精神爽，走路勷来勷去的人，肯定过得舒畅。

## 肥䑋

很多人都不喜欢吃肥䑋肉。

“肥䑋”一词在粤方言地区人们的口头上比较常用，指肥而松软（的肉），“䑋”字在广州地区读 joeng6，当地话“嚷”字音。

**䑋［rǎng］，《中华字海》释义：肥。**

在粤方言地区，当地人把“看到肥腻的食物而喉咙不适”叫“䑋喉”。如：看到肥肉我就䑋喉。

## 不懹

老倪常常欺负老达，老达被欺负多了，按捺不住火气，就吼：“老子不懹你!”

“懹”字在粤方言地区人们的口头上比较常用，在广州地区读 joeng4，当地话“羊”字音。

**懹［ràng］，《中华字海》释义：害怕。**

例：你懹什么就来什么，不要懹!

## 卵秂

我家乡有这样一句农谚：“小满，禾有卵。”每年小满前后，邻居们就会互相打听：“你家的水稻有卵秂了吗?”

“卵秂”一词在粤方言地区人们的口头上比较常用，指禾将结子实，“秂”字在广州地区读 jan4，当地话“仁”字音。

**秂［rén］，《中华字海》释义：禾将结子实。**

在粤方言地区，当地人把花生仁叫“花生秂”。

## 头髩

彤彤说：“爸爸，我头髩太长了，遮住了眼睛，你带我去理发店剪短一些。”

“头髩”一词在粤方言地区人们的口头上比较常用，指女孩前额短发，“髩”字在广州地区读 $jam^1$，当地话“阴”字音；（又）读 $jam^4$，当地话“吟”字音。

**髩［rén］，《中华字海》释义：女孩前额短发。**

例：“头髩长，烧酒香。”意思是女孩子故意把头髩留长，就是想嫁人了。

## 哃唥

二伯和五祖叔都九十几岁了，他们就算不说话，嘴巴也常常哃唥着。

“哃唥”一词在粤方言地区人们的口头上比较常用，在广州地区读 $jam^6jim^5$，当地话“荏苒”字音。

**哃唥［rěn rǎn］，《中华字海》释义：口动的样子。**

例：你见过老人嘴巴哃唥吗?

## 秹禾苗

我家的水稻插下去已半个月，还是秹禾苗，妈妈让我立即加肥料。

“秹”字在粤方言地区人们的口头上比较常用，在广州地区读 $nam^4$，当地话“腍”字音。

**秹［rěn］，《中华字海》释义：庄稼长得不壮。**

例：农技员告诉我，庄稼长得秹多半是营养不良造成的，当然，病虫害也可能造成庄稼秹。

## 足够腍

在我家附近的大市场，熟食摊里有好几处卖牛杂的，做得好的牛筋一定要足够腍，味道才会好。

“腍”字在粤方言地区人们的口头上比较常用，在广州地区读 $nam^4$，当地话“稔”字音；指果实或食物熟、煮熟，质地软。

**脍［rèn］，《中华字海》释义：熟，煮熟。**

例：有些食物，不脍就不能吃，香蕉就是其中之一。

## 慢慢迈

小时候，我跟着妈妈翻山越岭，慢慢迈到外公家里。隔天，又慢慢迈回来。

“迈”字在粤方言地区人们的口头上比较常用，在广州地区读 jing[2]，当地话“仍”字音；指步行、走路。

**迈［réng］，《中华字海》释义：❶往。❷及。**

例：人生的道路很漫长，需要每个人慢慢迈。

## 火光烿烿

2019 年，澳大利亚一些地方火光烿烿，大火足足燃烧了几个月。

“烿”字在粤方言地区人们的口头上比较常用，在广州地区读 jung[4]，当地话“彤”字音。

**烿［róng］，《中华字海》释义：［~~］火红色，如“星斗交罗，其光~~。”**

例：当晚霞布满天空的时候，其光烿烿，美极了，你见过吗？

## 长发宂宂

每一个假期结束，不少中学都有一批长发宂宂的男生回到学校。

“宂”字在粤方言地区人们的口头上比较常用，在广州地区读 jung[2]，当地话“冗”字音。

**宂［rǒng］，《中华字海》释义：长毛。**

例：头发长宂宂的男性，往往被乡下淳朴的老百姓另眼相看。

## 傝㑝

老倪的二儿子，太傝㑝了，年纪轻轻，就坐了大牢。

“傝㑝”一词在粤方言地区人们的口头上比较常用，指不肖，“㑝”字在广州地区读 jung[4]，当地话“茸”字音。

**㑝［rǒng］，《中华字海》释义：［傝~］不肖。**

在粤方言地区，人们有时把“傝㑝”两个字分开，单独使用，指的仍然是不肖。

## 江水沇沇

漫步在珠江边，我看到江水沇沇，深不可测。

“沇”字在粤方言地区人们的口头上比较常用，在广州地区读 jung$^{2}$，当地话“冗”字音；指水深沉的样子。

**沇［rǒng］，《中华字海》释义：［~~］水貌。**

例：有些人举止如江水沇沇，总有一些神秘感。

## 毛氄

在我青年时，我家里总是成群成群地养鸭。几乎每一个星期，我们都可以吃上鸭肉。杀鸭的时候，最让我头痛的事，就是鸭子身上长满了毛氄，因此给鸭子去毛，不是一件容易的事。

“氄”字在粤方言地区人们的口头上比较常用，在广州地区读 jung$^{2}$，当地话“拥”字音；指鸟兽细软而茂密的毛，引申为植物长出的新芽。

**氄［rǒng］，《新华字典》释义：鸟兽细软而茂密的毛。**

在粤方言地区，当地人把植物长出的新芽也叫“氄”，这是个引申义。如：木氄、竹氄。

## 彦腬

刘主任面色彦腬，是个有福之人。

“彦腬”一词在粤方言地区人们的口头上比较常用，指和颜悦色，“腬”字在广州地区读 jau$^{4}$，当地话“柔”字音。

**腬［róu］，《中华字海》释义：面色温和。**

例：面色彦腬的人，遇事大都很从容。

## 魗魗哭

梅子妈妈说，老家对面那座大山，几十年前发生过老虎吃人的事。如今她单独一个人在那里打柴，还常常听到魗魗哭声。我们听了这话，毛骨悚然。

“魗”字在粤方言地区人们的口头上比较常用，在广州地区读 ju$^{4}$，同普通话读音；原指鬼叫声，也指人受到痛苦时发出的呻吟声。

**魗［rú］，《中华字海》释义：鬼叫声。如：坟地有~声。**

例：妹妹的脚被石头砸了，痛得她甐甐哭。

## 烂肗肗

我曾经把早晨买回来的生鱼肉放在厨房里，到了中午，那些鱼肉就变得烂肗肗，不能再吃了。

“烂肗肗”一词在粤方言地区人们的口头上比较常用，指鱼或肉腐烂，“肗”字在广州地区读 jy[5]，当地话“乳”字音。

**肗［rǔ］，《中华字海》释义：鱼或肉腐烂。**

在粤方言地区，当地人习惯把行为不端的人称为“烂肗肗”的人，这是个引申义。如：倪老大是个烂肗肗的人。

## 三哥脸挼皱

我老家有这样一个谜语：“大哥穿红袍，二哥住高楼，三哥脸挼皱，四哥屁股长撮毛。”

“脸挼皱”一词在粤方言地区人们的口头上比较常用，指脸皱，“挼”字在广州地区读 jaa[1]，当地话“廿”字音。

**挼［ruá］，《新华字典》释义：❶（纸、布等）折皱，不平展。❷（布）快要磨破。**

在粤方言地区，当地人把（布）快要磨破叫“挼皺”。如：你裤子屁股那一块挼皺了。

## 嫋嫨

阿芳身材嫋嫨，练瑜伽最好不过了。

“嫋嫨”一词在粤方言地区人们的口头上比较常用，指柔美的样子，“嫨”字在广州地区读 jim[5]，当地话“苒”字音。

**嫨［ruǎn］，《新华字典》释义：柔美的样子。**

例：身材嫋嫨的女孩子不适宜参加重体力劳动。

## 嫋耎

这包红薯干嫋耎，真好吃。

“嫋耎”一词在粤方言地区人们的口头上比较常用，指物品质地柔软，

“腝”字在广州地区读 jyn[5]，当地话“软”字音。

**腝［ruǎn］，《现代汉语词典》释义：软。**

例：生香蕉坚硬，不能吃；熟香蕉孀腝，能吃。

## 慢遻遻

有些人吃完饭之后许久都不收拾碗筷，行动总是慢遻遻的。

“慢遻遻”一词在粤方言地区人们的口头上比较常用，指行动迟缓、拖拉，“遻”字在广州地区读 jyn[2]，当地话“远”字音。

**遻［ruǎn］，《中华字海》释义：行动迟缓。**

例：行动总是慢遻遻的人，百事难成。

## 草木葳蕤

我老家在深山里，那里草木葳蕤。

“葳蕤”一词在粤方言地区人们的口头上比较常用，指植物长得茁壮，“蕤”字在广州地区读 joey[6]，当地话“锐”字音。

**蕤［ruí］，《新华字典》释义：［葳～］草木茂盛的样子。**

在粤方言地区人们有时把“葳蕤”拆开来表达植物的生长状态，“葳”指草木茂盛，枝叶伸展下垂的样子；“蕤”指植物嫩苗茁壮。

## 坠縈

老梁的下巴真坠縈。

“坠縈”一词在粤方言地区人们的口头上比较常用，指下垂的样子，“縈”字在广州地区读 joey[5]，当地话“蕊”字音。

**縈［ruǐ］，《新华字典》释义：下垂的样子。**

例：厚厚的积雪压着松树的时候，树枝很坠縈。

## 挼成一团

晓东语文考得不好，他把老师发下的试卷挼成一团。

“挼”字在粤方言地区人们的口头上比较常用，在广州地区读 joe[2]，当地话“衣靴”切，第 2 声；（又）读 no[4]，当地话“挪”字音。

**挼［ruó］，《新华字典》释义：揉搓。如：把纸条～成团。**

例：有时候，当一个人把一张纸挼成一团的时候，他的心也被自己挼成了一团。

## 爇一把火

我在禾秆上爇了一把火，火灶马上就燃起了熊熊火焰。

“爇”字在粤方言地区人们的口头上比较常用，在广州地区读 jyt9，当地话“月”字音。

**爇［ruò］，《新华字典》释义：点燃，焚烧。如：焚香~烛。**

例：新官上任三把火。这火，不能乱爇。

## 烧烧焫焫

老倪和老唐一开口就喜欢对人烧烧焫焫，并引以为乐。

“烧烧焫焫”一词在粤方言地区指用火、火炭或烧红的铁块对另一物体（如猪脚）作烧烤或烙，引申为用尖酸刻薄的言语对他人不停地数落、攻讦。“焫”字在广州地区读 laat9，当地话“辣”字音。

**焫［ruò］，《中华字海》释义：❶古同“爇”。❷中医指用火烧针以刺激体表穴位。**

例：习惯对别人烧烧焫焫的人，令人讨厌。

## 打搑

老师告诫我们，下课不要打搑。

“打搑”一词在粤方言地区人们的口头上比较常用，指互相推搡嬉闹，“搑”字在广州地区读 jung2，当地话“拥”字音。

**搑［rǒng］，《说文解字》释义：推持也。**

例：年少时，你可曾打搑？

# S

## 摅掉了

前天我买了一个西瓜回来，吃了一半，今天，我发现留下来的另一半摅掉了。

“摗”字在粤方言地区人们的口头上比较常用，在广州地区读 saai[1]，当地话“晒”字音；指失去、坏掉，引申为死去。

**摗［shāi］，《康熙字典》释义：散失也。**

例：东西摗了，可以换新的，时间和生命摗了，就无法弥补。

## 低头訯

昨天，市里召开常委会的时候，市长和市委书记突然把头靠近，低头訯了几句。

“訯”字在粤方言地区人们的口头上比较常用，在广州地区读 saap[8]，当地话“靸”字音；通常指有第三者的场合低声交换意见，决定某事。

**訯［sǎ］，《中华字海》释义：强事言语。**

例：在严肃的会议上，遇到急于做出决定的事情，还是会出现两个人低头訯的情景。

## 靸着鞋

阿红家里变得阔了，她在房子里时常靸着鞋，有时在小区里，也是这样子。

“靸”字在粤方言地区人们的口头上比较常用，在广州地区读 saap[8]，当地话“霎”字音；指把布鞋后帮踩在脚后跟下的行为。

**靸［sǎ］，《新华字典》释义：把布鞋后帮踩在脚后跟下。**

例：靸着鞋会给人一种不正式的印象。

## 跋躠

阿山穿着一双大拖鞋，跋躠跋躠走路，没有半点斯文样。

“跋躠”一词在粤方言地区人们的口头上比较常用，在广州地区读 bat[6]saa[2]，当地话“拔洒”字音；指走路脚步歪，样子难看。

**躠［sǎ］，《中华字海》释义：［跋～］❶行貌。❷行不正。**

例：老人说跋躠跋躠走路的人，命运不佳。这句话并非没有道理。

## 沙土𡍼𡍼

在廖叔屋外独田头石崖下的那段路，每当月黑风高的夜晚，人们从那里路过的时候，总会有沙土㧬㧬地从崖上滑下来，附近的人都习以为常了。

“㧬”字在粤方言地区人们的口头上比较常用，在广州地区读 saa[2]，当地话“洒”字音。

**㧬［sǎ］，《中华字海》释义：土块坠落的样子。**

例：独田头那段路的石崖下有沙土㧬㧬掉落，是上面的沙土疏松，遇到风吹所致。

## 莏莏声响

大山里杂草丛生，风一吹过，野草就会发出莏莏声响。这种现象，山里的孩子都习以为常了。

“莏莏”一词在粤方言地区人们的口头上比较常用，指草声，“莏”字在广州地区读 saap[8]，当地话“飒”字音。

**莏［sà］，《中华字海》释义：草声。**

例：野草莏莏是一种大自然的声音，是天籁。我们要用心去聆听。

## 木㪊

过去，农村住宅的地板不是很平，有时候进餐前需要挪动饭桌，饭桌因此摇晃，于是，我们就要用木㪊把桌子腿㪊起来。

“㪊”字在粤方言地区人们的口头上比较常用，在广州地区读 saap[8]，当地话“飒”字音。

**㪊［sà］，《中华字海》释义：❶支起；垫起。❷［～子］垫东西的小木块。**

例：以前，我屯子里每家每户都准备有好几块精美的木㪊，以备不时之需。

## 𥽦到边远的地方

古时候，有不少文化人士都是因为被𥽦到边远的地方去，才拥有了更开阔的视野，获得了思如泉涌的灵感。

“𥽦”字在粤方言地区人们的口头上比较常用，在广州地区读 saat[8]，当地话“杀”字音。

**𥽦［sà］，《中华字海》释义：❶散。❷流放。**

例：也许，这是上天对被𥽦那些人的一种补偿。

## 蹅蹅跑

年少时，傍晚一放学，我们就一个劲蹅蹅地往家里跑。

“蹅”字在粤方言地区人们的口头上比较常用，在广州地区读 saap[8]，当地话“飒”字音；指快步走。

**蹅［sà］，《中华字海》释义：［～］行貌。**

例：蹅蹅跑是我曾经有过的生命状态，如今回想起来，这种状态，只在年少时。

## 諵讶

欧梅珍要卖掉她家的几窝小猪，来看猪娃的人却说要考虑几天。欧梅珍说：“你说话不要那么諵讶，你不买，我就要考虑卖给别人。”

“諵讶”一词在粤方言地区人们的口头上比较常用，在广州地区读 saat[8]ngaa[4]，当地话“飒牙”字音；指犹豫不决。

**諵讶［sà yá］，《中华字海》释义：言不定。**

例：说话諵讶的人，很难成事。

## 霅霅下雨

屋外霅霅下雨了，快收衣服！

“霅”字在粤方言地区人们的口头上比较常用，在广州地区读 saat[8]，当地话“霎”字音；指下雨的样子。

**霅［sà］，《中华字海》释义：雨下。**

例：霅霅下雨是大自然的美景，我喜欢沉浸在其中。

## “摋敌”

我在年少时，常常做一种叫“摋敌”的游戏：双方都以五指并拢的手掌侧击对方的脖子，先被对方击中者输。

“摋”字在粤方言地区人们的口头上比较常用，在广州地区读 saat[8]，当地话“杀”字音。

**摋［sà］，《新华字典》释义：侧手击。**

例：“摋敌”的游戏属于我的少年时代，这种游戏让我变得勇敢。

## 骏马驭驭

我喜欢看草原上骏马驭驭的场景。

“驭”字在粤方言地区人们的口头上比较常用，在广州地区读 saap[8]，当地话“飒”字音。

**驭［sà］，《中华字海》释义：（马）奔驰。**

例：一个人，如果他的人生进入了骏马驭驭一般的状态，那就势如破竹了。

## 众人徊徊

我年少时，常常看到众人徊徊，一起去干农活的情景。

“徊徊”一词在粤方言地区人们的口头上比较常用，指众人行走的样子，“徊”字在广州地区读 saap[8]，当地话“飒”字音。

**徊［sà］，《中华字海》释义：［～～］众人行走的样子。**

例：如今，众人徊徊的景象出现在工厂了。

## 吃嗺米

在我家乡，谁家孩子干坏事，他的家人或者邻居就会骂他：“你吃嗺米”！

“嗺”字在粤方言地区人们的口头上比较常用，在广州地区读 saai[1]，当地话“晒”字音；它有四个义项：①浪费、糟蹋；②错过；③故意贬低；④夭折。

**嗺［sāi］，《中华字海》释义：❶浪费；糟蹋。❷错过。❸故意贬低。**

在粤方言地区“嗺”字还指“夭折”，这是一种婉转说法。如：老黄说，去年春天他嗺掉了一个侄儿。

## 嚽干净

老文说：“老岑当镇长，贪得无厌，镇里就算剩下一分钱，他都要嚽干净再走。”

“嚽”字在粤方言地区人们的口头上比较常用，在广州地区读 saai[5]，当地话“晒”字音；指用舌头往深处舔，全部舔干净。

**嚽［sǎi］，《中华字海》释义：吃。**

在粤方言地区，当地人为躲避山神鬼怪侵扰，在山里进餐时，往往说“嚽”，不直说“吃”。

## 山僿

阿生对我们说："老八这人，真是个十足的山僿。"

"山僿"一词在粤方言地区人们的口头上比较常用，指粗鄙轻薄之人，"僿"字在广州地区读 tsoi[3]，当地话"赛"字音。

**僿［sài］，《中华字海》释义：❶轻薄；不诚恳。❷粗鄙。~野之民。**

例：一个读书人，如果和山僿计较，自己和山僿就没有什么区别了。

## 鬖髿

天叔去世之后，天婶就精神异常了，她头发鬖髿，在村道上走来走去。

"鬖髿"一词在粤方言地区人们的口头上比较常用，在广州地区读 saam[1]so[1]，当地话"毵挲"字音。

**鬖髿［sān suō］，《中华字海》释义：（头发）蓬松散乱。**

例：头发鬖髿之人，必已心乱如麻。

## 须发毵长

大部分流浪汉都须发毵长。

"毵长"一词在粤方言地区人们的口头上比较常用，指毛发、枝条等细长的样子，"毵"字在广州地区读 saam[1]，当地话"三"字音。

**毵［sān］，《新华字典》释义：形容毛发、枝条等细长的样子。**

例：在世人眼里，须发毵长者，多半是道士或流浪汉。

## 米糁

我到米粉店用餐，服务员糁了一把米糁到米粉上面，香气顿时扑鼻而来。

"糁"字在粤方言地区人们的口头上比较常用，在广州地区读 sam[2]，当地话"审"字音；作名词时，指一种粉末状的食品；作动词时指撒一种粉末状的食品。

**糁［sǎn］，《新华字典》释义：〈方〉米粒（指煮熟的）。**

例：你见过糁米糁吗？这种食物在我们南方的小吃店常有。

## 顙门

春哥顙门发亮，要走运了。

“顙门”一词在粤方言地区人们的口头上比较常用，指脑门、前额，“顙”字在广州地区读 song[2]，当地话“嗓”字音。

**顙［sǎng］，《新华字典》释义：额，脑门子。**

例：有些人的顙门阔平，气宇轩昂。

## 磉墩

真武阁的磉墩，和它一样古老，快五百年了。

“磉墩”一词在粤方言地区人们的口头上比较常用，指柱子底下的石墩，“磉”字在广州地区读 song[2]，当地话“嗓”字音。

**磉［sǎng］，《新华字典》释义：柱子底下的石墩。**

例：如今，很多旧时的磉墩成了文物。

## 䁻㫰

去年夏天，我把稻谷收回家之后，竟然连续下了几天雨，天一放晴，妈妈就立即让我把稻谷翻出来䁻㫰。

“䁻㫰”一词在粤方言地区人们的口头上比较常用，在广州地区读 song[3]long[6]，当地话“丧浪”字音。

**䁻㫰［sàng làng］，《中华字海》释义：暴晒。**

例：人和大多数动物都不可以䁻㫰。

## 竹声篸篸

我老家到处是松林和竹林，只要在家，耳畔常常是松涛阵阵，竹声篸篸。

“篸”字在粤方言地区人们的口头上比较常用，在广州地区读 sou[1]，当地话“骚”字音。

**篸［sāo］，《中华字海》释义：［~~］竹声。**

例：耳畔常常松涛阵阵，竹声篸篸，那是一种自然的享受。

## 穑稻谷

小时候，在夏秋两季，我经常看大人穑稻谷。

“穑稻谷”一词在粤方言地区人们的口头上比较常用，指双手抓住禾把往谷斗内侧用力甩的脱谷方法，“穑”字在广州地区读 sak[7]，当地话“塞”字音；（又）读 sik[7]，当地话“色”字音。

**穑［sè］，《新华字典》释义：收割庄稼。**

如今，很多地方使用收割机收割稻谷了，不必再割禾穑谷。不过，农友们见面，还是很习惯地问：“你家的稻谷穑了吗？”

## 霎霎下雨

干旱了两个多月，终于霎霎下雨了。

“霎”字在粤方言地区人们的口头上比较常用，在广州地区读 se[1]，当地话“赊”字音。

**霎［sè］，《中华字海》释义：小雨声。**

例：久旱逢甘霖，是人生四大喜事之一，霎霎雨水，弥足珍贵呀！

## 秋风飋飋

飋飋秋风一吹，大地很快就变成了金黄色。

“飋飋”一词在粤方言地区人们的口头上比较常用，指风声，“飋”字在广州地区读 sat[7]，当地话“瑟”字音。

**飋［sè］，《中华字海》释义：❶风声，如“秋风~~。”❷秋风。**

例：秋风飋飋的时节，您感觉到了秋的凄美，还是感觉到了秋的凄凉？

## 小雨涑涑

晚饭过后，屋外小雨涑涑，室内跟着就凉快起来了。

“涑涑”一词在粤方言地区人们的口头上比较常用，指下小雨的样子，“涑”字在广州地区读 se[1]，当地话“赊”字音。

**涑［sè］，《中华字海》释义：小雨落。**

例：看着小雨涑涑而下，你会是何种心情呢？

## 唼喋

我在老家的时候，喜欢到鱼塘旁边看鱼唼喋唼喋地吃食。

“唼喋”一词在粤方言地区人们的口头上比较常用，在广州地区读 saap[8]dzaap[8]，当地话“霎闸”字音。

**唼喋［shà zhá］，《新华字典》释义：形容鱼或水鸟吃食的声音。**

在粤方言地区，人们有时把“唼喋”一词拆开使用，表达不同的意思。如：人与人耳语叫“慢慢唼”；把慢慢吃食物叫“慢慢喋”。

## 飞鸟翜翜

家乡的天空，常常有飞鸟翜翜而过。

“翜翜”一词在粤方言地区人们的口头上比较常用，指鸟飞得很快的样子，“翜”字在广州地区读 saat[8]，当地话“杀”字音。

**翜［shā］，《中华字海》释义：鸟飞得很快。**

例：人生如白驹过隙，亦如飞鸟翜翜过天。

## 箑箑扇

小时候，大热天，奶奶或者妈妈就会给我箑箑扇。

“箑箑扇”一词在粤方言地区人们的口头上比较常用，指用扇子扇，“箑”字在广州地区读 saap[8]，当地话“霎”字音；原义指扇子，有时用作形容词，指用扇子扇的样子。

**箑［shà］，《新华字典》释义：扇子。**

例：如今很多家庭都使用电风扇和空调了，只有极少的人在大热天用扇子箑箑扇。

## 风吹颯颯

平贯顶常年风吹颯颯，风力发电的效益很好。

“颯颯”一词在粤方言地区人们的口头上比较常用，指风大而猛的样子，“颯”字在广州地区读 saap[8]，当地话“飒”字音。

**颯［shà］，《康熙字典》释义：风疾。**

例：风吹颯颯的地方，不适宜建房子，却很适合安装风力发电机。

## 说话嗄声

李老师最近这几天课多，说话嗄声了。

“嗄声”一词在粤方言地区人们的口头上比较常用，指嗓音嘶哑，“嗄”字在广州地区读 saap[8]，当地话“霎”字音。

**嗄［shà］，《新华字典》释义：嗓音嘶哑。**

例：爷爷讲着话，突然嗄声了。

## 翜翜飞

在我们国家，发射火箭是很寻常的事，我们常常在电视上看见火箭在天上翜翜飞。

“翜翜”一词在粤方言地区人们的口头上比较常用，指飞得快，“翜”字在广州地区读 saap[8]，当地话“飒”字音。

**翜［shà］，《中华字海》释义：飞之疾也。**

例：多少饱读之士期冀着自己有朝一日能像雄鹰一样在天上翜翜飞啊！

## 煠熟鸡飞

有些女人结了婚甚至生了孩子，还会跑掉。在我家乡，村里人把这样的事情叫“煠熟鸡飞”。

“煠”字在粤方言地区人们的口头上比较常用，在广州地区读 saap[9]，当地话“霎”字音；指用水久煮。

**煠［shà］，《中华字海》释义：煮。**

在粤方言地区，“煠熟鸡飞”一词，还用于看似将要办成的事情发生逆转的情况。

## 芟草

前天，妈妈说田边的草长得太高了，叫我拿长柄刀去芟草。

“芟草”一词在粤方言地区人们的口头上比较常用，指除草，“芟”字在广州地区读 saan[1]，当地话“山”字音。

**芟［shān］，《中华字海》释义：❶除草。❷删去。芟除繁冗。❸割草用的大镰刀。**

例：我芟了文章中的废话。

## 覢出

在一个小山村的商店里，有十几个人正在聚精会神地打牌，警察突然覢出，他们顿时就慌了神。

“覢”字在粤方言地区人们的口头上比较常用，在广州地区读 sim[2]，当地话“闪”字音。

**覢［shǎn］，《中华字海》释义：忽然出现。**

例：在苦苦的奋斗中，有多少人期待命运之神覢出！

## 夾入怀中

阿海把商店的手机夾入怀中，马上遁形。

“夾”字在粤方言地区人们的口头上比较常用，在广州地区读 sim[2]，当地话“闪”字音。

**夾［shǎn］，《中华字海》释义：偷东西在怀里。**

例：尧舜能把民心夾入怀中，百姓把他们奉为了圣贤。

## 赸近看看

昨天，到了中午 12 点，秦主任让老梁赸近食堂看看，是否可以开饭了。

“赸”字在粤方言地区人们的口头上比较常用，在广州地区读 saan[3]，当地话“汕”字音；原义指躲开、走开，有时指偷偷靠近。

**赸［shàn］，《新华字典》释义：❶躲开，走开。❷同“讪❷”。**

在粤方言地区，“赸”字的原意指“躲开、走开。”如：我们说好吃完饭就去劳动，老倪却不知赸到了哪里。

## 白墡泥

我家乡有优质白墡泥的地方，都建起了瓷厂，生产瓷器。

“墡”字在粤方言地区人们的口头上比较常用，在广州地区读 sin[6]，当地话“善”字音。

**墡［shàn］，《新华字典》释义：白色黏土，即白垩。**

例：你见过白墡泥吗？那是一种自然资源。

## 把柴苫住

天快下雨了，妈妈让我拿油毡纸把柴苫住。

“苫”字在粤方言地区人们的口头上比较常用，在广州地区读 sim3，当地话“闪”字音。

**苫［shàn］，《新华字典》释义：用席、布等遮盖：拿席苫上点儿。**

例：你苫过柴苫过谷吗？

## 能吹能谝

老路那几个人能不出事就怪了：他和几个能吹能谝的人开班做“讲座”，向退休人员推销保健商品，一个月就赚了上百万元。

“谝”字在粤方言地区人们的口头上比较常用，在广州地区读 sin3，当地话“扇”字音。

**谝［shàn］，《中华字海》释义：用言语煽动、迷惑人。**

例：能吹能谝是一种为堂堂正正的人所不齿的本事。

## 绱线

我奶奶和妈妈都善于制作布鞋，她们通常把鞋帮与鞋底做好之后就绱线。

“绱线”一词在粤方言地区人们的口头上比较常用，指将鞋帮与鞋底缝合，“绱”字在广州地区读 soeng5，当地话“上”字音。

**绱［shàng］，《新华字典》释义：将鞋帮与鞋底缝合。**

例：如今，开补鞋摊的大妈都会给鞋绱线。

## 黄髾

在我读小学和中学的时候，不论男女同学，都有一些黄髾的，老师说他们营养不良。

“髾”字在粤方言地区人们的口头上比较常用，在广州地区读 saau1，当地话“梢”字音。

**髾［shāo］，《中华字海》释义：头发梢。**

例：如今有些人把头发全染黄了，又何止于黄髾？

## 金旓飘飘

电视剧里，我们看见古代一些武将骑着高头大马，举着大旗，金旓飘飘，多神气呀！

“旓”字在粤方言地区人们的口头上比较常用，在广州地区读 saau[1]，当地话“梢”字音。

**旓［shāo］，《中华字海》释义：旗帜上飘带之类的装饰物，如：“金～曳曳”。**

例：武王伐纣，金旓飘飘。

## 野草莦蒿

我老家的稻田边早已野草莦蒿。

“莦蒿”一词在粤方言地区人们的口头上比较常用，指野草横生，“莦”字在广州地区读 saau[1]，当地话“梢”字音。

**莦［shāo］，《中华字海》释义：乱草。**

例：野火烧不尽，春风吹又生。野草莦蒿，大约是原野本来的面貌吧。

## 柖柖摇动

大黎顶松树多，风一吹，松树就柖柖摇动，我喜欢那松涛阵阵的景象。

“柖”字在粤方言地区人们的口头上比较常用，在广州地区读 saau[4]，当地话“梢”字音。

**柖［sháo］，《新华字典》释义：❶树摇动的样子。❷箭靶。**

例：有些年轻人很大胆，八角树在风中明明柖柖摇动着，但他们还坐在树上采摘八角。

## 苕醺

大祖叔以风水先生自居，以为自己的学问高深莫测。有一回，老七不留情面地说：“你懂什么！”大祖叔马上就苕醺起来。

“苕醺”一词在粤方言地区人们的口头上比较常用，指人如甘薯，愚蠢或没见识。“苕”字在广州地区读 saau[1]，当地话“梢”字音；（又）读 siu[4]，当地话“韶”字音。

**苕［sháo］，《新华字典》释义：红苕，即甘薯。方言中也形容人愚蠢或没见识。**

例：一个人，不要好为人师，不然，在有些场合，自己就会苕醺。

## 韶韶美男子

阿林小时候个子很矮，如今却变成了韶韶美男子。

"韶"字在粤方言地区人们的口头上比较常用，在广州地区读 siu²，当地话"少"字音。

**韶［shǎo］，《中华字海》释义：［～～］身体修长的样子。**

例：韶韶美人，总是让人倾慕。

## 竹枝籍到了三楼

我老家的竹子长得特别高，有些竹枝籍到了三楼的阳台和窗户那儿。

"籍"字在粤方言地区人们的口头上比较常用，在广州地区读 sou³，当地话"扫"字音。

**籍［shǎo］，《中华字海》释义：竹枝长。**

例：有些竹子斜着长在山坡上，竹枝籍到了路中间。

## 野草蕱路

如今，我家乡好多地方都出现了野草蕱路的现象。

"蕱"字在粤方言地区人们的口头上比较常用，在广州地区读 sou³，当地话"扫"字音。

**蕱［shǎo］，《中华字海》释义：草长的样子。**

例：你到过野草蕱路的地方吗？

## 猛火熻熻

风干物燥，防火第一，在野外一旦发生大火，猛火熻熻，就难以扑灭。

"熻"字在粤方言地区人们的口头上比较常用，在广州地区读 saau¹，同普通话读音；指炽火急燃。

**熻［shào］，《中华字海》释义：炽火急燃。**

例：会使用火，是人类文明的标志之一。然而，一旦猛火熻熻，它也会吞噬人类的文明成果。

## 娋光

妈妈说："我们家菜地的菜叶快要被虫子娋光了，你快买乐果喷洒一下。"

"娋"字在粤方言地区人们的口头上比较常用，在广州地区读 sou[3]，当地话"扫"字音。

**娋［shào］，《中华字海》释义：侵蚀；蚕食。**

例：松树发生虫害的时候，不足一个星期的时间，漫山遍野的松林就会被害虫娋尽叶子，场面十分可怖。

## 睄了一眼

老九老婆离家几年，刚才她出现在家门口，我睄了一眼。

"睄"字在粤方言地区人们的口头上比较常用，在广州地区读 laau[3]，当地话"捞"字音；（又）读 laau[6]，当地话"捞"字音；（再）读 saau[3]，当地话"哨"字音。

**睄［shào］，《新华字典》释义：眼光掠过，匆匆一看。**

例：有些人或物，你可能一眼睄过，便再也不见了。

## 䏂眼

刘老出现了䏂眼，视物模糊，上街入市，需要爱人或孩子扶着。

"䏂眼"一词在粤方言地区人们的口头上比较常用，指眼睛视物模糊，"䏂"字在广州地区读 saau[3]，当地话"哨"字音。

**䏂［shào］，《中华字海》释义：视力模糊。**

例：䏂眼的出现，和人的年龄有关，但年龄并不是唯一因素。

## 开畬种桂

在 40 年前，我家乡掀起了开畬种桂热，如今，家乡漫山遍野都是肉桂。

"畬"字在粤方言地区人们的口头上比较常用，在广州地区读 tse[1]，当地话"车"字音；（又）读 tse[4]，当地话"邪"字音；指焚烧掉山坡上的草木，用草木灰做肥料，种植新作物的山地。

**畬［shē］，《新华字典》释义：焚烧田地里的草木，用草木灰做肥料的耕**

**作方法。**

例：我的前辈开的峚有多种，如木薯峚、杉树峚等。

## 拺了几记耳光

老广喝了酒，一副不可一世的模样，骂骂咧咧地来到老坤跟前：“你母亲胡说八道，被我拺了几记耳光！”老坤大吃一惊，不假思索，抓住老广的衣领，猛拺了他几记耳光，然后一把推开，说：“清了！”

“拺”字在粤方言地区人们的口头上比较常用，在广州地区读 sak[7]，当地话“穑”字音；指打、抽打。

**拺［shè］，《中华字海》释义：打。**

例：爷爷告诉我，赶牛时可以用树枝拺牛腿，不要拺牛肚。

## 䁯䁯眲眲

欧爷爷曾经对我们说：凡是发现有生人来到我们这地方，眼睛䁯䁯眲眲的，就要特别留意。

“䁯䁯眲眲”一词在粤方言地区人们的口头上比较常用，指眼睛躲躲闪闪，窥视别人物品的行为，“䁯”字在广州地区读 se[6]，当地话“射”字音；（又）读 se[1]，当地话“射”字音。

**䁯［shè］，《中华字海》释义：目动。**

例：老师对我们说：“眼睛䁯䁯眲眲的人，基本都心怀鬼胎。”

## 㵾嗻

十祖婶和十二伯母是村里出了名的㵾嗻婆子，大家都敬而远之。

“㵾嗻”一词在粤方言地区人们的口头上比较常用，指话多，因多言而失言，“㵾”字在广州地区读 tse[3]，当地话“奢”字音。

**㵾［shè］，《中华字海》释义：言失也。**

例：从小，老师就教育我们，做人不要那么㵾嗻。

## 微风䬕䬕吹拂

夏日的中午，我们在树荫下休憩，时而有微风䬕䬕吹拂，真是惬意呀。

“䬕”字在粤方言地区人们的口头上比较常用，在广州地区读 se[6]，当地话

“射”字音，指风吹的样子。

**飁［shè］，《中华字海》释义：风貌。**

例：一个人，若能像夏日飁飁吹来的微风一般，便会让人愉快。

## 甡甡队伍

几乎每一天，我们学校的领导都要面对操场上的甡甡队伍讲话。

“甡”字在粤方言地区人们的口头上比较常用，在广州地区读 san[1]，当地话“身”字音；指众人并立的样子。

**甡［shēn］，《新华字典》释义：众生并立之貌。**

例：如今，在各地的广场上，我们常常可以看到甡甡人群。

## 草树槮槮

只要在家乡，我就能看到草树槮槮的景象。

“槮槮”一词在粤方言地区人们的口头上比较常用，指（草树）繁盛茂密的样子，“槮”字在广州地区读 tsam[4]，当地话“沉”字音；（又）读 san[1]，当地话“燊”字音。

**槮［shēn］，《新华字典》释义：［～～］形容繁盛茂密。**

例：人的生命状态如草树槮槮，便是生机勃勃了。

## 羽毛𦐄𦐄

阿石养了一群鸭子，上星期我看见那群鸭子的时候，还是不长毛的肉坨子，如今再遇见，全变成了羽毛𦐄𦐄的“白天鹅”！

“𦐄𦐄”一词在粤方言地区人们的口头上比较常用，指羽毛丰满的样子，“𦐄”字在广州地区读 san[1]，当地话“莘”字音。

**𦐄［shēn］，《中华字海》释义：［～～］羽毛丰满。**

例：每一个人的命运都是如此：当自己还是肉坨子的时候，就是“丑小鸭”；当羽毛𦐄𦐄能翱翔于蓝天之上时，就变成了“白天鹅”。

## 骏马駪駪

我每次在电视上看到骏马駪駪的场景，就无比激动，渴望自己也能骑上骏马驰骋在美丽的大草原上。

“骁骁”一词在粤方言地区人们的口头上比较常用，指（马匹）众多的样子，“骁”字在广州地区读 san[1]，当地话“身”字音。

**骁［shēn］，《新华字典》释义：形容众多。**

例：骏马骁骁奔腾的场景蔚为壮观。

## 努力往上兟

父亲曾经多次对我说：“学习成绩低一点，不是坏事，只要决心努力往上兟，就会达到一个新高度。”

“兟”字在粤方言地区人们的口头上比较常用，在广州地区读 san[2]，同普通话读音；（又）读 san[1]，当地话“身”字音。

**兟［shēn］，《中华字海》释义：锐意进取。**

例：一个人要取得成功，就要不断努力往上兟。

## 扟了一截

国家的专项扶贫资金，在乡镇里被扟了一截，相关责任人，已经受到处理。

“扟”字在粤方言地区人们的口头上比较常用，在广州地区读 tsam[3]，当地话“侵”字音；（又）读 san[1]，当地话“申”字音。

**扟［shēn］，《中华字海》释义：从上掐取或择取。**

例：不是自己的东西，不要扟。如若不然，老天就会扟你。

## 立立屾

来到双乳峰景区，当看到双乳峰立立屾的景象，你会叹为观止。

“立立屾”一词在粤方言地区人们的口头上比较常用，指两山并立的样子，“屾”字在广州地区读 san[1]，当地话“身”字音。

**屾［shēn］，《新华字典》释义：并立的两山。**

例：你在哪里见过立立屾的山呢？

## 瞫瞫老人和孩子

年轻人要经常回家，瞫瞫老人和孩子。

“瞫”字在粤方言地区人们的口头上比较常用，在广州地区读 sam[3]，当地话“审”字音；（又）读 sam[2]，当地话“审”字音；指看。

**瞫［shěn］，《新华字典》释义：❶往深处看。❷向下注视。❸女生。**

例：你有多久没回老家瞫过了？

## 䫖䫖

八哥在深圳发展，把生意经营得风生水起，我和九哥特意从老家坐车下去，䫖䫖八哥。

“䫖”字在粤方言地区人们的口头上比较常用，在广州地区读 sam[3]，当地话“审”字音；（又）读 sam[2]，当地话“审”字音；指带着羡慕或敬佩之情看望。

**䫖［shěn］，《中华字海》释义：扬眉看人。**

例：人一旦有了成就，认识和不认识他的人，都想来䫖䫖他。

## 覾藏品

老刘和老黄喜欢藏品，一件藏品，他们就可以覾上半天，有时候他们刚把藏品放下，不知想起了啥，立即拿起来又覾。

“覾”字在粤方言地区人们的口头上比较常用，在广州地区读 sam[3]，当地话“审”字音；（又）读 sam[2]，当地话“审”字音。

**覾［shěn］，《中华字海》释义：仔细地看。**

例：老师反复叮咛同学们，考试时，一定要覾清楚题目的要求。

## 老倪哂了他儿子

昨天，老倪哂了他儿子。

“哂”字在粤方言地区人们的口头上比较常用，在广州地区读 saang[2]，当地话“省”字音；（又）读 tsan[2]，当地话“诊”字音；指比较严厉的批评或指责。

**哂［shěn］，《新华字典》释义：微笑。如杜甫《戏为》：“王杨卢骆当时体，轻薄为文～未休。”哂，指讥笑。**

例：有小偷小摸行为的人，免不了被别人哂。

## 心瘆

以前，我常常一个人到山里砍草，在天色阴沉沉或暮色降临时，总有点心瘆。时间长了，那种感觉就不知不觉消失了。

“心瘆”一词在粤方言地区人们的口头上比较常用，指心里慌张、害怕，“瘆”字在广州地区读 jan[1]，当地话“因”字音；（又）读 sam[3]，当地话“渗”字音。

**瘆［shèn］，《新华字典》释义：使人害怕：~人｜夜里走山路，有点儿~得慌。**

例：我们学校，晚上不开灯的时候很瘆人。

## 顿时痒了

老倪横行霸道，作恶乡里。警察一来，他顿时痒了。

“痒”字在粤方言地区人们的口头上比较常用，在广州地区读 san[6]，当地话“肾”字音；指恐惧、害怕。

**痒［shèn］，《中华字海》释义：恐惧。**

例：有些人平日很厉害，一旦发生李鬼遇到李逵的情况，就痒了。

## 阴瘵

泗河大屋建于清乾隆年间，是我们村附近最阴瘵的古宅。

“阴瘵”一词在粤方言地区人们的口头上比较常用，指采光不足并且相对较深的房屋，“瘵”字在广州地区读 sam[1]，当地话“深”字音。

**瘵［shèn］，《中华字海》释义：［阴~］大屋。一说屋深。**

例：面对眼前的阴瘵宅院，我内心深处生出无限的敬畏。

## 殅过来

天寒地冻，路边冻僵的野猫，如果及时救治也可能殅过来。

“殅”字在粤方言地区人们的口头上比较常用，在广州地区读 sang[1]，当地话“生”字音。

**殅［shēng］，《中华字海》释义：复活。**

例：人死不能复生，殅过来的人，不过是没有真死罢了。

## 謦大诵

大多数人一有空就喜欢和亲朋好友謦大诵。

“謦大诇”一词在粤方言地区人们的口头上比较常用，即是北方人所说的“侃大山”，“诇”字在广州地区读 sing³，当地话“胜”字音。

**诇［shéng］，《中华字海》释义：赞誉。又言朴也。**

例：如果我们每天都能够和知识丰富的人謦大诇，那无形中便相当于跟着老师学习了。

## 聊憴

做事聊憴，这是我家族传承下来最宝贵的财富。

“聊憴”一词在粤方言地区人们的口头上比较常用，指正经、认真、努力，“憴”字在广州地区读 sing⁴，当地话“绳”字音。

**憴［shéng］，《中华字海》释义：［～～］戒备警惕；谨慎。**

例：假若一个人取得很大的成功，上了年纪的人对他的评价多半是：他这个人很聊憴。相反，一个人要是遭遇了大失败，他得到的评价多半是：他这个人不聊憴。

## 喈如喑人

老大年轻时喈如喑人，反而是年纪大了之后，话多了起来。

“喈如喑人”一词在粤方言地区人们的口头上比较常用，指沉默寡言，把口紧闭得像哑巴一样，“喈”字在广州地区读 sing²，当地话“醒”字音。

**喈［shěng］，《中华字海》释义：寡言少语，说话谨慎。**

例：世间的高人通常都喈如喑人。

## 觍觍邪邪

只要阿深和阿凌在一起觍觍邪邪，用不了多久，就有坏事发生。

“觍觍邪邪”一词在粤方言地区人们的口头上比较常用，指嘀嘀咕咕说坏话或谋划坏事，“觍”字在广州地区读 si¹，当地话“师”字音。

**觍［shī］，《中华字海》释义：邪语。**

例：觍觍邪邪的人，我们要远离。

## 觇觇射射

阿转路遇美女，总是觇觇射射，满眼淫光。

“䙾䙾射射”一词在粤方言地区人们的口头上比较常用，指用引诱人的眼光看，“䙾”字在广州地区读 si[1]，当地话“师”字音。

**䙾［shī］，《中华字海》释义：用引诱人的眼光看。**

例：老师和家长都会特别提醒女孩子，要远离那些眼睛䙾䙾射射的人。

## 喔㗚

“喔㗚，喔㗚……”我奶奶在的时候，一旦有鸡进屋，她就会发出这样的声音驱赶。

“喔㗚”一词在粤方言地区人们的口头上比较常用，指驱赶鸡的声音，“㗚”字在广州地区读 si[1]，当地话“师”字音；和制止人说话时的“嘘”声相同。

**㗚［shī］，《中华字海》释义：驱赶鸡的声音。**

例：每当耳旁传来“喔㗚、喔㗚……”声，我仿佛回到了魂牵梦绕的故乡。

## 贳一餐粮

我老家白饭村稻米富足，邻里之间，缺米时顶多贳一餐粮，待自己家在第二餐之前碾了米，马上就还。

“贳”字在粤方言地区人们的口头上比较常用，在广州地区读 si[1]，当地话“师”字音；（又）读 sai[3]，当地话“世”字音；指出赁、出借或赊欠，宽纵、赦免。

**贳［shì］，《新华字典》释义：❶出赁；出借。❷赊欠。❸宽纵；赦免。**

在粤方言地区，“贳”字的义项有“宽纵、赦免”这一项。如：①指“宽纵”，老李对我说：“上次我借你的1000元，请你再贳十天，发工资我就还你。”②指“赦免”，我对表叔说：“你欠我爸爸的钱，我贳给你，不用还了。”

## 学习媞

“你的孩子学习媞吗？”

“我听说我孩子同班最媞的同学基本每科都是满分！”

在日常生活中，我们常常听到家长诸如此类议论。

“媞”字在粤方言地区人们的口头上比较常用，在广州地区读 sik[7]，当地话“适”字音。

**媞［shì］，《新华字典》释义：聪慧。**

在粤方言地区，很多人错误地把“识”当作“媞”使用。

## 儵黑

大表哥长得儵黑，当了几十年光棍，如今还天天想着娶个白富美的老婆，我敬佩他对人生怀着如此美好的理想。

“儵黑”一词在粤方言地区人们的口头上比较常用，指黑，“儵”字在广州地区读 suk[7]，当地话“叔”字音。

**儵［shū］，《中华字海》释义：黑。**

例：南方光照相对强烈，长期在太阳下工作的人皮肤变得儵黑，是正常现象。

## 篨篨走过

在电视上看到八路军提着枪从敌人的碉堡下篨篨走过，我的心都提到了嗓门上！

“篨篨”一词在粤方言地区人们的口头上比较常用，指行走迅速的样子，“篨”字在广州地区读 sy[1]，当地话“舒”字音。

**篨［shū］，《中华字海》释义：行走迅速。**

例：你可有过篨篨地赶路的经历？

## 虪入山林

20 世纪 50 年代，在我老家那里，晚上经常有老虎到屯子里转悠，天将亮的时候，老虎就虪入山林躲起来。

“虪”字在粤方言地区人们的口头上比较常用，在广州地区读 suk[7]，当地话“叔”字音。

**虪［shú］，《中华字海》释义：虎入山林。**

例：老虎虪入山的往事，早就成为民间传说了。

## 又憷又丑

老倪的儿子伙同朋友进村偷狗，被村民抓住，等派出所干警来处理，这事让老倪觉得又憷又丑。

“憷”字在粤方言地区人们的口头上比较常用，在广州地区读 sy[3]，当地话

“庶”字音。

**慱［shù］，《中华字海》释义：耻辱。**

例：树要皮，人要脸，活在世上，最怕干出又慱又丑的事。

## 呴几杯

我屯子里的人嗜酒，每次干体力活前后，都要呴几杯。

“呴”字在粤方言地区人们的口头上比较常用，在广州地区读 sau³，当地话“漱”字音。

**呴［shù］，《中华字海》释义：饮。**

例：想喝酒时呴几杯又何妨？

## 遠遠走

小强在学校被人欺负了，他孤立无援，放学后自己遠遠走回家。

“遠”字在粤方言地区人们的口头上比较常用，在广州地区读 sy³，当地话“庶”字音；指有心事低着头走，外在状态不佳的样子。

**遠［shù］，《中华字海》释义：走。**

例：你曾为何事在路上遠遠走？

## 耇耇走

奶奶年纪很大了，每天只能在家里耇耇行走。

“耇”字在粤方言地区人们的口头上比较常用，在广州地区读 sy³，当地话“庶”字音；指老人走路迟缓的样子。

**耇［shù］，《中华字海》释义：老人走路迟缓。**

例：耇耇行走，是人的一种生命状态。

## 裋虚

阿炯终年穿着裋虚的衣服，在村里游荡。

“裋虚”一词在粤方言地区人们的口头上比较常用，原义指古代仆役穿的一种粗布衣服，借指朴素而短小的衣服，“裋”字在广州地区读 sy³，当地话“庶”字音。

**裋［shù］，《中华字海》释义：古代仆役穿的一种粗布衣服。**

例：年少时，我们没少穿裋虚的衣服。如今我们穿着精致的服饰，回味着过去。

## 乱谡

老倪过得比别人差，窝了满肚子的气，如今不管去哪里都习惯无中生有，乱谡一通。

“谡”字在粤方言地区人们的口头上比较常用，在广州地区读 tsaat[8]，当地话“刷”字音；指张开嘴巴胡言乱语。

**谡［shuà］，《中华字海》释义：❶妄言。❷俊言。**

例：品德高尚的人，都不会乱謏。

## 漺颤颤

天气变凉之后，就要适时添衣，注意保暖。有些年轻人不在意，结果被冻到漺颤颤。

“漺颤颤”一词在粤方言地区人们的口头上比较常用，指冷到发抖，“漺”字在广州地区读 song[2]，当地话“爽”字音。

**漺［shuǎng］，《中华字海》释义：冷貌。**

例：注意气温变化的人，才不会冷到漺颤颤。

## 望天塽

我经常从望天塽（地名）经过。

“塽”字在粤方言地区人们的口头上比较常用，在广州地区读 song[2]，当地话“爽”字音。

**塽［shuǎng］，《新华字典》释义：高而向阳、干燥的地方。**

例：白饭村平冲有塽背和塽底两个屯。带“塽”字的地名真不少。

## 鸡脽鸭脽

有些人特别喜欢吃鸡脽鸭脽，我却很讨厌。

“鸡脽鸭脽”一词在粤方言地区人们的口头上比较常用，指鸡屁股鸭屁股，“脽”字在广州地区读 dzoey[1]，当地话“锥”字音；（又）读 soey[4]，当地话“谁”字音。

**脽［shuí］,《中华字海》释义：❶臀部。❷尾椎骨。**

例：你吃过鸡脽鸭脽吗？

## 帨头发

欧芸彤每次洗完头发，都不使用电吹风吹干，而是习惯用一块专用的毛巾帨头发。

“帨”字在粤方言地区人们的口头上比较常用，在广州地区读 soey[3]，当地话“税”字音；指用巾擦。

**帨［shuì］,《中华字海》释义：❶佩巾。❷用巾擦。**

例：你习惯用毛巾帨头帨脚吗？

## 乱鬊鬊

一个女孩子，如果成天头发乱鬊鬊，就看不出她有什么教养。

“乱鬊鬊”一词在粤方言地区人们的口头上比较常用，指（头发）乱蓬蓬，“鬊”字在广州地区读 soen[3]，当地话“瞬”字音。

**鬊［shùn］,《中华字海》释义：意指头发凌乱、或丑的意思。**

例：一个头发乱鬊鬊的人，心情一定很糟糕吧。

## 獡缩

大黄总是习惯把自己伪装成英雄，可是扫黑除恶行动一来，他就獡缩了。

“獡缩”一词在粤方言地区人们的口头上比较常用，指因害怕而退缩的样子，“獡”字在广州地区读 sok[8]，当地话“朔”字音。

**獡［shuò］,《中华字海》释义：惊惧。**

例：遇事獡缩的人，身上缺少正气。

## 欶几口酒

五叔特别爱喝酒，他三更半夜起来方便之后，还要欶几口酒才睡觉。

“欶”字在粤方言地区人们的口头上比较常用，在广州地区读 sok[8]，当地话“朔”字音。

**欶［shuò］,《中华字海》释义：❶吮吸。❷饮，喝。**

在粤方言地区，“欶”字有一个义项是“吮吸”。如：昨天出生的小牛会欶奶了吗？

## 把鞋带絜紧

学生每天晨跑之前，老师都提醒他们把鞋带絜紧。

“絜”字在粤方言地区人们的口头上比较常用，在广州地区读 so[1]，同普通话读音。

**絜［shuò］，《中华字海》释义：❶索。❷绒。**

例：我小时候穿过一种用三分带绒住裤头的裤子，叫“絜筒裤”。

## 口水潌澌

老倪不管去到谁家，看见酒菜就口水潌澌。

“潌澌”一词在粤方言地区人们的口头上比较常用，指口水四溅的样子，“潌”字在广州地区读 si[1]，当地话“澌”字音。

**潌［sī］，《新华字典》释义：口水、涎沫。**

例：从小父母就教育我们，口水潌澌是贪吃的表现，没有教养。

## 駷牛绳

我小时候常常跑到田边，看大人犁田。他们一边犁田，一边駷牛绳。

“駷”字在粤方言地区人们的口头上比较常用，在广州地区读 sung[2]，当地话“耸”字音；指摇动系住马或牛、驴、骡的绳索，驱使其前进的动作。

**駷［sǒng］，《中华字海》释义：摇动马衔令马快跑。**

例：在生活中，有多少人被无形的绳子牵制着，只要别人轻轻一駷，他就得前进。

## 蛆㞞

在很多人眼里，韩二就是条蛆㞞，被人欺负了，竟忍气吞声。

“蛆㞞”一词在粤方言地区人们的口头上比较常用，指软弱无能，“㞞”字在广州地区读 sung[4]，当地话“送”字音。

**㞞［sóng］，《现代汉语词典》释义：❶精液。❷讥讽人软弱无能。**

例：遇事别㞞，要勇敢。

## 直扨

在我老家的山上，有很多直扨的杉树。

“直扨”一词在粤方言地区人们的口头上比较常用，指挺直，“扨”字在广州地区读 sung[2]，当地话“耸”字音。

**扨［sǒng］，《新华字典》释义：❶挺立。❷〈方〉推。**

例：爸爸对我说：“堪当大任的栋梁，都是直扨的。”

## 餸饭

妈妈提醒我们说：“这一餐我们就是这么点餸，要把饭餸完。”

“餸”字在粤方言地区人们的口头上比较常用，在广州地区读 sung[3]，当地话“送”字音；指下饭的菜或用菜下饭。

**餸［sòng］，《中华字海》释义：方言，下饭的菜。**

例：有些人不善于以菜餸饭，菜吃完了，饭没吃完；有的则相反。

## 饭菜变馊

天气炎热，昨夜煮熟的饭菜变馊了。

“馊”字在粤方言地区人们的口头上比较常用，在广州地区读 sau[1]，当地话“收”字音。

**馊［sōu］，《新华字典》释义：食物因变质而发出酸臭味。**

例：你有没有吃过变馊的饭菜？

## 溲脬尿

我和九哥爬山，在半路上，九哥说：“你先休息一下，我溲脬尿。”

“溲”字在粤方言地区人们的口头上比较常用，在广州地区读 sau[1]，当地话“收”字音。

**溲［sōu］，《新华字典》释义：排泄大小便。特指排泄小便。**

例：随地溲尿，很不文明。

## 廋物

俗话说：“一人廋物，十人难找。”

“廋”字在粤方言地区人们的口头上比较常用，在广州地区读 sau[1]，当地话“收”字音。

**廋［sōu］，《新华字典》释义：隐藏，藏匿。**

例：有些命案的案犯，一廋就是几十年。

## 小步蹜蹜

食堂工人挑着一担青菜，小步蹜蹜，穿过了操场。

“蹜蹜”一词在粤方言地区人们的口头上比较常用，指小步快走，“蹜”字在广州地区读 suk[1]，当地话“宿”字音。

**蹜［sù］，《新华字典》释义：［～～］小步快走。**

例：在影视剧里，我们经常看到军人小步蹜蹜挺进的场景。

## 溦了几点浽

一连几个月没下雨，实在是太干旱了！直到今天早上，老天才溦了几点浽。

“浽”字在粤方言地区人们的口头上比较常用，在广州地区读 soey[1]，当地话“虽”字音。

**浽［suī］，《中华字海》释义：［～溦（wēi）］小雨。**

在粤方言地区，当地人把“流泪”也叫“溦浽”。如：阿海，你不就是和女朋友分手了吗？男子汉大丈夫为这样的事溦几点浽值得吗？

## 眭紧他

刘老师对班干部说：“小中近来太反常了，你们帮我眭紧他！”

“眭”字在粤方言地区人们的口头上比较常用，在广州地区读 soey[1]，当地话“须”字音；指盯住。

**眭［suī］，《新华字典》释义：❶〈古〉目光紧紧注视。❷姓。**

例：要是我们的言行都很寻常，这世上哪会有人眭住我们？

## 红睟睟

覃老脸色红睟睟的，看上去真是有福气呀！

“红睟睟”一词在粤方言地区人们的口头上比较常用，指红润，“睟”字在广州地区读 soey[6]，当地话“遂”字音。

**睟［suì］，《中华字海》释义：❶润泽。❷颜色纯一。❸眼睛清明。**

在粤方言地区，“睟”字的义项还包括以下两项：①颜色纯一。如：这块玉真睟。②眼睛清明。如：小明双眼真睟。

## 襚布

我家乡有一种风俗：老人去世时，他的儿女就要专门给他买襚布，随死者装入棺材。

“襚布”一词在粤方言地区人们的口头上比较常用，指给死者的衣被，“襚”字在广州地区读 soey⁶，当地话“遂”字音。

**襚［suì］，《新华字典》释义：古代指赠死者的衣被。**

例：送襚布，是亲人给逝者最后的馈赠。

## 玉璲

老刘收藏了好几块玉璲，自称是上品。

“玉璲”一词在粤方言地区人们的口头上比较常用，指玉制的信物或人佩戴的瑞玉，“璲”字在广州地区读 soey⁶，当地话“遂”字音。

**璲［suì］，《新华字典》释义：❶一种玉制的信物。❷古代贵族佩戴的一种瑞玉。**

例：你喜欢佩戴玉璲吗？

## 车鐩

老刘收藏了各种车鐩标本，他一有空就给我介绍。

“车鐩”一词在粤方言地区人们的口头上比较常用，指车的标志，“鐩”字在广州地区读 soey⁶，当地话“遂”字音。

**鐩［suì］，《新华字典》释义：古书上说的一种车饰。**

例：你要是能够为一款名车设计车鐩，你的作品就会跟随着车，在它到达的每一个地方展示出来。

## 旞旗

现在，各地都有一些汽车越野赛活动。爱好者们不分主次，都喜欢跟风给自己的赛车插上富有特色的旞旗。

“旞旗”一词在粤方言地区人们的口头上比较常用，原义指古代导车的旗杆顶上用完整彩色的羽毛做装饰的旗子，引申为指挥车上的旗子，“旞”字在广州地区读 soey[6]，当地话“遂”字音。

**旞［suì］，《新华字典》释义：古代导车的旗杆顶上用完整彩色的羽毛做装饰的旗子。**

例：旞旗本是指挥车上的旗子，现在的人随意给自己的车子插旞旗，不过是一种跟风心态罢了。

## 骂谇谇

昨天上午，阿菁对她老公骂谇谇地数落了半天。

“骂谇谇”一词在粤方言地区人们的口头上比较常用，指骂骂咧咧，“谇”字在广州地区读 soey[6]，当地话“睡”字音；（又）读 soey[3]，当地话“岁”字音。

**谇［suì］，《新华字典》释义：❶责骂。❷问。❸直言规劝。**

在粤方言地区，“谇”字的义项还包括“直言规劝”。如：老师今天对我慢慢谇。

## 嗍奶

孩子刚生下来不久就会嗍奶。

“嗍”字在粤方言地区人们的口头上比较常用，在广州地区读 sok[8]，当地话“朔”字音。

**嗍［suō］，《新华字典》释义：用唇舌裹食，吮吸：小孩子生下来就会~奶。**

例：会嗍奶是哺乳动物最初始的生命状态，但很多人不懂“嗍”字怎么写。

## 日头趖西

在我年少时，爷爷喜欢带着我放牛，每到日头趖西，我们就把牛往家里赶。

“趖”字在粤方言地区人们的口头上比较常用，在广州地区读 dzo[6]，当地话“座”字音；（又）读 so[1]，当地话“梭”字音；指下坠。

**趖［suō］，《新华字典》释义：〈方〉移动：日头~西。**

例：在每一个日头趖西的时刻，我都有许多美好的回忆或遐想，年少时把牛往家里赶，就是其中之一。

## 睃着周边的动静

联防队员似是在看演出，实际上是在睃着周边的动静。

“睃”字在粤方言地区人们的口头上比较常用，在广州地区读 so[1]，当地话“梭”字音。

**睃［suō］，《新华字典》释义：斜着眼睛看。**

例：老师教育我们，出街入市都要注意交通安全，睃着周边的车辆和行人。

## 长衫䙡地

在我上小学的时候，村里有个戏班。有一回，老师带我们到戏班班主家里，班主拿那些演出服装，让同学们穿上去表演。同学们个子矮，不少人长衫䙡地，让人忍俊不禁。

“䙡”字在粤方言地区人们的口头上比较常用，在广州地区读 so[3]，当地话“锁”字音；指衣服长，碰到地上的样子。

**䙡［suǒ］，《中华字海》释义：衣服长的样子。**

例：以前物资匮乏的时候，不少农村的孩子缺少衣服，常把亲戚家不合身的衣服拿回来穿，长衫䙡地或露出肚脐、露出脚踝者，不计其数。

## 𠜾破

在我的班上，有过一名学生和同学起争执，他凶残地把同学的脸𠜾破了。

“𠜾”字在粤方言地区人们的口头上比较常用，在广州地区读 so[4]，当地话“锁”字音；指弯曲手指，用指甲狠狠耖的动作。

**𠜾［suǒ］，《中华字海》释义：削。**

例：老鹰往猎物身上狠狠一𠜾，猎物就会皮开肉绽。

## 毛鬙鬙

阿昌的头发，毛鬙鬙的，那样子就像钢丝清洁球一般。

“鬙”字在粤方言地区人们的口头上比较常用，在广州地区读 sok[8]，当地话“索”字音；指毛发坚硬。

**鬙［suǒ］，《中华字海》释义：发坚。**

例：听说毛鬙鬙的人都比较勇猛。

## 饭糅糅

我小时候不会煮饭，妈妈说："你和姐姐要慢慢学会煮饭，昨晚饭糅糅，今晚煮的饭水放少了，饭又太干。"

"糅"字在粤方言地区人们的口头上比较常用，在广州地区读 sok[8]，当地话"索"字音；指煮饭时用水过多，煮成不粥不饭的样子。

**糅［suǒ］，《中华字海》释义：煮米多水。**

在粤方言地区，把事情办得稀里糊涂也叫"饭糅糅的"，这是一种引申义。如：妈妈叫你炒青菜，你竟然连菜都不洗就炒，搞到饭糅糅的，能不叫人失望吗？

## 风飕飕

我们登上云龙大山，在山顶上，风飕飕直吹，脚下的松林和竹林在风中摇曳着。

"飕"字在粤方言地区人们的口头上比较常用，在广州地区读 sok[8]，当地话"索"字音。

**飕［suǒ］，《中华字海》释义：风声。**

例："衙斋卧听萧萧竹，疑是民间疾苦声。"郑板桥听到风吹翠竹发出的声响，就想到民间的疾苦。当你的耳畔风飕飕时，会想到什么呢？

## 冷溹溹

入冬之后，要是衣服穿得少，我们就会感觉到身上冷溹溹的。

"溹"字在粤方言地区人们的口头上比较常用，在广州地区读 sok[9]，当地话"索"字音；指寒冷。

**溹［suò］，《中华字海》释义：寒貌。**

例：良言一句三冬暖，恶语伤人六月寒。天气寒冷带来那种冷溹溹的滋味，你也许早就忘记了，可是，别人曾经带给你冷溹溹的滋味，你会轻易地忘掉吗？

## 涩濇濇

这块木板板面涩濇濇的。

"涩濇濇"一词在粤方言地区人们的口头上比较常用，指不滑，"濇"字在广州地区读 sap[7]，当地话“湿”字音。

**澁［sè］，《说文解字》释义：不滑也。**

例：洗澡房的地面，还是涩澁澁的比较好。

## 低头愢愢

老肥的儿子偷东西被抓进了派出所，他接到通知后低头愢愢地朝派出所走去。

“愢愢”一词在粤方言地区人们的口头上比较常用，指丢脸、耻辱的样子，“愢”字在广州地区读 sy[3]，当地话“庶”字音。

**愢［shù］，《中华字海》释义：耻。**

例：你见过谁低头愢愢的样子？

# T

## 软殀殀

连续上了几天夜班，小罗整个人都软殀殀的。

“软殀殀”一词在粤方言地区人们的口头上比较常用，指因劳累过度而蔫蔫的样子，“殀”字在广州地区读 tik[7]，当地话“狄”字音。

**殀［tì］，《中华字海》释义：❶喘。❷困极。**

例：一个人，经常软殀殀的样子，就会被人看轻。

## 忝队

从小，老师就教育我们要讲秩序，不能忝队。

“忝队”一词在粤方言地区人们的口头上比较常用，指插队，或带有滥竽充数意味的行为。“忝”字在广州地区读 tim[2]，当地话“舔”字音。

**忝［tiǎn］，《新华字典》释义：辱没（mò）。谦辞：~属知己｜~列门墙（愧在师门）。**

例：一个人忝在大师和高人中的时间久了，就能学到很多平时学不到的知识。

## 狗嗒嗒

我在楼顶，看到祖叔家的黑狗在我家地坪上狗嗒嗒地偷吃鸡食，一会儿就吃了个精光。

“嗒”字在粤方言地区人们的口头上比较常用，在广州地区读 taat[8]，当地话“遢”字音；指狗吃东西的样子。

**嗒［tà］，《中华字海》释义：狗食貌。**

在粤方言地区人们把吃相难看叫“狗嗒嗒的样子”，这是一种引申义。如：老倪到谁家吃饭都是狗嗒嗒的样子，似乎从来没吃饱过。

## 借大腿緆索

我家乡有句歇后语：“借大腿緆索——谁肯？”

“借大腿緆索”一语在粤方言地区人们的口头上比较常用，在现实生活中，人们无一不是在自己的大腿上搓绳索的，“借大腿緆索”，比喻要别人做难以接受的事情，“緆”字在广州地区读 taat[8]，当地话“遢”字音；（又）读 taap[8]，当地话“塔”字音。

**緆［tā］，《新华字典》释义：用绳索套住、捆住。**

例：己所不欲，勿施于人。我们万万不能借大腿緆索。

## 趿着鞋走

平日里，总有些人习惯趿着鞋走路。

“趿”字在粤方言地区人们的口头上比较常用，在广州地区读 taat[8]，当地话“挞”字音；指穿鞋只套上脚尖的样子。

**趿［tā］，《新华字典》释义：穿鞋只套上脚尖。**

例：习惯趿着鞋走路的人，给人一种为人处世漫不经心的印象。

## 嚃一杯

一有空，我就喜欢和好朋友嚃一杯。

“嚃”字在粤方言地区人们的口头上比较常用，在广州地区读 taat[8]，当地话“遢”字音；（又）读 taap[8]，当地话“塔”字音。

**嚃［tā］，《新华字典》释义：饮。**

例：对酒当歌，人生几何？兴致来的时候，嘢一杯又何妨？

## “墖”的一声

昨天夜里，我听到了“墖”的一声，起床一看，原来是叔叔家的猫把瓦片弄翻到地上了。

“墖”字在粤方言地区人们的口头上比较常用，在广州地区读 taap[8]，当地话“塔”字音。

**墖［tā］，《中华字海》释义：东西落地的声音。**

例：如果是自己心里的石头落地，只有自己能听到那“墖”的一声。

## 遝遝走

小弟弟刚学会走路没多久，就急着在走廊上遝遝走。

“遝”字在粤方言地区人们的口头上比较常用，在广州地区读 taa[4]，当地话“它”字音；指走得比较急的样子。

**遝［tá］，《中华字海》释义：［～～］行走的样子。**

例：遝遝走是人在情急状态之下的步伐，稳健地迈步才是常态。

## 连嶆三座山峦

九哥说五叔的坟地后面连嶆三座山，风水好着呢。我不懂，听了只有傻笑。

“嶆”字在粤方言地区人们的口头上比较常用，在广州地区读 daap[9]，当地话“踏”字音。

**嶆［tà］，《中华字海》释义：山峦重叠的样子。**

例：峰峦嶆嶆的景象，在都峤山多得很。

## 跑侤侤

老李跟老陆骗钱，老陆是老江湖，随时准备跑侤侤。后来，警察把老李抓了，老陆却不知所踪。

“跑侤侤”一词在粤方言地区人们的口头上比较常用，指逃跑的样子，“侤”字在广州地区读 taat[8]，当地话“挞”字音。

**侤［tà］，《中华字海》释义：逃也，叛也。**

例：一个人尽管不做伤天害理之事，有时也得跑侤侤。

## 荷叶沓沓

盛夏，白饭小学下面的湖里，荷叶沓沓，那是多美的一处风景呀。

“沓”字在粤方言地区人们的口头上比较常用，在广州地区读 daap[9]，当地话“沓”字音；指荷覆水的样子。

**沓［tà］，《中华字海》释义：荷覆水。**

例：在你生活的地方，可曾有荷叶沓沓的美景？

## 迨上迨下

老倪为了当村支书，迨上迨下，四处活动。

“迨”字在粤方言地区人们的口头上比较常用，在广州地区读 daap[9]，当地话“踏”字音；指匆忙地走的样子。

**迨［tà］，《中华字海》释义：行貌。**

例：前人说：“苦心人天不负。”为了美好的生活而迨上迨下，你终会如愿以偿。

## 飞鸟䶁䶃

在老家，我每天都能看见飞鸟䶁䶃䶁䶃地从天上飞过。

“䶁䶃”一词在粤方言地区人们的口头上比较常用，在广州地区读 daap[9]saap[8]，当地话“踏飒”字音。

**䶁䶃［tà sà］，《中华字海》释义：飞翔的样子。**

例：人羡慕鸟能够䶁䶃䶁䶃地飞翔，却不知道鸟也许更羡慕人拥有丰富多彩的生活呢。

## 汰滑

青苔多的地方，最容易汰滑。

“汰滑”一词在粤方言地区人们的口头上比较常用，指打滑，“汰”字在广州地区读 taat[8]，当地话“挞”字音。

**汰［tà］，《中华字海》释义：滑也。**

例：人生的路不好走，很多地方没有青苔，却也容易汰滑。所以每走一步，我们都需要小心谨慎。

## 追过去狧

老温养的大白狗，见生人就追过去狧，邻居说他不及时管教那狗，迟早要惹事端。

“狧”字在粤方言地区人们的口头上比较常用，在广州地区读 taat[8]，当地话“遢”字音。

**狧［tà］,《中华字海》释义：❶狗吃食。❷狗咬人。**

在粤方言地区人们把蛮横无理伤人的行为叫“狧人”，这是一种引申义。如：老四在村里动不动就狧人，最近被拘留了。

## 鸟翖翖飞

阿志大声地喊：“爸爸，我看见几只鸟在天上翖翖飞！”

“翖”字在粤方言地区人们的口头上比较常用，在广州地区读 taap[8]，当地话“榻”字音；指（鸟）高飞的样子。

**翖［tà］,《中华字海》释义：❶飞盛貌。❷高飞的样子。**

例：作为出生在大山里的人，自小，爷爷就鼓励我要像鸟一样翖翖飞出去。

## 碴谷

年少时，我多次跟着奶奶和妈妈碴谷。想不到几十年间，社会发展变化如此之大。

“碴”字在粤方言地区人们的口头上比较常用，在广州地区读 saau[1]，当地话“踏”字音。

**碴［tà］,《中华字海》释义：用脚踏碓舂米。**

例：以前，奶奶常常逗着孙子反复说：“碴谷煮饭，给弟弟吃啦!”如今，这样的话，已没有人再说。

## 誻两碗白米粥

大热天，我经常站在灶台边誻两碗白米粥就出去了。

“誻”字在粤方言地区人们的口头上比较常用，在广州地区读 haap[8]，当地话“侠”字音。

**誻［tà］,《中华字海》释义：喝。**

在粤方言地区人们把勉强度日叫“有碗粥踏”，这是一个引申义。如：这两三年我仅仅是有碗粥踏。

## 指搨

八祖太生前是用针给人缝制衣服的，她保存了一些指搨，曾经拿给我们看。

“指搨”一词在粤方言地区人们的口头上比较常用，指用皮革做的用于防针刺的一种指套，“搨”字在广州地区读 taap[8]，当地话“塔”字音。

**搨［tà］，《中华字海》释义：❶古代缝纫时，用皮革做的一种指套，戴在指上，以防针刺。❷泛指皮套子。**

例：老刘收藏了好几个指搨，他以为这东西已成文物我没见过，拿给我看。

## 讟得快

老凯说话讟得快，他说什么，大家总是听不清。

“讟”字在粤方言地区人们的口头上比较常用，在广州地区读 taat[8]，当地话“挞”字音。

**讟［tà］，《中华字海》释义：说话快。**

例：说话的最终目的是表情达意，讟得快，表达效果就差了。

## 清一次烟炱

我老家用木柴烧火做饭。每隔一段时间，我就要给火灶清一次烟炱。

“烟炱”一词在粤方言地区人们的口头上比较常用，指淤积在火灶通道里的柴灰，“炱”字在广州地区读 toi[4]，当地话“台”字音。

**炱［tái］，《新华字典》释义：烟气凝积而成的黑灰，俗称烟子或煤子：煤~｜松~（松烟）。**

例：火灶没了烟炱，烧起火来，会更旺。

## 野草蓢满地

我老家屋前野草蓢满地，看上去很荒凉。

“蓢”字在粤方言地区人们的口头上比较常用，在广州地区读 taan[1]，当地话“滩”字音；指草蔓延。

**蓢［tān］，《中华字海》释义：草长的样子。**

例：人，不能让野草蔴满自己的心。

## 𪏮𪏭

要远离𪏮𪏭人，否则，就会烦恼不断。

“𪏮𪏭”一词在粤方言地区人们的口头上比较常用，在广州地区读 taan[1]maan[6]，当地话“滩曼”字音；指无文化，没教养，不讲理的样子。

**𪏮𪏭［tān màn］，《中华字海》释义：无文采的样子。**

例：𪏮𪏭的人，和他讲道理是讲不通的。

## “㺗”的一声

昨晚，我听到“㺗”的一声，就醒过来了。

“㺗”字在粤方言地区人们的口头上比较常用，在广州地区读 taan[1]，当地话“啴”字音；用作响声的拟声词，多指金属声。

**㺗［tān］，《中华字海》释义：响。**

有时，旧八卦钟打点，会传出“㺗㺗”的声响。新八卦钟的响声则清脆些。

## 倓槅

说起“倓槅”，也就是在楼槅的桁条木上钉上木板，作为二层以上各层的地板。

“倓”字在粤方言地区人们的口头上比较常用，在广州地区读 taan[4]，当地话“弹”（“弹琴”的“弹”）字音；（又）读 taam[4]，当地话“谈”字音，指固定。

**倓［tán］，《中华字海》释义：安然不疑。多用于人名。**

例：一座砖木结构的楼房或木楼，只有把槅板全部铺设好，倓牢固，房子才安全稳固。

## 僋世界

人们常常羡慕别人僋世界，而不知道能僋世界的人都不一般。

“僋世界”一词在粤方言地区人们的口头上比较常用，指享受美好的生活，“僋”字在广州地区读 taan[3]，当地话“叹”字音。

**僋［tǎn］，《中华字海》释义：从容休闲的样子。**

例：我们要僮世界，就必须先充实自己。

## 诗谳

我们去峤北风景区游玩，那里有大围顶和二围顶，我问带队的老王，先登哪个顶，他诗谳着，一会儿说二围，一会又说大围。

“诗谳”一词在粤方言地区人们的口头上比较常用，在广州地区读 taan[1]haan[1]，当地话“滩悭”字音；（又）读 taan[2]ham[6]，当地话“忐憾”字音；指说话犹豫不决。

**诗谳［tǎn hàn］，《中华字海》释义：言不定。**

例：一个人说话诗谳，他的能力就容易引起别人怀疑。

## 倓契爷

在我的家乡，每年春节，都有倓契爷的活动。

“倓契爷”一词在粤方言地区人们的口头上比较常用，指契儿（干儿子或干女儿）及其家人带上礼物拜访契爷（干爹）的仪式，“倓”字在广州地区读 taam[3]，当地话“探”字音。

**倓［tàn］，《中华字海》释义：中国古代南方少数民族用以赎罪的财物。**

在粤方言地区的风俗中，当地人做了对不起别人的事情，就要带上礼物到对方家里请求原谅。如：老巴开摩托撞伤了老李的儿子，老巴父亲马上就带上酒菜倓老李。

## 溏田

从小学五年级开始，我就牵牛去帮家里溏田。

“溏田”一词在粤方言地区人们的口头上比较常用，指人牵着牛在田里反复踩踏，让泥土变成泥浆状，“溏”字在广州地区读 tong[4]，当地话“唐”字音。

**溏［táng］，《新华字典》释义：❶泥浆。❷不凝结、半流动的。**

在粤方言地区，“溏”字有一个义项是“不凝结、半流动的”。如：妈妈做的白米粿，里面总是有很甜的溏。

## 黑䅯

二表哥的脸以前一直比较黑䅯，最近竟然红润起来了，我问他缘由，他说把抽了40年的烟给戒了。

“黑糖”一词在粤方言地区人们的口头上比较常用，指脸色红黑，“糖”字在广州地区读tong[4]，当地话“唐”字音。

**糖［táng］，《新华字典》释义：赤色（指人的脸色）：紫~脸。**

例：南方的光照强烈，户外劳作的农民们脸色多黑糖。

## 刀钝了

我正想出去除草，妈妈说：“刀钝了，你先磨刀。”

“钝”字在粤方言地区人们的口头上比较常用，在广州地区读doen[5]，当地话“钝”字音；指（刀）钝。

**钝［tú］，《中华字海》释义：❶钝。❷小刃。**

在粤方言地区人们把“嘴巴笨”叫“嘴钝”，这是个引申义。如：我是个嘴钝的人，不善交际。

## 一肚帑

四哥叫我借10万元给他买房子，我说我哪来那么多钱，四哥说我以为你有一肚帑呢。

“一肚帑”一词在粤方言地区人们的口头上比较常用，指钱财库存充足，当地人叫“屋内”为“屋肚”，其中“一肚”指“一屋”，并非指“人的肚子”；“帑”字在广州地区读tong[2]，当地话“躺”字音。

**帑［tǎng］，《新华字典》释义：古代指收藏钱财的库府和库府里的钱财。**

在粤方言地区，“一肚帑”也指“一肚子学问”，这是个引申义。如：我和罗教授交谈了半个小时，他的确是一肚帑。

## 耥耙

耥耙是农家常用的农具，每到插田和晒稻谷时，我们都要用到它。

“耥耙”一词在粤方言地区人们的口头上比较常用，在广州地区读tong[2]paa[4]，当地话“躺耙”字音；指用于晒谷和弄平田地的农具。

**耥耙［tǎng bà］，《新华字典》释义：清除杂草、弄平田地的农具。**

例：我们农村人晒谷、收谷都需要耥耙，因而耥耙不会轻易被淘汰。

## 傥慌

老倪自视甚高，年轻时一直想当村支书，但始终无缘，连普通的村干部也当不上。如今他年纪大了，一脸傥慌。

“傥慌”一词在粤方言地区人们的口头上比较常用，“傥”字在广州地区读 tong[2]，当地话“傥”字音。

**傥慌［tǎng huāng］，《中华字海》释义：失意忧愁的样子。**

例：那些面无傥慌之色的人，都是能够正确定位自己的人。

## 把牛绹在河边

夏天，我们常常把家里的耕牛绹在河边阴凉的地方。

“绹”字在粤方言地区人们的口头上比较常用，在广州地区读 tou[4]，当地话“淘”字音。

**绹［táo］，《新华字典》释义：❶绳索。❷用绳索捆绑。**

在粤方言地区，“绹”字的义项，包含（对人）“控制、采取强制措施”的意思，这是个引申义。如：小偷被绹了。

## 肋脦

老倪为人处世肋脦，你根本无法想象他干出的那些不三不四的事。

“肋脦”一词在粤方言地区人们的口头上比较常用，原义指衣裳肥大、不整洁，引申为为人做事不够中规中矩，不合乎情理。“脦”字在广州地区读 dak[9]，当地话“特”字音；（又）读 tik[7]，当地话“惕”字音。

**脦［tè］，《新华字典》释义：［肋~］形容衣裳肥大、不整洁。**

例：为人做事肋脦的人，都不靠谱。

## 忒嘿

年少时，爸爸带着他的朋友，到都峤山游玩，我跟随在他们后面。我们刚进入一个岩洞，突然就蹿出了一条大蛇，在众人忒嘿之际，爸爸已信手把蛇逮住了。

“忒嘿”一词在粤方言地区人们的口头上比较常用，指心惊、惶恐不安。“忒”字在广州地区读 dak[9]，当地话“特”字音。

**忒 [tè]，《中华字海》释义：心里畏惧。**

例：有大将风度的人，遇事不会忒嘿。

## 熥一熥

我家里昨天留下来的面包还有好多，今早只需熥一熥，就可以吃了。

“熥”字在粤方言地区人们的口头上比较常用，在广州地区读 tang[1]，当地话“腾”字音；（又）读 tung[1]，当地话“通”字音。

**熥 [tēng]，《新华字典》释义：把熟的食物蒸热。**

例：你熥过面包或玉米吗？

## 鼓声鼟鼟

到云龙大山观光，我们常会听到鼓声鼟鼟，从东边传过来。因为岑溪那边庙会多，他们习惯敲鼓。

“鼟鼟”一词在粤方言地区人们的口头上比较常用，指鼓声。“鼟”字在广州地区读 tang[2]，同普通话读音；（又）读 dang[1]，当地话“登”字音。

**鼟 [tēng]，《新华字典》释义：形容敲鼓声。**

例：鼓声鼟鼟，那是一种催人奋进的声音。

## 膯脝

如今，很多男子的肚子都是膯脝的模样，看不出他们是饱还是饥。

“膯脝”一词在粤方言地区人们的口头上比较常用，指饱、胀。“膯”字在广州地区读 tang[1]，当地话“腾”字音。

**膯 [tēng]，《中华字海》释义：饱。**

例：健美男子的肚子不会膯脝。

## 蹬被子

睡前，你如果发现床上的被子卷作一团，就用脚蹬被子，被子就会展开、伸长、拉平了。

“蹬”字在粤方言地区人们的口头上比较常用，在广州地区读 tang[1]，当地话“腾”字音。

**蹬 [tēng]，《中华字海》释义：用力使之伸长。**

例：你睡觉时蹬过被子吗？

## 㥬脝

老三总是一副㥬脝的模样，在屯里，少不了被人捉弄。

“㥬脝”一词在粤方言地区人们的口头上比较常用，指愚笨痴呆的样子。“㥬”字在广州地区读 tang[1]，当地话“腾”字音。

**㥬［tēng］，《中华字海》释义：愚笨痴呆的样子。**

例：大智若愚，大勇若怯。外表㥬脝的人，未必真傻。

## 踜䠮

阿志小时候常常在地坪上踜䠮踜䠮地走来走去。

“踜䠮”一词在粤方言地区人们的口头上比较常用，在广州地区读 ling[6]tang[4]，当地话“愣腾”字音；指小孩行走的样子。

**䠮［téng］，《中华字海》释义：［踜～］行走的样子。**

例：踜䠮踜䠮的脚步，只属于童年。

## 䠮䠮就跑

老新妈妈叫他去干活，他不愿意去，他妈妈就拿来了一根棍子要打他，他看见了䠮䠮就跑。

“䠮䠮”一词在粤方言地区人们的口头上比较常用，指状如小羊、小牛在山路上半跑半跳的样子，“䠮”字在广州地区读 tang[4]，当地话“腾”字音。

**䠮［téng］，《中华字海》释义：［～～］行貌。**

例：小牛在山路上䠮䠮跑的样子多好看呀，你见过吗？

## 叮叮霯霯

每年夏天，都免不了出现这样的天气：天乌地黑，狂风乱舞，没多久大雨就叮叮霯霯下来了。

“叮叮霯霯”一词在粤方言地区人们的口头上比较常用，指下大雨时，雨点倾洒下来跳动的样子，“霯”字在广州地区读 tang[1]，同普通话读音。

**霯［tèng］，《中华字海》释义：大雨。**

在粤方言地区，“叮叮霯霯”，也指人在地上不停跳动的模样，这是个引申义。如：老新妈妈用树枝抽打他的双脚，他在地上叮叮蹬蹬跳个不停。

## 薙木枝

年少时，爷爷曾让我上树薙木枝当作柴扛回家烧。

“薙”字在粤方言地区人们的口头上比较常用，在广州地区读 tai[3]，当地话“剃”字音；指砍、斩等动作。

**薙［tì］，《新华字典》释义：除去野草。**

在粤方言地区，大多数人用“剃”代替“薙”使用。“剃”指的是“用刀刮去毛发”，和“薙”的含义显然不同。

## 黇黄

前几天，家里的黄皮果才黇黄，到今天竟然就全熟透了。

“黇黄”一词在粤方言地区人们的口头上比较常用，指浅黄色、微黄，“黇”字在广州地区读 tin[2]，当地话“天”字音。

**黇［tiān］，《中华字海》释义：浅黄色。**

例：黇黄肤色的人穿衣服比较挑颜色。

## 鼓声鼘鼘

每逢春节前后，云龙大山东面的华峰岗，总是鼓声鼘鼘。这时，听到鼓声的人就兴奋异常。

“鼘”字在粤方言地区人们的口头上比较常用，在广州地区读 tin[4]，当地话“田”字音。

**鼘［tián］，《中华字海》释义：鼓声。**

例：听到鼓声鼘鼘，很多人都会振奋起来。

## 眼眴眴

小强刚才欺负同学，他哥哥在教室外眼眴眴地看着小强。

“眼眴眴”一词在粤方言地区人们的口头上比较常用，指目不转睛地看，“眴”字在广州地区读 tin[1]，当地话“天”字音；（又）读 tin[4]，当地话“田”字音。

**眴［tián］，《新华字典》释义：眼珠转动。**

在粤方言地区，“眗眗”也指“眼珠转动”。如：刘老师站在讲台上看同学们做作业的时候，眼珠总是眗眗转。

## 湖水沺沺

我们来到洞庭湖边，眼前湖水沺沺，无边无际，让人心旷神怡！

“沺沺”一词在粤方言地区人们的口头上比较常用，指（水势）广阔无边，“沺”字在广州地区读 tin⁴，当地话“田”字音。

**沺［tián］，《中华字海》释义：［～～］（水势）广阔无边。**

例：巍巍五岳，沺沺江湖，祖国的河山多美呀。

## 湉湉西湖

湉湉西湖，宛如处子。

“湉湉”一词在粤方言地区人们的口头上比较常用，指水面平静，“湉”字在广州地区读 tim⁴，当地话“甜”字音。

**湉［tián］，《新华字典》释义：［～～］形容水面平静。**

例：人的内心，若如湉湉西湖，又有什么放不下呀？

## 掭牙膏

为了保持牙齿清洁，我们每天都要掭牙膏刷牙。

“掭”字在粤方言地区人们的口头上比较常用，在广州地区读 din²，当地话“典”字音；指撑、推、按压。

掭［tiǎn］，《新华字典》释义❶撑，推。❷拨。

在粤方言地区，“掭”字的义项，还含有“对某人挤压”的意思，这是一个引申义。如，办案人员对嫌犯说：“你答话真是牙膏，不掭不出。”

## 脸惧红

我上小学时不爱学习，作业马虎，老师找我去办公室批评教育，我经常脸惧红。

“脸惧红”一词在粤方言地区人们的口头上比较常用，指因羞愧而面红耳赤，“惧”字在广州地区读 tin⁵，当地话“天”字音。

**惧［tiǎn］，《新华字典》释义：惭愧。**

例：一个人，要是没有羞耻之心，就不会脸惧红。

## 唺口水

老黎经常在公众场合唺口水，大家背后议论说他那个样子就像鸡随地拉屎一般，让人讨厌。

“唺”字在粤方言地区人们的口头上比较常用，在广州地区读 tin²，当地话“田”字音；指喷射状吐出来。

**唺［tiǎn］，《中华字海》释义：吐。**

在粤方言地区，“唺”字的义项，还含有“男性和不是自己妻子的女性发生性关系”的意思，这是个含蓄的引申义。如：老包的老婆警告他，你在外面不要乱唺。

## 脸皮觍厚

我读初中的时候，有几次不交作业。班主任找了我几次，问我是不是脸皮觍厚。

“脸皮觍厚”一词在粤方言地区人们的口头上比较常用，指惭愧，厚着脸皮，“觍”字在广州地区读 tin²，当地话“天”字音。

**觍［tiǎn］，《新华字典》释义：形容惭愧：~颜；厚着脸皮：~着脸。**

例：我总觉得脸皮觍厚的人很无耻。

## 灯火晪光

在我老家那里，只有过春节，各家各户才会灯火晪光。其余时间，屯里很多人都在外工作，晚上极少住在家里，家里自然就没有灯光。

“晪光”一词在粤方言地区人们的口头上比较常用，指光明，“晪”字在广州地区读 tin²，当地话“天”字音。

**晪［tiǎn］，《新华字典》释义：明。**

例：无论如何，我们的内心，都要灯火晪光。

## 舚舌头

六哥的外孙习惯舚舌头，于是大家笑话那个孩子是蛇年出生的。

“舚”字在粤方言地区人们的口头上比较常用，在广州地区读 tim⁵，当地话

“添”字音；指伸出（舌头）。

**舚［tiàn］，《中华字海》释义：吐舌头。**

例：我们不可对人随意舚舌头，有人认为那是挑衅性的动作。

## 带庣

刘叔是个收藏家，他习惯把带庣的藏品另行归类。

“带庣”一词在粤方言地区人们的口头上比较常用，指物体上存在凹下或不满的地方，“庣”字在广州地区读tiu[1]，当地话“挑”字音。

**庣［tiāo］，《中华字海》释义：凹下或不满的地方。**

例：金无足赤，人无完人，人不是藏品，都会带“庣”。

## 朓刺

我刚看到五祖婶，她就连忙拿来一根针，叫我帮她朓刺。

“朓刺”一词在粤方言地区人们的口头上比较常用，指用针把肉中的刺剔出，“朓”字在广州地区读tiu[1]，当地话“挑”字音。

**朓［tiāo］，《中华字海》释义：剔。**

例：有的学生为了赶时髦，互相把对方身上的皮肤朓破纹身。真是匪夷所思。

## 嬥匀

阿青的身材好嬥匀呀，真是高一分则过高，矮一分则过矮；胖一分则过胖，瘦一分则过瘦。

“嬥匀”一词在粤方言地区人们的口头上比较常用，指身材匀称美好，“嬥”字在广州地区读tiu[5]，当地话“窕”字音。

**嬥［tiǎo］，《新华字典》释义：身材匀称美好。**

在粤方言地区，“嬥匀”一词的义项，有时被引申为“好心态、好心情”。如：如果一个人能够时常把自己的心态调整到嬥匀状态，就再好不过了。

## 怗息

爷爷告诉我：新中国成立初期，广西匪患严重，解放军进驻广西之后，展开了猛烈的剿匪行动，从此，匪患怗息了。

“怗息”一词在粤方言地区人们的口头上比较常用，指平定、平息，“怗”字在广州地区读 tip[8]，当地话“贴”字音。

**怗［tiē］，《新华字典》释义：平定；平息。**

例：各省常态化开展扫黑除恶行动后，黑恶势力逐步怗息了。

## 䑜䑜舐

妈妈在地坪上喂鸡，只要一转身，邻居的几个小狗便会跑过来，在装鸡食的盆子上䑜䑜舐。

“䑜䑜舐”一词在粤方言地区人们的口头上比较常用，指狗用舌头轻轻地舐的样子，“䑜”字在广州地区读 tit[8]，当地话“餮”字音。

**䑜［tiè］，《中华字海》释义：犬小舐。**

在粤方言地区，“䑜䑜舐”一词，还含有“人很贪婪”的意思，这是一个引申义。如：阿俫不管到哪里，只要看到地上有“屎印”（喻蝇头小利），他就非䑜䑜舐一番不可。

## 颋直

老梁秉性颋直，从不向权贵低头，不为一己私利违背任何规章制度，令人敬佩。

“颋直”一词在粤方言地区人们的口头上比较常用，指正直，“颋”字在广州地区读 ting[5]，当地话“挺”字音。

**颋［tǐng］，《新华字典》释义：正直，直。**

例：我们的国家和民族，需要颋直的人。

## 侹直

江口到胡冲口的道路侹直，便于驾驶。

“侹直”一词在粤方言地区人们的口头上比较常用，指平直，“侹”字在广州地区读 ting[5]，当地话“挺”字音。

**侹［tǐng］，《新华字典》释义：平直。**

例：人生的道路从不侹直，总是曲曲折折的。

## 滆滖之流

2021 年，很多地方都遭受干旱，我老家河流只剩滆滖之流，看样子仿佛要断流一般。

“渟濙”一词在粤方言地区人们的口头上比较常用，在广州地区读 ting[1]jing[4]，当地话“汀滢”字音；指水流极小。

**渟濙［tìng yíng］，《中华字海》释义：细小的水流。**

例：我家有自用泉眼，尽管是渟濙之流，但是源源不断，一家人足够用。

## 鼕鼕鼓声

今年早春，我和妈妈在大山沟里干活，听到远处传来了鼕鼕鼓声，妈妈说：“是谁敲鼓呢?”

“鼕鼕”一词在粤方言地区人们的口头上比较常用，指远处传来的鼓声，“鼕”字在广州地区读 tung[1]，当地话“嗵”字音。

**鼕［tōng］，《中华字海》释义：鼓声远闻。**

例：一个人有好的名声，会像鼕鼕鼓声一样，传到很远的地方；一个人有不好的名声，也会像鼕鼕鼓声一样，传到很远的地方。

## 猪骬骨

我孩子很小的时候，妈妈曾建议我多买猪骬骨，熬粥给他们喝。

“骬骨”一词在粤方言地区人们的口头上比较常用，指腿骨，“骬”字在广州地区读 tung[4]，当地话“同”字音。

**骬［tóng］，《中华字海》释义：［骬骨］腿骨。**

例：骬骨的骨髓多，营养价值高。

## 哃嘡

老倪是个哃嘡的人，大言不惭，连他父亲和妻子都不相信他。

“哃嘡”一词在粤方言地区人们的口头上比较常用，在广州地区读 tung[4]tong[4]，当地话“同唐”字音；指大话。

**哃嘡［tóng táng］，《中华字海》释义：大言。**

例：说话哃嘡的人，只会害了自己。

## 翻翻飞过

我老家的天空，常常有鸟儿翻翻飞过。

“翧翧”一词在粤方言地区人们的口头上比较常用，指飞翔的样子，“翧”字在广州地区读 tung$^4$，当地话“童”字音。

**翧［tóng］，《中华字海》释义：飞的样子。**

例：有鸟儿翧翧飞过的天空，是最美的。

## 㣠蹿

上小学的时候，每天一大早，我喝过粥，就在山路上㣠蹿㣠蹿地奔向学校。

“㣠蹿”一词在粤方言地区人们的口头上比较常用，在广州地区读 tung$^4$tang$^4$，当地话“同腾”字音；指在崎岖的路上高一脚低一脚地奔跑的样子。

**㣠蹿［tóng téng］，《中华字海》释义：走貌。**

例：现在条件好了，山里很多孩子上学，都不必再在崎岖的山路上㣠蹿奔跑了。

## 窿竉

在我老家附近，有不少开矿留下的山洞，那些山洞窿竉一片，伸手不见五指。

“窿竉”一词在粤方言地区人们的口头上比较常用，在广州地区读 tung$^4$long$^5$，当地话“同垄”字音；指漆黑、昏暗的样子。

**窿竉［tǒnglǒng］，《中华字海》释义：暗。**

例：只要我们心里永远有一把希望之火，人生前程就始终不会窿竉。

## 敨掉灰尘

前几年，我家乡的公路还没有铺柏油，车辆经过，泥尘铺天盖地，我每骑摩托往返一次，就要脱下外衣敨掉灰尘。

“敨”字在广州地区读 tau$^2$，当地话“头”字音；指抖搂（尘土等）。

**敨［tǒu］，《新华字典》释义：❶把包着或卷着的东西打开。❷抖搂（尘土等）。**

在粤方言地区，“敨”字的义项，还含有“人被筛选掉”的意思，这是一个引申义。如：每年中考和高考，都有一大批人被敨掉。

## 氽进氽出

暴雨过后，我老家河边的树上有几个沙田柚掉落在水潭里，在潭中氽进氽出。

“氽”字在广州地区读 dat[9]，当地话“突”字音；指入水又出的样子。

**氽［tū］，《中华字海》释义：入水又出貌。**

例：在这世上，有一部分人人生沉浮，就如水潭中的沙田柚氽进氽出。

## 肥腯腯

欧梅珍家养了一群肥腯腯的猪。

“肥腯腯”一词在粤方言地区人们的口头上比较常用，指胖乎乎的样子，“腯”字在广州地区读 dat[9]，当地话“突”字音；（又）读 dat[7]，当地话“突”字音；（再）读 dyt[7]，当地话“夺”字音。

**腯［tú］，《新华字典》释义：肥（指猪）。**

例：在人的眼里，猪长得肥腯腯，那是最佳状态；而人要是长得肥腯腯，就会被别人讥讽他长得像头猪。

## 黇黄

阿财的脸黇黄。

“黇黄”一词在粤方言地区人们的口头上比较常用，指黄色，“黇”字在广州地区读 tsyn[2]，当地话“湍”字音。

**黇［tuān］，《中华字海》释义：❶黄色。❷明亮。**

在粤方言地区，“黇”字的义项，还含有“明亮”的意思。如：乌云散尽之后，天地之间就黇光了。

## 黗黄

在我家乡，七月中旬，早稻就黗黄了。

“黗黄”一词在粤方言地区人们的口头上比较常用，指黄色，“黗”字在广州地区读 tsyn[2]，当地话“湍”字音。

**黗［tuān］，《中华字海》释义：黄色。**

例：黄豆、南瓜、沙田柚、黄皮果等，都是黗黄的食物。

## 大火煓煓

在手机上看到大火煓煓的视频，都会令人揪心。

“煓煓”一词在粤方言地区人们的口头上比较常用，指火势旺盛的样子，“煓”字在广州地区读 tsyn$^2$，当地话“湍”字音。

**煓［tuān］，《新华字典》释义：火势旺盛的样子。**

例：大火煓煓并不全是坏事，但它必须出现在特定的地方。

## 疃坏秧地

以前，在夏收结束后，没有经验的年轻人很随意地把牛放到别人家的田里，一不留意，牛就会疃坏秧地。

“疃”字在粤方言地区人们的口头上比较常用，在广州地区读 tyn$^2$，当地话“团”字音；（又）读 toen$^2$，当地话“盾”字音。

**疃［tuǎn］，《新华字典》释义：❶禽兽践踏的地方。❷村庄，屯。多用于地名。**

在粤方言地区，“疃”字的义项，还含有“人从高处往低处滑动身体的行为”（相当于滑滑梯）这个意思。如：小时候，我们常常在老家的大门口往下疃，把裤子都疃破了。

## 真聉

周围的群众都说：“彭老二真聉，动不动就把邻居的窗户砸碎。”

“聉”字在粤方言地区人们的口头上比较常用，在广州地区读 toey$^4$，当地话“推”字音；是对痴呆癫狂的委婉说法。

**聉［tuǐ］，《中华字海》释义：痴呆癫狂的样子。**

例：老师对同学们说：看到聉的人，要躲开。

## 太聩

老三太聩了，整天只知道吃喝拉撒。

“聩”字在粤方言地区人们的口头上比较常用，在广州地区读 toey$^4$，当地话“推”字音。

**聩［tuì］，《中华字海》释义：痴呆。**

在粤方言地区，“聩”字还常常被用作谦辞。如：我叫开建努力一些，以后考个大学读，多好啊。开建说：“我是个很聩的人，怎么能考得上大学啊？”

## 黗厚

昨天，云层黗厚，想晒谷都晒不了。

“黗厚”一词在粤方言地区人们的口头上比较常用，指云大且厚重的样子，“黗”字在广州地区读 tyn$^4$，当地话“囤”字音。

**黗［tún］，《康熙字典》释义：云大貌。**

例：有的黑云，其黗厚的程度，令人难以想象，它带来的特大暴雨，连续十几天都没下完。

## 愁忳忳

老倪年轻时以顶天立地者自居，最终却一事无成，如今整天愁忳忳。

“愁忳忳”一词在粤方言地区人们的口头上比较常用，指忧伤、烦闷的样子，“忳”字在广州地区读 tyn$^4$，当地话“团”字音。

**忳［tún］，《新华字典》释义：忧伤，烦闷。**

例：一个人，对自己的能力要有正确的评估，不去制定那些自己力所不及的目标，这样，自然就减少了愁忳忳的情绪。

## 黗黗

老聃跟同乡去广东待了半个月，就被同乡叫回家了，这事埋怨不了别人，是他自己整天黗黗所致。

“黗黗”一词在粤方言地区人们的口头上比较常用，在广州地区读 tyn$^1$hyn$^1$，同普通话读音；（又）读 tyn$^4$hyn$^1$，前一个字同广州话“豚”字音，后一个字同普通话读音；指不干事的样子。

**黗黗［tùn hùn］，《中华字海》释义：不干事。**

例：除了老人和小孩，整日黗黗的人，该检讨检讨自己。

## 侘物于人

每一个人，都会有侘物于人的时候。

“侘物于人”一词在粤方言地区人们的口头上比较常用，指委托他人帮助保管或携带物品，“侂”字在广州地区读 tok[8]，当地话“托”字音。

**侂［tuō］，《新华字典》释义：委托，寄托。**

例：这些年快递业务发展迅猛，侂物于人的事情越来越多。

## 咃走

三嫂家的大阉鸡不见了，她以为被贼偷走了，后来三哥说他看见被黄鼠狼咃走了。

“咃”字在粤方言地区人们的口头上比较常用，在广州地区读 to[1]，当地话“拖”字音；原义指兽类衔走，引申为骂人的恶毒话。

**咃［tuō］，《中华字海》释义：特指兽类衔走。**

在粤方言地区，“豹咃”一词还常常被用作恶毒话使用，指被豹子衔走的人或鸡狗等。如：生活中，我们看到某人损害他人（利益）的时候，就会被人家辱骂：“你这个死豹咃!”

## 轮轮飞奔

梁师傅驾驶着小汽车，从容县一路轮轮飞奔，前往广州。

“轮轮”一词在粤方言地区人们的口头上比较常用，指车疾驰，“轮”字在广州地区读 to[4]，当地话“驼”字音。

**轮［tuó］，《中华字海》释义：车疾驰。**

例：一个人的人生，在轮轮飞奔的时候，他的目标很快就会实现。

## 两橐红薯

姑妈从乡下来，给我们带来了两橐红薯。

“橐”字在粤方言地区人们的口头上比较常用，在广州地区读 to[4]，当地话“驼”字音；（又）读 tok[8]，当地话“托”字音；指袋子。

**橐［tuó］，《新华字典》释义：一种口袋。**

在粤方言地区，“橐”字还用于蔑称某种人，这是个引申义。如：李村那几橐小混账昨天落网了。

## 红酡酡

先父嗜酒如命，他在世的时候，常常喝到满脸红酡酡。

“红酡酡”一词在粤方言地区人们的口头上比较常用，指喝了酒，脸色发红，“酡”字在广州地区读 to[4]，当地话“驼”字音。

**酡［tuó］，《新华字典》释义：喝了酒，脸色发红：~颜。**

例：常常喝酒喝到满脸红酡酡，恐怕对身体不好。

## 两庹长

年少时，妈妈让我跟着姐姐到山里打柴。姐姐问：“打到的柴要砍成多长呢？”妈妈说：“有两庹长就行了。”

“庹”字在粤方言地区人们的口头上比较常用，在广州地区读 tok[8]，当地话“托”字音；指两臂左右伸直的长度。

**庹［tuǒ］，《新华字典》释义：成人两臂左右伸直的长度（约 5 尺）。**

例：听说，一个人的身高，就是自己的一庹。各位不妨量一量。

## 岧峣

华峰顶真岧峣。

“岧峣”一词在粤方言地区人们的口头上比较常用，指山高的样子，在广州地区读 tiu[4]jiu[4]，当地话“条尧”字音。

**岧峣［tiáo yáo］，《新华字典》释义：山高。**

例：人间有许多高峰，只要你决心征服，便不觉得岧峣。

## 忝谜

任何一件事情，需要做决断的时候，就不能态度忝谜。

“忝谜”一词在粤方言地区人们的口头上比较常用，在广州地区读 tim[2]tyn[2]，当地话“忝团”字音；指说话犹豫，不能做出决定的样子。

**忝谜［tiǎn tuǎn］，《中华字海》释义：言不定。**

例：思维缜密的人，说话不会忝谜。

## 憛悇

老王看到邻居有一套精美的茶具，满心憛悇。

“憛悇”一词在粤方言地区人们的口头上比较常用，在广州地区读 taam[4]tou[4]，当地话“潭涂”字音；有贪爱或忧愁之意。

**憛悇［tán tú］，《中华字海》释义：❶贪爱。❷忧愁。**

在粤方言地区，“憛悇”一词的第二个义项是“忧愁”。如：老倪诸事不顺，满怀憛悇。

## 忧心慱慱

阿大长年忧心慱慱。

“慱慱”一词在粤方言地区人们的口头上比较常用，指忧虑，“慱”字在广州地区读 tyn[4]，当地话“团”字音。

**慱［tuán］，《中华字海》释义：❶忧虑。❷通“团”，圆。**

例：何事曾让你忧心慱慱？

## 㑊得不行

老巴几兄弟，口袋里一旦有了几个钱就花天酒地，㑊得不行。

“㑊”字在粤方言地区人们的口头上比较常用，在广州地区读 toey[4]，当地话“颓”字音。

**㑊［tuí］，《中华字海》释义：放纵。**

例：你身边有很㑊的人吗？

# W

## 搲一勺水

妈妈对我说：“搲一勺水给我洗锅。”

“搲”字在粤方言地区人们的口头上比较常用，在广州地区读 gwaat[9]，当地话“刮”字音；（又）读 waa[2]，当地话“蛙”字音；指舀或指爬。

**搲［wǎ］，《新华字典》释义：❶方言，舀：用瓢～水。用碗在坛里～米。❷爬。**

例：每年夏天，四哥每天都要搲上云龙顶去割松脂。

## 揾几勺粪淋菜

妈妈让我揾几勺粪淋菜。

“搲”字在粤方言地区人们的口头上比较常用，在广州地区读gwaai[5]，当地话“拐”字音；（又）读 waai[5]，当地话“歪”字音；指舀，有时也作量词使用。

**搲［wǎi］，《新华字典》释义：舀。**

在粤方言地区，当地人习惯把“水勺”叫“水搲”，把“粥勺”叫“粥搲”，把“饭勺”叫“饭搲”。

## 你真会婠

“你真会婠！”在日常生活中，我们时常听到这样的赞叹。

“真会婠”一词在粤方言地区人们的口头上比较常用，指真会享受美好的生活，“婠”字在广州地区读 waan[1]，当地话“湾”字音。

**婠［wān］，《新华字典》释义：美丽，美好。**

例：“你真会婠！”这是多好的赞美，我们都要做生活的热爱者。

## 慢慢𣥺

我和哥哥慢慢𣥺到村里的小商店玩，玩够了再从小商店慢慢𣥺回来。

“𣥺”字在粤方言地区人们的口头上比较常用，在广州地区读 waan[1]，当地话“湾”字音；指慢慢走。

**𣥺［wàn］，《中华字海》释义：行貌。**

例：许多人的时光，是在慢慢𣥺的旅途中消逝的。

## 瀇滉

容城水电站大坝筑成之后，上游就变成了瀇滉的人工湖。

“瀇滉”一词在粤方言地区人们的口头上比较常用，在广州地区读 mong[5]fong[2]，当地话“罔晃”字音；指水深而宽广的样子。

**瀇滉［wǎng huàng］，《中华字海》释义：水深而宽广的样子。**

例：瀇滉的大湖蕴藏着丰富的自然财富，蓄一湖水，就是储一湖财。

## 迋来迋去

今天上午，我迋到了刘老师家玩。

“迋”字在粤方言地区人们的口头上比较常用，在广州地区读 waang[2]，当地话“横”字音；（又）读 wong[6]，当地话“旺”字音；指走去、前往。

**迋［wàng］，《中华字海》释义：往，前往。**

例：人类就像蚂蚁一样，在地球这个家园里迋来迋去。

## 天溦着雨

昨天一整天，天溦着雨，但是老师和同学没有一个人因此上学迟到。

“溦”字在粤方言地区人们的口头上比较常用，在广州地区读 mei[1]，当地话“眉”字音；（又）读 mei[4-1]，当地话“微”字音；指小雨，有时引申为下小雨的动词使用。

**溦［wēi］，《新华字典》释义：小雨。**

在粤方言地区，当地人习惯把“小雨”叫“溦溦水”。

## 媙媙姐

小时候，我常听到这样一段童谣：“十八弟，十九哥，上山打柴娶老婆，有钱娶回媙媙姐，钱少娶回崩鼻婆。”

“媙媙姐”一词在粤方言地区人们的口头上比较常用，指漂亮的姑娘，“媙”字在广州地区读 wai[1]，当地话“威”字音。

**媙［wēi］，《中华字海》释义：美女貌。**

例：“有钱娶回媙媙姐，钱少娶回崩鼻婆。”这童谣太过现实。

## 门椳

唐师傅帮我把门椳装进空可乐瓶里，用水泥混凝土固定，待水泥混凝土坚固之后，再埋到地下。

“门椳”一词在粤方言地区人们的口头上比较常用，指门臼，承托门转轴的臼状物，“椳”字在广州地区读 wui[1]，当地话“偎”字音；（又）读 wai[1]，当地“威”字音。

**椳［wēi］，《中华字海》释义：门臼，承托门转轴的臼状物。**

例：你见过师傅安装门椳吗？如果大中学生连这种活都不了解的话，真的不算深入生活。

## 瞺了一下

听说游龙花园有一套房子要转让，昨天上午我去瞺了一下。

“䁻”字在粤方言地区人们的口头上比较常用，在广州地区读 mei[1]，当地话“眉”字音；（又）读 mei[4-1]，当地话“微”字音。

**䁻［wéi］，《中华字海》释义：窥视；探察。**

例：购房之前一定要去䁻一下房子。

## 硙硙珠峰

问我此生的梦想，就是能走到硙硙珠峰的脚下。

“硙硙”一词在粤方言地区人们的口头上比较常用，指很高的样子，“硙”字在广州地区读 ngoi[4]，当地话“呆”字音；（又）读 wai[4]，当地话“韦”字音。

**硙［wéi］，《新华字典》释义：［硙硙］形容很高的样子。**

例：背靠硙硙珠峰，面向浩瀚太平洋，我们心中的自豪感油然而生！

## 静颹颹

夏日，在树荫下，我们可以静颹颹地休息。

“静颹颹”一词在粤方言地区人们的口头上比较常用，指头仰自如，或指安静，“颹”字在广州地区读 mai[3]，当地话“迷”字音；（又）读 ngai[5]，当地话“蚁”字音。

**颹［wěi］，《新华字典》释义：❶头仰自如。❷安静。**

例：很多人，都有过不能静颹颹地休息的时候。

## 亹书

年少时，舅父告诫我：“除了吃喝拉撒，其他时间，你都应该用来亹书。”

“亹书”一词在粤方言地区人们的口头上比较常用，指刻苦攻书，“亹”字在广州地区读 mai[1]，当地话“迷”字音；（又）读 mai[3]，当地话“迷”字音；（再）读 mei[5]，当地话“尾”字音。

**亹［wěi］，《新华字典》释义：❶形容勤勉不倦。❷形容向前推移、行进。**

例：一个潜心做学问的人，的确要夜以继日不停地亹书。

## 一道痏

廖叔头上有一道痏，我曾问他是怎么留下的。他说是老一从坡上乱扔石块砸伤的。

“痏”字在粤方言地区人们的口头上比较常用，在广州地区读 mai[3]，当地话“迷”字音；（又）读 wai[5]，当地话“伟”字音；指瘢痕或创伤。

**痏［wěi］，《新华字典》释义：❶瘢痕。❷创伤。**

例：有些人在心里留下了一道痏，别人看不见，只有他自己知道。

## 憢

“憢！我孙子还在幼儿园呢，抱歉，我不能再陪你们喝茶了。”老刘一边说一边起身匆匆离开。

“憢”字在粤方言地区人们的口头上比较常用，在广州地区读 wai[3]，当地话“喂”字音；指突然想起某事时发出的惊叹声。

**憢［wèi］，《中华字海》释义：忘记。**

例：好记性不如烂笔头，习惯把重要的事情记录在案，或在心里反复提醒自己，比起在忘记时惊叫“憢”，不知要胜出多少倍。

## 小甘殟了

小甘从树上摔下来，突然就殟了。

“殟”字在粤方言地区人们的口头上比较常用，在广州地区读 wan[1]，当地话“瘟”字音；指不省人事。

**殟［wēn］，《中华字海》释义：突然失去知觉。**

例：中暑、中毒、摔伤等，都会让人殟过去；有些人受到刺激或重大打击，也会殟过去。

## 打破砂锅璺到底

读五年级那年，许老师教给我一个歇后语：打破砂锅——问到底。当年，许老师并没有告诉我：“问”出自其同音字“璺”。

“璺”字在粤方言地区人们的口头上比较常用，在广州地区读 man[6]，当地话“问”字音；指器物上的裂痕，引申为人或动物身体受伤。

**璺［wèn］，《新华字典》释义：器物上的裂痕。**

在粤方言地区，“璺”字的引申义，指“人或动物身体受伤”。如：你的额头为什么璺了？

## 傻瘟瘟

村里的李屠户常常奚落老六傻瘟瘟，可是，谁会料到，李屠户因此被老六打进了医院。

“傻瘟瘟”一词在粤方言地区人们的口头上比较常用，指痴呆，“瘟”字在广州地区读 man[1]，当地话“蚊”字音。

**瘟［wén］，《中华字海》释义：痴呆。**

例：傻瘟瘟的人也是人，他们也需要尊重。

## 青蓊蓊

我老家的竹林青蓊蓊一片，让人赏心悦目。

“青蓊蓊”一词在粤方言地区人们的口头上比较常用，指竹茂盛的样子，“蓊”字在广州地区读 jung[3]，当地话“拥”字音；（又）读 jung[1]，当地话“雍”字音。

**蓊［wēng］，《康熙字典》释义：竹盛貌。**

例：一个家族，甚至一个民族，如果能像竹林一样青蓊蓊，就能繁荣昌盛。

## 瓮死猪

2019 年我国暴发非洲猪瘟，全国各地瓮了不少死猪。

“瓮”字在粤方言地区人们的口头上比较常用，在广州地区读 ung[1]，当地话“瓮”字音。

**瓮［wēng］，《中华字海》释义：掩埋。**

在粤方言地区，“瓮”字含有“埋藏”的意思，这是个引申义。如：据说山贼在云龙大山瓮了不少金银财宝。

## 耳朵聬聬响

上初中时，龙哥因为太过调皮被体育老师打了一掌，耳朵聬聬响了一个星期。

“聬聬”一词在粤方言地区人们的口头上比较常用，指耳鸣声，“聬”字在广州地区读 waang[2]，同普通话读音；（又）读 jung[1]，当地话“嗡”字音。

**聬［wēng］，《中华字海》释义：［～～］耳鸣声。**

例：一个人，要是被人打到耳朵聬聬响，他会记住一辈子。

## 草木蓊蓊

我的家乡是个草木蓊蓊的好地方。

“蓊蓊”一词在粤方言地区人们的口头上比较常用，指草木茂密繁盛，“蓊”字在广州地区读 jung[2]，当地话“拥”字音。

**蓊［wěng］，《中华字海》释义：草木茂盛。**

例：草木蓊蓊的地方，空气清新，鸟语花香，是人类千金难求的居住地。

## 白云霸霸

我家乡的天空，时常有白云霸霸飘过的景象，美不胜收。

“霸霸”一词在粤方言地区人们的口头上比较常用，指云彩飘荡的样子，“霸”字在广州地区读 waang[2]，同普通话读音；（又）读 jing[2]，当地话“拥”字音。

**霸［wěng］，《中华字海》释义：［霸霸］云貌。**

例：天上白云霸霸飘过，是难得的美景，你留心过吗？

## 塕尘滚滚

容城至浪水的公路，在硬化之前，一直是塕尘滚滚。

“塕尘”一词在粤方言地区人们的口头上比较常用，指尘土或尘土飞扬，“塕”字在广州地区读 pung[1]，当地话“碰”字音；（又）读 jing[2]，当地话“拥”字音。

**塕［wěng］，《中华字海》释义：❶形容尘土飞扬。❷尘土。**

在粤方言地区，“塕”字含有“尘土飞扬”的意思。如：这段路泥尘太多，车辆经过，就塕得要命。

## 臭齆齆

我们学校外面，以前有一个杀牛场，整天臭齆齆的。

“臭齆齆”一词在粤方言地区人们的口头上比较常用，指臭，“齆”字在广州地区读 ung[3]，当地话“蕹”字音。

**齆［wèng］，《中华字海》释义：臭气。**

例：大多数人受不了臭齆齆的气味。

## 蕹菜

妈妈每年都种蕹菜给我和姐姐吃。

“蕹菜”一词在粤方言地区人们的口头上比较常用，是一年生草本植物，茎蔓生，中空，叶子长圆或心脏形，叶柄长，嫩茎、叶可做蔬菜，俗称“空心菜”。“蕹”字在广州地区读 ung[3]，当地话“瓮”字音；（又）读 ngung[3]，当地话“瓮”字音。

**蕹［wèng］，《新华字典》释义：［~菜］一年生草本植物，茎蔓生，中空，叶子长圆或心脏形，叶柄长，嫩茎、叶可做蔬菜。俗称“空心菜”。**

例：很多人吃过蕹菜，只是会说但不会认也不会写“蕹”字罢了。

## 厄齆

只要一感冒，大多数人的鼻子就会厄齆。

“厄齆”一词在粤方言地区人们的口头上比较常用，指鼻子堵塞不通气。“齆”字在广州地区读 ung[3]，当地话“蕹”字音。

**齆［wèng］，《新华字典》释义：鼻子堵塞不通气：~鼻。**

例：听说，一个人要是一年出现一次感冒，鼻子有厄齆的现象，反倒更利于身体健康。

## 踒伤手脚

参加打球等运动而踒伤手脚，是很难免的事情。

“踒”字在粤方言地区人们的口头上比较常用，在广州地区读 wo[1]，当地话“窝”字音。

**踒［wō］，《新华字典》释义：（手脚等）猛折而筋骨受伤。**

例：有些运动员因为踒伤手脚而终生不能参加比赛，这是运动员一生最大的损失。

## 地板太涴

老师提醒我们说：“教室地板太涴了，快扫地。”

“涴”字在粤方言地区人们的口头上比较常用，在广州地区读 wo[3]，当地话

“和”字音；指垃圾多或污垢多，不干净。

**涴［wò］，《新华字典》释义：污，弄脏。**

例：有些人表面看着很纯洁，内心却很涴。

## 剭掉

在电视剧里，有很多大臣都被锦衣卫剭掉了。

“剭”字在粤方言地区人们的口头上比较常用，在广州地区读 uk⁷，当地话“屋”字音；指（不公开）诛杀。

**剭［wū］，《中华字海》释义：诛杀（指古代贵族、大臣在屋内受刑，区别于平民在市上受刑）。**

在粤方言地区，当地人把“暗地里将人害死”也叫“剭”。如：张老板被仇家剭了。

## 牾起来

老方和老李为办公室的安排问题牾起来，结果双双被处分。

“牾”字在粤方言地区人们的口头上比较常用，在广州地区读 mou⁵，当地话“武”字音；（又）读 ng⁵，当地话“午”字音；指发生肢体或武装冲突。

**牾［wǔ］，《新华字典》释义：抵触，冲突，不顺从。**

在粤方言地区，“牾”字的义项，含有“武装冲突”的意思。如：中东地区的一些国家经常牾起来，老百姓的生活没有宁日。

## 脑袋䫓颊

老卢身形粗壮，脑袋䫓颊。

“䫓颊”一词在粤方言地区人们的口头上比较常用，指头颅硕大的样子。“䫓”字在广州地区读 ng⁴，当地话“梧”字音。

**䫓［wú］，《中华字海》释义：大头。**

例：人群中，总有一些头颅䫓颊的人。

## 口袋屋了

刚发工资，陈老师就说：“前几天我口袋就屋了。”

“屋”字在粤方言地区人们的口头上比较常用，在广州地区读 wu¹，当地话

“污”字音；（又）读 fu[1]，当地话“枯”字音；指空虚。

**幠［wú］，《中华字海》释义：欲空之貌。**

例：我们要习惯于积谷防饥，不要让粮仓和口袋幠了。

## 䨁逆

李总和张总都是“杀气腾腾”的人，他们两个搭档，让员工非常紧张，虽然没有人敢䨁逆他们，但是单位业绩一直很差。

“䨁逆”一词在粤方言地区人们的口头上比较常用，指违逆、违背。“䨁”字在广州地区读 ng[6]，当地话“寤”字音。

**䨁［wù］，《中华字海》释义：违逆，违背。**

例：下属表面上对上司不敢䨁逆，并不是一件好事。

## 被扤

李老师从县城中学调到了山区小学工作，他唉声叹气，说自己被扤了。

“被扤”一词在粤方言地区人们的口头上比较常用，指折腾、算计。“扤”字在广州地区读 mou[2]，当地话“巫”字音；（又）读 wat[9]，当地话“屈”字音；（再）读 ngat[9]，当地话“兀”字音。

**扤［wù］，《中华字海》释义：折磨。**

例：如果事与愿违，相信上天一定另有安排。被扤并不尽是坏事。

## 頋顇

鸽哥的脸很頋顇，他常常在村里的戏班演丑角，混口饭吃。

“頋顇”一词在粤方言地区人们的口头上比较常用，在广州地区读 ngat[9]dzoet[7]，当地话“兀卒”字音；指脸型短。

**頋顇［wù zú］，《中华字海》释义：脸短。**

例：有人说，稍长的脸型比起頋顇的脸型，显得好看些。

## 不要靠近觤的地方

从小，父母就教育我，不要靠近觤的地方。

“觤”字在粤方言地区人们的口头上比较常用，在广州地区读 min[3]，当地话“棉”字音；（又）读 ngai[4]，当地话“危”字音；指接近危险，但没有发生危险事故。

**䫥［wēi］，《中华字海》释义：险不至崩，不至～失。**

在粤方言地区，“䫥”字也用于指“成绩刚刚上线的情况”。如：小青虽然上了一本大学，但是他的成绩太䫥。

# X

## 天地敻澒

乘坐大船出海，望着无边无际的海洋，我们会感觉到天地敻澒。

“敻澒”一词在粤方言地区人们的口头上比较常用，指渺远，无边无际，“澒”字在广州地区读 hung[1]，同普通话读音。

**敻［xiòng］，《新华字典》释义：远，辽阔：～古。**

**澒［hòng］，《新华字典》释义：［～洞］弥漫无际。**

例：宇宙是敻澒的，人心有时候也是敻澒的。

## 山谷敻谼

九哥带我到山里去，这时，我发现山谷敻谼。

“敻谼”一词在粤方言地区人们的口头上比较常用，指大山谷、深沟，“谼”字在广州地区读 hung[1]，同普通话读音。

**敻［xiòng］，《新华字典》释义：远，辽阔：～古。**

**谼［hòng］，《新华字典》释义：❶大的山谷，深沟。❷鲁～山，山名，又地名，都在安徽省桐城。**

例：人要是没有理想，内心就会比山谷还要敻谼。

## 老䐙䐁

那个老䐙䐁，一上公交车就一屁股坐在孕妇专座上！

“老䐙䐁”一词在粤方言地区人们的口头上比较常用，“䐙䐁”在广州地区读 si[2]fat[7]，当地话“史窟”字音；本义指屁股，“老䐙䐁”是对爱摆老人架子那种人的蔑称。

**䐙䐁［xī kū］，《中华字海》释义：屁股。**

例：人都会变老，但是不要摆老䐙䐁的架子。

## 人头顖顼

新学期开学了，我们这地方的家长挤在学校张贴的红榜下，人头顖顼，寻找着自家孩子的名字。

顖顼”一词在粤方言地区人们的口头上比较常用，在广州地区读 si[1]sy[1]，同普通话读音；（又）读 hei[1]hoey[1]，当地话“熙虚”字音；指头动的样子。

**顖顼［xī xū］，《中华字海》释义：头动的样子。**

例：很多地方的旅游景点都有人头顖顼的景象。

## 唏歔

在我老家，每年春社的祈福仪式结束之后，大家就等着吃饭。当厨房的伙计忙活了好几个小时终于把饭菜摆上桌的时候，乡亲们唏歔围上来，一场饕餮盛宴就开始了。

“唏歔”一词在粤方言地区人们的口头上比较常用，在广州地区读 si[1]sy[1]，同普通话读音；（又）读 hei[1]hoey[1]，当地话“熙虚”字音。

**唏歔［xī xū］，《中华字海》释义：馋的样子。如：看他那唏歔的样子！**

例：欧爷爷教育我们，吃饭要有吃饭的样子，不要像鸭子抢食唏歔而上。

## 乱肸

欧振驰五叔教导过我们：“任何道听途说的消息，都不能乱肸。”

“乱肸”一词在粤方言地区人们的口头上比较常用，指胡乱传播、散布，“肸”字在广州地区读 sik[7]，当地话“析”字音；（又）读 jat[9]，当地话“日”字音。

**肸［xī］，《中华字海》释义：❶振动。❷传播，散布。**

在粤方言地区，“肸”字的义项，还含有“振动”的意思。如：楼下的人用力把门一关，楼上的窗户就肸肸振动。

## 险巇

以前，各地山区都有不少险巇的路段，如今，随着道路加大拉直，这种路段大大减少了。

“险巇”一词在粤方言地区人们的口头上比较常用，指危险，“巇”字在广州地区读 hei[1]，当地话“希”字音。

**巇［xī］，《新华字典》释义：［险~］形容山险。引申为道路艰难。**

例：如今，不少未开发的风景区都有险巇的景点，游人不可随便闯入。

## 最脎

我读初中的时候，是全班最脎的学生。

“最脎”一词在粤方言地区人们的口头上比较常用，指最差劲、排名在最后，“脎”字在广州地区读 si[2]，当地话“史”字音。

**脎［xī］，《中华字海》释义：❶脽也。❷臀之别名。**

在粤方言地区，“脎腔”指“屁股”，故“脎”字的原意，是“屁股”。屁股，是诸多动物尾部所在的位置，“尾”者，如“结尾”，指的就是最后。因此，“最脎”指最差劲、排名在最后。

## 妹儿嬉

冬昌感慨地说：“小林呀，你班上的妹儿嬉真漂亮！”

“妹儿嬉”一词在粤方言地区人们的口头上比较常用，指姑娘或小姑娘，“嬉”字在广州地区读 si[2]，同普通话读音。

**嬉［xī］，《中华字海》释义：对妇女的称呼。**

可见，“嬉”字在粤方言的含义，和《中华字海》对该字的释义有联系，也有区别。

## 斯斯恓恓

每次家庭聚会，母亲就斯斯恓恓地忙里忙外。

“斯斯恓恓”一词在粤方言地区人们的口头上比较常用，指忙这忙那，“恓”字在广州地区读 sik[7]，当地话“息”字音；（又）读 sai[1]，当地话“西”字音。

**恓［xī］，《中华字海》释义：忙碌不安。**

例：平日里总是斯斯恓恓的人，是没有把生活安排好的人。

## 徆来徆去

外婆对开坚说：“你在田埂上徆来徆去，碰到的稻谷掉了不少，你省点事行不行?”

“徆来徆去”一词在粤方言地区人们的口头上比较常用，指走来走去，“徆”字在广州地区读 sai[1]，当地话“西”字音。

**徆［xī］，《中华字海》释义：行走。**

例：有些人整天在路上徆来徆去，过后你问他当时干什么，他自己答不上来。

## 噏噏心心

过春节的时候，大姐没有给妈妈红包，妈妈噏噏心心，不停地数落她。

“噏噏心心”一词在粤方言地区人们的口头上比较常用，指低声自言自语发牢骚，“噏”字在广州地区读 ngap[1]，用当地话“牙急”切，第 1 声；（又）读 jap[7]，当地话“翕”字音。

**噏［xī］，《新华字典》释义：❶同“吸”。❷说话的意思。**

在粤方言地区，“噏”字的读音，分重声和轻声，重声表示乱说一通或发牢骚，轻声则表示自言自语。

## 裼衣露体

夏日，在我们南方，总有一些习惯裼衣露体的人，他们随意在街道上开车或行走。

“裼衣露体”一词在粤方言地区人们的口头上比较常用，指脱光上衣，裸露上身，“裼”字在广州地区读 sik[8]，当地话“识”字音。

**裼［xī］，《新华字典》释义：敞开或脱去上衣，露出身体的一部分。**

例：夏季天气炎热，一个人在自己家里裼衣露体无可厚非，但在公众场合，就不应该这样了。

## 怕葸

“妈妈，你一个人到荒山野岭去砍柴，怕葸吗?”我好奇地问道。

“怕葸”一词在粤方言地区人们的口头上比较常用，指害怕、畏惧，“葸”字在广州地区读 sei[2]，当地话“死”字音；（又）读 saai[2]，当地话“徙”字音。

**葸［xǐ］，《新华字典》释义：害怕，畏惧：畏～不前。**

例：在人生的道路上，时刻都有不可预见的艰难险阻，只有不怕葸的人，才能勇往直前，达到目标。

## 饩赠

最近，志愿者给我们村小学的学生饩赠了一批学习用品。

“饩赠”一词在粤方言地区人们的口头上比较常用，指赠送，“饩”字在广州地区读 si[1]，当地话“施”字音；（又）读 hei[3]，当地话“气”字音。

**饩［xì］，《新华字典》释义：❶古代指赠送人的粮食。❷赠送（谷物、饲料、牲畜等）。**

例：有些人时常期待别人饩赠，有些人则期待自己能时常饩赠别人。

## 痖瘕

老南的嘴巴经常痖瘕着，人家一看就知道他不太正常。

“痖瘕”一词在粤方言地区人们的口头上比较常用，在广州地区读 ngaa[4]haa[1]，当地话“牙虾”字音；指经常无端合不上嘴巴，样子显得痴呆。

**痖［yá］，《中华字海》释义：痴呆的样子。瘕［xiā］，《康熙字典》释义：喉病。**

可见，“痖瘕”一词是粤方言地区人们在口头上合成的词语，这个词语准确地表达了一些人无端合不上嘴巴，样子显得痴呆的情状。

## 从广西徆到广东

我家乡在两广交界的地方，所以，一旦有邻居去了一趟广东地界，他们就免不了夸张地说：“今天我从广西徆到广东！”

“徆”字在粤方言地区人们的口头上比较常用，在广州地区读 sai[6]，当地话“细”字音；指前往、去到。

**徆［xì］，《中华字海》释义：行走，前往。**

例：从江西瑞金徆到陕北革命根据地保安县吴起镇的革命志士们，是英雄的先辈们，中国人民世代铭记着他们。

## 勚勚喊

我上中学时，体育老师教同学们练习武术，每做一个动作，大家都是一边练习一边勚勚喊。

“勚勚”一词在粤方言地区人们的口头上比较常用，指用力的声音，“勚”

字在广州地区读 haa[1]，当地话“虾”字音。

**� [xiā]，《中华字海》释义：用力的声音。**

例：我离开中学快 40 年了，老师教我的功夫动作，全忘掉了，只有勊勊喊的声音，至今还留在记忆里。

## 颬颬吐气

我带学生到县一中参加体育学科中考 1000 米跑，跑到终点，没有一个学生不颬颬吐气的。

“颬颬吐气”一词在粤方言地区人们的口头上比较常用，指开口吐气的样子，“颬”字在广州地区读 haa[1]，当地话“虾”字音。

**颬 [xiā]，《中华字海》释义：❶开口吐气的样子；❷风声，如：“寒风带雪吹~~。”**

在粤方言地区，“颬”字还有“风声”这一义项。如：大风从竹林颬颬吹过。

## 鞈鞢

我们屯的大红花长得很鞈鞢。

“鞈鞢”一词在粤方言地区人们的口头上比较常用，在广州地区读 haap[9]dzaap[8]，当地话“匣闸”字音。

**鞈鞢 [xiá zhá]，《中华字海》释义：花叶繁盛重叠的样子。**

例：你知道的花叶鞈鞢的植物有哪些呢？

## 三翈茅寮

韦奶奶说，她小时候住在三翈茅寮里，那时怎么想都想不到后来竟然能住上楼房。

“三翈茅寮”一词在粤方言地区人们的口头上比较常用，指三版茅草盖成的草房，“翈”字在广州地区读 haap[9]，当地话“匣”字音；（又）读 gaap[9]，当地话“甲”字音。

**翈 [xiá]，《新华字典》释义：羽毛主干两侧的部分。**

前人制作的每一版茅草，就像扩大版的一翈羽毛。在粤方言地区，当地人把“一版茅草”叫“一翈茅草”，其道理就在这里。

## 力㔎㔎

我二十来岁的时候，和弟兄们一道挑青砖建堂屋，每一担，我们挑 30 块砖头，那时，大家都一副力㔎㔎的样子。

“力㔎㔎”一词在粤方言地区人们的口头上比较常用，指用力，“㔎”字在广州地区读 haa[4]，当地话“霞”字音。

**㔎［xiá］，《中华字海》释义：用力。**

例：我们的前辈，都是从苦难中走过来的人，他们年轻时干活，无不力㔎㔎。

## 䶎一口

龙头村和六槐村煮米酒的作坊很多，县里喜欢喝酒的人，到那儿买酒，都要先䶎一口，满意了再买。

“䶎”字在粤方言地区人们的口头上比较常用，在广州地区读 haap[9]，当地话“匣”字音；（又）读 haap[8]，当地话“侠”字音。

**䶎［xiá］，《中华字海》释义：尝。**

例：你买糖果饼干或水果时，习惯䶎一口吗？

## 闭开

老耿对我说，山枣树木质特别坚硬，以前的人还拿来当船板使用，制作家具，自然是上等的木材。我于是就砍了山上的山枣树𢬏板，可是木板𢬏好之后，没几天就闭开了。

“闭开”一词在粤方言地区人们的口头上比较常用，指裂开，“闭”字在广州地区读 ngaa[4]，当地话“牙”字音。

**闭［xiǎ］，《中华字海》释义：裂开。**

例：有一些建筑物建成没几年，墙体或楼面就闭开了。这种豆腐渣工程，真让人担心。

## 婮手婮脚

刘老师做事婮手婮脚，获得了师生们的一致好评。

“婮手婮脚”一词在粤方言地区人们的口头上比较常用，指手脚麻利，或指庄重恭敬，“姭”字在广州地区读 lam[1]，当地话“舔”（当地话“舔舔脷”的“舔”）字音。

**姭［xiān］，《新华字典》释义：❶敏捷快速。❷庄重恭敬。**

在粤方言地区，“姭”字还有“庄重恭敬”这一义项。如：小刘孝敬长辈，凡事都做得很姭。

## 得点糨

黄大牛在镇里当干部，无论替谁办事，他都要得点糨。这不，他就被办了。

“糨”字在粤方言地区人们的口头上比较常用，在广州地区读 tsim[1]，当地话“纤”字音；指粉饵，引申为利益、好处。

**糨［xiān］，《中华字海》释义：粉饵。**

例：一个人活在世上，凡事都为得点糨而工作，便是舍本逐末。

## 穛穖

种田人都知道，基肥不足，秧苗插下去半个月，还是穛穖的。

“穛穖”一词在粤方言地区人们的口头上比较常用，指禾苗不壮实的样子，“穖”字在广州地区读 tsim[1]，当地话“纤”字音。

**穖［xiān］，《中华字海》释义：禾草不实。**

在粤方言地区，当地人把“人（多指孩子）不争气的样子”也叫“穛穖”，这是个引申义。如：你整天玩手机，父母不论怎么教育你，你都是穛穖的样子，真是太让人失望了。

## 媥姺

在我老家的天空，时常有不知名的鸟媥姺媥姺地飞翔。

“媥姺”一词在粤方言地区人们的口头上比较常用，指轻快回旋的样子，“姺”字在广州地区读 tsin[1]，当地话“跹”字音。

**姺［xiān］，《中华字海》释义：［媥~］轻快回旋的样子。**

例：鸟儿可以在天上媥姺飞翔，人可以在道路上漫步，鸟和人各有各的快乐。

## 焾猪脚

我所在的小县城，大市场里有几个档口，是专门替顾客焾猪脚和猪头皮的。

“燂”字在粤方言地区人们的口头上比较常用，在广州地区读 lim$^2$，当地话“舔”（当地话“舔舔脷”的“舔”）字音；指用小火慢慢烧。

**燂［xiān］，《中华字海》释义：火貌。**

例：燂猪脚虽是不起眼的工作，但收入不菲。

## 好忺

在我小时候，大人常常用手指轻轻地戳我的胳肢窝或脖子，弄到我好忺，于是忍不住笑起来。

“好忺”一词在粤方言地区人们的口头上比较常用，指刺激笑穴而出现的感觉，“忺”字在广州地区读 tsin$^1$，当地话“跹”字音；（又）读 hin$^1$，当地话“牵”字音。

**忺［xiān］，《新华字典》释义：高兴、适意。**

例：刺激笑穴的时候，小孩比起大人更容易忺。

## 有多高骞多高

据说，世界上飞得最高的鸟是天鹅，它有多高骞多高，能达到 9000 米，可以毫不费劲地飞越珠穆朗玛峰。

“骞”字在粤方言地区人们的口头上比较常用，在广州地区读 hin$^3$，当地话“献”字音；（又）读 hin$^1$，当地话“牵”字音。

**骞［xiān］，《新华字典》释义：高飞的样子。**

在粤方言地区，当地人把“努力向上攀登”也叫“骞”，这是一个引申义。如：老师和家长都希望同学们骞上去，蟾宫折桂。

## 孅几点小雨

今天早上孅了几点小雨，连地面都不湿。

“孅”字在粤方言地区人们的口头上比较常用，在广州地区读 tsim$^1$，当地话“纤”字音；指细小的东西，也指把细小的粉末状的东西撒下来或下小雨点。

**孅［xiān］，《新华字典》释义：〈古〉细小。**

在粤方言地区，当地人把“施以小利”也叫“孅”，这是一个引申义。如：老罗发达了，他经常孅住左邻右舍。

## 馦人

老骧经常馦人，这是众所周知的事。

“馦人”一词在粤方言地区人们的口头上比较常用，原义指如虎狼一般噬嚼人肉，引申为贪婪地蚕食、侵占他人的血汗钱或家产，“馦”字在广州地区读 $jin^2$，当地话“喭”字音。

**馦［xiān］，《中华字海》释义：贪欲。**

例：人馦人这种不人道的事情，无时无刻不在人间上演。

## 苦到命礥

老壮说：“前几年，我供四个孩子上学，真是苦到命礥。”

“命礥”一词在粤方言地区人们的口头上比较常用，指命苦、命运艰辛，“礥”字在广州地区读 $jin^4$，当地话“贤”字音。

**礥［xián］，《中华字海》释义：艰难。**

例：世间总有一部分人由于命礥，创造出了人间的奇迹。

## 撏干净

家里每次杀鸡，我都要把鸡毛撏干净。

“撏”字在粤方言地区人们的口头上比较常用，在广州地区读 $tsim^4$，当地话“潜”字音。

**撏［xián］，《新华字典》释义：扯，拔（毛发）。**

例：长白头发是不可避免的事，你会撏掉吗？

## 把镬头筅净

每次炒菜之前，我都要把镬头筅净。

“筅”字在粤方言地区人们的口头上比较常用，在广州地区读 $sin^2$，当地话“冼”字音；指炊帚，用竹子等做成的刷锅、碗的用具，有时用作动词。

**筅［xiǎn］，《中华字海》释义：炊帚，用竹子等做成的刷锅、碗的用具：~帚。**

在粤方言地区，当地人把“丝瓜络”或“水瓜络”统称“瓜筅”，用作洗碗、洗锅的工具。

## 狗毛毨毨

欧德华家养了一条小狗，那小狗狗毛毨毨，可爱极了。

“毨”字在粤方言地区人们的口头上比较常用，在广州地区读 sin²，当地话“冼”字音。

**毨［xiǎn］，《现代汉语词典》释义：（鸟兽新生的毛）齐整。**

在粤方言地区，当地人对“（某些人）梳理整齐的头发”也叫“毨”，这是个引申义，是一种蔑称。如：嗬！大少爷您的头发可真毨呐！

## 火燹

我从楼顶看见帝黎岗的松树全枯黄了，就问六叔。六叔说是廖勇不小心用火，造成火燹的。

“燹”字在粤方言地区人们的口头上比较常用，在广州地区读 lam²，当地话“舔”（当地话“舔舔脷”的“舔”）字音；指火烧或野火烧。

**燹［xiǎn］，《新华字典》释义：火，野火。［兵～］指战乱所造成的焚烧毁坏等灾害。**

例：火燹过的树很容易死掉，火燹过的草却不容易死。

## 跣脚

我年少时，生活贫困，看到屯子里很多人都是跣脚走路的。

“跣脚”一词在粤方言地区人们的口头上比较常用，指光着脚，“跣”字在广州地区读 sin²，当地话“冼”字音。

**跣［xiǎn］，《新华字典》释义：光着脚：～足。**

例：谁能想象，我们的民族跣足前行，到今天终于迎来了中华民族伟大复兴的曙光！

## 左睍右睍

我对伯母说：“昨天傍晚我看见几个染黄头发的纹身青年，在你家外边左睍右睍，你得小心。”

“左睍右睍”一词在粤方言地区人们的口头上比较常用，指鬼鬼祟祟地左顾右盼，“睍”字在广州地区读 lam⁶，当地话“舔”（当地话“舔舔脷”的

“舔”）字音；（又）读 jin[6]，当地话“现”字音。

**晛［xiàn］，《新华字典》释义：［～～］因为害怕不敢正视的样子。**

例：正正经经的人到任何地方都不会左晛右晛。

## 太阳晛头

我们这里连续下了十几天雨，今天终于迎来太阳晛头了。

“晛头”一词在粤方言地区人们的口头上比较常用，指太阳探出头来，“晛”字在广州地区读 hin[3]，当地话“献”字音；（又）读 jin[5]，当地话“现”字音。

**晛［xiàn］，《新华字典》释义：太阳出现。**

在粤方言地区，当地人对“（某些大人物或重要人物）出现”也叫“晛头”，这是个引申义。如：省领导终于在我们屯晛头了！

## 蹁一跤

年少时，我和伙伴们走山路去上学，遇到下雨天，路滑，蹁一跤，是常事。

“蹁”字在粤方言地区人们的口头上比较常用，在广州地区读 sin[3]，当地话“扇”字音；指因打滑而摔倒。

**蹁［xiàn］，《中华字海》释义：打滑。**

例：人在社会上，偶尔蹁一跤，是很平常的事，不必耿耿于怀。

## 哯出来

小孩子喝奶喝得过饱，都哯出来了。

“哯”字在粤方言地区人们的口头上比较常用，在广州地区读 hin[3]，当地话“献”字音；指小孩因过饱或反胃而吐。

**哯［xiàn］，《中华字海》释义：呕吐。《本草纲目·石部》：“幼儿～乳不止。”**

在粤方言地区，当地人对“（某些人）贪占他人财产不成而赔退的行为”也叫“哯出来”，这是个引申义，有讽刺意味。如：赵局长被捕后，梁副局长到纪委主动投案，哯出了 50 万元。

## 东趟西趟

上小学那时，我时常东趟西趟，不在乎迟不迟到。

“东趍西趍”一词在粤方言地区人们的口头上比较常用，指漫无目的地东走西走，“趍”字在广州地区读 sin[3]，当地话“扇”字音。

**趍［xiàn］，《中华字海》释义：走貌。**

例：一个习惯东趍西趍的人，最终会一事无成。

## 菜馕

粤方言地区的菜馕品种繁多，有豆腐馕、油果馕、苦瓜馕、厚皮菜（两广人习惯叫“猪乸菜”）馕、白菜馕、茄瓜馕、辣椒馕、萝卜馕、腐竹馕、鸡蛋或鸭蛋馕、柚皮馕和竹笋馕等等。

“菜馕”一词在粤方言地区人们的口头上比较常用，指状如饺子的菜包，“馕”字在广州地区读 joeng[6]，当地话“让”字音。

**馕［ràng］，《康熙字典》释义：人样切，音让。吴方言读［náng］，义馅。“百度汉语”则释义为：“~［xiǎng］字从食从襄。‘襄’意为‘包裹’‘包容’(异物)。‘食’与‘襄’联合起来表示‘夹裹式食品’‘三明治式食品’。”**

在粤方言地区，各地所有的“菜馕”招牌，几乎写成了“菜酿”，这是个普遍性的用字错误。

## 穿得真橡

在我年少时，每逢过春节，家家户户的小孩几乎都能穿上新衣裳。这时，邻居看见了，免不了夸赞：“你穿得真橡！”

“真橡”一词在粤方言地区人们的口头上比较常用，指好或好看，“橡”字在广州地区读 dzoeng[6]，当地话“像”字音。

**橡［xiàng］，《中华字海》释义：❶盛饰：珠帽~服。❷未成年所戴的首饰。**

在粤方言地区，当地人对“干得漂亮（的事情）”也叫“橡”，这是个引申义。如：今晚的菜做得真橡。

## 没脚逺

三嫂的女儿，从广西嫁往山西，三嫂无奈地对女儿说：“你嫁那么远，我真是没脚逺，你别埋怨我和你爸爸不去看你。”

“逺”字在粤方言地区人们的口头上比较常用，在广州地区读 hoeng[3]，当地话“向”字音；指前往。

**逿［xiàng］，《中华字海》释义：行貌。**

在粤方言地区，当地人把“不想往来”也叫“没脚逿”，这是个引申义。如：老六在县城买了房之后，就对邻居爱理不理，自此，邻居对他没脚逿。

## 捞曏

李局长才50多岁就突然暴毙，认识他的人都说他捞曏了。

“捞曏”一词在粤方言地区人们的口头上比较常用，指白赚白占非常多，“曏”字在广州地区读soeng1，当地话“伤”字音。

**曏［xiàng］，《中华字海》释义：［捞曏］窃贼（一种隐语）。**

在粤方言地区，当地人对“捞曏”（的人和行为）很反感，这是个贬义词。

## 鸡䅬

老妈说她在老家一下子就买了10只鸡䅬和10只阉鸡。

“鸡䅬”一词在粤方言地区人们的口头上比较常用，指小母鸡（未下过蛋，或下过蛋但未孵过蛋的母鸡），“䅬”字在广州地区读hong6，当地话“巷”字音。

**䅬［xiàng］，《中华字海》释义：［鸡～］小母鸡（未下过蛋，或下过蛋但未孵过蛋的母鸡）。**

在粤方言地区，当地人把“未婚女青年”暗称“鸡䅬”，这是一种蔑称。

## 枵薄

我网购了一件夏衣，收到后打开一看，是件枵薄的衣服呀！

“枵薄”一词在粤方言地区人们的口头上比较常用，指布的丝缕稀而薄，“枵”字在广州地区读siu1，当地话“萧”字音；（又）读hiu1，当地话“嚣”字音。

**枵［xiāo］，《新华字典》释义：❶空虚：～腹。外肥中～。❷布的丝缕稀而薄：～薄。**

例：夏天，穿枵薄的衣服比较凉快。

## 风声飖飖

我们来到三片石风景区，耳旁风声飖飖。

“飉飉”一词在粤方言地区人们的口头上比较常用，指风的声音，“飉”字在广州地区读 siu[1]，当地话“萧”字音。

**飉［xiāo］，《中华字海》释义：风声：风～～。**

例：人活在世上，能留下有价值的话最好，不至于如风声飉飉，一吹而过。

## 惊猇

爷爷教育我们：“三更半夜，要是猪狗惊猇，就要警醒了，附近必有反常的事情发生。”

“惊猇”一词在粤方言地区人们的口头上比较常用，指惊骇发狂，“猇”字在广州地区读 aau[1]，当地话“坳”字音；（又）读 haau[1]，当地话“敲”字音。

**猇［xiāo］，《中华字海》释义：❶猪、狗惊骇。❷同“獿”，狗受惊吓而吠。**

例：猪狗惊猇，往往与天气异常或地质灾害相关。

## 狗獿

唐淑坤大妈说，住在大山沟里，每逢半夜听到狗獿，她都会醒过来，聆听外面的动静。

“獿”字在粤方言地区人们的口头上比较常用，在广州地区读 aau[1]，当地话“坳”字音；（又）读 haau[1]，当地话“敲”字音；指犬受惊狂吠。

**獿［xiāo］，《中华字海》释义：犬受惊狂吠。**

例：遇到异常情况，如果狗不正常吠，而是獿，必定是出现了它斗不过的强敌或发生了危险。

## 残羽鞩鞩

伯母家里的母鸡孵出小鸡之后，已是残羽鞩鞩。

“鞩鞩”一词在粤方言地区人们的口头上比较常用，指羽翼凋敝，“鞩”字在广州地区读 siu[1]，当地话“翛”字音。

**鞩［xiāo］，《中华字海》释义：羽翼凋敝。**

例：树倒猢狲散，一点不假。有些官员一旦东窗事发，便显得残羽鞩鞩。

## 哓然如也

老四几兄弟常常戴着领带，西装革履，皮鞋铮亮，满脸油光，在乡亲面前大放厥词。但乡亲们不笨，早就知道他们呺然如也，债台高筑。

“呺然如也”一词在粤方言地区人们的口头上比较常用，指内中空虚的样子，“呺”字在广州地区读 siu[1]，当地话“萧”字音。

**呺［xiāo］，《中华字海》释义：［~然］内中空虚的样子。**

例：呺然如也的人不管如何吹嘘，都改变不了现状。

## 嶕嵺

从大山等窎（地名）的山顶往下看，一片嶕嵺的景象，让人思绪万千。

“嶕嵺”一词在粤方言地区人们的口头上比较常用，在广州地区读 siu[1]liu[4]，当地话“萧寥”字音；指深邃稠密的样子。

**嶕嵺［xiāo liáo］，《中华字海》释义：深邃稠密。如杜甫《朝享太庙赋》：“鸟不敢飞，而玄甲~~以岳峙。”**

在粤方言地区，当地人把“人城府深”叫作“（人）嶕嵺”，这是个引申义。如：有些人为人嶕嵺，让人永远猜不透他内心的想法。

## 翛潦

妈妈养了一只老母鸡，浑身翛潦，瘦得可怜。

“翛潦”一词在粤方言地区人们的口头上比较常用，指家禽或鸟类羽毛残破的样子，“翛”字在广州地区读 siu[1]，当地话“萧”字音。

**翛［xiāo］，《中华字海》释义：羽毛蔽貌。**

在粤方言地区人们把“（人）头发稀少”叫作“头发翛潦”，这是个引申义，含贬义。如：李西施以美女自居，50 多岁了，翛潦的头发黄白相间，让人忍俊不禁。

## 雾气寥寥

在容江的河道里，有时浓雾弥漫，太阳出来之后，雾气寥寥的景象常常持续半个多小时。

“寥寥”一词在粤方言地区人们的口头上比较常用，指气上蒸的样子，“寥”字在广州地区读 siu[1]，当地话“萧”字音。

**寥［xiāo］，《中华字海》释义：❶气上蒸。❷开阔的样子。**

在粤方言地区，“寥”字的义项，还有“开阔的样子”。如：我们从狭窄的洞口走过之后，前面寥寥之境，顿时让人心旷神怡。

## 鸟哓

我常常从山林里走过，有时候会听到鸟哓，这时，我断定鸟儿遇到了危险。

“鸟哓”一词在粤方言地区人们的口头上比较常用，指鸟类因恐惧而发出的鸣叫声，“哓”字在广州地区读 aau[1]，当地话“坳”字音；（又）读 hiu[1]，当地话“侥”字音。

**哓［xiāo］，《新华字典》释义：［～～］形容争辩声或鸟类因恐惧而发出的鸣叫声。**

在粤方言地区，鸡鸭因恐惧而发出的鸣叫声，也用“哓”表示。

## 山魈

我在年少时，听欧爷爷和欧振禄叔叔闲聊，知道他们在山里遇到了山魈。

“山魈”一词在粤方言地区人们的口头上比较常用，指传说中山里的鬼怪，“魈”字在广州地区读 siu[1]，当地话“萧”字音。

**魈［xiāo］，《新华字典》释义：❶猕猴的一种，尾巴很短，脸蓝色鼻子红色，嘴上有白须，全身呈黑褐色，腹部白色；多群居。❷传说中山里的鬼怪。**

例：山魈其实是自然界的一种动物，以前，我们山里的人误以为它们是鬼怪。

## 老虎虓

欧振驰五叔对我们说过，在家乡的山林，20 世纪 50 年代，经常有老虎活动，在屯子里，他们就常常听到老虎虓。

“虓”字在粤方言地区人们的口头上比较常用，在广州地区读 aau[1]，当地话“坳”字音；（又）读 haau[1]，当地话“敲”字音；指猛虎怒吼。

**虓［xiāo］，《新华字典》释义：猛虎怒吼。**

例：六叔说：“虎狼的叫声是不相同的，狼怎么狰，也不可能像老虎虓那样有威势。人与人的差别，也是这个道理，从不同的声音就可以比较出来了。”

## 你谘我谘

欧爷爷教育儿媳妇们说：“妯娌之间，必须互相礼让，不能为了一丁点小事就像狗打架一样你谘我谘，那样就不成体统。”

“谙”字在粤方言地区人们的口头上比较常用，在广州地区读 ngaau[4]，当地话“淆”字音；指说话不恭敬不严谨。

**谙［xiáo］，《中华字海》释义：言不恭谨。**

例：一个村里，如果人与人之间经常你谙我谙，那么这个地方的民风肯定好不到哪里去。

## 老谡

老师对李平说：“我做事用不着你那么老謏。”

“老謏”一词在粤方言地区人们的口头上比较常用，指自作多情给别人出主意、插手他人私事的人，“謏”字在广州地区读 siu[1]，当地话“肖”字音；（又）读 siu[2]，当地话“小”字音。

**謏［xiǎo］，《新华字典》释义：~才｜~闻（小有名声）。**

例：一个人，如果能力和名气都不大，就真的不适宜做“老謏”。

## 欢喜恔恔

阿林欢喜恔恔地说：“这次高考，每考一科，试卷上的题目都是我此前反复做过几次的那些，真是天助我也！”

“欢喜恔恔”一词在粤方言地区人们的口头上比较常用，指心情畅快、心里满意，“恔”字在广州地区读 siu[3]，当地话“萧”字音。

**恔［xiào］，《新华字典》释义：畅快、满意。**

例：人逢喜事精神爽，每一个人都渴望自己能欢喜恔恔地过日子。

## 敩敩表弟

姑妈说：“表哥敩敩表弟吧，他太顽皮了。”

“敩”字在粤方言地区人们的口头上比较常用，在广州地区读 siu[3]，当地话“笑”字音；（又）读 haau[6]，当地话“效”字音。

**敩［xiào］，《新华字典》释义：教导，使觉悟。**

例：在你人生最迷茫的时候，能够敩你的人，就是你的恩人。

## 㪣了这一杯

平时，我的乡邻聚集喝酒，他们喝到面红耳赤之时，还要倒满酒，大叫：

"歊了这一杯!"

"歊"字在粤方言地区人们的口头上比较常用，在广州地区读 siu[3]，当地话"啸"字音。

**歊［xiào］，《中华字海》释义：酒饮尽，即干杯。**

例：劝君更尽一杯酒，西出阳关无故人。友人可曾举起酒杯，对你说："歊了这一杯!"

## 妈妈詨你回家

"小林，你妈妈詨你回家!"

"詨"字在粤方言地区人们的口头上比较常用，在广州地区读 aau[1]，当地话"坳"字音；（又）读 hiu[3]，当地话"侥"字音。

**詨［xiào］，《中华字海》释义：呼唤，大叫。**

在汉语里，老虎叫用"虓"，鸟叫用"哓"，猪狗叫用"狰"，人叫用"詨"，这四个字的粤方言读音相同，用法不同。

## 笑嗇嗇

老廖见到人就笑嗇嗇，大家都觉得她亲切。

"笑嗇嗇"一词在粤方言地区人们的口头上比较常用，指微笑的样子，"嗇"字在广州地区读 se[1]，当地话"些"字音。

**嗇［xiē］，《中华字海》释义：笑貌。**

例：笑一笑十年少。时常笑嗇嗇的人，没有什么烦恼。

## 不要娎

在我们班，每一次评讲试卷，老师都语重心长地说："成绩不理想的同学，不要气馁；考得好的同学，也不要娎。"

"娎"字在粤方言地区人们的口头上比较常用，在广州地区读 se[3]，当地话"泻"字音；（又）读 se[1]，当地话"些"字音；指沾沾自喜，得意洋洋的样子。

**娎［xiē］，《中华字海》释义：❶得志的样子。❷喜欢；喜悦。**

例：人取得成绩后，如果一直有娎的心态，便是自满了。

## 矓睐

俗话说："四十四，眼出刺。"人到了五十岁以上，眼睛不矓睐的人，就很少。

“矃睵”一词在粤方言地区人们的口头上比较常用，指眼睛看不清楚，“睵”字在广州地区读 se[1]，当地话“些”字音。

**睵［xiē］，《中华字海》释义：目不明。**

例：到了一定年纪，眼睛矃睵，是正常的生理现象。

## 把贼子擕住

有几个外乡人进村偷狗，村民发现后火气冲天，七手八脚，把贼擕住，等派出所干警来处理。

“擕”字在粤方言地区人们的口头上比较常用，在广州地区读 kwai[4]，当地话“携”字音；指捆绑、束缚。

**擕［xié］，《中华字海》释义：束缚。**

例：没有远大理想的人，就是自己擕住了自己。

## 打㓃火笼

我年少时，每每到了冬天，就要提着火笼取暖。爷爷多次教育我们：不要把火笼放到床铺里，最怕打㓃火笼，发生火灾。

“打㓃”一词在粤方言地区人们的口头上比较常用，指打翻或倾侧，“㓃”字在广州地区读 se[2]，当地话“写”字音。

**㓃［xiě］，《中华字海》释义：仄。**

例：你打㓃过盐油酱醋或茶酒吗？

## 僁僁飞奔

梁师傅娴熟地驾驶着小汽车，一路僁僁飞奔，只用了五个多小时，就从容县抵达了广州。

“僁僁”一词在粤方言地区人们的口头上比较常用，指迅速，“僁”字在广州地区读 se[3]，当地话“泻”字音。

**僁［xiè］，《中华字海》释义：❶狭隘。❷迅速。**

例：我们国家修建了不少高速公路，时刻都有汽车在路上僁僁飞奔，这是一种繁荣昌盛的景象。

## 天霎霎地飘着雪

2015 年冬天的一个早晨，在我家乡，天霎霎地飘着雪，大家好不兴奋！

“霎霎”一词在粤方言地区人们的口头上比较常用，指下雪的样子，“霎”字在广州地区读 se3，当地话“泻”字音。

**霎［xiè］，《中华字海》释义：下雪。**

例：霎霎地下雪，是人间的一种美景。

## 乱夎一通

老倪容易冲动，他但凡听到不开心的事，就要乱夎一通。

“乱夎”一词在粤方言地区人们的口头上比较常用，指乱发脾气，“夎”字在广州地区读 se3，当地话“泻”字音。

**夎［xiè］，《中华字海》释义：心胸狭窄而行为果敢。**

例：乱夎的人，终将一事无成。

## 渫通

排污管一旦堵塞了，我们就得请专业人士把它渫通。

“渫通”一词在粤方言地区人们的口头上比较常用，指疏通、打通或除去，“渫”字在广州地区读 sit8，当地话“泄”字音。

**渫［xiè］，《新华字典》释义：❶除去。❷泄，疏通。**

在粤方言地区，“渫”字的义项，还有“除去”的意思。例：老廖脸上长了个瘤，前几天他到医院渫掉了。

## 绁在树根底下

每年夏天，我老家的村民都习惯把自家的水牛绁在树根底下。

“绁”字在粤方言地区人们的口头上比较常用，在广州地区读 lit7，本地话“列”字音；（又）读 sit8，当地话“泄”字音。

**绁［xiè］，《新华字典》释义：❶绳索。❷系，拴。**

例：爷爷说，以前有的人放牛不看牛，糟蹋他人的农作物，牛一旦被人家抓住，人家就会把牛拉到山林里绁起来。

## 歞歞滚

梁八经常为一丁点儿小事歞歞滚，大家都不愿意接近她。

“歞歞滚”一词在粤方言地区人们的口头上比较常用，指气急败坏的样子，“歞”字在广州地区读 se[3]，当地话“泻”字音。

**歞［xiè］，《中华字海》释义：急气貌。**

例：动不动就歞歞滚的人，不好和他人相处。

## 心鬣

有不少人干事情，时间稍长一点，如果没有回报，心就鬣了。

“心鬣”一词在粤方言地区人们的口头上比较常用，指心里烦躁、惆怅，“鬣”字在广州地区读 haai[6]，当地话“懈”字音。

**鬣［xiè］，《中华字海》释义：❶惆怅。❷倾心。❸果敢。**

例：容易心鬣的人，办不成大事。

## 徢徢走

欧芸彤领到了大学《录取通知书》，心里高兴极了，连午饭都没吃，就离开学校，往家里徢徢走。

“徢徢走”一词在粤方言地区人们的口头上比较常用，指快步行走的样子，“徢”字在广州地区读 se[1]，同普通话读音。

**徢［xiè］，《中华字海》释义：快步行走的样子。**

例：你遇到过什么好事，曾徢徢走？

## 繲衣服

我姐姐上了小学三年级之后，就开始繲全家的衣服。

“繲衣服”一词在粤方言地区人们的口头上比较常用，指洗衣服，“繲”字在广州地区读 haai[1]，当地话“懈”字音。

**繲［xiè］，《中华字海》释义：洗衣服。**

例：你繲过衣服吗？

## 烛灺

妈妈叫我把桌面上的烛灺清理掉。

“烛灺”一词在粤方言地区人们的口头上比较常用，指蜡烛烧剩下的部分，“灺”字在广州地区读 sit[8]，当地话“屑”字音；（又）读 tse[2]，当地话“且”字音。

**灺［xiè］，《新华字典》释义：蜡烛烧剩下的部分。**

例：点过蜡烛的人，都懂烛灺。

## 放眼眥

妈妈对小琳说：“老师告诉我，别人考试成绩比你好，你就对别人放眼眥，大家都讨厌你，你必须改。”

“放眼眥”一词在粤方言地区人们的口头上比较常用，指瞪眼睛怒视，“眥”字在广州地区读 se[6]，当地话“射”字音。

**眥［xiè］，《中华字海》释义：瞪眼睛怒视。**

例：有谁曾经对你放眼眥？

## 狗婬骨头

狗婬骨头，牛婬青草。

“婬”字在粤方言地区人们的口头上比较常用，在广州地区读 jam[1]，当地话“音”字音；指特别喜欢。

**婬［xīn］，《中华字海》释义：❶爱。❷贪妄。**

例：以前的猎人懂得什么猎物婬什么，投其所好，所以容易得手。

## 先人还廞在山边

我问月兰姐她父亲的遗骸安葬了没有。她说先人还廞在山边。

“廞”字在粤方言地区人们的口头上比较常用，在广州地区读 jam[1]，当地话“音”字音；指摆放，狭义特指把装有人骨骸的瓦罐安置在山边或田边。

**廞［xīn］，《新华字典》释义：陈设。**

在粤方言地区人们讲究先人入土为安。长时间廞着先人的遗骸，就是子女没良心。

## 最歆铁观音

健林最歆铁观音，每次坐下来，一喝就是几个小时。

“歆”字在粤方言地区人们的口头上比较常用，在广州地区读 jam[1]，当地话“音”字音；指特别喜欢。

**歆［xīn］，《新华字典》释义：❶鬼神享用祭品的香气：~享。❷喜爱，羡慕：~羡。**

例：萝卜青菜各有所爱。有人歆酒歆肉，有人歆烟歆茶。人享有自己最歆之物，就容易满足。

## 囟门

我还在很小的时候，妈妈就教育我，千万不要按压妹妹的囟门。

“囟门”一词在粤方言地区人们的口头上比较常用，指婴儿头顶骨未合缝的地方，“囟”字在广州地区读 soen[3-2]，当地话“信”字音。

**囟［xìn］，《新华字典》释义：囟门：婴儿头顶骨未合缝的地方。**

例：你摸摸自己的头顶，看看能不能确定自己婴儿时期囟门的位置。

## 贼衅进果园

昨天，我看见几个贼衅进果园。

“衅”字在粤方言地区人们的口头上比较常用，在广州地区读 jan[6]，当地话“衅”字音；指偷偷地行走。

**衅［xìn］，《中华字海》释义：［~~］暗行貌。**

在粤方言地区，“衅”字的义项，也包括正义行动。如：武工队员衅进了敌人的堡垒。

## 有多高就𤺺多高

每年高考，老师都鼓励同学们：“你们的高考成绩，要像天鹅在天上飞一样，有多高就𤺺多高。”

“𤺺”字在粤方言地区人们的口头上比较常用，在广州地区读 sin[1]，同普通话读音。

**𤺺［xìn］，《中华字海》释义：鸟奋飞。**

例：在人生的征程上，我们应该把潜能释放出来，自己能实现的目标有多高就瘫多高。

## 勬勬

老六和他的伙计几个在大山里用人力给货车装木材，每一趟都在勬勬打拼，大汗淋漓。

“勬勬”一词在粤方言地区人们的口头上比较常用，在广州地区读 sin[1]dzin[1]，同普通话读音；指用尽全力。

**勬勬［xìn jìn］，《中华字海》释义：用力。**

例：人只有勬勬打拼，才有辉煌的人生。

## 耳聖

我的老校长李明杰先生 92 岁了，他眼不矇，拿起书报就看；耳聖，和他通电话，他应答如流，没有出现因听不清楚反反复复询问的情况。

“聖”字在粤方言地区人们的口头上比较常用，在广州地区读 sing[2]，当地话“醒”字音；指耳聪。

**聖［xīng］，《中华字海》释义：聪。**

例：一个人到了九十以上，还是眼明耳聖，能吃能睡，身体状况就很不错。

## 稈稈穖穖

我在家里种田那些年，有时候秧苗受不良天气或病虫害影响，插下去半个多月，它还是稈稈穖穖的。

“稈稈穖穖”一词在粤方言地区种田人的口头上比较常用，指（禾苗）稀疏且不壮实，“稈”字在广州地区读 sing[1]，当地话“星”字音。

**稈［xīng］，《中华字海》释义：禾苗稀疏。**

在粤方言地区，“稈稈穖穖”一词也用来指“一个家庭或地方人丁稀少，经济凋敝的状况”，这是个引申义。如：八祖太在的时候，她家里有十几口人，日子红红火火，如今稈稈穖穖，让人唏嘘。

## 大火真煋

我们在校园里看到新北街方向火光冲天，听到救火车警笛长鸣，那大火真煋。

“煋”字在粤方言地区人们的口头上比较常用，在广州地区读 sing[1]，当地话“星”字音；原义指火势猛烈，引申为厉害，或指状如火星四溅的样子。

**煋［xīng］，《新华字典》释义：❶火势猛烈。❷火光四射。**

在粤方言地区，“煋”字也指“火星四溅的样子”，这是个引申义。如：你看，张三那么凶，用棍子把他的孩子打得煋煋跳。

## 婞水

勇哥说，在他们单位，阿寿老婆长得最婞水。

“婞水”一词在粤方言地区人们的口头上比较常用，指漂亮，“婞”字在广州地区读 sing[2]，当地话“醒”字音。

**婞［xíng］，《新华字典》释义：女子修长美好。**

在粤方言地区，“婞水”一词的引申义有多个：①指穿着打扮好看。如：亮亮穿得真婞水。②指人的字、绘画等（创作的作品）水平高。如：周老师写的字真婞水。③指建筑物或其他物品壮观。如：这楼房真婞水。

## 饧松

妈妈对我说：“过年的时候，你买回来的饼糖太多，到如今都饧松了，不要再吃。”

“饧松”一词在粤方言地区人们的口头上比较常用，指糖块、饼干等松塌，“饧”字在广州地区读 sang[3]，当地话“擤”字音；（又）读 tsing[4]，当地话“情”字音。

**饧［xíng］，《新华字典》释义：❶糖稀。❷糖块、面剂子等变软：糖~了。❸精神不振，眼睛半睁半闭：眼睛发~。**

在粤方言地区，“饧”字还有“精神不振，眼睛半睁半闭”的意思。如：我昨晚在老刘家里喝太多茶了，整夜睡不着觉，今天早上双眼发饧。

## 瞐瞐我孩子

放学了，我打电话给老刘，叫他瞐瞐我孩子回到家了没有。

“瞐”字在粤方言地区人们的口头上比较常用，在广州地区读 sing[2]，当地话“醒”字音；原义指看，有特别关注的意思。

**瞐［xǐng］，《中华字海》释义：视；看。**

例：在人群聚集的地方，我们要经常瞠瞠周边的动静。

## 寤过来了

黄四长赌十几年，有了车，也有了房。如今车没了，房也没了，酒肉朋友全散了，他寤过来了。

“寤”字在粤方言地区人们的口头上比较常用，在广州地区读 sing²，当地话“醒”字音；指大彻大悟。

**寤 [xǐng]，《中华字海》释义：大醒悟。**

例：一失足成千古恨，再回头已百年身。有些人寤过来的时候，为时已晚。

## 婞婞的模样

老倪整天一副婞婞的模样，看谁都不顺眼。

“婞婞”一词在粤方言地区人们的口头上比较常用，指倔强、固执的样子，“婞”字在广州地区读 hang⁶，当地话“幸”字音。

**婞 [xìng]，《新华字典》释义：倔强、固执。**

例：婞婞的模样，不是正常人该有的模样。

## 讻了几句

老大告诉邻居，他和老二今天早上讻了几句。

“讻”字在粤方言地区人们的口头上比较常用，在广州地区读 hung¹，当地话“凶”字音；（又）读 jung²，当地话“拥”字音。

**讻 [xiōng]，《中华字海》释义：争辩。嘈杂。**

如：我住的地方靠近大街，日夜讻个不停。

## 敻䢼

从大容山高处往四周望去，敻䢼一片，让人感慨万千。

“敻䢼”一词在粤方言地区人们的口头上比较常用，指远、辽阔，“敻”字在广州地区读 sung¹，同普通话读音；（又）读 hing³，当地话“庆”字音。

**敻 [xiòng]，《新华字典》释义：远，辽阔。**

例：经常登高临远，看看敻䢼的景物，会让人更爱美好的河山，更想追求美好的生活。

## 髹油漆

周师傅帮我把楼梯木护栏安装好之后，接着就髹油漆。

“髹”字在粤方言地区人们的口头上比较常用，在广州地区读 sau$^{3}$，当地话“修”字音；（又）读 jau$^{1}$，当地话“休”字音。

**髹［xiū］，《新华字典》释义：把漆涂在器物上。**

在粤方言地区，“髹”字有“把外用药擦在伤口上的动作”的意思。如：我帮学生在伤口上髹了些茶油。

## 滫味

夏天天气炎热，隔了一夜的泔水弥散着很重的滫味，不能再用来喂猪了。

“滫”字在粤方言地区人们的口头上比较常用，在广州地区读 sau$^{3}$，当地话“秀”字音；（又）读 nau$^{2}$，当地话“朽”字音；指臭泔水散发的气味。

**滫［xiǔ］，《新华字典》释义：臭泔水。**

例：以前，农村的孩子都闻过泔水的滫味。那是一种逝去的岁月曾经有过的气味。

## 琇留走

在我年少时，妈妈带着我到 10 公里外的长河赶集，我们一路上都是琇留地走。

“琇留”一词在粤方言地区人们的口头上比较常用，指走得快的放慢脚步和走得慢的结伴而行，在广州地区读 sau$^{3}$lau$^{4}$，当地话“秀留”字音。

**琇留［xiù liú］，《中华字海》释义：行相待。**

例：人海茫茫，这辈子会有谁和你琇留行走？

## 砉砉声响

熟食摊摊贩做手撕鸡的时候，经常发出砉砉声响，真令人毛骨悚然。

“砉砉”一词在粤方言地区人们的口头上比较常用，指皮骨相离声，“砉”字在广州地区读 sy$^{1}$，当地话“舒”字音；（又）读 waak$^{9}$，当地话“划”字音。

**砉［xū］，《新华字典》释义：皮骨相离声。**

例：每当砉砉声响时，你可曾想起“莫道群生性命微，一般骨肉一般皮”的劝导？

## 旴旴红日

住在大山里，每天看旴旴红日从山顶升起，是一件很美的事。

“旴旴”一词在粤方言地区人们的口头上比较常用，指太阳刚出来的样子，“旴”字在广州地区读 juk[9]，当地话“旭”字音；（又）读 hoey[1]，当地话“虚”字音。

**旴［xū］，《新华字典》释义：❶太阳刚出来的样子。❷旴江，水名，又地名，都在江西省抚州。**

例：旴旴红日，一百年的变化并不大，只不过，一个人从孩提到暮年，让旴旴红日照老了。

## 凶犂犂

贵州人喜欢斗牛，他们把两头公牛拉进斗牛场之后，两牛一相见，就凶犂犂地打起来，不要命。

“凶犂犂”一词在粤方言地区人们的口头上比较常用，指牛凶狠的样子，“犂”字在广州地区读 tsoey[4]，当地话“徐”字音。

**犂［xū］，《中华字海》释义：牛凶狠。**

在粤方言地区，“凶犂犂”一词也指“人凶狠的样子”，这是个引申义，含有轻蔑之意。如：老倪几兄弟在自己屯里称王称霸，对邻居经常一副凶犂犂的模样。

## 发力勖

阿光爸爸对他说：“山外有山，人外有人，你到了县城的学校，就要发力勖，不然很快就会落后。”

“发力勖”一词在粤方言地区人们的口头上比较常用，指努力拼搏，“勖”字在广州地区读 tsuk[7]，当地话“蓄”字音；（又）读 juk[7]，当地话“沃”字音。

**勖［xù］，《新华字典》释义：勉励。**

例：影响人一生的机会并不多，该发力勖的时候，如果不发力，就等于白白地放弃了机会。

## 稸满衣服

如今，很多家庭的衣柜里都稸满了衣服，有的衣服十年之久也没有再翻出来穿过一次。

“稸”字在粤方言地区人们的口头上比较常用，在广州地区读 tsuk[7]，当地话“蓄”字音。

**稸［xù］，《中华字海》释义：蓄藏。**

例：现在生活好了，很多家庭都稸满酒菜。

## 䞚走

老丁把手表往抽屉一放，就出去打球，他回来后在抽屉里却找不到手表，于是就怀疑是有人把手表䞚走了。直到他搬房子的时候，才发现手表在两个抽屉的间隔里。

“䞚”字在粤方言地区人们的口头上比较常用，在广州地区读 dzuk[9]，当地话“续”字音。

**䞚［xù］，《中华字海》释义：盗走。**

例：古人说，那些能䞚走人心的窃贼，才是天下最了不起的贼。

## 众人逊逊

周大师在白石半山腰开发了一处山泉，命名为“神仙水”，没多久，容、岑、藤三县不明真相的善男信女就提着水罐，众人逊逊，前往半山腰排队等水。山沟里的饮食业一夜之间就火起来了。

“逊逊”一词在粤方言地区人们的口头上比较常用，指众人行走的样子，“逊”字在广州地区读 soey[5]，当地话“絮”字音。

**逊［xù］，《中华字海》释义：众走貌。**

例：如今，在大工厂上班或学生在校的时候，随时可见众人逊逊的景象。

## 酗饭

在我年少时，我看到屯子里的父母，几乎都是这样教育儿女的：“你不去放牛（或打柴或看望弟妹等），晚上我不给你饭酗。”

“酗”字在粤方言地区，原义指喝酒，引申为放开肚皮吃喝或无度地吃喝。

在广州地区读 tsuk[7]，当地话“蓄”字音。

**酗［xù］，《中华字海》释义：沉迷于酒，撒酒疯：~酒。**

在粤方言地区，有不少人把“酗”字当作“饫”字使用，这是一个普遍性错误。有人指出“酗”字在粤方言中应该读当地话“去”字音，而不是“淤”字音。

其实，无论认为读“去”字音对，还是读“淤”字音才对的那个字，不是“酗”字，而是“饫”字。“饫”字普通话注音“yù”，粤方言读“淤”字音，《新华字典》释义：“饱”。

造成这个错误的最根本原因是“饫”字在书面不常用，粤方言地区不少人虽然在口头上传承着“饫”字的音、义，但是长期误认为“饫”字的本字是“酗”。

## 万马驉驉

来到美丽的内蒙古大草原，我们终于看到了万马驉驉奔腾的壮美场面。

“驉驉”一词在粤方言地区人们的口头上比较常用，指（众马）奔驰的样子，“驉”字在广州地区读 dzoey[6]，当地话“叙”字音。

**驉［xù］，《中华字海》释义：（众马）奔驰。**

例：国家的强大，需要有万马驉驉奔腾的局面。

## 曚睉睉

前段时间阴雨连绵，太阳若隐若现，总是曚睉睉的。

“曚睉睉”一词在粤方言地区人们的口头上比较常用，指日光不明亮的样子，“睉”字在广州地区读 soey[5]，当地话“絮”字音。

**睉［xù］，《中华字海》释义：不明亮的样子。**

例：人间的天空，有时难免也会曚睉睉的。但不管多厚的阴霾，始终都会消散，它阻隔不了阳光。

## “翐翐”飞走

妈妈在楼顶晒稻谷，常常有麻雀趁人不在就飞来吃谷子，当人出现在楼顶时，雀儿们就一溜烟“翐翐”飞走了。

“翐翐”一词在粤方言地区人们的口头上比较常用，指鸟飞翔时发出的声音，“䎘”字在广州地区读 soey[5]，当地话“絮”字音。

**䎘［xù］，《中华字海》释义：鸟飞翔时发出的声音。**

例：你听到过鸟儿“䎘䎘”飞过的声音吗？这是一种天籁。

## 流水洫洫

在老家的每一天，我都看着门前流水洫洫，它们一出现就离开寂寞的大山沟，一路奔向大海。

“洫洫”一词在粤方言地区人们的口头上比较常用，指水流动的样子，“洫”字在广州地区读 sy[1]，同普通话读音。

**洫［xù］，《新华字典》释义：水流动的样子。**

例：看流水洫洫，我们是否感悟到水所向往的是海洋？人要学习流水，到社会的海洋中去。

## 又吹又谖

很多老实本分的人，本来就不想参加传销活动，但是其中部分人经不起传销人员又吹又谖，而身陷其中。

“又吹又谖”一词在粤方言地区人们的口头上比较常用，指一面吹嘘一面欺骗、拉拢，“谖”字在广州地区读 syn[1]，当地话“宣”字音；（又）读 hyn[1]，当地话“圈”字音；指欺骗、拉拢。

**谖［xuān］，《新华字典》释义：❶欺诈，欺骗。❷忘记。**

例：稳当扎实的人，不管别人怎么吹怎么谖，都会不为所动。

## 儇棍

李四善于花言巧语，不踏实，在乡亲们心里，他是条“儇棍”。

“儇棍”一词在粤方言地区人们的口头上比较常用，指爱耍小聪明卖弄自己的人，“儇”字在广州地区读 hyn[1]，当地话“喧”字音。

**儇［xuān］，《新华字典》释义：轻薄而有点儿小聪明。**

例：儇棍可能享有一时丰富的物质生活，但只能是一时。

## 翾翾飞翔

在我老家的天空，常常有鸟儿翾翾飞翔。

“翾翾”一词在粤方言地区人们的口头上比较常用，指飞翔的样子，“翾”字在广州地区读 hyn[1]，当地话“喧”字音。

**翾［xuān］，《新华字典》释义：飞翔。**

例：有多少人希望自己能像鸟一样翾翾飞翔，却不知道鸟期待自己有人一样丰富多彩的生活啊。

## 饧塇

喷施了除草剂之后，泥土会变得饧塇，容易崩塌。

“饧塇”一词在粤方言地区人们的口头上比较常用，指松软的样子，“塇”字在广州地区读 syn[1]，当地话“宣”字音。

**塇［xuān］，《中华字海》释义：松软；松散：～土。馒头又大又～。**

例：包子和馒头硬了就不容易吃，一定要饧塇。

## 谖谖譞譞

老广本来不想买那个保健品，但是经不起别人谖谖譞譞，就买了。

“谖谖譞譞”一词在粤方言地区人们的口头上比较常用，指反反复复地鼓动、怂恿，“譞”字在广州地区读 syn[1]，当地话“宣”字音；（又）读 syn[6]，当地话“宣”字音。

**譞［xuān］，《中华字海》释义：多言。**

例：有谖谖譞譞表现的人，绝大部分都用心不良。

## 咺咺哭

在留守儿童学校工作，我经常遇到家长离开学校的时候，孩子就咺咺哭上半天的现象。

“咺咺哭”一词在粤方言地区人们的口头上比较常用，指不停地抽泣，“咺”字在广州地区读 syn[3]，当地话“宣”字音；（又）读 hyn[1]，当地话“喧”字音。

**咺［xuǎn］，《新华字典》释义：❶哭泣不止。❷姓。**

例：遇到伤心事，很多人都有过咺咺哭的经历。这是人生的一种体验。

## 烜烜喷火

你看，电视节目上载人运载火箭的尾部烜烜喷火，多壮观啊！

“烜烜”一词在粤方言地区人们的口头上比较常用，指火盛，“烜”字在广州地区读 syn⁹，当地话“宣”字音；（又）读 hyn¹，当地话“圈”字音；（再）读 hyn²，当地话“犬”字音。

**烜［xuǎn］，《新华字典》释义：❶火盛。❷光明，盛大。［烜赫］声威昭著。❸晒干。**

在粤方言地区，“烜屎炮”一词原义指点燃之后，仅在尾部喷火冒烟的哑炮，引申为办不成事的人，是个蔑称。如：廖叔说：“老巴儿兄弟外表光鲜，但全部是烜屎炮。”

## 碹窗头

在我乡下老家，新建的房子，基本上是碹窗头。

“碹窗头”、“碹门头”、“碹桥拱”等词在粤方言地区人们的口头上比较常用，指把窗头、门头或桥拱砌成弧形的工作，“碹”字在广州地区读 syn⁴，当地话“旋”字音。

**碹［xuàn］，《现代汉语词典》释义：❶桥梁、涵洞、巷道等工程建筑的弧形部分。❷用砖、石等筑成弧形。**

例：“碹窗头”“碹门头”或“碹桥拱”，都需要硬功夫。

## 泫泫滴下来

露珠从叶片上面泫泫滴下来。

“泫泫”一词在粤方言地区人们的口头上比较常用，指下滴，“泫”字在广州地区读 jyn⁵，当地话“远”字音。

**泫［xuàn］，《中华字海》释义：❶下滴。❷悲伤。**

例：老三爸爸去世了，他泫泫大哭。

## 腚短

妈妈说，孩子的衣服腚短，肚脐和脚踝都露出来了，你还不帮她买新的吗？

“腚短”一词在粤方言地区人们的口头上比较常用，指短，“腚”字在广州地区读 syn⁷，当地话“漩”字音。

**腚［xuàn］，《中华字海》释义：短。**

例：你曾经穿过腚短的衣服吗？

## 趱走

二叔约屯里好几个人到他家喝酒，喝着喝着，二叔乘机提出要修村口的路，建议大家带头捐款，说到这里，老倪就趱走了。

“趱走”一词在粤方言地区人们的口头上比较常用，指偷偷离开，“趱”字在广州地区读 syn[2]，当地话“选”字音。

**趱［xuàn］，《中华字海》释义：始走意。**

例：父亲教育我，做男人要扛得起责任，该吃亏时就吃亏，该磨难时就磨难，千万不要选择趱走。

## 眼睛䀜䀜地转

记得我读初中时，冯老师在讲台上静静地坐着监考，他眼睛䀜䀜地转着，像老鹰一般，同学们都不敢交头接耳、东张西望。

“䀜䀜”一词在粤方言地区人们的口头上比较常用，指眼珠转动，“䀜”字在广州地区读 soe[1]，用当地话“思靴”切，第 1 声；（又）读 soe[6]，用当地话“思靴”切，第 6 声。

**䀜［xuē］，《中华字海》释义：目动。**

例：人群中，总有一些眼睛䀜䀜地转的人，他们的眼力显得特别好。

## 大石岤岤

在云龙大山半山腰那里，到处都是大石岤岤。

“岤岤”一词在粤方言地区人们的口头上比较常用，指山多大石，“岤”字在广州地区读 soe[6]，当地话“sir”字音（粤语称呼“警察”为“阿 sir”的“sir”）；（又）读 hok[9]，当地话“学”字音。

**岤［xué］，《中华字海》释义：山多大石。如韩愈等《会合联句》：“吟巴山荦岤，说楚波堆垄。”**

例：在海岸线和海岛上，很多地方大石岤岤。

## 趆趆飞翔

在我老家的天空，随时可见鸟儿趆趆飞翔。

“趆趆”一词在粤方言地区人们的口头上比较常用，指（鸟儿）旋转，

“踅”字在广州地区读 soe[1]，当地话“sir”（粤语称呼“警察”为“阿 sir”的“sir”）字音；（又）读 soe[6]，当地话“sir”字 音；（再）读 tsyt[8]，当地话“猝”字音。

**踅［xué］，《新华字典》释义：❶折回，旋转。❷同“茓”。**

例：有鸟儿踅踅飞翔的天空，总是容易让人产生快意。

## 燕子翅翅飞进屋

我每次到七姑家里聊天，能不时看到燕子翅翅飞进屋。

“翅翅”一词在粤方言地区人们的口头上比较常用，指（鸟儿）飞进的样子，“翅”字在广州地区读 hyt[8]，当地话“决（xuè）”字音。

**翅［xuè］，《中华字海》释义：进、飞。**

例：旧时王谢堂前燕，飞入寻常百姓家。你家里，有燕子不时翅翅飞进屋吗？

## 眼矞矞

当泥石流或海啸发生时，人们只能眼矞矞看着灾难发生而束手无策。

“眼矞矞”一词在粤方言地区人们的口头上比较常用，指吃惊地看着，“矞”字在广州地区读 soe[1]，同普通话读音。

**矞［xuè］，《中华字海》释义：惊视：“读其文，~然骇异”。**

例：你曾经眼矞矞地目睹过什么事情发生？

## 吪吪吓吓

何老师最突出的特点，就是对学生吪吪吓吓，由于长期管用，他自信这是最好的教学方法。后来他上了年纪，人老体衰，才发现这一招失灵了。

“吪吪吓吓”一词在粤方言地区人们的口头上比较常用，指恶言恶语，“吪”字在广州地区读 hoe[1]，当地话“靴”字音。

**吪［xuè］，《中华字海》释义：怒声。**

例：动辄对他人吪吪吓吓，是无能的表现。

## 清风吷吷吹过

夏夜的小山村，不时有清风吷吷吹过，多惬意呀！

“吷吷”一词在粤方言地区人们的口头上比较常用，指风吹过的小声音，“吷”字在广州地区读 soe[1]，同普通话读音。

**吷［xuè］，《中华字海》释义：风吹过的小声音。**

例：你感受过清风吷吷吹过的愉快吗？那是大自然的馈赠。

## 浪涛礐濁

在广西北海，在深圳大梅沙，在阳江海陵岛，我耳闻目睹了浪涛礐濁的景象。

“礐濁”一词在粤方言地区人们的口头上比较常用，在广州地区读 soe[4] dzok[9]，当地话“sir 啄”字音（粤语称呼“警察”为“阿 sir”的“sir”）；（又）读 hok[9]dzok[9]，当地话“学濯”字音。

**礐濁［xué zhuó］，《中华字海》释义：波浪相击声。**

例：浪涛礐濁，是一种天然的美景。

## 眼睛一旻

办公室的王主任和李总非常默契，李总眼睛一旻，王主任就知道李总要叫他干什么。

“旻”字在粤方言地区人们的口头上比较常用，在广州地区读 hoe[1]，当地话“靴”字音；指用眼神使人。

**旻［xuè］，《中华字海》释义：举目使人。**

例：有谁眼睛一旻，你就懂得他的意思？

## 凶访访

老唐对哪个学生都是凶访访的，没人尊敬他。

“凶访访”一词在粤方言地区人们的口头上比较常用，指发怒呵斥人，“访”字在广州地区读 hoe[1]，当地话“靴”字音。

**访［xuè］，《中华字海》释义：怒呵。**

例：一个人用凶访访的模样镇住坏人，是好事；一个人要是用凶访访的模样来欺负弱小的人，那他在众人眼里就是恶人。

## 狘狘地逃跑

十几年前，我拿着长柄刀到玉桂林里除草，在一个草丛中，几头小野猪在发现我的一瞬间，狘狘地逃跑了，吓了我一跳。

“狘狘”一词在粤方言地区人们的口头上比较常用，指（兽）惊跑，“狘”字在广州地区读 soe[1]，同普通话读音；（又）读 hoe[1]，当地话“靴”字音。

**狘［xuè］，《中华字海》释义：（兽）惊跑。**

例：你见过野兽狘狘地逃跑吗?

## 山洪潏瀑

家乡山洪暴发，浑浊的洪水潏瀑着从村庄前面奔涌而过，那场景是多么惊心动魄啊！

“潏瀑”一词在粤方言地区人们的口头上比较常用，指（水）沸腾汹涌，“潏”字在广州地区读 soe[1]，同普通话读音。

**潏［xuè］，《中华字海》释义：［潏瀑］（水）沸腾汹涌。**

例：潏瀑之水是自然景观，去领略一下，岂不快哉！

## 翍翍飞过

我老家鸟儿特别多，常常有各种各样的鸟从屋顶上翍翍飞过。

“翍翍”一词在粤方言地区人们的口头上比较常用，指飞的样子，“翍”字在广州地区读 soe[1]，同普通话读音。

**翍［xuè］，《中华字海》释义：飞的样子。**

例：鸟儿翍翍飞，飞到很远的地方寻找食物。不少人为了生活，也像鸟儿一样，不知疲倦地翍翍飞。

## 风飈飈吹

夏日，我们在榕树下乘凉，微风飈飈吹来，叫人多惬意啊！

“飈飈”一词在粤方言地区人们的口头上比较常用，指风声，“飈”字在广州地区读 soe[1]，同普通话读音。

**飈［xuè］，《中华字海》释义：❶风声。❷同，小风。**

在粤方言地区，“飈”字还有“小风”的意思，此时该字在粤方言地区读“xué”字音。如：微风飈飈吹。

## 焆鸡焆鸭

逢年过节，我常常看到屯子里的人焆鸡焆鸭。

“焞鸡焞鸭”一词在粤方言地区人们的口头上比较常用，指把宰后的鸡、鸭用热水烫后去毛，“焞”字在广州地区读 tsam$^6$，当地话“寻”字音；（又）读 tsam$^4$，当地话“浔”字音。

**焞［xún］，《新华字典》释义：❶把肉放在沸水中，使半熟。也泛指煮肉。❷把宰后的猪、鸡等用热水烫后去毛。**

在粤方言地区，“焞”字还有“把肉放在沸水中，使半熟”的意思。如：妈妈让我焞焞那几块猪肉，再腌制成腊肉。

## 到处蜎

今年夏天，妈妈说：“我们家的秧苗上有很多虫子，在叶面上到处蜎，你快打农药。”

“蜎”字在粤方言地区人们的口头上比较常用，在广州地区读 lyn$^1$，当地话“联”字音；（又）读 jyn$^1$，当地话“冤”字音。

**蜎［yuān］，《中华字海》释义：❶蚊子的幼虫；❷弯曲；❸［～～］蜿蜒蠕动；❹姓。**

在粤方言地区，“蜎”字的义项，也用于指“人到处钻，到处躲藏”，这是个引申义。如：李四四处行骗，人家找上门来，他没处蜎。

## 禾蕥

去年，阿福家买了假稻种，田里长满了禾蕥。

“禾蕥”一词在粤方言地区人们的口头上比较常用，指谷物不抽穗开花，“蕥”字在广州地区读 jaa$^3$，当地话“廿”字音；（又）读 ngaa$^5$，当地话“雅”字音。

**蕥［yǎ］，《中华字海》释义：指谷物不抽穗开花。**

在粤方言地区，当地人习惯把植物枝叶一类的垃圾称为“蕥”。

## 揇住头颅

我常常看拳击比赛，有的拳击手一旦倒在地上，整个身体就会被对手死死压住，有时候甚至被揇住头颅，动弹不得。

“揤”字在粤方言地区人们的口头上比较常用，指用手重按，在广州地区读 dzaat[8]，当地话“轧”字音。

**揤［yà］，《中华字海》释义：用手重按。**

例：在人间的博弈中，有多少人被对手揤住了头颅？

## 伢㑇

陈老大很伢㑇，他的所作所为都被周围的人记着，久而久之，人们都不待见他了。

“伢㑇”一词在粤方言地区人们的口头上比较常用，在广州地区读 ngaa[6]dzaa[3]，当地话“讶诈”字音；指心多奸诈，行为不端。

**伢㑇［yà zhà］，《中华字海》释义：心多奸诈。**

例：伢㑇的人虽然往往比一般人更容易办成某些事情，但是他们的行为令人不齿。

## 碦碬

张海生领着我，奋力登上了二围顶，我们往下一看，碦碬一片，腿都软了。

“碦碬”一词在粤方言地区人们的口头上比较常用，在广州地区读 ngaa[6]haa[4]，当地话“讶霞”字音；指上下距离远、陡峭。

**碦碬［yà xiá］，《中华字海》释义：高下。**

例：你攀登过碦碬的风景区吗？

## 阽到边缘去

飘手头悬空伸出几十米，有的游客攀爬上去之后，还特意阽到边缘去。

“阽”字在粤方言地区人们的口头上比较常用，在广州地区读 jim[4]，当地话“盐”字音。

**阽［yán］，《中华字海》释义：❶临近（危险）。❷使临近（危险）。**

例：古往今来，有多少仁人志士，为了道义，视死如归，将自己阽于险境之中。

## 老虎虤虤

听欧爷爷和欧振驰五叔说，在我老家，20 世纪 50 年代，他们还常常听到老虎虤虤。

“老虎虤虤”一词在粤方言地区人们的口头上比较常用，指老虎发怒声，引申为使人恐惧、害怕（的情景或场景），“虤”字在广州地区读 jim[4]，当地话“盐”字音。

**虤［yán］，《新华字典》释义：老虎发怒。**

在粤方言地区，“虤”字的义项，有“使人恐惧、害怕（情景或场景）”的意思。如：从都峤山的悬崖上往下看，你觉得虤不虤？

## 埏边

我老家菜地埏边有一块硕大的石头，每次摘菜，我都喜欢在石头上面站一会儿，寻找一种莫名的满足。

“埏边”一词在粤方言地区人们的口头上比较常用，指地的边际，“埏”字在广州地区读 jin[4]，当地话“言”字音。

**埏［yán］，《新华字典》释义：地的边际。**

在粤方言地区，当地人习惯把“埏边”和“边埏”互用，但其意义不变。

## 田螺厣

唐淑坤大妈教我们，吃田螺就要揭开田螺厣。

“田螺厣”一词在粤方言地区人们的口头上比较常用，指螺类介壳口圆片状的盖，或蟹腹下面的薄壳。“厣”字在广州地区读 jim[2]，当地话“掩”字音。

**厣［yǎn］，《新华字典》释义：❶螺类介壳口圆片状的盖。❷蟹腹下面的薄壳。**

在粤方言地区，当地人习惯把挂锁合页活动的那一块称为“锁厣”。

## 遃近

前天，我听说祖叔生日聚餐，所以就遃近了。

“遃近”一词在粤方言地区人们的口头上比较常用，指走近、靠近，“遃”字在广州地区读 jin[2]，当地话“演”字音。

**遃［yǎn］，《中华字海》释义：行。**

在粤方言地区，遇到询问考试成绩的情形，如果人家回答说“遃近”，就是指考分接近规定的分数线；如果回答说“遃线”，则指刚刚达线。

## 畲苦

这种酒畲苦，很难喝。

“畲苦”一词在粤方言地区人们的口头上比较常用，原义指酒味苦，也用于指其他食物味苦，“畲”字在广州地区读 ngaan[8]，当地话“颜”字音。

**畲［yǎn］，《中华字海》释义：酒味苦。**

在粤方言地区，“畲苦”和“苦畲”，“苦畲畲”和“畲畲苦”，意思相同。

## 用泥土弇住

聪明的狗在路上拉了屎之后，总会用泥土弇住。

“弇住”一词在粤方言地区人们的口头上比较常用，指覆盖、遮蔽，“弇”字在广州地区读 jim[2]，当地话“掩”字音。

**弇［yǎn］，《新华字典》释义：覆盖，遮蔽。**

例：有些人在作奸犯科之后，极力弇住自己的罪行，结果却总是暴露。

## 伤口结厣了

前几天老文不小心翻了车，伤了手脚，这两天伤口结厣了。

“结厣”一词在粤方言地区人们的口头上比较常用，指伤口愈合后结痂，“厣”字在广州地区读 jim[2]，当地话“掩”字音。

**厣［yǎn］，《中华字海》释义：疮痂。**

例：没受伤的人，当然希望自己平平安安不受伤；受了伤的人，自然就希望伤口尽快结厣。

## 胸裺

在很多地方，小孩子用餐之前，大人都要给他挂一块胸裺。

“胸裺”一词在粤方言地区人们的口头上比较常用，指围在小孩子胸前使衣服保持清洁的东西，即围嘴儿，“裺”字在广州地区读 jim[2]，当地话“掩”字音。

**裺［yǎn］，《中华字海》释义：围在小孩子胸前使衣服保持清洁的东西，即围嘴儿。**

例：你小时候用餐时戴过胸裺吗？

## 躽胸

一些人有脊梁微弯头颅前倾的习惯，阿苏却相反，她习惯躽胸。

“躽胸”一词在粤方言地区人们的口头上比较常用，指幅度较大地挺胸，使身体向前弯曲的样子，“躽”字在广州地区读 jin[2]，当地话“偃”字音。

**躽［yǎn］，《中华字海》释义：身体向前弯曲。**

在粤方言地区，有一个叫“躽胸凸肚”的词语，多指妇女怀孕或男人挺着将军肚的样子。

## 耐缜

李六病了三年，不死也不活，村里人都说他真耐缜。

“耐缜”一词在粤方言地区人们的口头上比较常用，一般指（病人）病的时间长，“缜”字在广州地区读 jin[2]，当地话“演”字音。

**缜［yǎn］，《新华字典》释义：延长。**

在粤方言地区，“耐缜”一词的义项，也用于某人占据某职位时间长的情形。

例：阎大人在知府的位置上最耐缜，他统治了当地 40 年。

## 戭了几回合

老车家几兄弟，为了宅基地，同室操戈，在地坪上戭了几回合。

“戭”字在粤方言地区人们的口头上比较常用，在广州地区读 jin[2]，当地话“演”字音；原义指长枪、长戈，引申为用长枪、长戈打架。

**戭［yǎn］，《新华字典》释义：长枪、长戈。**

例：兄弟不和邻里欺，将相不和邻国欺。兄弟不应相戭于墙内。

## 不要太喭

二娇妈妈对她说：“你去学校读书不要太喭，不要谁说都听不进去。”

“喭”字在粤方言地区人们的口头上比较常用，在广州地区读 jin[1]，同普通话读音；（又）读 jin[6]，当地话“现”字音；指个性固执，不听劝告。

**喭［yàn］，《中华字海》释义：❶同“唁”。❷同“谚”。❸粗鲁。**

例：人若做到闻过则喜，他就会不断进步；如果为人太喭，顽冥不化，就不会进步。

## 媊牙媊齿

老倪习惯对别人媊牙媊齿，因此四处树敌。

“媊牙媊齿”一词在粤方言地区人们的口头上比较常用，指咬牙切齿地对他人污蔑、诽谤，“媊”字在广州地区读 $jin^1$，同普通话读音；（又）读 $jin^6$，当地话“现”字音。

**媊［yàn］，《中华字海》释义：污蔑，诽谤。**

例：自己无能才会对别人媊牙媊齿。

## 踢毽

我上小学的时候，常常在下课时间看见女同学踢毽。

“踢毽”一词在粤方言地区人们的口头上比较常用，指踢毽子，“毽”字在广州地区读 $jin^3$，当地话“燕”字音。

**毽［yàn］，《中华字海》释义：毽子。**

例：你踢过毽吗？

## 慢慢餍

俗话说：男人吃饭将军箭，女人吃饭慢慢餍。

“慢慢餍”一词在粤方言地区人们的口头上比较常用，指慢吞吞地吃到饱，“餍”字在广州地区读 $jin^3$，当地话“燕”字音；（又）读 $jim^3$，当地话“厌”字音。

**餍［yàn］，《新华字典》释义：本义指吃饱。**

例：俗话归俗话，年老的男人吃饭就不必如将军箭，年轻的女士吃饭也不必慢慢餍。

## 天这么晏

妈妈说：“天这么晏，你们在野外干活就要早回来了！”

“晏”字在粤方言地区人们的口头上比较常用，在广州地区读 $aan^3$，当地话“晏”字音；指太阳出来很明亮的样子。

**晏［yàn］，《中华字海》释义：❶安。❷日出清明。**

例：夏天太旻了，太阳猛烈，就不要再在户外活动。

## 俺起来

李四老是欠别人的钱，常年都有人上门来讨债，一有动静，他就俺起来。

“俺”字在粤方言地区人们的口头上比较常用，在广州地区读 $jim^2$，当地话“掩”字音；指躲藏。

**俺［yàn］，《中华字海》释义：匿。**

例：一个需要经常俺起来的人，大概是做什么坏事了。

## 映𥈭

韦奶奶在的时候，我们还没回到村口，她就早早站在家里的走廊上映𥈭看着我们，那种激动和期待的神情，我们一直铭记在心。

“映𥈭”一词在粤方言地区人们的口头上比较常用，在广州地区读 $joeng^1hong^1$，当地话“央康”字音；指满怀心思地看。

**映𥈭［yāng kāng］，《中华字海》释义：目貌。**

例：有些父母长年在外工作，每次离开家，孩子都映𥈭地看着他们。

## 膡出来

婴儿吃得太饱，就会膡出来。

“膡”字在粤方言地区人们的口头上比较常用，在广州地区读 $joeng^6$，当地话“漾”字音；指想要吐的样子。

**膡［yǎng］，《康熙字典》释义：［～～］欲吐。**

例：有些人一旦晕车，看见食物就膡。

## 驶犇

在小时候，我和小伙伴们常常在家乡的梯田上下驶犇。

“驶犇”一词在粤方言地区人们的口头上比较常用，在广州地区读 $joeng^2fan^2$，当地话“羊粉”字音。

**驶犇［yǎng fèn］，《中华字海》释义：跳跃自扑。**

在粤方言地区，有时把“驶犇”两个字分开单独作为词语用，其意义不变，指的都是跳跃自扑。

## 唤咽

陈老板对朋友说，他近段时间吃东西时总是唤咽。

“唤咽”一词在粤方言地区人们的口头上比较常用，在广州地区读joeng5jin1，当地话“养咽”字音；指吞食东西食道不畅或排尿不畅两种情形。

**唤咽［yǎng yān］，《新华字典》释义：水流不通；阻塞。**

例：你遇到过唤咽的情况吗？

## 鴢鴸

廖叔对我说：“现在有的年轻人，根本就是一班鴢鴸，他们故意在裤管上打洞，露出膝盖，把头发染黄，在身上、手上都有刺青，说话阴阳怪气。”

“鴢鴸”一词在粤方言地区人们的口头上比较常用，在广州地区读jiu1fu1，当地话“夭夫”字音；原义指一种怪鸟，引申为模样和行为怪异的人。

**鴢鴸［yāo fū］，《中华字海》释义：古代传说中的一种怪鸟，有三个头，六只眼，六个翅膀，六条腿。**

例：好端端的一个人，就不要故意把自己装扮成鴢鴸。

## 头顤顤

张九叔头顤顤，给人的印象很深。

“头顤顤”一词在粤方言地区人们的口头上比较常用，指脸长的人脖子又长，使头颅显得高，“顤”字在广州地区读jiu4，当地话“尧”字音。

**顤［yáo］，《中华字海》释义：高长头。**

例：头顤顤的人，一般显得比较高贵。

## 倄倄叫

老颜在老廖那里喝酒，喝完酒就逞强，非要骑摩托车从陡坡下去，结果摔倒在梨树根那里，疼得他倄倄叫。

“倄倄叫”一词在粤方言地区人们的口头上比较常用，指呻吟声，“倄”字在广州地区读ngaau4，当地话“肴”字音。

**倄［yáo］，《中华字海》释义：❶击刺。❷呻吟声。**

例：你听见过别人倄倄叫吧？

## 䍃䍃走

读五年级那年，阿木带我去长河看电影。吃过晚饭后，我们在山路上䍃䍃走。

“䍃䍃走”一词在粤方言地区人们的口头上比较常用，指快步走，“䍃”字在广州地区读 jaau$^4$，用当地话“衣坳”切，第四声；（又）读 jiu$^4$，当地话“摇”字音。

**䍃［yáo］，《中华字海》释义：［～～］疾行。**

例：你曾为何事䍃䍃走？

## 遥上街

昨晚，学校宣布不用上自习，同学们兴奋异常，三五成群，遥上街。

“遥上街”一词在粤方言地区人们的口头上比较常用，指快步走到街上去，“遥”字在广州地区读 jaau$^4$，用当地话“衣坳”切，第四声；（又）读 jiu$^4$，当地话“摇”字音。

**遥［yáo］，《中华字海》释义：疾行。**

例：你遥到过哪里？

## 乐傜傜

老三的老婆最近乐傜傜的，因为老三当了副所长，因此她眉开眼笑，开心了好长一段时间。

“乐傜傜”一词在粤方言地区人们的口头上比较常用，指喜悦，“傜”字在广州地区读 jiu$^4$，当地话“摇”字音。

**傜［yáo］，《中华字海》释义：喜悦。**

例：有什么事曾让你乐傜傜？

## 榣榣动

我身形笨重，每年爬到八角树上摘八角，树就榣榣动，这时，我的心差不多提到了嗓子眼。

“树榣榣动”一语在粤方言地区人们的口头上比较常用，指树木摇动，“榣”字在广州地区读 jaau$^4$，同普通话读音；（又）读 jiu$^4$，当地话“摇”

字音。

**榣［yáo］,《中华字海》释义：树木摇动。**

例：大风一吹，树木就会榣榣动起来。这种景象，你见过吧？

## 踽踽跳

年少时，我和伙伴经常在田间地头踽踽跳。

“踽踽跳”一语在粤方言地区人们的口头上比较常用，指跳跃的样子，“踽”字在广州地区读 jaau$^{4}$，同普通话读音；（又）读 jiu$^{4}$，当地话“摇”字音。

**踽［yáo］,《中华字海》释义：跳。**

例：年少时，你是否踽踽跳？

## 嬈嗂

阿开和表哥聚集在一起，嬈嗂了半天。

“嬈嗂”一词在粤方言地区人们的口头上比较常用，指嬉闹着开心快乐的样子，“嗂”字在广州地区读 jaau$^{1}$，当地话“摇”字音；（又）读 jiu$^{4}$，当地话“摇”字音。

**嗂［yáo］,《中华字海》释义：喜。**

例：莫笑少年不知愁，终日嬈嗂度春秋。

## 到处媱

好多年前，阿蓉从深圳回到家乡，喜欢穿着一件新大衣到处媱。

“到处媱”一词在粤方言地区人们的口头上比较常用，指到处游乐、显摆，“媱”字在广州地区读 jaau$^{4}$，同普通话读音；（又）读 jiu$^{4}$，当地话“摇”字音。

**媱［yáo］,《新华字典》释义：❶美好，美艳。❷逍遥游乐。**

可见，在粤方言地区，“媱”字的意思和《新华字典》对其释义❷相关联。

## 葽葽

插完田才一个月，稗草就葽葽地疯长，比禾苗还要高。

“葽葽”一词在粤方言地区人们的口头上比较常用，指（草）长得茂盛的样子，“葽”字在广州地区读 jiu$^{2}$，当地话“窈”字音。

**蒸［yǎo］，《中华字海》释义：草貌。**

例：要是庄稼不用施肥便可以像野草一样蒸蒸地疯长，那就再好不过了。

## 槸高

桉树的确长得很快，种下去才两年，就槸高了。

“槸高”一词在粤方言地区人们的口头上比较常用，指树木高的样子，“槸”字在广州地区读 jiu[2]，当地话“窈”字音。

**槸［yǎo］，《中华字海》释义：木长貌。**

例：槸高的桉树，你在哪里见过呢？

## 㹢袅

桉树长得很快，也很㹢袅，大风一飐，就倒了。

“㹢袅”一词在粤方言地区人们的口头上比较常用，在广州地区读 jiu[2]niu[5]，当地话“窈袅”字音；指树木高但不粗壮的样子。

**㹢袅［yǎo niǎo］，《中华字海》释义：长而不劲。**

在粤方言地区，“㹢袅”一词，也借指人个子高但不壮实的样子。如：世上的人，有一些长得比较㹢袅。

## 葽茮

我家乡到处都是长得葽茮的大芒草。

“葽茮”一词在粤方言地区人们的口头上比较常用，在广州地区读 jiu[2]niu[5]，当地话“窈袅”字音。

**葽茮［yǎo niǎo］，《中华字海》释义：草长的样子。**

在粤方言地区，“葽茮”一词，也用于描述身材又高又瘦且留着长头发的女人，或专指女鬼的模样，含有轻慢之意。如：聊斋中的女鬼，多为一副葽茮的模样。

## 窅膠

影视剧中的大多数恶棍，总是有一副窅膠的面孔。

“窅膠”一词在粤方言地区人们的口头上比较常用，在广州地区读 jiu[2]haau[1]，当地话“摇敲”字音；指面（脸）不平的样子。

**窅膠［yǎo qiāo］，《中华字海》释义：面不平。**

现实中，面目窅膠的人，不一定是恶棍。

## 高靿靴子

彤彤买了一双高靿靴子，穿起来还真好看。

“高靿”一词在粤方言地区人们的口头上比较常用，指靴或袜子的筒儿长，“靿”字在广州地区读 jiu[1]，当地话“腰”字音；（又）读 aau[3]，当地话“坳”字音。

**靿［yào］，《新华字典》释义：靴或袜子的筒儿。**

例：只有个子高的人穿高靿靴子才好看。

## 噿噿嗅嗅

一间学校，一个村落，如果学生或村里的年轻人习惯噿噿嗅嗅，就不会有好的风气。

“噿噿嗅嗅”一词在粤方言地区人们的口头上比较常用，指肆无忌惮地乱叫乱喊，“嗅”字在广州地区读 jaau[1]，用当地话“衣坳”切，第一声。

**嗅［yào］，《中华字海》释义：叫。**

例：周亚夫将军的军营没有噿噿嗅嗅的风气，他的治军风格，让当世和后世的人钦服。

## 阿毑

伯父问：“广广，你阿毑去广东那么久了，什么时候才回来？”

“阿毑”一词在粤方言地区人们的口头上比较常用，指父亲，“毑”字在广州地区读 je[1]，当地话“爷”字音。

**毑［yé］，《中华字海》释义：父。**

在粤方言地区，不少地方有偏称父母的习俗，把父亲叫“阿毑”，就是其中之一。

## 歒到教室

我帮老师把小黑板从教师办公室歒到教室。

“歒”字在粤方言地区人们的口头上比较常用，在广州地区读 jyt[8]，当地话

“乙”字音；（又）读 je⁴，当地话“揶”字音；指取、拿。

**歋［yé］，《中华字海》释义：取。**

在粤方言地区，“歋”字的义项，含有“偷偷地拿走”的意思。如：阿海走进老师办公室，把老师的钢笔歋走了。

## 火光爓爓

昨晚，我看见屋前的山上火光爓爓，不知道是谁在干什么。

“火光爓爓”一词在粤方言地区人们的口头上比较常用，指火光弱，“爓”字在广州地区读 je⁴，当地话“爷”字变音。

**爓［yé］，《中华字海》释义：火不明。**

在粤方言地区人们，把电灯的光线不强，叫“灯光爓爓”。

## 话说“吃馌”

在田间地头劳作的人们，会常常有这样的对话：“你吃馌了吗”？由于“吃馌”的时间通常在上午至下午之间，“馌”与“夜”又同音，于是，在容县、北流、平南、岑溪、藤县一带，便有人说了调皮话：“我‘吃晏’，不‘吃馌’，到晚上才‘吃馌’。”

久而久之，容县、北流、平南、岑溪、藤县这一带的人们把吃早饭叫“吃朝”、把吃午饭叫“吃晏”、把吃晚饭叫“吃夜”，就是由“吃馌”一词催生出来的，并一直沿用到今天，成为本地特色的方言。但随着时间的流逝，很多人把“吃馌”的原意忘掉了。

**馌［yè］，字典释义：“给在田间耕作的人送饭。”世人不难理解，中国作为一个古老的农业大国，劳作者在田间地头用餐，是习以为常的事情。“妇姑荷箪食，童稚携壶浆，相随饷田去，丁壮在南冈。”唐朝大诗人白居易在《观刈麦》一诗中，如此描述当时的农民在农历五月收割小麦时，家里人给劳作者送水送饭的情景。**

## 火烟焆焆

每到早晨和傍晚，在我老家的小村庄，就有火烟焆焆。

“焆焆”一词在粤方言地区人们的口头上比较常用，指火烟慢悠悠上升的样子，“焆”字在广州地区读 jai⁶，当地话“曳”字音。

**焆［yè］，《中华字海》释义：烟貌。**

例：有火烟焆焆的村屯，是一种存在着生命迹象和生活气息的表现。

## 墙堨

我小时候住的土房子，有很多墙堨。

“墙堨”一词在粤方言地区人们的口头上比较常用，指墙壁的缝隙，“堨”字在广州地区读 je3，当地话“爷”字音。

**堨［yè］，《中华字海》释义：墙壁的缝隙。**

例：墙有缝，壁有耳，好事不出门，恶事传千里。人间的墙堨无处不在呀。

## 房子很廅

从香港回到内地的朋友都说，他们在那边住的房子很廅。

“廅”字在粤方言地区人们的口头上比较常用，在广州地区读 jit8，当地话“噎”字音。

**廅［yè］，《中华字海》释义：房屋空间狭窄。**

在粤方言地区，当地人把衣服过窄也叫“廅”。如：孩子以前的衣服太廅，他们现在已经穿不了了。

## 娍人

读初中那时，我去同学家里，竟然冒失地对他爸爸讲：“伯伯，我觉得你家老二有点娍！”好在伯伯不计较：“他真是个娍人！”

“娍人”一词在粤方言地区人们的口头上比较常用，指傻子，“娍”字在广州地区读 ngong3，当地话“昂”字音。

**娍［yuè］，《中华字海》释义：愚蠢。**

在粤方言地区，当地人看见别人干傻事，常常会脱口而出：“你娍啦？”这话含贬义。

## 颐高

二叔说正宏样子像他父亲，鼻子颐高。

“颐高”一词在粤方言地区人们的口头上比较常用，指鼻子高，“颐”字在广州地区读 ngok9，当地话“岳”字音。

**颉［yuè］，《中华字海》释义：鼻子高。**

例：很多人认为，鼻子颉高比起鼻子扁平，要好看些。

## 枂杉树皮

20 多年前一个冬天的早晨，我和阿壬到山里枂杉树皮。

“枂”字在粤方言地区人们的口头上比较常用，在广州地区读 ngok[8]，当地话“岳”字音。

**枂［yuè］，《中华字海》释义：去树皮。**

例：你枂过树皮或者见过别人枂树皮吗？

## 到处嬳

阿华买了一件新大衣，天气还不怎么冷，她就穿出来到处嬳。

“嬳”字在粤方言地区人们的口头上比较常用，在广州地区读 joe[5]，同普通话读音。

**嬳［yuè］，《中华字海》释义：❶故作姿态。❷怜惜。**

例：这世上总有些人是喜欢到处嬳的，与你我又何干？

## 刖刑

刖刑是一种残忍的刑罚，很多人了解后都感到不适。

“刖”字在粤方言地区人们的口头上比较常用，在广州地区读 ngok[8]，当地话“岳”字音；（又）读 jyt[9]，当地话“月”字音；原义指把脚砍掉，引申为把脚砍伤。

**刖［yuè］，《新华字典》释义：古代的一种酷刑，把脚砍掉。**

例：读中学时，我在山上除草，不小心把自己的脚刖伤了。

## 水波蘥蘥

我在容江边，时常看见风一吹，水波蘥蘥起伏的景象。

“蘥蘥”一词在粤方言地区人们的口头上比较常用，指风吹水动的样子，“蘥”字在广州地区读 joek[9]，当地话“瀹”（药）字音。

**蘥［yuè］，《中华字海》释义：［~~］风吹水动的样子。**

例：近水知鱼性，近山识鸟音。水波蘥蘥的景象，你见过吗？

## 龁龁大睡

欧爷爷年轻的时候到云龙顶去采药，远远看见一只老虎在树底下龁龁大睡，他不敢吭声，蹑手蹑脚，退了回来。

“龁龁”一词在粤方言地区人们的口头上比较常用，指老虎熟睡的样子，“龁”字在广州地区读 jyt[9]，当地话“悦”字音。

**龁［yuè］，《中华字海》释义：虎睡。**

例：老虎即使在龁龁大睡的状态下，还是让人害怕的，它不愧是兽中之王呀！

## 煴蝗虫

老师说：“古时候没有农药，发生蝗灾后，老百姓就把潮湿的草木点燃，用浓烟煴蝗虫。”

“煴”字在粤方言地区人们的口头上比较常用，在广州地区读 wan[1]，当地话“温”字音。

**煴［yūn］，《中华字海》释义：❶燃微火的火堆。❷燃烧不旺的火堆。**

例：生活在山村的孩子都煴过火，城里的孩子就很难看见。

## 美赟赟

梁老师写的字，真是美赟赟的。

“美赟赟”一词在粤方言地区人们的口头上比较常用，指美好，“赟”字在广州地区读 wan[4]，当地话“云”字音；（又）读 wai[1]，当地话“温”字音。

**赟［yūn］，《新华字典》释义：美好。多用于人名。**

在粤方言地区，“美赟赟”一词的用法比较广泛。如：美赟赟的头发、美赟赟的衣服……

## 大水沄

暴雨过后，我们来到容江边，只见江中大水沄不断翻滚，动人心魄。

“水沄”一词在粤方言地区人们的口头上比较常用，指大波浪，“沄”字在广州地区读 wan[4]，当地话“云”字音。

**沄［yún］，《新华字典》释义：❶形容水流动的样子。❷大波浪。**

例：大水沄，你见过吧？

## 木檒

老师告诉我们，把一棵树砍下来之后，看看它的横切面有多少木檒，我们就知道这棵树长了多少年。

“木檒”一词在粤方言地区人们的口头上比较常用，指木纹或树的年轮，“檒”字在广州地区读 wan$^4$，当地话“云”字音。

**檒［yún］，《中华字海》释义：木纹。**

例：树的品种不同，木檒就不同，有些树木檒很平直，有些树木檒很弯曲。

## 耳朵耺耺响

我小时候到河里游泳，潜入水中再出来之后，耳朵就会耺耺响。

“耺耺”一词在粤方言地区人们的口头上比较常用，指耳中声，“耺”字在广州地区读 wan$^4$，当地话“云”字音。

**耺［yún］，《中华字海》释义：耳中声。**

例：你可曾耳朵耺耺响？

## 水转囩囩

我是个山里人，见识少。小时候路过白石湾，每每看见水转囩囩，就驻足观看，觉得那是一道很值得欣赏的美景。

“囩囩”一词在粤方言地区人们的口头上比较常用，指回旋，“囩”字在广州地区读 wan$^4$，当地话“云”字音。

**囩［yún］，《中华字海》释义：❶回旋。❷古代土地面积单位，六公顷。**

例：水转囩囩，这种美景，你见过吧？

## 走了一匀

我和欧展志沿着山脊走了一匀。

“匀”字在粤方言地区人们的口头上比较常用，在广州地区读 wan$^4$，当地话“匀”字音；指一周、一圈。

**匀［yún］，《中华字海》释义：周。**

例：人活在世上，其实就是走那么一匀。

## 睴䞍

十八哥生活得很睴䞍。

“睴䞍”一词在粤方言地区人们的口头上比较常用，在广州地区读 wan[2]dzan[6]，当地话“稳阵”字音；指富有，或状况良好。

**睴䞍［yǔn chǔn］，《中华字海》释义：富有。**

在粤方言地区，“睴䞍”一词也用于指某人办事有把握。如：老刘做事很睴䞍。

## 抎失

大哥曾经在圩镇上抎失了 100 元。

“抎失”一词在粤方言地区人们的口头上比较常用，指丧失，弄丢，“抎”字在广州地区读 wan[5]，当地话“陨”字音。

**抎［yǔn］，《中华字海》释义：丧失弄丢。**

例：你曾经抎失过什么？

## 柼下

妈妈从地里把满满的两筐红薯挑回家，回到家才发现，两筐红薯都柼下一些。

“柼”字在粤方言地区人们的口头上比较常用，在广州地区读 wan[5]，当地话“陨”字音；指遗落。

**柼［yùn］，《中华字海》释义：有所失。**

例：俗话说：搬一回屋，少几筐谷。活在人间，我们总会柼下一些东西。

## 眼覞

妈妈年纪大了，眼覞，屋对面道路上的人是谁，她都看不清楚了。

“眼覞”一词在粤方言地区人们的口头上比较常用，指眼花，“覞”字在广州地区读 wan[6]，当地话“晕”字音。

**覞［yùn］，《中华字海》释义：眼花。**

例：大多数人到了一定年龄就会眼覞，这是生命的规律。

## 手脚朖

不经常锻炼身体的人，一旦参加剧烈运动，手脚就容易朖。

“朖”字在粤方言地区人们的口头上比较常用，在广州地区读 joe², 同普通话读音。

**朖［yuē］，《中华字海》释义：手足痉挛。**

例：你可曾有过手脚朖的经历？

## 双眼䀮䀣

嘉福老太公双眼䀮䀣。

“䀮䀣”一词在粤方言地区人们的口头上比较常用，在广州地区读 joe¹hoe¹，第一个字用当地话“衣靴”切，读第一声，第二个字读广州话“靴”字音；指眼珠深陷的样子。

**䀮䀣［yuē xuè］，《中华字海》释义：目深貌。**

例：你见过双眼䀮䀣的人吗？

## 肥𪏮𪏮

吕老师长得肥𪏮𪏮的，浑身都是肉。

“肥𪏮𪏮”一词在粤方言地区人们的口头上比较常用，指肥胖的样子，“𪏮”字在广州地区读 joe⁵，用当地话“衣靴”切，第 5 声。

**𪏮［yuē］，《中华字海》释义：妠肥貌。**

例：科学家认为丰满的体形才是最健康的生命状态，当然，丰满的状态并不肥𪏮𪏮。

## 气哕哕

老威今天上午一直气哕哕的，不知为何。

“气哕哕”一词在粤方言地区人们的口头上比较常用，指气逆，“哕”字在广州地区读 joe⁵，同普通话读音；（又）读 jyt⁹，当地话“月”字音。

**哕［yuě］，《新华字典》释义：呕吐，气逆。**

在粤方言地区，“哕”字有时也用作表示惊讶的语气词。如：哕！我手机掉到地上了。

## 泧漷

大藤峡水势泧漷，令人望而生畏。

“泧漷”一词在粤方言地区人们的口头上比较常用，在广州地区读 joek$^{8}$kwok$^{8}$，当地话“跃廓”字音。

**泧漷 [yuè kuò]，《中华字海》释义：水势激荡汹涌的样子。**

例：你在何处目睹过泧漷之水？

## 擪住针口

每次献完血，护士都要我用棉签擪住针口。

“擪”字在粤方言地区人们的口头上比较常用，在广州地区读 je$^{1}$，同普通话读音。

**擪 [yè]，《中华字海》释义：（用手指）按压。**

“擪”的动作在日常生活中非常常见。如：书桌上有几只蚂蚁，被小朋友一只只擪死了。

## 瞸瞸熟睡

每逢值班，到了晚上 12 时，巡查学生宿舍时，我看到他们都瞸瞸熟睡了。

“瞸瞸”一词在粤方言地区人们的口头上比较常用，指熟睡的样子，“瞸”字在广州地区读 je$^{1}$，同普通话读音。

**瞸 [yè]，《中华字海》释义：睡貌。**

例：有些人到了一定年纪就容易失眠，能瞸瞸熟睡的人，身体状况自然良好。

## 敁敜

老叔训斥老五：“你不要以为你很了不起，我两个儿子和你敁敜。”

“敁敜”一词在粤方言地区人们的口头上比较常用，在广州地区读 jip$^{9}$nip$^{9}$，当地话“叶聂”字音；指不相上下。

**敁敜 [yè niè]，《中华字海》释义：相及。**

例：在现实中，看似敁敜的人和事，本质上的差别还是很大的。

## 糟饪

我老家在广西容县，每年春节，几乎家家户户都制作糟饪。

“糟饪”一词在粤方言地区人们的口头上比较常用，指粽子一类的食物，“糟”字在广州地区读 jip[9]，当地话“叶”字音。

**糟［yè］，《中华字海》释义：粽子一类的食物。**

例：每当看见糟饪，家乡的味道在我心里就浓郁起来了。

## 鸟鸣鳶鳶

在老家生活，每天清晨和傍晚，总有鸟鸣鳶鳶从屋外传来。

“鳶鳶”一词在粤方言地区人们的口头上比较常用，指鸟叫声，“鳶”字在广州地区读 ji[1]，当地话“咿”字音。

**鳶［yī］，《中华字海》释义：鸟叫。**

例：鸟鸣鳶鳶，花香阵阵，我老家的环境就是这么美。

## 狋狋嗷嗷

狗和狗在一起，就免不了狋狋嗷嗷。

“狋狋嗷嗷”一词在粤方言地区人们的口头上比较常用，指狗发怒的样子，“狋”字在广州地区读 ji[4]，当地话“疑”字音。

**狋［yí］，《中华字海》释义：❶狗发怒的样子。❷狗相争。**

在粤方言地区，当地人把“人与人争斗”也叫“狋狋嗷嗷”，这是个引申义。如：老大和老二经常狋狋嗷嗷。

## 巇巇

我从二围顶的绝壁上攀爬过去，过后看了张海生给我拍的视频，才觉得实在是太巇巇了，心有余悸呀。

“巇巇”一词在粤方言地区人们的口头上比较常用，指高峻、危险，“巇”字在广州地区读 ji[4]，当地话“疑”字音。

**巇［yí］，《中华字海》释义：高耸险峻。**

例：我们中国人的传统观念，是要远离巇巇之地。

## 餐餐吃䏿

我年少时，很少吃得上肉，餐餐吃䏿，成了我向往的生活。

“䏿”字在粤方言地区人们的口头上比较常用，在广州地区读 ngai2，当地话“蚁”字音；指肉。

**䏿［yí］，《中华字海》释义：猪肉。**

在粤方言地区，“䏿”不单指“猪肉”，当地人把“鸡肉”叫“鸡䏿”，把“牛肉”叫“牛䏿”……

## 暆暆移动

每时每刻，太阳都在天上暆暆移动。

“暆暆”一词在粤方言地区人们的口头上比较常用，指太阳缓慢移动的样子，“暆”字在广州地区读 jik7，当地话“翼”字音。

**暆［yí］，《中华字海》释义：❶［～～］太阳缓慢移动的样子。❷（太阳）西斜。**

例：太阳暆暆，永不疲惫地照耀着人间，古往今来，有多少人在它面前出现，又在它面前消失。

## 齮齮龁龁

老大和老二两兄弟经常因为鸡毛蒜皮的小事齮齮龁龁。

“齮齮龁龁”一词在粤方言地区人们的口头上比较常用，指侧齿咬噬，引申为毁伤、龃龉、倾轧。“齮龁”一词在广州地区读 gi1gat9，当地话“基趌”字音；（又）读 ji2hat9，当地话“椅辖”字音。

**齮龁［yǐ hé］，《现代汉语词典》释义：侧齿咬噬，引申为毁伤、龃龉、倾轧。**

例：大千世界，一个人难免和齮齮龁龁的人和事纠缠在一起。

## 䢃䢃媱媱

奶奶对小云说：“你都上高中了，不要䢃䢃媱媱，要端庄淑雅一些。”

“䢃䢃媱媱”一词在粤方言地区人们的口头上比较常用，指嬉戏的样子。“䢃”字在广州地区读 ji1，当地话“咿”字音。

**敼［yǐ］，《中华字海》释义：嬉戏。**

例：为人不敼敼嬉嬉，是一种严肃的人生态度。

## 殪掉

阿福说刘十一殪掉了，以后再也见不到了。

“殪掉”一词在粤方言地区人们的口头上比较常用，指死掉。“殪”字在广州地区读 jat[7]，当地话“壹”字音；（又）读 ji[3]，当地话“意”字音。

**殪［yì］，《新华字典》释义：❶死。❷杀死。**

在粤方言地区，“殪”字还含有“杀死”的意思。如：韩老二把陈老大殪掉了。

## 贪𧯷𧯷

老倪这人贪𧯷𧯷，别人的东西他千方百计侵占，他的东西就连借给别人都不舍得。

“贪𧯷𧯷”一词在粤方言地区人们的口头上比较常用，指既贪婪又吝啬，“𧯷”字在广州地区读 nei[1]，当地话“你”字音。

**𧯷［yì］，《中华字海》释义：既贪婪又吝啬。**

例：贪𧯷𧯷的人，是人生的失败者。

## 嫌嫌斁斁

妈妈说：“我为你们干这干那，你们还要对我嫌嫌斁斁。”

“嫌嫌斁斁”一词在粤方言地区人们的口头上比较常用，指厌倦，厌弃，“斁”字在广州地区读 jik[9]，当地话“译”字音。

**斁［yì］，《中华字海》释义：❶解除。❷厌倦；懈怠；厌弃。❸盛大的样子。❹终止。**

例：不少人有这样的怪脾气：越是无偿对他付出的人，他越容易嫌嫌斁斁。

## 伌出力

随着爷爷那一声“伌出力”，大家于是一齐用力，把大石头抬了起来。

“伌出力”一词在粤方言地区人们的口头上比较常用，指用力时的号子声，“伌”字在广州地区读 jik[7]，当地话“益”字音。

**伬 [yì]，《中华字海》释义：[ ~ ~ ] ❶用力的样子。❷勇壮的样子。**

例：在你的人生经历中，是否参与过一种有人呼叫“伬出力”的劳动？

## 野草萙萙

秋风一吹，没过多久，便见野草萙萙，一片萧瑟的景象。

“萙萙”一词在粤方言地区人们的口头上比较常用，指（野草）枯萎的样子，“萙”字在广州地区读 jap[7]，当地话“邑”字音。

**萙 [yì]，《中华字海》释义：枯萎。**

在粤方言地区，“野草萙萙”一词，常用于形容经济凋敝、萧条或家庭、家族衰败的景象。如：过去，云正屯人丁兴旺，如今已如野草萙萙一般。

## 萞茸

以前，我老家的山路，时常有人行走，能来去自如。如今，野草萞茸，很难行走了。

“萞茸”一词在粤方言地区人们的口头上比较常用，指草茂密的样子，“萞”字在广州地区读 jap[7]，当地话“邑”字音。

**萞 [yì]，《中华字海》释义：草茂密的样子。**

例：野草萞茸，是山林和荒野本来的面貌。

## 霞霞霍霍

前几天，我骑摩托车从老家赶往县城，到了流冲口，大雨霞霞霍霍，铺天盖地而来。

“霞霞霍霍”一词在粤方言地区人们的口头上比较常用，指下大雨的样子，“霞霍”二字在广州地区读 jik[9]waak[9]，当地话“役惑”字音。

**霞霍 [yì huò]，《中华字海》释义：大雨。**

在粤方言地区，“霞霞霍霍”一词，本指大雨如乱箭猛射之状。因此，但凡见到战场上乱箭猛射或养蜂场蜜蜂乱飞的景象，粤方言地区的人们都用“霞霞霍霍”形容。

## 暆暆晹晹

妈妈说，昨天的太阳暆暆晹晹，不好晒稻谷。

“晻晻昜昜”一词在粤方言地区人们的口头上比较常用，指太阳时隐时现的样子，“昜”字在广州地区读 jik[9]，当地话“易”字音。

**昜［yì］，《中华字海》释义：❶太阳在云层里忽隐忽现。❷太阳无光。**

例：尽管太阳的能量异常巨大，但是，在天空中，它也有晻晻昜昜的时候，一个人的一生，又怎么可能没遇到半点阻滞呢？

## 呭呭乱语

母亲年纪大了，不论遇见谁，都呭呭乱语，说上半天。

“呭呭”一词在粤方言地区人们的口头上比较常用，指话多的样子，“呭”字在广州地区读 ji[1]，当地话“咿”字音；（又）读 ngai[6]，当地话“呓”字音。

**呭［yì］，《中华字海》释义：［～～］啰唆，话多。**

例：酒后不语真君子。一个人喝了酒也不呭呭乱语，能三缄其口，就很有涵养。

## 嶧嶧嘷嘷

管理严格的中小学，就算是课间休息，也看不到学生嶧嶧嘷嘷的现象。

“嶧嶧嘷嘷”一词在粤方言地区人们的口头上比较常用，指大叫大喊的样子，“嶧”字在广州地区读 ji[1]，当地话“咿”字音。

**嶧［yì］，《中华字海》释义：嚎叫。**

例：他人观花，不涉你目；他人碌碌，不涉你足。别人嶧嶧嘷嘷，与我何干？

## 采割松湁

我上初中之后，每逢暑假，就跟着父母到山上采割松湁。

“松湁”一词在粤方言地区人们的口头上比较常用，指松脂，“湁”字在广州地区读 ngai[6]，当地话“诣”字音。

**湁［yì］，《中华字海》释义：松胶。**

例：现在的青少年，多数没有见过松湁呢。

## 殪巇

老师说，安全第一，殪巇的事万万不能干。

“殣巇”一词在粤方言地区人们的口头上比较常用，指危险，“殣”字在广州地区读 ji[6]，当地话“义”字音。

**殣［yì］，《中华字海》释义：危。**

例：你经历过多殣巇的事？

## 臭饐

妈妈说：“家里的猪油臭饐了，不能再食用。”

“臭饐”一词在粤方言地区人们的口头上比较常用，指（食物）腐败发臭，“饐”字在广州地区读 jik[7]，当地话“忆”字音；（又）读 ji[3]，当地话“意”字音。

**饐［yì］，《中华字海》释义：（食物）腐败发臭。**

例：你曾经吃过臭饐的食物吗？

## 愁悒悒

阿大到了晚年，终日一副愁悒悒的样子。

“愁悒悒”一词在粤方言地区人们的口头上比较常用，指发愁的模样，“悒”字在广州地区读 jap[7]，当地话“邑”字音。

**悒［yì］，《新华字典》释义：愁闷不安：~~不乐。**

例：有人乐呵呵，有人愁悒悒，这就是人间。

## 衣服浥湿了

年少时，我蹲在河边的石头上洗衣服，时常把自己身上的衣服浥湿。

“浥湿”一词在粤方言地区人们的口头上比较常用，指沾湿，“浥”字在广州地区读 jap[9]，当地话“邑”字音；（又）读 jap[7]，当地话“邑”字音。

**浥［yì］，《新华字典》释义：湿润：“渭城朝雨~轻尘”。**

例：你在洗衣洗菜时浥湿过衣袖吗？

## 苦勚勚

这些年，我为生计奔波着，常年苦勚勚。

“苦勚勚”一词在粤方言地区人们的口头上比较常用，指极度劳苦，“勚”字在广州地区读 ai[3]，当地话“翳”字音；（又）读 ji[6]，当地话“二”字音；

（再）读 jai[6]，当地话“曳”字音。

**勚［yì］，《新华字典》释义：❶劳苦：莫知我～（无人知道我的劳苦）。❷器物逐渐磨损失去棱角、锋芒等：螺丝扣～了。**

在粤方言地区，“勚”字有“器物逐渐磨损失去棱角、锋芒等”的意思。如：这台机器的螺丝勚了，拧不开。

## 廙头廙脑

何老大在下属面前简直就是一头猛兽，但是遇到领导，他立即就变得廙头廙脑、廙手廙脚起来。

“廙头廙脑、廙手廙脚”一语在粤方言地区人们的口头上比较常用，指因内心不安而谨小慎微，缩头缩脑，缩手缩脚的样子，“廙”字在广州地区读 jik[9]，当地话“翼”字音；（又）读 ji[6]，当地话“异”字音。

**廙［yì］，《新华字典》释义：恭敬的样子。**

例：一个有真才实学，充满自信的人，用得着在别人面前廙头廙脑、廙手廙脚吗？

## 瘗下去

乡下许多老房子，因没人居住，年久失修，纷纷瘗下去了。

“瘗下去”一词在粤方言地区人们的口头上比较常用，指倒塌、掩埋，“瘗”字在广州地区读 lap[7]，当地话“苙”字音；（又）读 ji[3]，当地话“意”字音。

**瘗［yì］，《新华字典》释义：掩埋、埋葬。**

在粤方言地区，“瘗”字还含有“掩埋、埋葬”的意思。如：泥石流把李村的几个人瘗住了。

## 把课本裛好

我上小学的时候，学着其他同学，用报纸把课本裛好。

“裛”字在粤方言地区人们的口头上比较常用，在广州地区读 lap[7]，当地话“苙”字音；（又）读 jap[7]，当地话“邑”字音；作名词时指套，作动词时指套上。

**裛［yì］，《新华字典》释义：〈古〉书套。**

在粤方言地区，“裹”字的义项，外延较广，不限于书套。如：冬天长出的香蕉容易被冻僵，我们习惯用塑料袋把香蕉裹起来，任由它生长。

## 嫕嫕廙廙

小王每次走进领导办公室汇报工作，总是一副嫕嫕廙廙的表情。

“嫕嫕廙廙”一词在粤方言地区人们的口头上比较常用，指表情腼腆、恭谨、拘束，“嫕”字在广州地区读 ji[1]，当地话“医”字音；（又）读 ai[3]，当地话“缢”字音。

**嫕［yì］，《新华字典》释义：性情和善可亲：婉~（和婉柔顺）。**

例：表情专一的人，何须嫕嫕廙廙。

## 气欭

前天上午，我一直气欭。

“气欭”一词在粤方言地区人们的口头上比较常用，指气逆，“欭”字在广州地区读 jan[1]，当地话“歅”字音。

**欭［yīn］，《中华字海》释义：气逆。**

例：你曾经有过气欭的经历吗？

## 河水太湮

冬天的河水太湮了，妈妈到河里洗衣服，手都会冻得通红。

“湮”字在粤方言地区人们的口头上比较常用，在广州地区读 jan[1]，当地话“因”字音；指冻、寒冷。

**湮［yīn］，《中华字海》释义：寒冷的样子。**

在粤方言地区，“湮”字含有“心灰意冷”的意思，这是一个引申义。如：老倪一事无成，他最终心湮了。

## 愔愔离开

学生睡熟了，值日老师愔愔离开，不惊醒他们。

“愔愔”一词在粤方言地区人们的口头上比较常用，指悄无声息，“愔”字在广州地区读 jam[1]，当地话“音”字音。

**愔［yīn］，《新华字典》释义：［~~］❶形容安静和悦；❷形容静寂，**

**深沉。**

例：世间多少人，呱呱坠地，几十年后，愔愔离开，什么痕迹也没有留下。

## 彵来彵去

妈妈问我："一个早上你彵来彵去，到底想干什么呢？"

"彵来彵去"一词在粤方言地区人们的口头上比较常用，指看似无聊地走来走去，"彵"字在广州地区读 jan[3]，当地话"印"字音；（又）读 jan[2]，当地话"印"字音。

**彵［yín］，《中华字海》释义：行走的样子。**

例：你曾为何事心绪不宁而彵来彵去？

## 儿儿訚訚

昨天，九哥和廖叔在路边交头接耳，儿儿訚訚。

"儿儿訚訚"一词在粤方言地区人们的口头上比较常用，指愉快地低声讨论，"訚"字在广州地区读 jam[1]，当地话"吟"字音；（又）读 ngan[4]，当地话"银"字音。

**訚［yín］，《新华字典》释义：（叠）和颜悦色地进行辩论。**

例：人生的快乐，莫过于有美事和知己儿儿訚訚，开怀而笑。

## 河水沂沦

据老人说，以前的余田屯石壁湾，深不可测，河水沂沦，让人望而生畏。

"沂沦"一词在粤方言地区人们的口头上比较常用，指水回旋的样子，"沂"字在广州地区读 ngan[6]，当地话"艮"字音。

**沂［yín］，《中华字海》释义：［~沦］水回旋的样子。**

例：大江大河沂沦之处，必是令人震撼之地。你可曾身临其境？

## 嶔頜

大围顶和二围顶嶔頜挺立着。

"嶔頜"一词在粤方言地区人们的口头上比较常用，指两山相向的样子，"嶔"字在广州地区读 jam[4]，当地话"淫"字音。

**嶔［yín］，《中华字海》释义：两山相向。**

在粤方言地区，“嶔頠”一词的义项，也用于“夫妻或好友两两亲密相立”的情景，这是一个引申义。如：你看，树荫下那对情侣嶔頠的样子，多幸福呀！

## 逕过墙

邻里之间，要是一方把树种在靠近自家院子旁边，树枝就免不了逕过墙。

“逕”字在粤方言地区人们的口头上比较常用，在广州地区读 jam⁴，当地话“淫”字音；指越过。

**逕［yín］，《中华字海》释义：过。**

例：去妇因探邻舍枣，出妻为种后园葵。自古以来，树枝逕过墙，难免会产生纠纷。

## 野草菵菵

随着大批劳动力进城务工，乡下不少山路早已野草菵菵，无法行走了。

“野草菵菵”一词在粤方言地区人们的口头上比较常用，指草多的样子，“菵”字在广州地区读 jam⁴，当地话“淫”字音。

**菵［yín］，《中华字海》释义：草多的样子。**

例：我们的心，要长年长着稻菽，切不可野草菵菵。

## 烎草肥

小时候，妈妈常常带着我在山里烎草肥。

“烎草肥”一词在粤方言地区人们的口头上比较常用，指用慢火焚烧野草、树枝、竹叶等，把它慢慢焚化成草肥，“烎”字在广州地区读 ngan⁶，当地话“狺”字音。

**烎［yín］，《中华字海》释义：光明。**

在粤方言地区，“烎”字含有“用恶毒言语攻击人”的意思，这是一个引申义。如：梁八因一点小事就烎别人。

## 狗不停地狺

夜深人静时，路过小山村，往往会听到村里的狗不停地狺。

“狺”字在粤方言地区人们的口头上比较常用，在广州地区读 ngan⁶，当地话“银”字音；（又）读 ngan⁴，当地话“银”字音；指狗发怒时发出攻击性的声音。

**狺［yín］,《新华字典》释义：［～～］狗叫的声音，如“～～狂吠”。**

在粤方言地区，“狺”字含有“被他人辱骂”的意思，这是一个引申义。如：老刘，刚才我听到有狗狺你，这是怎么回事？

## 龂一番

老倪不经别人同意就随便摘别人的菜，昨天终于被人家龂了一番。

“龂”字在粤方言地区人们的口头上比较常用，在广州地区读 ngan6，当地话“银”字音；（又）读 ngan4，当地话“银”字音；指指责、批评。

**龂［yín］,《新华字典》释义：❶同“龈”（yín）。❷（叠）争辩的样子。**

例：你有没有龂过别人？

## 大嚚

杨大嚚那儿子和他一样大嚚，也是四肢发达头脑简单。

“大嚚”一词在粤方言地区人们的口头上比较常用，指样子粗壮但顽冥不化，含有轻慢之意，“嚚”字在广州地区读 ngan2，当地话“银”字音；（又）读 ngan4，当地话“银”字音。

**嚚［yín］,《新华字典》释义：❶愚蠢而顽固。❷奸诈。**

在粤方言地区，“嚚”字含有“奸诈”的意思。如：李六儿子真嚚，到处骗钱骗物。

## 头趛趛

老东走路，总是习惯头趛趛的。

“头趛趛”一词在粤方言地区人们的口头上比较常用，指低头快走，“趛”字在广州地区读 jam3，当地话“荫”字音。

**趛［yǐn］,《中华字海》释义：低头快走。**

例：你见过头趛趛的人吗？

## 慭慭然

李老师为人处世，总是慭慭然的样子。

“慭慭然”一词在粤方言地区人们的口头上比较常用，指谨慎的样子，

“慭”字在广州地区读 jan[6]，当地话“刃”字音。

**慭［yìn］，《新华字典》释义：〈古〉❶宁愿。❷损伤。［~~］谨慎的样子。**

例：虽然有些人不喜欢慭慭然的人，但终归没什么人讨厌他们。

## 狗见到生人就猌

六叔家的狗见到生人就猌。

“猌”字在粤方言地区人们的口头上比较常用，指狗发怒而龇牙咧嘴的样子，“猌”字在广州地区读 ngan[6]，当地话“狺”字音。

**猌［yìn］，《中华字海》释义：狗发怒而龇牙咧嘴的样子。**

在粤方言地区，“猌”字常用来描述一个人气急败坏的模样。如：老倪动不动就像恶狗一样猌人。

## 嵚崟

容山嵚崟地横亘在中国南部的大地上，山的东西南北四面是容州、兴业、北流、桂平四个县市。

“嵚崟”一词在粤方言地区人们的口头上比较常用，指山高的样子，“嵚”字在广州地区读 jam[3]，当地话“荫”字音。

**嵚［yìn］，《中华字海》释义：山高的样子。**

例：活在世上，若你如嵚崟的大山，人们自然会仰视你。

## 长得稖平

这些年，我家的禾苗总是长得稖平。

“稖平”一词在粤方言地区人们的口头上比较常用，指禾苗长得很整齐的样子，“稖”字在广州地区读 jam[3]，当地话“荫”字音。

**稖［yìn］，《中华字海》释义：［~~］禾苗长得很整齐的样子。**

例：禾苗稖平，是丰收的先兆。

## 占丅

小妹跟着表哥到商店逛了一圈，回到家之后，舅妈问她看见谁了，买了什么好吃的，她占丅地应答着，大人听了哈哈大笑。

“𠯠𠰲”一词在广州地区读 jing[1]joeng[1]，当地话“英央”字音。（又）读 jing[2]joeng[2]，当地话“影央”字音。指应答声。

**𠯠𠰲［yīng yāng］，《中华字海》释义：应答声。**

例：活在这世上，每天能和小孩子在一起，逗着他们玩一下，听他们𠯠𠰲应答，多舒坦呀。

## 骨罂

在南方的一些山边或田边，人们偶尔会看见一些骨罃。

“骨罃”一词在粤方言地区人们的口头上比较常用，指盛放骨骸的瓦罐，“罃”字在广州地区读 jing[1]，当地话“婴”字音。

**罃［yīng］，《新华字典》释义：古书上指一种长颈的瓶子。**

例：生活中，有各种各样的瓦罃。

## 短䂒䂒

彤彤上幼儿园中班的时候，个子长得比较快，不到半年，所有的上衣都变得短䂒䂒了，露出了肚脐，她妈妈让我快给孩子买新的。

“短䂒䂒”一词在粤方言地区人们的口头上比较常用，指短小的样子，“䂒”字在广州地区读 jing[4]，当地话“英”字音；（又）读 jing[2]，“影”字音。

**䂒［yǐng］，《中华字海》释义：短小的样子。**

例：我在年少时，没少穿短䂒䂒的衣服。

## 太阳䁝

妈妈说：“今天太阳䁝，外出一定要戴帽子。

“䁝”字在粤方言地区人们的口头上比较常用，在广州地区读 jing[3]，当地话“应”字音；指阳光猛烈。

**䁝［yìng］，《中华字海》释义：太阳光芒。**

例：夏天的太阳特别䁝。

## 壅肥

昨天，我把家里的半盘猪油拿去壅肥了。

“壅”字在粤方言地区人们的口头上比较常用，在广州地区读 ung[1]，当地话“翁”字音；（又）读 jung[1]，当地话“雍”字音。

**壅［yōng］，《中华字海》释义：用土或肥料培在植物的根部。如：~土，~肥。**

例：你见过或干过壅果树的工作吗？

## 咿咿噰噰

在我老家那里，经常有鸟儿咿咿噰噰。

“咿咿噰噰”一词在粤方言地区人们的口头上比较常用，指鸟儿欢快地叫，“噰”字在广州地区读 jung[1]，当地话“雍”字音。

**噰［yōng］，《中华字海》释义：［~~］形容声音和谐，如“雁~~而南游兮。”**

例：在自己生活的地方，每天都有鸟儿咿咿噰噰，这样的环境，实在是千金难求。

## 花果䵞䵞

我家里的八角树施了肥之后，没过多久就花果䵞䵞，令人赏心悦目。

“䵞”字在粤方言地区人们的口头上比较常用，在广州地区读 jung[1]，当地话“邕”字音；指（花叶或果实）繁多的样子。

**䵞［yōng］，《中华字海》释义：多，盛多貌。**

例：一个人一生的成就，若果实䵞䵞，便不会有什么遗憾了。

## 大头颙

老金是个大头颙。

“大头颙”一词在粤方言地区人们的口头上比较常用，指头颅硕大的人，含有轻慢之意，“颙”字在广州地区读 jung[3]，当地话“邕”字音；（又）读 jung[4]，当地话“容”字音。

**颙［yóng］，《新华字典》释义：❶大头。引申为大。❷仰慕：~望。**

在粤方言地区，“颙”字还有“仰慕”的意思。如：克木屯人才辈出，令人颙望。

## 鱼喁头

在我老家的小屯子里，到处是鱼塘，每当夕阳西下，就有数不清的鱼喁头，这是一番很美的景象。

“喁”字在粤方言地区人们的口头上比较常用，在广州地区读 jung³，当地话“邕”字音；（又）读 jung⁴，当地话“容”字音。

**喁［yóng］，《新华字典》释义：鱼口向上，露出水面。［~~］众人景仰归向的样子。**

在粤方言地区，“喁”字还有“众人景仰归向的样子”的意思。如：阿昭发达之后，投入大量资金支持家乡的公益事业，他这次回来，全乡震动，乡邻对他喁喁而望。

## 嵱嵷

都峤山群峰嵱嵷，如一丛竹笋在中国南部大地上破土而出。

“嵱嵷”一词在粤方言地区人们的口头上比较常用，在广州地区读 jung²sung²，当地话“涌耸”字音。

**嵱嵷［yǒng sǒng］，《中华字海》释义：山峰众多起伏的样子。**

例：天下风景，美不胜收。你可曾观赏过嵱嵷的群峰？

## 祥云霐霐

早晨，太阳初升，五彩祥云霐霐地飘荡在空中，这时，我屯子里的人们就预感到有好事要发生了。

“霐霐”一词在粤方言地区人们的口头上比较常用，指云气升腾的样子，“霐”字在广州地区读 jung²，当地话“涌”字音。

**霐［yǒng］，《中华字海》释义：云气。**

例：但愿你的头上时常祥云霐霐。

## 瓦盅

我们县陶瓷公司扩建职工宿舍的时候，在工地上挖出了很多装着死人骨头的瓦盅，有些人看了就觉得头皮发麻。

“盅”字在粤方言地区人们的口头上比较常用，在广州地区读 jung³，当地话“用”字音；指瓦罐。

**瓮［yòng］，《中华字海》释义：大罌。**

例：瓦瓮，你见过吧？

## 呇呇说话

上课时，意雨和佳彤总是喜欢呇呇说话。

“呇呇”一词在粤方言地区人们的口头上比较常用，指轻言轻语，“呇”字在广州地区读 jau[1]，当地话“幽”字音。

**呇［yōu］，《中华字海》释义：小声。**

例：在生活中，有人陪着你呇呇说话，这种人生，多美。

## 鸟圝

欧文生在的时候，常常带着鸟圝进山诱鸟。

“鸟圝”一词在粤方言地区人们的口头上比较常用，也叫“鸟媒”，是捕鸟时用来引诱同类的鸟，“圝”字在广州地区读 jau[4]，当地话“游”字音。

**圝［yóu］，《新华字典》释义：（一子）捕鸟时用来引诱同类的鸟：鸟~子。也作“游”。**

在粤方言地区，“圝”字的义项，还有“用花言巧语引诱人”的意思，这是一个引申义。如：阿扭娇多次圝少妇到外地，以相亲为名骗吃骗喝骗钱，结果丢了性命，她的教训何其深也！

## 傜来傜去

廖叔和九哥两个人喜欢在路上傜来傜去。

“傜来傜去”一词在粤方言地区人们的口头上比较常用，指在心情放松的状态下走来走去，“傜”字在广州地区读 jau[4]，当地话“游”字音。

**傜［yóu］，《中华字海》释义：行走。**

例：路上常常有人傜来傜去，是天下太平的一种景象。

## 流水滺滺

家乡的小溪流水滺滺，谁也拦不住它奔向大海的脚步。

“滺”字在粤方言地区人们的口头上比较常用，在广州地区读 jau[4]，当地话

“游”字音。

**滺［yóu］，《新华字典》释义：水流动的样子。**

例：时光如流水滺滺，有谁可以留住它啊？

## 慢慢逌

老新每天都从家里慢慢逌到学校。

“逌”字在粤方言地区人们的口头上比较常用，在广州地区读 jau$^6$，当地“宥”字音；指漫无目的地行走的样子。

**逌［yòu］，《中华字海》释义：行。**

例：有时候，人生很迷茫，你可曾在人生路上慢慢逌？

## 蕍䵅

我老家的山林常年蕍䵅。

“蕍䵅”一词在粤方言地区人们的口头上比较常用，指茂密繁盛，“蕍”字在广州地区读 jy$^4$，当地话“腴”字音。

**蕍［yú］，《中华字海》释义：茂盛。**

例：我们的心田，要像肥沃的土地，让人生的庄稼蕍䵅生长。

## 儿儿喁喁

如今乡下不少老人闲来无事，成天凑在一起儿儿喁喁。

“儿儿喁喁”一词在粤方言地区人们的口头上比较常用，指无休止地低声私语，“喁”字在广州地区读 jy$^4$，当地话“如”字音。

**喁［yú］，《新华字典》释义：［～～］形容低声细语：～私语。**

例：虽说儿儿喁喁的人很难成事，但又有多少人不是生活在儿儿喁喁的状态之中？

## 坠螸螸

大肚冯肚子坠螸螸。

“坠螸螸”一词在粤方言地区人们的口头上比较常用，指腹部膏腴下垂，“螸”字在广州地区读 jy$^4$，当地话“腴”字音。

**螸［yú］，《中华字海》释义：腹部膏腴下垂。**

例：人的肚子要是坠蜸蜸，就不是健康的表现。

## 蝓

打开书柜，在久未翻阅的书籍里面，我们会看见一些蝓。

“蝓”字在粤方言地区人们的口头上比较常用，在广州地区读 jy[4]，当地话“鱼”字音。

**蝓［yú］，《中华字海》释义：蠹鱼，即蛀蚀衣服、书籍的蠹虫。**

在粤方言地区，当地人习惯把“屡试不第者”或“以读书人自居但无公职者”叫“书蝓”，含有轻慢之意。如：某人参加了十几次高考，都上不了大学，成了当地知名的书蝓。

## 笑噳噳

每逢想到好笑的小品，我就会笑噳噳。

“笑噳噳”一词在粤方言地区人们的口头上比较常用，指想笑的样子，“噳”字在广州地区读 jy[5]，当地话“雨”字音。

**噳［yǔ］，《中华字海》释义：想笑的样子。**

例：如果你常常笑噳噳，那就说明你的生活没有什么压力。

## 大俣俣

我大姑丈长得大俣俣的，让人感觉十分伟岸！

“大俣俣”一词在粤方言地区人们的口头上比较常用，指人或物体的外形很大的样子，“俣”字在广州地区读 jy[5]，当地话“雨”字音。

**俣［yǔ］，《新华字典》释义：大。**

例：颜体字虽然是大俣俣的，但是给人的感觉就像大智若愚的圣人。

## 窳窳圔圔

伯父在的时候，他家的收音机总是放一些窳窳圔圔的乐曲。

“窳窳圔圔”一词在粤方言地区人们的口头上比较常用，指（音乐声）低回，“窳圔”一词在广州地区读 jy[2]aa[3]，当地话“雨亚”字音。

**窳圔［yǔ yà］，《中华字海》释义：（音乐声）低回。**

例：窳窳圔圔的乐声不会让人振奋。

## 坏窳窳

我们镇上有几个坏窳窳的小青年，先后进了派出所。

“坏窳窳”一词在粤方言地区人们的口头上比较常用，指品性恶劣，“窳”字在广州地区读 jy[4]，当地话“愚”字音；（又）读 jy[5]，当地话“雨”字音。

**窳［yǔ］，《新华字典》释义：恶劣，坏：~劣｜~败（败坏）。**

例：老实本分的人都讨厌坏窳窳的人。

## 懒寙寙

阿锦懒寙寙的，整天到处闲逛，不愿意干活。

“懒寙寙”一词在粤方言地区人们的口头上比较常用，指懒，“寙”字在广州地区读 jy[2]，当地话“淤”字音；（又）读 jy[5]，当地话“雨”字音。

**寙［yǔ］，《中华字海》释义：懒。**

例：懒寙寙的人需要奋斗的动力。

## 逳来逳去

阿弼不管是上学还是放学，都喜欢在路上逳来逳去。

“逳来逳去”一词在粤方言地区人们的口头上比较常用，指百无聊赖地走，“逳”字在广州地区读 juk[7]，当地话“喐”字音。

**逳［yù］，《中华字海》释义：行走。**

例：你可曾在人生的路上逳来逳去？

## 黦黑

表哥的脸色黦黑，他才三十来岁，人家就当他是五六十岁。

“黦黑”一词在粤方言地区人们的口头上比较常用，指黑，“黦”字在广州地区读 wat[7]，当地话“屈”字音。

**黦［yù］，《中华字海》释义：黑色。**

例：包拯的脸黦黑，心却很“红”。

## 心惐惐动

看到别人开小车，老金的心惐惐动。

“惐惐”一词在粤方言地区人们的口头上比较常用，指心动，“惐”字在广州地区读 juk[7]，当地话“嘟”字音。

**惐［yù］，《康熙字典》释义：心动也。**

例：曾经有什么事，让你的心惐惐动？

## 睮睮看

老廖喜欢在家门口睮睮地看路上的行人和过往车辆。

“睮睮”一词在粤方言地区人们的口头上比较常用，指看的样子，“睮”字在广州地区读 jy[3]，当地话“遇”字音。

**睮［yù］，《中华字海》释义：视。**

例：你可曾睮睮地看过什么？

## 左跼右跼

阿卢上学走路不认真，经常左跼右跼。

“左跼右跼”一词在粤方言地区人们的口头上比较常用，指走路不正经的样子，“跼”字在广州地区读 juk[7]，当地话“嘟”字音。

**跼［yù］，《中华字海》释义：行不正。**

例：我们要走好人生的每一步路，不要左跼右跼。

## 山烟㠍㠍

我老家在大山深处，每逢冬春时节的早晨，沟壑之间常常山烟㠍㠍，酷似天庭美景。

“㠍㠍”一词在粤方言地区人们的口头上比较常用，指山烟弥漫的样子，“㠍”字在广州地区读 wat[7]，当地话“屈”字音。

**㠍［yù］，《中华字海》释义：山烟貌。**

例：天下奇观何其多也，你可曾见过山烟㠍㠍？

## 遹缩

爸爸教育我说：“男子汉大丈夫，该承担责任的时候就要承担责任，不能遹缩。”

“遹缩”一词在粤方言地区人们的口头上比较常用，指回避、躲藏，“遹”

字在广州地区读 jy³，当地话“淤”字音；（又）读 wat⁹，当地话“屈”字音。

**遹［yù］，《说文解字》释义：回避也。**

例：勇敢的人遇事从来不会遹缩。

## 菀毦

我老家在大山沟里，菀毦的野草随处可见。

“菀毦”一词在粤方言地区人们的口头上比较常用，指草木丛生，“菀”字在广州地区读 wat⁷，当地话“郁”字音。

**菀［yù］，《中华字海》释义：草木丛生。**

例：我们万万不能让自己的心田野草菀毦。

## 燕子蘌篼

今年，六叔家的阳台上有燕子蘌篼了。

“蘌篼”一词在粤方言地区人们的口头上比较常用，指（鸟）筑巢，“蘌”字在广州地区读 soey⁵，当地话“墅”字音。

**蘌［yù］，《中华字海》释义：古同“籞”，鸟室。**

例：人们总是相信，谁家有燕子蘌篼，谁家就幸运了。

## 僟僟㥦㥦

三桂晚年整天僟僟㥦㥦，有一回，县武装部欢送新兵入伍，他竟然跑进队伍里不断地给士兵们立正敬礼，政委发现后把他拉了出去。

“僟僟㥦㥦”一词在粤方言地区人们的口头上比较常用，指行为怪异，外表痴呆的样子，“僟㥦”一词在广州地区读 joe²tse²，同普通话读音。

**僟㥦［yuē qiē］，《中华字海》释义：痴呆的样子。**

例：谁敢保证自己到了晚年不会僟僟㥦㥦呢？

## 吃饫了

受疫情影响，我家乡的龙眼无法外运，本地市场售价一元一斤，我们都吃饫了。

“吃饫”一词在粤方言地区人们的口头上比较常用，指吃饱、吃腻，“饫”字在广州地区读 jy³，当地话“于”字音。

**饫［yù］，《新华字典》释义：饱食。**

例：有人吃肉吃饫，有人连稀饭都吃不上。

## 爩蚊子

天气热了，蚊子多了起来，我们常常需要爩蚊子。

“爩蚊子”一词在粤方言地区人们的口头上比较常用，指用蚊香烟蚊子，“爩”字在广州地区读 wat[7]，当地话“郁”字音。

**爩［yù］，《中华字海》释义：❶烟出。❷烟气。**

例：很多人都爩过蚊子，但爩过老鼠的人不多。

## 徸徸

小时候，有一天夜晚，我和姐姐从窗户里看见屋子对面的山路上似乎有人举着火把徸徸地朝着我们村子走来，我们不知道是贼还是鬼，心里很害怕。

“徸徸走”一词在粤方言地区人们的口头上比较常用，指慢慢地走，“徸”字在广州地区读 jy[3]，当地话“遇”字音。

**徸［yù］，《中华字海》释义：行走。**

例：人年纪大了，往往只能够徸徸地走，这是生命的规律。

## 挼葾

秋风萧瑟，秋霜降下，南瓜藤、红薯藤在一夜之间就挼葾了。

“挼葾”一词在粤方言地区人们的口头上比较常用，指枯萎，“葾”字在广州地区读 jyn[1]，当地话“鸳”字音。

**葾［yuān］，《中华字海》释义：枯萎。**

在粤方言地区，“挼葾”一词也指“人处于窘迫状态下不自然的脸色”，这是个引申义。如：老达自以为没人注意他，他就顺走了别人的东西，结果被当场揭穿，他满脸挼葾。

## 痟痛

连续到山上打了一个星期的柴，我胳膊痟痛。

“痟痛”一词在粤方言地区人们的口头上比较常用，指酸痛，“痟”字在广州地区读 jyn[1]，当地话“鸳”字音。

**痯［yuān］，《新华字典》释义：酸痛。**

例：你有过痯痛的感觉吗？

## 宛着身体睡觉

俗话说："站如松，坐如钟，行如风，卧如弓。"这是有充分科学依据的。我奶奶活了102岁，她就是常常宛着身体睡觉的。

"宛"字在粤方言地区人们的口头上比较常用，在广州地区读jyn[1]，当地话"鸳"字音。

**宛［yuān］，《中华字海》释义：身子侧卧弯曲的样子。**

例：你有宛着身体睡觉的习惯吗？

## 不要乱嘄

老师教育我们，在教室、在公共场合，都不要乱嘄。

"嘄"字在粤方言地区人们的口头上比较常用，在广州地区读jaau[1]，同普通话读音。

**嘄［yào］，《中华字海》释义：叫。**

在粤方言地区，"嘄"字常与"嘪"字组成"嘪嘄"或"嘪嘪嘄嘄"，指的都是乱叫。

## 心悆悆动

看到别人通过努力拼搏逆袭的事迹，我们自然就会心悆悆动。

"悆悆"一词在粤方言地区人们的口头上比较常用，指兴奋，"悆"字在广州地区读juk[7]，当地话"喐"字音。

**悆［yù］，《新华字典》释义：❶喜悦。❷舒适。**

例：活在世上，总有些事物会让你心悆悆动吧。

## 喑欧

老黎骗了别人1000元，别人一直喑欧忍受着。

"喑欧"一词在粤方言地区人们的口头上比较常用，在广州地区读jam[1]jam[1]，当地话"音阴"字音；（又）读am[2]jam[1]，当地话"暗阴"字音；指因吃哑巴亏而叹息。

**欭［yīn］，《康熙字典》释义：感叹；叹息。**

例：你遇到过多暗欭的事情？

## 妷妷媱媱

欧爷爷教育我们，做人不要妷妷媱媱。

“妷妷媱媱”一词在粤方言地区人们的口头上比较常用，指行为放荡。“妷”字在广州地区读 ji[1]，当地话“衣”字音。

**妷［yì］，《中华字海》释义：放荡。**

例：妷妷媱媱的人成不了大事。

# Z

## 侲侲

我这个人有点侲侲，这就免不了一些人老想从我身上捞点好处。

“侲侲地”一词在粤方言地区人们的口头上比较常用，指表情呆滞，或行为怪异，不正常，“侲”字在广州地区读 san[5]，当地话“肾”字音。

**侲［zhēn］，《中华字海》释义：［～子］古代在迷信活动中用以驱疫逐鬼的儿童。**

例：外表侲侲的人并不一定真的笨。

## 翥翥地飞上天

“姐姐你看，那鸟翥翥地飞上天。”弟弟在一旁叫道。

“翥翥”一词在粤方言地区人们的口头上比较常用，指鸟向上飞的样子，“翥”字在广州地区读 dzy[3]，当地话“注”字音。

**翥［zhù］，《新华字典》释义：鸟向上飞。如：龙翔凤～。**

例：天下多少父母希望自己的子女龙翔凤翥。

## 雧雧聚集

我老家门前的小山岗上有一棵五个人才能合抱过来的黑榄树，它树冠很大，每天都有数不清的鸟儿雧雧聚集在树上，叫个没完。

“雥雥”一词在粤方言地区人们的口头上比较常用，指群鸟聚集的样子，“雥”字在广州地区读 dzaa[1]，当地话“咱”字音。

**雥［zá］，《中华字海》释义：❶群鸟。❷聚。**

例：有群鸟雥雥的地方，生态环境一定良好。

## 激流砻砻

在容江的河道上，有好几处激流砻砻。

“砻砻”一词在粤方言地区人们的口头上比较常用，指水击石的样子，“砻”字在广州地区读 dzaa[1]，当地话“咱”字音。

**砻［zá］，《中华字海》释义：水激石的样子。**

例：激流砻砻，是一种自然美景。

## 飞瀑淋淋

望天塽瀑布的下方，是一块大石头，每一次从那儿经过，我都会目睹飞瀑淋淋的奇观。

“淋淋”一词在粤方言地区人们的口头上比较常用，指水自上而下冲激石头的样子，“淋”字在广州地区读 dzaa[1]，当地话“渣”字音。

**淋［zá］，《中华字海》释义：水击石貌。**

例：你见过飞瀑淋淋的景象吧？

## 双眼睵睵

开车的时候，要是双眼睵睵，就容易发生事故。

“睵睵”一词在粤方言地区人们的口头上比较常用，指两眼视线不能集中同视一物的样子，“睵”字在广州地区读 dzoi[1]，当地话“哉”字音。

**睵［zāi］，《中华字海》释义：两眼视线不能集中同视一物。**

例：从上小学开始，老师就教育我们，上课要专心，不能双眼睵睵。

## 有多快趱多快

在大森林里遇到猛虎毒蛇，你就要有多快趱多快。

“趱”字在粤方言地区人们的口头上比较常用，在广州地区读 daat[8]，当地话“达”字音；（又）读 dzaan[2]，当地话“盏”字音。

**趱［zǎn］，《新华字典》释义：❶赶，快走：~路｜紧~了一程。❷催促，催逼：~马向前。**

在粤方言地区，“趱”字还有“催促，催逼”的意思。如：老三又来找你借钱，你快趱。

## 噆肉

祖叔家的狗常常跑到邻居家，噆了肉就跑。

“噆”字在粤方言地区人们的口头上比较常用，在广州地区读 daam[1]，当地话“担”字音；（又）读 tsaam[2]，当地话“惨”字音。

**噆［zǎn］，《新华字典》释义：❶叨，衔。❷咬。**

例：只要鸬鹚潜入水中，通常就能把鱼噆上来。

## 啰啰唣唣

做学问的人，最怕啰啰唣唣的嘈杂声。

“啰啰唣唣”一词在粤方言地区人们的口头上比较常用，指吵吵闹闹的样子，“唣”字在广州地区读 dzou[6]，当地话“皂”字音。

**唣［zào］，《新华字典》释义：［啰唣］吵闹。**

例：结庐在人境，而无车马喧。问君何能尔？心远地自偏。啰啰唣唣，原本就是人间的一种景象吧。

## 昃了

去年，冯老师昃了。

“昃”字在粤方言地区人们的口头上比较常用，在广州地区读 dzak[7]，当地话“仄”字音；原义指太阳偏西，引申为人去世。

**昃［zè］，《新华字典》释义：太阳偏西。**

在粤方言地区，当地人总是慎用此词。

## 啧啧霅霅

深夜，一阵风过后，就啧啧霅霅下起了雨。

“啧啧霅霅”一词在粤方言地区人们的口头上比较常用，指比较大的雨点落下来的样子，“霅”字在广州地区读 dzak[7]，当地话“仄”字音；（又）读

dzaak[8]，当地话“责”字音。

**霠［zé］，《中华字海》释义：雨貌。**

例：晒谷晒豆的时候，最怕的就是啧啧霠霠下几点雨。

## 唧唧霅霅

半夜里突然下起了大雨，我在睡梦中听到了屋外铁皮棚唧唧霅霅的雨声。

“唧唧霅霅”一词在粤方言地区人们的口头上比较常用，指雨点落下来的样子，也指雨点落下来的声音，“霅”字在广州地区读 dzak[7]，当地话“则”字音。

**霅［zé］，《中华字海》释义：雨貌。**

例：在灰尘多的道路或者场地上，一旦雨点唧唧霅霅，我们首先看见的，是尘烟四起。

## 头颇

阿键头颇，那是先天性的，后天纠正不了。

“颇”字在粤方言地区人们的口头上比较常用，在广州地区读 dzak[7]，当地话“仄”字音。

**颇［zé］，《中华字海》释义：头不正。**

例：你见过头颇的人吧？

## “揳、揳”敲击

我上小学时，唐老师总是拿着一根棍子上课，学生趴桌子或者说话，他就用棍子“揳揳”敲击桌子。

“揳”字在粤方言地区人们的口头上比较常用，在广州地区读 dzak[7]，当地话“仄”字音；指敲击，引申为敲打的拟声词。

**揳［zè］，《中华字海》释义：敲击。**

例：几十年过去了，唐老师敲桌的揳揳声犹在耳畔，提醒我不要趴桌子，不要乱说话。

## 抽几罾鱼

父亲在的时候，每逢雨天，他就喜欢到江边抽几罾鱼。

“罾”字在粤方言地区人们的口头上比较常用，在广州地区读 dzang[1]，当地话“增”字音；指--种用木棍或竹竿做支架的方形渔网，有时也作量词使用。

**罾［zēng］，《新华字典》释义：古代一种用木棍或竹竿做支架的方形渔网。**

例：人活在世上，多半似渔翁，在江湖边一罾又一罾地抽鱼。

## 几甑桂油

欧爷爷到了晚年还一直在劳动，有时，隔两天他就蒸煮几甑桂油。

“甑”字在粤方言地区人们的口头上比较常用，在广州地区读 dzang1，当地话“增”字音；（又）读 dzang6，当地话“赠”字音；指一种蒸具，有时也作量词使用。

**甑［zèng］，《新华字典》释义：古代蒸饭的一种瓦器。**

例：随着社会的发展进步，“甑”早已不限于蒸饭的功能，也不限于瓦器。

## 謯詉

生活中总有些謯詉的人，你不知道他要表达什么。

“謯詉”一词在粤方言地区人们的口头上比较常用，在广州地区读 dzaa1naa4，当地话“渣拿”字音。

**謯詉［zhā ná］，《中华字海》释义：言不可解。**

例：说话謯詉的人，是思路不清所致，不要和这种人计较。

## 大雨霅霅

昨天，我骑摩托车载女儿从家里赶往县城，在十里镇，忽然间大雨霅霅，把我们全身都淋湿了。

“霅霅”一词在粤方言地区人们的口头上比较常用，指下大雨的样子“霅”字在广州地区读 tsaa4，当地话“茶”字音。

**霅［zhá］，《中华字海》释义：大雨。**

例：大雨霅霅，是一种自然美景。

## 浉浉流水声

我老家的房子在小溪旁边，夜深人静的时候，我常常听到浉浉流水声。

“浉浉”一词在粤方言地区人们的口头上比较常用，指水声，也指水流动的样子，“㳐”字在广州地区读 dzaat[9]，当地话“札”字音。

**㳐［zhá］，《中华字海》释义：［㳐㳐］❶水流动的样子。❷水声。**

在粤方言地区，“㳐㳐”一词有“水流动的样子”这个意思。如：江水从猪牙峡㳐㳐流过。

## 蘵蘵开放

我真走运，今天刚走到阳台那里，含苞欲放的花蘵蘵开放了。

“蘵蘵”一词在粤方言地区人们的口头上比较常用，指花突然开放的样子，“蘵”字在广州地区读 dzaap[9]，当地话“闸”字音。

**蘵［zhá］，《中华字海》释义：花突开。**

例：花开蘵蘵的景象，你遇见过吗？

## 拃一拃

你帮我拃一拃这根竹子有多长。

“拃”字在粤方言地区人们的口头上比较常用，在广州地区读 dzaa[3]，当地话“炸”字音。

**拃［zhǎ］，《新华字典》释义：❶张开大拇指和中指（或小指）量长度。❷量词，指张开大拇指和中指（或小指）两端的距离。**

例：“拃”是最简便的测量方法。你拃过物品吗？

## 厏厊

老黄建猪栏的时候，不知从哪儿找来了一个旧门框和一扇旧门，安装的时候才发现门框和门扇是厏厊的，装不上去。

“厏厊”一词在粤方言地区人们的口头上比较常用，在广州地区读 dzaa[3]aa[2]，当地话“拃哑”字音。

**厏厊［zhǎ yǎ］，《中华字海》释义：不相合。**

在粤方言地区，“厏厊”一词的义项，也引申为“人际关系不和谐”。如：老大和老二两兄弟一直厏厊。

## 痄痖

我奶奶八十多岁的时候，在菜地里被石块伤了脚趾，那个创口痄痖着，十几年来反复用药，都没有效果。

“痄痖”一词在粤方言地区人们的口头上比较常用，在广州地区读 dzaa3aa2，当地话“拃哑”字音。

**痄痖［zhà yǎ］，《中华字海》释义：创口不合。比喻不相合。**

在粤方言地区，“痄痖”一词也引申为“不相合”。如：耿介清高之人，往往与社会多有痄痖之状。

## 夸奓

老四最夸奓，逢人就吹嘘自己如何了得，和什么领导吃过饭、钓过鱼……邻居们打心底里瞧不起他，他还不知道。

“夸奓”一词在粤方言地区人们的口头上比较常用，指自大，“奓”字在广州地区读 dzaa3，当地话“乍”字音。

**奓［zhà］，《中华字海》释义：［夸奓］自大。**

例：有真才实学的人，用不着夸奓。

## 奓开

小丽新买的大衣下摆奓开，不好看。

“奓”字在粤方言地区人们的口头上比较常用，在广州地区读 dzaa6，当地话“诈”字音。

**奓［zhà］，《新华字典》释义：张开：头发~着｜这件衣服下摆太~了。**

例：不论是衣服还是头发，奓开都不好看。

## 䩆䪜

七哥的头䩆䪜，不好找老婆。

“䩆䪜”一词在粤方言地区人们的口头上比较常用，在广州地区读 dzim1tsim1，当地话“沾纤”字音；指头小或头露出来的样子。

**䩆䪜［zhān xiān］，《中华字海》释义：❶小头。❷出头貌。**

在粤方言地区，“䩆䪜”一词有“头露出来的样子”这个意思。如：摘龙眼的时候，我们在树下常常看到树上䩆䪜的脑袋。

## 到处噡

老倪是个喜欢到处噡的人，在他的影响之下，儿子和侄子也是那样子，邻居因此对他们总不待见。

“噡”字在粤方言地区人们的口头上比较常用，在广州地区读 dzim¹，当地话“詹”字音。

**噡［zhān］，《中华字海》释义：话多。**

例：有嘴巴而不乱噡，这才是老成的表现。

## 乱谵

刘叔脑萎缩之后，经常乱谵。

“谵”字在粤方言地区人们的口头上比较常用，在广州地区读 dzim¹，当地话“詹”字音。

**谵［zhān］，《中华字海》释义：多说话，特指病中说胡话。**

例：人因为有病乱谵，比起无病乱噡的人，更能获得别人理解。

## 飐到地上

1997 年夏天那场大风，把我家的瓦飐到了地上。

“飐”字在粤方言地区人们的口头上比较常用，在广州地区读 dzin²，当地话“展”字音；（又）读 dzim²，当地话“渐”字音。

**飐［zhǎn］，《新华字典》释义：风吹物使其颤动。**

例：“惊风乱飐芙蓉水，密雨斜侵薜荔墙。”柳宗元的这首《登柳州城楼寄漳汀封连四州》，你读过吗？

## 把水搌掉

小哥，帮我把桌面上的水搌掉吧。

“搌”字在粤方言地区人们的口头上比较常用，在广州地区读 dzaat⁹，当地话“甴”字音；（又）读 dzin²，当地话“展”字音。

**搌［zhǎn］，《中华字海》释义：（用松软干燥的东西）轻轻擦抹或按压，吸去湿处的液体。**

例：洗澡之后或者满身大汗之时，我都会用毛巾去搌干身体。

## 黵到

有一次，我帮邻居抬棺材，哥哥嘱咐我千万不要让自己的衣服黵到棺材。

“黵”字在粤方言地区人们的口头上比较常用，在广州地区读 dzaat[9]，当地话“由”字音；（又）读 dzaam[2]，当地话“斩”字音。

**黵［zhǎn］，《新华字典》释义：弄脏，染上污点：墨水把纸~了。**

例：老师和家长都会教育小孩，不要把自己的鼻涕到处黵，也不要拿扫地的扫把黵墙壁。

## 軇光衣服

前些时候，有些地方的海滩浴场，不少人軇光衣服洗浴。国家因此下令整治。

“軇”字在粤方言地区人们的口头上比较常用，在广州地区读 dzin[2]，当地话“展”字音。

**軇［zhǎn］，《中华字海》释义：裸体。**

例：在浴室我们可以軇光衣服随便洗澡，在其他地方就不要随便軇光衣服了。

## 酢醶

小强被唐老师批评了，他满脸酢醶。

“酢醶”一词在粤方言地区人们的口头上比较常用，在广州地区读 dzaam[2]naam[5]，当地话“斩腩”字音。

**酢醶［zhǎn nǎn］，《中华字海》释义：❶老。❷面部皱纹。❸惭愧。**

在粤方言地区，“酢醶”一词还有“老”和“面部皱纹”的意思。如：我有一段时间没见村支书了，前几天我到村里办事的时候，竟然认不出他，他已满脸酢醶。

## 翐翐飞过

今天上午，有几个小鸟从我家楼顶翐翐飞过。

“翐翐”一词在粤方言地区人们的口头上比较常用，指飞行疾速的样子，“翐”字在广州地区读 dzaat[9]，当地话“由”字音。

**飐 [zhǎn]，《中华字海》释义：飞行疾速的样子。**

例：你见过鸟儿飐飐飞的景象吧？人不通鸟语，不知它们急于何事。

## 啁哳

我每次到大市场去，那里总是啁哳一片。

“啁哳”一词在粤方言地区人们的口头上比较常用，在广州地区读 dzaau[1]dzaa[1]，当地话“嘲喳”字音；（又）读 dzaau[1]dzaat[8]，当地话“嘲扎”字音。

**啁哳 [zhāo zhā]，《新华字典》释义：形容声音杂乱细碎。**

例：一所学校里，要是经常啁哳，它的学风和校风，就好不到哪里去。

## 大火爊爊

在我老家，妈妈每天把火点在干爽的松针上，一会儿就大火爊爊了。

“爊”字在粤方言地区人们的口头上比较常用，在广州地区读 tsaau[4]，当地话“巢”字音；指火燃烧的样子。

**爊 [zhāo]，《中华字海》释义：燃。**

例：野外用火，一旦不慎，就会导致山火爊爊。

## 皮皽

近来我在太阳下暴晒，手臂和脸上脱掉了一层皮皽。

“皮皽”一词在粤方言地区人们的口头上比较常用，指皮肉上的薄膜，“皽”字在广州地区读 dzin[1]，当地话“毡”字音。

**皽 [zhāo]，《中华字海》释义：皮肉上的薄膜。**

例：你认识皮皽吗？

## 花开杲杲

每年春天一到，我老家房前屋后的沙田柚就花开杲杲。

“杲”字在粤方言地区人们的口头上比较常用，在广州地区读 dzaau[2]，当地话“爪”字音；指树木花朵盛开的样子。

**杲 [zhǎo]，《中华字海》释义：果木盛生朵。**

例：花开杲杲，是人间美景。

## 笊篱

在我家乡的集市上，有很多精美的笊篱。

“笊篱”一词在粤方言地区人们的口头上比较常用，指用竹篾、柳条、铅丝等编成的一种杓形用具，“笊”字在广州地区读 dzaau$^{3}$，当地话“罩”字音。

**笊［zhào］，《新华字典》释义：［~篱］用竹篾、柳条、铅丝等编成的一种杓形用具，能漏水，可以在汤水里捞东西。**

例：笊篱既是一种生活用具，也是工艺品，在江南竹乡，这是一种非物质文化遗产。

## 藤蔓僗僗

我老家田边藤蔓僗僗，盘根错节，很不容易除掉。

“僗僗”一词在粤方言地区人们的口头上比较常用，指长的样子，“僗”字在广州地区读 tsaau$^{4}$，当地话“巢”字音；（又）读 dzaau$^{6}$，当地话“棹”字音。

**僗［zhào］，《中华字海》释义：［僗僗］长貌。**

例：你见过藤蔓僗僗吗？

## 乱嘐

老倪总以为自己口才特别好，去到哪里都迫不及待乱嘐，他那种没有价值的话，大家都不喜欢听。

“嘐”字在粤方言地区人们的口头上比较常用，在广州地区读 dzaau$^{1}$，当地话“嘲”字音；指乱说，或指没有价值的话。

**嘐［zhào］，《中华字海》释义：言说卑。**

例：乱嘐的人，令人讨厌。

## 讋讘

李老四太讋讘了，很多事与他根本无关，但他还是说个没完。

“讋讘”一词在粤方言地区人们的口头上比较常用，在广州地区读 dzit$^{8}$nip$^{9}$，当地话“折嗫”字音；指话多。

**讋讘［zhé niè］，《中华字海》释义：多言。**

例：謺谮的人，思维不缜密，多半办不成大事。

## 吱吱讋讋

来说是非者，便是是非人。一个小村庄，如果人们经常吱吱讋讋，那么，这个小村庄的人一般不团结。

“吱吱讋讋”一词在粤方言地区人们的口头上比较常用，指话多，私下里嘀嘀咕咕家长里短，“讋”字在广州地区读 dze[1]，当地话“嗻”字音。

**讋［zhé］，《中华字海》释义：多话。**

例：光明正大的人不屑于吱吱讋讋。

## 受矺

老倪几兄弟年轻时做了很多缺德的事，后来都受矺了。

“受矺”一词在粤方言地区人们的口头上比较常用，原义指夭折，引申为身体残疾，“矺”字在广州地区读 dzit[8]，当地话“折”字音。

**矺［zhé］，《中华字海》释义：夭折。**

例：尽管受矺之人，未必就是因为干了缺德的事。但“积善之家，必有余庆；积恶之家，必有余殃”的古训，还是要记得的。

## 长出几张䓆

欧展志问彤姐：“姐姐，我们在街上买回来的那棵四季柠檬种下去之后活没活呢？”彤姐兴奋地告诉他：“长出几张䓆来了！”

“䓆”字在粤方言地区人们的口头上比较常用，在广州地区读 dze[3]，当地话“蔗”字音。

**䓆［zhè］，《中华字海》释义：小叶。**

例：不知细叶谁裁出？二月春风似剪刀。几张䓆，往往就预示着春的来临。

## 䞓座位

彤彤说：“明天开学了，我要早一些去学校䞓座位。”

“䞓座位”一词在粤方言地区人们的口头上比较常用，指占座位、定座位，“䞓”字在广州地区读 dzam[2]，当地话“枕”字音。

**䞓［zhēn］，《中华字海》释义：坐立不移貌。**

例：先到为君，后到为臣。世间很多位置，早就有人湛定了。

## 揍到刘叔家

老师问我们："你们为什么要经常揍到刘叔家里去呢?"

"揍"字在粤方言地区人们的口头上比较常用，在广州地区读 dzoen[1]，当地话"津"字音；（又）读 dzan[1]，当地话"真"字音。

**揍［zhēn］，《中华字海》释义：聚集。**

例：越是人气旺的地方，就越多人揍。

## 鬒毡

阿佛的头发鬒毡，理发师都不愿意为他理头发。

"鬒毡"一词在粤方言地区人们的口头上比较常用，指头发浓密乌黑，如毡状，"鬒"字在广州地区读 dzang[3]，当地话"增"字音；（又）读 tsan[2]，当地话"诊"字音。

**鬒［zhěn］，《新华字典》释义：头发浓密而黑。**

例：据说，头发鬒毡的人比较吝啬。

## 䏖正

老陈说："你看欧校长不愧是校长啊，不论站姿还是坐姿，都是䏖正的。"

"䏖正"一词在粤方言地区人们的口头上比较常用，指身体端正，"䏖"字在广州地区读 dzam[2]，当地话"枕"字音。

**䏖［zhěn］，《中华字海》释义：身体端正。**

例：你的站姿和坐姿，是否䏖正？

## 颈煩

外公说："我昨晚睡不好，今早起来，颈煩都痛了。"

"颈煩"一词在粤方言地区人们的口头上比较常用，指枕骨，"煩"字在广州地区读 dzam[2]，当地话"枕"字音。

**煩［zhěn］，《中华字海》释义：枕骨。**

例：把手伸到脖子后面，你就可以摸到自己的颈煩。

## 骖驙

我妈妈和爸爸年轻时，经常挑着一百多斤的松脂，骖驙在十二岭的山路上。

“骖驙”一词在粤方言地区人们的口头上比较常用，在广州地区读dzam[2]dzin[1]，当地话“枕飐”字音；原义指马负重难行，引申为人负重难行。

**骖驙［zhěn zhān］，《中华字海》释义：马负重难行。**

例：有些人生活在世上，的确是骖驙前行。

## 抌住

每年春节运动会拔河比赛的时候，我家乡的村民们都会为自己屯的队员呐喊：“抌住！抌住！”

“抌住”一词在粤方言地区人们的口头上比较常用，指用力顶硬，“抌”字在广州地区读dzam[2]，当地话“枕”字音。

**抌［zhěn］，《中华字海》释义：用力。**

例：在很多时候，人生就如逆水行舟，不进则退，在那一刻，需要我们抌住。

## 纼住

我上小学的时候，曾经看到一个男同学把女同学的头发纼住。

“纼”字在粤方言地区人们的口头上比较常用，在广州地区读dzang[3]，当地话“增”字音；（又）读dzan[2]，当地话“阵”字音。

**纼［zhěn］，《中华字海》释义：❶扭；拧。❷转化；变化。**

例：活在世上，你会发现，一些人无端被人纼住手脚。

## 䟴䗲

胡所长为人处世低调，䟴䗲，在邻居眼里，他是个楷模。

“䟴䗲”一词在粤方言地区人们的口头上比较常用，在广州地区读dzan[2]loen[6]，当地话“缜吝”字音。

**䟴䗲［zhěn lìn］，《中华字海》释义：❶处事谨慎，不形于色。❷惭愧。**

在粤方言地区，“䟴䗲”一词还有“惭愧”的意思。如：我年届知天命，未成一事，甚是䟴䗲。

## 朋痕

林八手上有一道很大的朋痕，那是他在山里干活被刀砍伤留下来的。

“朋痕”一词在粤方言地区人们的口头上比较常用，指伤痕，“朋”字在广州地区读 dzan[1]，当地话“真”字音；（又）读 dzan[3]，当地话“纼”字音。

**朋［zhèn］，《中华字海》释义：伤痕。**

例：很多革命前辈，浑身朋痕。我们的和平生活，是他们用伤痛换来的。

## 紖掉野草

每年两造，妈妈都要紖掉田边的野草。

“紖”字在粤方言地区人们的口头上比较常用，在广州地区读 dzam[3]，当地话“揕”字音；（又）读 dzam[5]，当地话“浸”字音；指耕锄。

**紖［zhèn］，《中华字海》释义：❶耕。❷古代臿一类的工具。**

例：农民们在田间地头行走的时候，总是习惯扛着榜锄，随见野草就随紖。

## 踬脚

小时候，欧爷爷教育我说，踬脚是一种不文雅的表现。

“踬”字在粤方言地区人们的口头上比较常用，在广州地区读 dzan[3]，当地话“赈”字音；（又）读 an[3]，当地话“训”字音；指动，或抖动、摇动。

**踬［zhèn］，《中华字海》释义：动。**

例：你不习惯踬脚吧？

## 把牛纼住

我小时候常常跟着爷爷放牛，爷爷把牛绳递给我的时候，就会说：“你帮我把牛纼住。”

“纼”字在粤方言地区人们的口头上比较常用，在广州地区读 dzan[3]，当地话“镇”字音；原义指拴牛马等的绳索，引申为用绳索拉住（牛马）。

**纼［zhèn］，《新华字典》释义：拴牛马等的绳索。**

例：人活在世间，很多时候是身不由己的，往往被人纼住。

## 高踭鞋

有些女青年喜欢穿高踭鞋，有些女青年喜欢穿平底鞋。

“踭”字在粤方言地区人们的口头上比较常用，在广州地区读 dzang[1]，当地话“争”字音。

**踭［zhēng］，《中华字海》释义：脚跟。**

例：长期穿高踭鞋，不利于人的健康。

## 踯踯徰徰

我爸爸有一回在朋友家喝酒，喝得太多了，一路上踯踯徰徰，走了一个多小时才回到家。

“踯踯徰徰”一词在粤方言地区人们的口头上比较常用，指走路偏偏倒倒的样子，“徰”字在广州地区读 dzing[1]，当地话“蒸”字音。

**徰［zhēng］，《中华字海》释义：走路偏偏倒倒。**

例：小孩和老人走路难免踯踯徰徰。

## 杀气儃儃

吴安龙带领着土匪们，杀气儃儃从十万大山下来，冲进了解放军的埋伏圈！

“儃儃”一词在粤方言地区人们的口头上比较常用，指勇悍的样子，“儃”字在广州地区读 dzang[5]，同普通话读音。

**儃［zhěng］，《中华字海》释义：勇悍。**

例：英雄气短，儿女情长。杀气儃儃，不过是一时之气。

## 佂俜

老九是个大大咧咧的人，办事总是佂俜，很容易把事情搞砸。所以，他只能干粗活。

“佂俜”一词在粤方言地区人们的口头上比较常用，指粗疏、轻率，在广州地区读 dzang[5]hang[1]，当地话“赠脝”字音。

**佂俜［zhěng hēng］，《中华字海》释义：粗疏、轻率。**

例：办事佂俜，是思路不够清晰所致。

## 踭踭吃肉

今天的晚饭，我们踭踭吃肉，没有青菜。

“踭踭”一词在粤方言地区人们的口头上比较常用，指全部，“踭”字在广州地区读 dan[1]，当地话“珍”字音。

**踭［zhèng］，《中华字海》释义：［踭踭］尽。**

“踭踭”一词在粤方言地区使用范围很广。如：假期作业，小青踭踭做语文学科，不做其他学科。

## 禾稙

秋收的时候，妈妈叮咛我把禾稙放好一些，因为我们还要把它捆绑好，挑回家留着，到冬天给牛吃。

“禾稙”一词在粤方言地区人们的口头上比较常用，指禾秆，“稙”字在广州地区读 dzi[1]，当地话“枝”字音。

**稙［zhī］，《中华字海》释义：秸秆。**

例：如今的学生很少到田野里去，不少人连禾稙都没见过。

## 老疻

李老师脚上有一块老疻。

“老疻”一词在粤方言地区人们的口头上比较常用，指一种在表面上看不见的旧伤，受创处内部有硬块，“疻”字在广州地区读 dzak[8]，当地话“只”字音。

**疻［zhǐ］，《新华字典》释义：殴打使人皮肤青肿而没有创痕。**

例：你见过谁身上有老疻？

## 怒噬噬

斌叔的儿子午休睡过了时间，去学校肯定就迟到了，斌叔发觉后怒噬噬地骂儿子。

“怒噬噬”一词在粤方言地区人们的口头上比较常用，指呵斥，“噬”字在广州地区读 dzat[9]，当地话“窒”字音。

**噬［zhì］，《中华字海》释义：呵斥。**

例：对人对事，我们何必怒喹喹？

## 翐翐飞过

在我老家的天空中，总是不时地有一些鸟在翐翐飞过。

“翐翐”一词在粤方言地区人们的口头上比较常用，指鸟飞舒迟的样子，“翐”字在广州地区读 dit[9]，当地话“秩”字音。

**翐［zhì］，《中华字海》释义：鸟飞舒迟的样子。**

例：飞鸟翐翐，这种自然美景，你留意过吧？

## 堵疐疐

在我生活的小县城，街道时常是堵疐疐的。

“堵疐疐”一词在粤方言地区人们的口头上比较常用，指遇到障碍，堵塞、堵住的样子，“疐”字在广州地区读 dzat[7]，当地话“质”字音；（又）读 dzi[3]，当地话“志”字音。

**疐［zhì］，《新华字典》释义：❶遇到障碍。❷跌倒：跋前疐后（形容进退两难）。**

例：人生之路，难免有跋前疐后的情况出现。

## 庤满粮仓

每年夏收和秋收，农民们都期待能庤满粮仓。

“庤”字在粤方言地区人们的口头上比较常用，在广州地区读 dzat[7]，当地话“质”字音；（又）读 dzi[6]，当地话“字”字音；指塞进去，储备。

**庤［zhì］，《新华字典》释义：储备。**

在粤方言地区，“庤”字有“塞进去”的意思。如：哥哥把钱庤到我口袋里。

## 太侄

我的房间比较小，堆满了东西，太侄了。

“侄”字在粤方言地区人们的口头上比较常用，在广州地区读 dzat[7]，当地话“质”字音。

**侄［zhì］，《中华字海》释义：逼塞。**

例：我儿子读高中，一个班80多人，太侄了。

## 陟上去

波叔说："我爱人在林场工作，到了星期六，为了见到她，不管多高的山，我都要陟上去。"

"陟"字在粤方言地区人们的口头上比较常用，在广州地区读 dzai[4]，当地话"滞"字音；（又）读 tsai[4]，当地话"齐"字音；（再）读 dzik[7]，当地话"即"字音。

**陟［zhì］，《新华字典》释义：登高，上升：~山。**

例：在前进的道路上，遇到多高的山，我们都要陟上去。

## 阴骘

欧爷爷教育我们："多造阴骘，这样就自然有福。"

"阴骘"一词在粤方言地区人们的口头上比较常用，指自己知道、不让他人知道的功德事，"骘"字在广州地区读 dzat[7]，当地话"质"字音。

**骘［zhì］，《现代汉语词典》释义：排定：评~高低。［阴骘］❶默默地使安定。❷犹阴德。❸冥冥之中。是指只是自己知道、不令他人知道的功德事。**

例：人为善，福虽未至，祸已远离；人为恶，祸虽未至，福已远离。多造阴骘，自然有福。

## 聊聊惿惿

五叔欧振驰对我们说："做人、学习、做事都要聊聊惿惿，这样的人生才充实，才有意义。"

"聊聊惿惿"一词在粤方言地区人们的口头上比较常用，指做人正经，做事认真，做学问扎实的状况；"聊"字在广州地区读 dzi[3]，当地话"致"字音。

**聊［zhì］，《康熙字典》释义：入意也。**

例：聊聊惿惿，这四个字，是我先人留下来的祖训。

## 禾苗太稺

爸爸说："我们家的禾苗太稺了，要插疏朗一些。"

"稺"字在粤方言地区人们的口头上比较常用，在广州地区读 dzat[7]，当地话“质”字音；原义指禾苗稠密，引申为拥挤。

**稙［zhì］，《中华字海》释义：禾苗稠密。**

例：禾苗太稙，不利于它生长，最终会导致减产。

## 挃倒在地

昨天是个赶集日，在集市上有几个小混混撒野，被曾师傅挃倒在地。

“挃”字在粤方言地区人们的口头上比较常用，在广州地区读 dzat[7]，当地话“质”字音；（又）读 dzai[1]，当地话“挤”字音；指打、按倒。

**挃［zhì］，《中华字海》释义：打。**

在粤方言地区，“挃”字还有“战争”的意思，这是个引申义。如：古代的诸侯国常常挃起来。

## 爸爸诪我

阿光说：“我每次回家，爸爸都要诪我，我烦极了。”

“诪”字在粤方言地区人们的口头上比较常用，在广州地区读 dzau[3]，当地话“咒”字音；（又）读 dzau[1]，当地话“周”字音；指指责、数落，比辱骂、诅咒的程度轻。

**诪［zhōu］，《新华字典》释义：❶诅咒。❷［诪张］同“侜张”。**

在粤方言地区，“诪”字的意思，比《新华字典》释义❶“诅咒”的程度显然要轻一些。

## 喌喌

每次喂鸡之前，妈妈总是“喌、喌、喌喌、喌……”不停地呼唤鸡过来吃食。

“喌”字在粤方言地区人们的口头上比较常用，在广州地区读 dzau[1]，当地话“州”字音；（又）读 dzuk[7]，当地话“粥”字音。

**喌［zhōu］，《新华字典》释义：呼唤鸡的声音。**

例：每当听到唤鸡的喌喌声，浓浓的故乡情怀总是油然而生。

## 把铜狮子掤起来

李元霸力气很大，他能把铜狮子掤起来。

“掫”字在粤方言地区人们的口头上比较常用，在广州地区读 dzau[1]，当地话“周”字音。

**掫［zhōu］，《新华字典》释义：从一侧或一端托起重物。**

例：你能掫起多重的东西呢？

## 命真㑇

老倪的儿子性情真㑇，不管谁说什么道理，他都听不进去。

“㑇”字在粤方言地区人们的口头上比较常用，在广州地区读 jau[1]，当地话“柔”字音；（又）读 dzau[3]，当地话“绉”字音；原义指性情固执，不听劝说，引申为生命力强。

**㑇［zhòu］，《新华字典》释义：性情固执，不听劝说。**

在粤方言地区，“㑇”字有“生命力强”意思，这是个引申义。如：那小猫的命真㑇，大冷天的，在门外两天了，竟然还活着。

## 蛮㑇㑇

老靳的儿子凶强侠气，蛮㑇㑇，初中没有读完，就进了派出所。

“蛮㑇㑇”一词在粤方言地区人们的口头上比较常用，指凶狠、厉害，“㑇”字在广州地区读 jau[1]，当地话“柔”字音；（又）读 dzau[3]，当地话“绉”字音。

**㑇［zhòu］，《中华字海》释义：凶狠，厉害，伶俐，乖巧，漂亮。**

例：蛮㑇㑇的人，心智不健全。

## 㾭成一团

以前，我家的田里有很多又大又肥的蚂蟥，这些蚂蟥在水里游来游去，一旦发现人影，它们就㾭成一团，一动不动地装死。

“㾭”字在粤方言地区人们的口头上比较常用，在广州地区读 jau[1]，当地话“柔”字音；（又）读 dzau[3]，当地话“绉”字音。

**㾭［zhòu］，《中华字海》释义：收缩。**

例：你见过蚂蟥在水里㾭成一团的情景吗？

## 藷蔗

我的乡亲们种了很多蔗，有直接咀嚼食用的黑皮蔗，也有用于榨制黄糖的藷蔗。

“藷蔗”一词在粤方言地区人们的口头上比较常用，指用于榨制黄糖的青皮蔗，“藷”字在广州地区读 dzuk[7]，当地话“竹”字音。

**藷［zhū］，《中华字海》释义：**［藷蔗］**甘蔗。**

例：广西大面积种植藷蔗，产糖量号称亚洲第一。

## 把黑恶社会分子劚掉

中央部署了打击黑恶势力行动，要坚决把黑恶社会分子劚掉。

“劚”字在粤方言地区人们的口头上比较常用，在广州地区读 dzy[2]，当地话“煮”字音；（又）读 dzuk[7]，当地话“竹”字音；原义指砍、斫，引申为铲除、严惩。

**劚［zhú］，《新华字典》释义：砍、斫。**

例：多行不义必自毙，不少作恶多端的人都挨劚了。

## 手脚生瘃

奶奶对老三说：“你真是耐不住冷啊，一到冬天，你就手脚生瘃。”

“瘃”字在粤方言地区人们的口头上比较常用，在广州地区读 dzuk[8]，当地话“逐”字音。

**瘃［zhú］，《新华字典》释义：古书上指冻疮。**

例：有些人就算在寒冷的冬天，手脚都很暖和，不会生瘃。

## 蠋蠋行走

在一个周日的上午，我从学校回到家里，那时，阿志刚学走路，他蠋蠋蠋地向我走来，我真担心他摔倒。

“蠋”字在粤方言地区人们的口头上比较常用，在广州地区读 dzuk[9]，当地话“逐”字音。

**蠋［zhú］，《中华字海》释义：小儿行走的样子。**

例：蠋蠋行走，是所有人都要经历的人生阶段。

## 箸碎

妈妈让我把炒熟的花生米箸碎，放在鸡肉上面。

“箸”字在粤方言地区人们的口头上比较常用，在广州地区读 dzuk[7]，当地话“筑”字音。

**箸［zhù］，《中华字海》释义：用手捣物体。**

例：我老家的墙角边放着一个大石臼，那是爷爷和他先人用来箸稻谷、箸木薯的石器。看见石臼，就让人联想到先人的生活。

## “敼敼嬉嬉”不同于“嚱嚱嘻嘻”

在粤方言里，“敼敼嬉嬉”和“嚱嚱嘻嘻”读音相同，用法不同。

“敼敼嬉嬉”指嬉戏的样子，是个拟状词。如：操场上有几个女孩子敼敼嬉嬉不停地嬉戏。

“嚱嚱嘻嘻”指大叫大喊的样子，是个拟声词。如：老九几兄弟经常聚集喝酒猜拳，嚱嚱嘻嘻到天亮。

## 包饳

过年了，我家乡家家户户都包饳。

“包饳”一词在粤方言地区人们的口头上比较常用，指用粽叶包粽子，“饳”字在广州地区读 dzo[6]，当地话“助”字音。

**饳［zhù］，《中华字海》释义：❶祭祀。❷一种糕饼。**

在粤方言地区，“饳”是粽子、糍粑、包子、馒头等的统称。

## 身板竚直

九叔 89 岁了，身板竚直，这样的好身体，令人羡慕。

“竚直”一词在粤方言地区人们的口头上比较常用，指（身体）挺直，“竚”字在广州地区读 tsy[5]，当地话“柱”字音。

**竚［zhù］，《中华字海》释义：（身体）挺直。**

例：保持身板竚直，是一种需要长期坚持的好习惯。

## 歪歪跩跩

老封太胖了，走路歪歪跩跩的。

“歪歪跩跩”一词在粤方言地区人们的口头上比较常用，指身体肥胖不灵活，走路摇晃，“跩”字在广州地区读 dzaai[5]，当地话“斋”字音；（又）读

jai⁶，当地话“曳”字音。

**踹［zhuǎi］，《新华字典》释义：身体肥胖不灵活，走路摇晃。**

在粤方言地区，桌子或椅子腿歪斜，也叫“踹”，这是个引申义。如：三老爷家的桌子腿踹了。

## 苕颛

大川是个苕颛的人，大家不要和他较真。

“苕颛”一词在粤方言地区人们的口头上比较常用，指愚蠢、愚昧，“颛”字在广州地区读 syn³，当地话“蒜”字音；（又）读 dzyn¹“专”字音。

**颛［zhuān］，《新华字典》释义：❶愚昧。❷同“专❶❷”。［颛项］传说中的上古帝王。**

在粤方言地区，让人感到尴尬，也叫“苕颛”。如：老倪一直吹嘘他儿子成绩好，高考过后，他儿子连高职都没考上，邻居问他，他顿时苕颛起来。

## 餟餟

老八养了几只小鸟，一有空就在鸟笼旁边吹着口哨逗鸟：“餟、餟、餟餟、餟……”

“餟”字在粤方言地区人们的口头上比较常用，在广州地区读 dzoey¹，当地话“隹”字音；指小鸟鸣叫的声音，或指人逗鸟时发出的声音。

**餟［zhuī］，《中华字海》释义：小。一说小鸟。**

在粤方言地区，当地人习惯把两三岁活泼可爱的小女孩叫“腇餟”。如：老刘家的“腇餟”一到我家，就会爬到茶几旁，拿起小茶杯玩。

## 醊酒

每次拜祭父亲，我都要亲自在他的坟前醊酒。

“醊”字在粤方言地区人们的口头上比较常用，在广州地区读 dzyt³，当地话“拙”字音。

**醊［zhuì］，《中华字海》释义：❶祭祀时把酒洒在地上。❷连续祭祀。**

例：每逢清明节或重阳节，总有人要给先人醊几杯酒。

## 娷责任

作为单位的副职领导，老何常常感慨，一有问题，正职领导就娷责任给他。

“娷”字在粤方言地区人们的口头上比较常用，在广州地区读 dzoey$^{6}$，当地话“坠”字音。

**娷［zhuì］，《中华字海》释义：❶推委。❷饥声。**

例：把自己该负的责任娷给别人，是无能卑鄙的表现。

## 把鱼罾硾在水里

陈老师让我找一块大石头过来，把鱼罾硾在水里。

“硾”字在粤方言地区人们的口头上比较常用，在广州地区读 dzoey$^{6}$，当地话“坠”字音。

**硾［zhuì］，《中华字海》释义：拴上重物使下沉。**

例：你在水中硾过物品吗？

## 不要到处迍

妈妈年纪大了，我叫她不要到处迍。

“迍”字在粤方言地区人们的口头上比较常用，在广州地区读 dzoen$^{1}$，当地话“樽”字音。

**迍［zhūn］，《中华字海》释义：行走艰难的样子。**

例：世间总有一部分人在到处迍。

## 钢材不够衠

我昨天买的那批钢材可能不够衠。

“衠”字在粤方言地区人们的口头上比较常用，在广州地区读 dzan$^{1}$，当地话“真”字音；（又）读 dzoen$^{1}$，当地话“遵”字音。

**衠［zhūn］，《新华字典》释义：纯粹、纯。**

例：买到衠品，人心里就踏实。

## 鸡肫鸭肫

我小时候，遇上家里杀鸡杀鸭，大人们总是把鸡肫鸭肫留给我们小孩子吃。

“肫”字在粤方言地区人们的口头上比较常用，在广州地区读 san[5]，当地话“慎”字音；（又）读 dzoen[1]，当地话“津”字音。

**肫［zhūn］，《新华字典》释义：❶禽类的胃（亦称“胗”）：鸡~。❷诚恳。［~~］诚恳的样子。**

在粤方言地区，当地人习惯把笨人叫“肫人”，这是一种蔑称。如：老九是个肫人。

## 靶埻

陈康肃公善射，常常能把箭射到靶埻上。

“靶埻”一词在粤方言地区人们的口头上比较常用，指箭靶上的中心，“埻”字在广州地区读 dzoen[2]，当地话“准”字音。

**埻［zhǔn］，《新华字典》释义：箭靶上的中心。**

例：每个人一生要射的靶埻很多，你能射中几个？

## 𥐯短

个子长得快的孩子，不出半年，衣服就显得𥐯短了。

“𥐯短”一词在粤方言地区人们的口头上比较常用，指短的样子，“𥐯”字在广州地区读 dzyt[8]，当地话“拙”字音。

**𥐯［zhuō］，《中华字海》释义：短的样子。**

例：你是否穿过𥐯短的衣服？

## 蚍蝥

爷爷对我说：“凡是有蚍蝥的房屋，都可以住人；要是连蚍蝥都不在那里结网，这样的房子就有问题。”

“蚍蝥”一词在粤方言地区人们的口头上比较常用，在广州地区读 dzo[1]maau[4]，当地话“座蝥”字音。

**蚍蝥［zhuō máo］，《中华字海》释义：一种蜘蛛。**

例：你见过多少种蚍蝥呢？

## 炪鞭炮

每一年春节一到，在我老家那里，人们都要炪鞭炮。

“炪”字在粤方言地区人们的口头上比较常用，在广州地区读 dzyt[8]，当地话“拙”字音；指燃放、燃烧（不明的火）。

**炪［zhuō］，《中华字海》释义：❶火不燃。❷古通“拙”，笨拙。**

在粤方言地区，当地人习惯把“点起不明的火”叫“炪”。如：爸爸妈妈教育我们：入山不要到处乱炪。

## 浞浞滴水

爸爸在外面被大雨淋湿了，回到家的时候，衣服还浞浞滴水。

“浞浞”一词在粤方言地区人们的口头上比较常用，指水滴不停地滴下来的样子，用作水滴或雨点往下滴的拟状词，“浞”字在广州地区读 doek[8]，当地话“啄”字音；（又）读 dzok[9]，当地话“凿”字音。

**浞［zhuó］，《新华字典》释义：〈方〉淋，使湿：让～雨了。**

例：如今楼房多了，瓦屋少了，下雨的时候，我们已很难看到瓦檐浞浞滴水的景象。

## 斫几刀

我家的红檬树，不知被谁斫了几刀。

“斫”字在粤方言地区人们的口头上比较常用，在广州地区读 dzok[9]，当地话“凿”字音；（又）读 dzoek[8]，当地话“雀”字音。

**斫［zhuó］，《新华字典》释义：砍削：～伐树木｜～轮老手（指经验多的人）。**

例：这世上，只要手上有一把刀就随手乱斫的，真是不乏其人。

## 娺娺往下冲

战士们从山上娺娺往下冲，一会儿就把敌人消灭了。

“娺娺”一词在粤方言地区人们的口头上比较常用，指敏捷而勇猛的样子，“娺”字在广州地区读 dzyt[8]，当地话“啜”字音。

**娺［zhuó］，《中华字海》释义：敏捷而勇猛。**

例：我每次从影视中看到战士们娺娺冲向敌人阵地的时候，心里就自然而然充满了敬佩之情。

## 硺它

我年少时，跟着爷爷去放牛，到了傍晚，家里的水牛躲在草丛里不出来，我只好拿石块硺它。

“硺”字在粤方言地区人们的口头上比较常用，在广州地区读 doek[8]，当地话“琢”字音；指掷、击、砸等动作。

**硺［zhuó］，《中华字海》释义：击。**

例：我年少时，常常在冬天和小伙伴来到田野里，拿起土块互相硺对方。现在想来，这真是一种危险的游戏。

## 蜘蠿

老人告诉我们：“能够住人的房子，都会有蜘蠿结网。”

“蜘蠿”一词在粤方言地区人们的口头上比较常用，指蜘蛛，“蠿”字在广州地区读 dzo[1]，当地话“左”字音。

**蠿［zhuó］，《中华字海》释义：［～蟊］蜘蛛的别称。**

例：你知道“蜘蠿”其实就是“蜘蛛”吗？

## 吱吱諁諁

老二看见村干部进屯，追过去吱吱諁諁地唠嗑半天。

“吱吱諁諁”一词在粤方言地区人们的口头上比较常用，指无休止且杂乱无章地说话，“諁”字在广州地区读 dzyt[8]，当地话“啜”字音。

**諁［zhuó］，《中华字海》释义：多言不止。**

例：吱吱諁諁，是有些人的习惯而已。

## 霣霣霏霏

有时候，我刚把稻谷铺开，就霣霣霏霏下起了雨。

“霣霣霏霏”一词在粤方言地区人们的口头上比较常用，指比较分散的雨点发出的声音，“霣”字在广州地区读 dzi[1]，当地话“资”字音。

**霣［zī］，《中华字海》释义：雨声。**

例：霣霣霏霏的雨，那是多美的自然景象呀。

## 木桬

我上小学的时候，家里建瓦房子，木工师傅制作了好多块木桬，妈妈嘱咐我千万别拿去当柴烧了。

“木桬”一词在粤方言地区人们的口头上比较常用，指屋柱上的短方木，“桬”字在广州地区读 dzi[1]，当地话“粢”字音。

**桬［zī］，《中华字海》释义：屋柱上的短方木。**

例：现在水泥楼房多了，很多年轻人没见过木桬。

## 茈兮

集市上有人贩卖一种新水果，卖的人大声吆喝着说这水果味道无比鲜美，但是大家看着茈兮的果形，没有兴趣。

“茈兮”一词在粤方言地区人们的口头上比较常用，指样子难看，“茈”字在广州地区读 dzi[1]，当地话“资”字音。

**茈［zí］，《中华字海》释义：形状乖劣。**

例：世间人多以貌取人，样子茈兮的人，往往因外貌吃亏。

## 禾秭

每年夏秋两造，妈妈把禾苗割下来之后，我就把禾秭搬到打谷机旁边，摞好，然后再打谷。

“禾秭”一词在粤方言地区人们的口头上比较常用，指禾把，“秭”字在广州地区读 dzi[2]，当地话“子”字音。

**秭［zǐ］，《中华字海》释义：❶古代计算禾束的单位，二百把为一~。❷数字，亿亿为~。**

在粤方言地区，当地人习惯把“柴把”叫“柴秭”。如：妈妈把柴捆绑成秭，让我扛回家。

## 訾訾劚劚

老二一辈子不得志，凡是过得比他好的邻居，他一律对别人訾訾劚劚。

“訾訾劚劚”一词在粤方言地区人们的口头上比较常用，指用刻薄话损人，“訾”字在广州地区读 dzi[2]，当地话“紫”字音。

**呰 [zǐ]，《中华字海》释义：说人坏话。**

例：平时习惯呰呰劚劚的人，是心智不健全的表现，这种人注定一辈子命运多舛。

## 胔兮

前几年，一些不法屠宰商把卖不出去的死猪肉扔到路旁，样子胔兮的，恶心极了。

“胔兮”一词在粤方言地区人们的口头上比较常用，指腐烂的肉或带腐肉的尸骨，“胔”字在广州地区读 dzi[1]，当地话“资”字音；（又）读 dzi[3]，当地话“志”字音。

**胔 [zì]，《新华字典》释义：❶带腐肉的尸骨。❷腐烂的肉。**

例：警察和法医有时候要面对胔兮的尸骨。

## 剚一刀

老三在大肥猪的脖子下剚了一刀，滚烫的猪血顷刻喷涌而出。

“剚”字在粤方言地区人们的口头上比较常用，在广州地区读 dzat[7]，当地话“质”字音；（又）读 dzi[3]，当地话“志”字音。

**剚 [zì]，《中华字海》释义：用刀刺进去。**

例：你敢给大肥猪剚一刀吗？

## 牛牸猪牸

我年少时，在我的家乡，但凡家里饲养了牛牸猪牸的人家，便会感觉日子殷实有盼头。

“牛牸猪牸”一词在粤方言地区人们的口头上比较常用，指还没有下过崽的母牛和母猪，“牸”字在广州地区读 dzi[6]，当地话“字”字音。

**牸 [zì]，《新华字典》释义：雌性牲畜，与牯相对。**

例：俗语说，邻居养牯，你养牸，邻居有利你也有利。

## 飞鸟䎃䎃

生活在大山沟里，我常常看见飞鸟䎃䎃。

“䎃䎃”一词在粤方言地区人们的口头上比较常用，指（鸟）扇动翅膀上下飞，“翪”字在广州地区读 dzung[1]，当地话“宗”字音。

**翪［zōng］，《中华字海》释义：扇动翅膀上下飞。**

例：在人的眼里，飞鸟翪翪，是多么自由快活。人又何尝想到，鸟会不会羡慕人的美好生活呢？

## 几葼柏枝

老师问：“小丽，你把这几葼柏枝带来学校干啥呢？”

“葼”字在粤方言地区人们的口头上比较常用，在广州地区读 dzung[1]，当地话“宗”字音；原义指细树枝，引申为树枝的量词。

**葼［zōng］，《中华字海》释义：细树枝。**

在粤方言地区，当地人习惯把“葼”作为水果的量词。如：一葼香蕉，一葼龙眼。

## 几稯谷

妈妈说：“这几稯谷长得真饱满啊。”

“稯”字在粤方言地区人们的口头上比较常用，在广州地区读 dzung[2]，当地话“種”字音；原义指稻穗的量词。

**稯［zǒng］，《中华字海》释义：禾束。**

在粤方言地区，“稯”字多作稻穗的量词，每一穗称为一稯。它和《中华字海》释义有关联，也有区别。

## 踤伤

老六的脚被踤伤了。

“踤”字在粤方言地区人们的口头上比较常用，在广州地区读 dzuk[7]，当地话“足”字音；（又）读 dzoet[7]，当地话“卒”字音；指撞或踢。

**踤［zú］，《中华字海》释义：❶撞。❷踢。**

例：人活在世上，偶尔踤伤手脚，是很难免的事。这是人生的一种体验。

## 毢了很多嫩毛

给已经宰杀好的鸭子去毛，最让人郁闷的就是鸭子毢了很多嫩毛在身上。

“毢”字在粤方言地区人们的口头上比较常用，在广州地区读 uk[7]，当地话

“屋”字音；（又）读 dzoet[7]，当地话“卒”字音。

**毧［zú］，《中华字海》释义：毛长出来的样子。**

在粤方言地区，“毧”字含有“植物刚长出新芽”的意思，这是个引申义。如：土豆毧芽了，不要再吃。

## 筝到石块

我读小学的时候，常常赤脚上学，脚筝到石头，是常有的事，疼一会儿就过去了。

“筝”字在粤方言地区人们的口头上比较常用，在广州地区读 dzuk[7]，当地话“足”字音。

**筝［zú］，《中华字海》释义：手脚因猛触另一物体而扭伤。如：我的脚~倒了。**

例：在农村干粗活被筝手筝脚是常有的事。

## 天天吃糭

小时候，我希望可以天天吃糭。

“糭”字在粤方言地区人们的口头上比较常用，在广州地区读 dzo[6]，当地话“助”字音；指粽子、发糕、糍粑、馒头、包子等食品。

**糭［zú］，《中华字海》释义：古代吴地称熬米做成食品为~。**

例：容州地处三国时代的吴地，这里的人习惯把以粽子为主的食品称为“糭”，历史悠久。

## 躅踋躅跩

老三喝高了，走起路来躅踋躅跩。

“躅踋躅跩”一词在粤方言地区人们的口头上比较常用，指（走路）扭动摇晃，“跩”字在广州地区读 dzaai[5]，当地话“踐”字音。

**跩［zuǎi］，《中华字海》释义：❶（走路）扭动摇晃。如吃醉了酒，走路两边~。❷得意，自以为了不起的样子。如：当了个小头目就~起来了。**

在粤方言地区，“躅踋躅跩”一词还有“得意，自以为了不起的样子”的意思。如：唐大到深圳当了一年半载保安，回到家乡走起路来躅踋躅跩，邻居从心里看不起他。

## 躦上树

我是个山里人，小时候，我常常躦上树。

“躦”字在粤方言地区人们的口头上比较常用，在广州地区读 dzyn[1]，当地话“专”字音。

**躦［zuān］，《新华字典》释义：向上或向前冲。**

例：读中学参加百米冲刺的时候，你是否躦在前头？

## 汞到地里

上中学时，物理老师告诉我们，千万别打翻实验室的水银，一旦打翻了，水银就会汞到地里。

“汞”字在粤方言地区人们的口头上比较常用，在广州地区读 dzyn[1]，当地话“躦”字音。

**汞［zuān］，《中华字海》释义：水入土。**

例：前段时间太干旱了，今天下了一场小雨，雨水很快就汞得无影无踪。

## 山峰厜厜

都峤山山峰厜厜，让人望而生畏。

“厜”字在粤方言地区人们的口头上比较常用，在广州地区读读 dzoey[1]，当地话“锥”字音；指山峰高峻或高峻的山巅。

**厜［zuī］，《中华字海》释义：❶山峰高峻。❷指高峻的山巅。**

例：太厜的险境，还是不涉为好。

## 木樶

劈柴的时候，最怕木樶，木樶总是很难劈开的。

“木樶”一词在粤方言地区人们的口头上比较常用，指木节，“樶”字在广州地区读 dzoey[3]，当地话“锥”字音；（又）读 dzoey[1]，当地话“锥”字音。

**樶［zuī］，《中华字海》释义：木节。**

在粤方言地区，当地人把解决棘手问题叫“劈木樶”，这是个引申义。如：善于劈木樶的人，总是令人敬佩。

## 不要随意露朘

有的大人习惯这样叮嘱小孩子："不要随意露你的朘!"

"朘"字在粤方言地区人们的口头上比较常用，在广州地区读音 dzoey[1]，当地话"锥"字音；指男孩的生殖器。

**朘［zuī］，《中华字海》释义：男孩的生殖器。**

在粤方言地区，有一句歇后语："天生公猪命——靠朘得食。"

## 瓶砦

妈妈说："你买那些苹果醋的瓶子虽然大，但是瓶砦太小，想用它腌制豆角却用不上，以后买瓶装的食品，最好买大砦的。"

"砦"字在粤方言地区人们的口头上比较常用，在广州地区读 dzoey[2]，当地话"嘴"字音。

**砦［zuǐ］，《中华字海》释义：瓶口。**

例：我家乡有句俗语：老爷爷喝酒，人嘴对瓶砦。

## 孩子晬了

今天孩子晬了，外婆来看望小外孙，大家聚在一起喝一杯。

"晬"字在粤方言地区人们的口头上比较常用，在广州地区读 doey[3]，当地话"对"字音；（又）读 dzoey[3]，当地话"最"字音。

**晬［zuì］，《新华字典》释义：古代称婴儿周岁。**

在粤方言地区，当地人把过 60 周岁生日叫"过大晬"。

## 嶒嶟

都峤山的每一座山峰都是嶒嶟的。

"嶒嶟"一词在粤方言地区人们的口头上比较常用，指石山高且陡峭，"嶟"字在广州地区读 dzyn[1]，当地话"尊"字音。

**嶟［zūn］，《新华字典》释义：山石高峻陡峭。**

例：你老家附近有嶒嶟的山石吗?

## 僔到九哥家喝酒

今天我和一群伙计僔到九哥家喝酒。

“僔”字在粤方言地区人们的口头上比较常用，在广州地区读 dzyn$^2$，当地话“转”字音。

**僔［zǔn］，《中华字海》释义：❶聚集。❷谦虚退让。**

在粤方言地区，“僔”字有“谦虚退让”的意思。如：我们一心让校长主持李老师的婚礼，不知他僔到哪里去了。

## 蕁蕁长高

桉树长得太迅猛了，种下半年，就蕁蕁地冲天。

“蕁蕁”一词在粤方言地区人们的口头上比较常用，指（树木）繁盛，“蕁”字在广州地区读 dzyn$^6$，当地话“尊”字音。

**蕁［zǔn］，《中华字海》释义：（树木）繁盛。**

例：很多父母都希望自己的孩子像树木一样蕁蕁长高。

## 捘门铃

城里人习惯关门，拜访亲朋好友的时候，基本上需要捘门铃。

“捘”字在粤方言地区人们的口头上比较常用，在广州地区读 dzoen$^3$，当地话“俊”字音；（又）读 dzoet$^7$，当地话“卒”字音。

**捘［zùn］，《中华字海》释义：❶推。❷按；捏：“生扶之，阴~其腕。**

在粤方言地区，当地人把“按指印”叫“捘指印”。

## 撙东西

阿海从老师办公室外面走过，看到里面没人，就把老师桌面上那袋子苹果撙了。

“撙”字在粤方言地区人们的口头上比较常用，在广州地区读 dzyn$^2$，当地话“转”字音；指用手拿走、顺走。

**撙［zùn］，《中华字海》释义：手取也。**

例：你被别人撙过东西吗？

## 嘬几口奶

妈妈让孩子嘬了几口奶。

“嘬”字在粤方言地区人们的口头上比较常用，在广州地区读 dzyt$^{8}$，当地话“绝”字音。

**嘬［zuō］，《新华字典》释义：聚缩嘴唇吸取。**

例：在我年少时，我家里用小水管接溪水饮用，水管一旦不通水，妈妈就要我用嘴去嘬。

## 捽鸡捽猪

在我年少时，我多次跟着大人到自良圩捽鸡捽猪。

“捽”字在粤方言地区人们的口头上比较常用，在广州地区读 dzuk$^{7}$，（又）读 dzuk$^{8}$，当地话“捉”字音；（再）读 dzyt$^{9}$，当地话“绝”字音；原义指揪、抓，引申为购买。

**捽［zuó］，《新华字典》释义：揪；抓。**

在粤方言地区，“捽”字基本专用于“购买”。如，鸡贩进了村就会大喊：“卖鸡啦，卖鸡啦，要捽鸡的快过来！”

## 拿下属謈

有的领导素养很差，喜怒无常，一旦有了不开心的事就拿下属謈，把下属当出气筒。

“謈”字在粤方言地区人们的口头上比较常用，在广州地区读 dzok$^{9}$，当地话“凿”字音。

**謈［zuó］，《中华字海》释义：责骂。**

例：人活在世界上，被别人謈是难免的事，不要太在意。

## 不要诖

老师说：“对前因后果，来龙去脉还没有弄清楚的事，你们闭上嘴巴，不要诖！”

“诖”字在粤方言地区人们的口头上比较常用，在广州地区读 dzok$^{9}$，当地话“凿”字音；（或）读 dzo$^{3}$，当地话“坐”字音。指贬损人。

**谘［zuò］，《中华字海》释义：以言折人。**

例：要是世间有人背后对你乱谘一通，你不必挂怀。

## 鑿碎

妈妈让我把炒好的花生鑿碎，作为粽子馅和其他用料拌在一起。

“鑿”字在粤方言地区人们的口头上比较常用，在广州地区读 dzok[9]，当地话“凿”字音。

**鑿［zuò］，《中华字海》释义：舂：“～申椒以为粮”。**

例：把炒好的花生慢慢鑿碎，是一种很美妙的活动。

## 眼覱覱

李二当了个小官，趾高气扬，经常眼覱覱地看人。

“眼覱覱”一词在粤方言地区人们的口头上比较常用，指傲视他人的眼神，“覱”字在广州地区读 dzaan[2]，当地话“盏”字音；（又）读 dzaan[5]，当地话“盏”字音。

**覱［zhǎn］，《说文解字》释义：倨视人也。**

例：眼覱覱地看人，是心理不健康的表现。

## 谢谢呹呹

我们的周围，总有一些习惯谢谢呹呹的人。

“谢谢呹呹”一词在粤方言地区人们的口头上比较常用，指张开嘴巴乱说一通。“谢”字在广州地区读 dzi[1]，当地话“知”字音；（又）读 dzi[3]，当地话“智”字音。

**谢［zhì］，《中华字海》释义：语不正。**

例：谢谢呹呹的人，令人讨厌。

## 霅靈

昨天晚上，我老家的天空一直在霅靈。

“霅靈”一词在粤方言地区人们的口头上比较常用，在广州地区读 dzaap[8]ling[6]，当地话“眨令”字音；（又）读 sip[8]ling[2]，当地话“摄令”字音；指天空打闪电。

**霅 [zhá]，《中华字海》释义：❶［～～］雷电交加的样子。❷水流激荡声。**

**爧 [líng]，《中华字海》释义：火光貌。**

例：有些人胆小，看到霅爧都害怕。

## 附录文章：

# 有必要对《木兰诗》重新划分自然段

欧家良

《木兰诗》是一首脍炙人口的北朝民歌，千百年来，在中国大地上，从士大夫到民间的3岁幼儿，对它的吟诵之声不绝于耳，可见，国人对这首歌辞是多么的热爱。

《木兰诗》本是乐府歌辞，许多年来，中学甚至是大学的《语文》课本都把它选为课文，让学生学习。大多数语文工作者都知道，我国最早的古书是没有标点的。大约在汉代，开始使用句读。到了宋代，开始使用圈点。1920年2月2日，北洋政府教育部发布第53号训令——《通令采用新式标点符号文》，批准了由北京大学6位教授联名提出的《请颁行新式标点符号方案》。我国第一套法定的新式标点符号由此诞生，成了语言文化发展史上值得记录的一笔。因此，对于北朝的民歌《木兰诗》各个自然段落的划分，有可能是在第一套法定的新式标点符号诞生之后的事。在长期的教学过程中，我发现，有必要对现行《语文》课本中的《木兰诗》重新划分自然段落。

现行的《语文》课本，把《木兰诗》划分为七个自然段，它的各个自然段是这样划分的：

1. 唧唧复唧唧，木兰当户织。不闻机杼声，唯闻女叹息。问女何所思，问女何所忆。女亦无所思，女亦无所忆。

2. 昨夜见军帖，可汗大点兵，军书十二卷，卷卷有爷名。阿爷无大儿，木兰无长兄，愿为市鞍马，从此替爷征。

3. 东市买骏马，西市买鞍鞯，南市买辔头，北市买长鞭。旦辞爷娘去，暮宿黄河边，不闻爷娘唤女声，但闻黄河流水鸣溅溅。旦辞黄河去，暮至黑山头，不闻爷娘唤女声，但闻燕山胡骑鸣啾啾。

4. 万里赴戎机，关山度若飞。朔气传金柝，寒光照铁衣。将军百战死，壮士十年归。

5. 归来见天子，天子坐明堂。策勋十二转，赏赐百千强。可汗问所欲，木兰不用尚书郎；愿驰千里足，送儿还故乡。

6. 爷娘闻女来，出郭相扶将；阿姊闻妹来，当户理红妆；小弟闻姊来，磨刀霍霍向猪羊。开我东阁门，坐我西阁床，脱我战时袍，著我旧时裳，当窗理云鬓，对镜帖花黄。出门看火伴，火伴皆惊忙；同行十二年，不知木兰是女郎。

7. 雄兔脚扑朔，雌兔眼迷离；双兔傍地走，安能辨我是雄雌？

不论是从内容上还是从文采上来讲，《木兰诗》都是不可多得的美之又美的辞章。可是按照上面的形式把它划分为7个自然段，显然破坏了它严谨的结构，不但使华美辞章的文学价值大打折扣，而且使学生在学习的时候，比较吃力，没有获得华美辞章给人那种最美的感受。

这些缺点在哪里呢？请看：

第一，课文的第一自然段，写的是“木兰纺织”。木兰一边操作着织布机，一边叹息。因为有很重的心事，木兰的手不由自主地停了下来，不止地叹息（“唧唧复唧唧，木兰当户织。不闻机杼声，唯闻女叹息”）。这就引起了父亲的注意，出现了父女的对话“问女何所思，问女何所忆。女亦无所思，女亦无所忆”。课文的第二自然段（“昨夜见军帖，可汗大点兵，军书十二卷，卷卷有爷名。阿爷无大儿，木兰无长兄，愿为市鞍马，从此替爷征”），其实也是父女对话的内容，并且是在木兰回答父亲“女亦无所思，女亦无所忆”之后接着要讲的。课文硬生生地把木兰一次要讲完、要回答父亲所问“问女何所思，问女何所忆”的话拆成了两个自然段。这是一个硬伤。

第二，课文的第四自然段，写的是“战地离家遥远，自然条件恶劣”；课文的第五自然段写的是“木兰得胜还朝”。所以，“将军百战死，壮士十年归”一句，应该出现在第五自然段的开头，不应该出现在第四自然段的结尾。这种衔接是不完美的。

第三，课文的第六自然段，写的是“木兰还乡”。在这个片段里，有两个场景：一是家人（爷娘、阿姊、小弟）迎接木兰的不同表现；二是木兰回到家后马上恢复女儿身的着装。课文的第七自然段，是木兰对伙伴们“同行十二年，不知木兰是女郎”一事的释疑。由此可见，“出门看火伴，火伴皆惊忙；同行十二年，不知木兰是女郎”一句，应该出现在第七自然段的开头，不应该出现在第六自然段的结尾。这种衔接是不自然、不和谐的。

根据以上的分析，就很有必要对《木兰诗》重新划分自然段。重新划分自然段后的《木兰诗》内容编排如下（同时修改或加上相关的标点符号）：

1. 唧唧复唧唧，木兰当户织。不闻机杼声，唯闻女叹息。

2. “问女何所思，问女何所忆?”“女亦无所思，女亦无所忆。昨夜见军帖，可汗大点兵，军书十二卷，卷卷有爷名。阿爷无大儿，木兰无长兄，愿为市鞍马，从此替爷征。”

3. 东市买骏马，西市买鞍鞯，南市买辔头，北市买长鞭。旦辞爷娘去，暮宿黄河边，不闻爷娘唤女声，但闻黄河流水鸣溅溅。旦辞黄河去，暮至黑山头，不闻爷娘唤女声，但闻燕山胡骑鸣啾啾。

4. 万里赴戎机，关山度若飞。朔气传金柝，寒光照铁衣。

5. 将军百战死，壮士十年归。归来见天子，天子坐明堂。策勋十二转，赏赐百千强。可汗问所欲，“木兰不用尚书郎，愿驰千里足，送儿还故乡。”

6. 爷娘闻女来，出郭相扶将；阿姊闻妹来，当户理红妆；小弟闻姊来，磨刀霍霍向猪羊。开我东阁门，坐我西阁床，脱我战时袍，著我旧时裳，当窗理云鬓，对镜帖花黄。

7. 出门看火伴，火伴皆惊忙：“同行十二年，不知木兰是女郎!”“雄兔脚扑朔，雌兔眼迷离；双兔傍地走，安能辨我是雄雌?”

身为教书匠，教人子弟，务求精益求精，尽可能减少误人子弟之事。然而自身才疏学浅，难免手出谬误之文，略陈浅见，意在抛砖引玉。若得高人斧正，是为甚幸!

原载2016年11月16日《玉林日报》

# 《木兰诗》对中华美德的承载

欧家良

“唧唧复唧唧，木兰当户织。不闻机杼声，唯闻女叹息……”北朝民歌《木兰诗》自从成为乐府歌辞，一直受到人们的喜爱，千百年以来，国人对它的吟唱不绝于耳，经久不衰。究其原因，这不但和《木兰诗》美妙感人的故事有关，而且和《木兰诗》美妙的音韵旋律、华美的辞章和对修辞出神入化的运用有关，更与《木兰诗》承载着近乎全面的中华美德有关。也就是说，在木兰这个文学形象的身上，几乎集中了中华民族的全部美德。从这一点上说，《木兰诗》在中国文学史上是独一无二的，木兰的文学形象也是独一无二的。

古人把“仁、义、礼、智、信”称为人之“五常”，把“忠、孝、廉、耻、勇”称为人之“五德”。“五常”和“五德”合起来，就是人的十种美德。在木兰这个文学形象身上，她无疑是集中了这十种美德的人。

仁：这个字是两个人组成的，指在与另一个人相处时，做到融洽和谐，就称为“仁”。孔子说：“仁者爱人”，就是这个道理。木兰代父从军，可见她对年事已高的父亲是仁爱的，对年幼无知的弟弟也是仁爱的。

义：在国家受到外敌侵略之时，木兰视国家高于一切，她义不容辞，挺身而出，保家卫国。

礼：自己弯腰则别人高，对他人即为有礼。因此，敬人即为有礼。木兰是怎样做的呢？代父从军之前，她首先征求父亲的意见；代父从军之时，她女扮男装，表示与其他军士平等，服从指挥；得胜还乡之后，她马上恢复姑娘打扮，以姑娘之身示人。可见，木兰是如此注重礼节。

智：木兰女扮男装，与同伴同行十二年，同伴竟然不知木兰是女郎；将军百战死，壮士十年归。不得不说，木兰充满了智慧。

信：既已答应父亲代父从军，哪怕是“朔气传金柝，寒光照铁衣”的艰苦环境，哪怕是出生入死的战场，哪怕是耗掉一去十二年的大好春光，木兰始终没有背信弃义，失信于人。

忠：木兰以女儿之身代父从军，不能不说，她大忠于国家和民族，大忠于朝廷和民众。

孝：能够以女儿之身代父从军，不能不说，木兰是个孝敬父母的好女儿。

廉：十二年的艰苦征战，十二年的出生入死，哪怕是面对“策勋十二转，赏赐百千强”的功勋和嘉奖，木兰都不为所动，坚决辞官回乡，不能不说，木兰是多么的清廉。

耻：国家利益和民族大义至高无上，虽是女儿之身，木兰却以能为国家民族效力为荣，以不能为国家民族效力为耻。

勇：在保家卫国的十二年漫漫征程中，木兰一往无前，英勇杀敌，最后得胜而归。其勇不言而喻。

5000 多年来，我们祖先留下的文学作品浩如烟海、灿若星辰，像《木兰诗》一样，几乎承载了所有中华美德的文学作品，像木兰一样，集中了“仁、义、礼、智、信，忠、孝、廉、耻、勇”十种美德的文学典型人物，永远是我们中华文化的瑰宝。

原载 2017 年 11 月 22 日《玉林日报》

# 参考文献

［1］赵志远，张鹏，主编．（东汉）许慎，著．说文解字［M］．喀什：喀什维吾尔文出版社，2002.

［2］张玉书，陈廷敬，等．康熙字典［M］．北京：中华书局，1980.

［3］中国社会科学院语言研究所．新华字典［M］．北京：商务印书馆，2004.

［4］冷玉龙，韦一心．中华字海［M］．北京：中华书局，中国友谊出版公司，1994.

［5］陆费逵，欧阳溥存，等．中华大字典［M］．北京：中华书局，1978.

［6］中国社会科学院语言研究所词典编辑室．现代汉语词典［M］．北京：外语教学与研究出版社出版，2002.

［7］商务印书馆编辑部．辞源［M］．北京：商务印书馆，1979.

［8］辞海编辑委员会．辞海［M］．上海：上海辞书出版社，1995.

［9］詹伯慧．广州话正音字典：广州话普通话读音对照［M］．广州：广东人民出版社，2019.

［10］王力，岑麒祥，林焘，等．古汉语常用字字典［M］．北京：商务印书馆，2014.

# 跋

蓦然回首，我自1990年离开广西师范学院（今南宁师范大学），回到家乡容县，至2024年，已经34年了。这34年走过的路，实在太过坎坷。

起初，我本来可以选择到广西区内的工矿职工子弟学校去教书，这样的话，我就衣食无忧了。由于我是独子，父母要我回家乡工作。我因此回了容县。回容县，在1990年那时，我只能到乡村中学，当一名代课教师，每月领65元钱的报酬。那种生活很艰辛。虽然如此，我还是充满激情，充满希望地工作着。

我一直想凭借自己的真才实学换一份更好的工作。我先后参加了3次公家单位的招聘考试，有2次考了第一名，有1次考了第六名。由于我有洁癖，视正直清廉如命，进不了那些单位。我曾经请求在书信上对我说过“今后可经常联系”这句话的前《人民日报》总编辑、前清华大学新闻与传播学院院长范敬宜先生帮助，他给我县的领导写了信。但还是不行。

我当然明白：绝对没有让世界来适应我的道理！要得富贵荣华，天做主，由不得我；要做君子贤人，我做主，由不得天。

我必须一边教书，一边帮着父母在家乡种地。父亲在1996年春辞世后，我成了家里耕田种地的主力。有时候，周五放学之后，我从学校赶回家，就立即去田里给水稻喷施农药。当我把所有的水稻都喷施完毕的时候，月亮已经升得很高了。我背着喷雾器，乘着夜色，孤零零一个人在山路上朝家里走，此时此刻，我最怕踩到蛇！周六和周日上午，我要上山给肉桂林砍草，要上树采摘八角。我从山里回到家的时候，常常满身大汗，浑身湿透——从山里干活回来的邻居，基本上都是这样的。周日下午，我得赶回学校工作。

到了30岁，我娶妻生子。自此，我和爱人要日夜考虑解决我奶奶和我母亲，还有我们两个孩子以及自己的生活问题。令我愧疚难当的是，至今我都没有给予过他们富足幸福的生活。和成功人士比，我简直一钱不值：多年之前，我的学长、校友，就有人担任了地厅级领导，有人担任了副省级领导！迄今，我仍然生活在社会的底层。

知我者谓我心忧，不知我者谓我何求?!

旁观者清：我从事着“上等人”的工作。

在报考公家单位无望之后，我到县城里的民办学校当老师。我从一个科任教师当到了班主任，之后是学校教务或政教副主任、主任，副校长、校长。我担任校长的学校，是既有初中也有高中的完全中学。我的学生过万。

我在本地省、市级日报发表了一系列文章。

2017 年 1 月 11 日《玉林日报》刊登了我关于语言文字方面研究成果的文章后，我经过多方考虑，离开了学校。尽管离开学校就没有了生活来源，只能依靠爱人外出工作挣钱度日，供孩子上大学，但是我毅然决然，动手撰写文字学专著并编纂辞书！

这是一段异常艰难的道路：刘成聪老师知道我研究汉语言文字，曾拿来 24 个他没见过的汉字询问我懂几个——公布这些文字的人民网声称“懂 5 个的就是学霸，懂 10 个的就是学神！”当我把那些字的读音和释义一一告诉刘老师时，他很诧异。其实，我挖掘、收集、整理、甄别的，正是这种类型的文字！1990 年以来，我逐字逐句，逐行逐页，一字不落地无数次阅读了《说文解字》、《正字通》、《康熙字典》、《中华大字典》、《中华字海》等典籍，做了大量的笔记。我还深入粤方言其他地区进行语言调查，请教他人。有些地方的地名用字很生僻，为了弄清楚那些字，我只身前往，到当地去核实。

榜样的力量是无穷的，他们一直在激励着我前进：中国近百年来最伟大的语言学家王力先生，和我同市；世界著名历史学家、《粤江流域人民史》和《华人发现美洲考》等著作的作者徐松石先生，和我同村！广西时隔 21 年再次获得国家发明专利金奖——专利产品五复合轮胎挤出机的设计总师欧安林是和我同爷爷同奶奶的堂弟！

我迈着坚实的脚步前进：我要求自己做到百分之一百确保绝大部分时间用于文字研究和写作；百分之一百确保按时完成写作任务；百分之一百确保作品达到中央级出版社出版要求！我不能安排周六周日休息，我每天分三班工作，每天工作到了晚上 11 点之后。年三十，年初一，我依然坚持写作。

2024 年，在拙作《说字品文》问世、《汉语雅言字典》编著完毕之际，我深怀感激：是我经历过所有的苦难和劫难，把我锻造成了有农民身份的学者和有学者身份的农民！在此，我弱弱地说一句：具有这种双重身份的人，我大约是全球的唯一……

我感谢我的祖父欧玉堂、祖母韦雪莲，感谢我的父亲欧振驰、母亲唐淑坤，感谢我的岳父罗兆泉、岳母霍美兰，感谢我的叔父欧振禄，感谢我的爱人罗凤梅，是他们给予了我无尽的关爱和帮助！

我感谢范敬宜老师，感谢广西师范学院的老院长杨焕典教授、学院中文系党委杨道明书记、马飙教授；感谢广西民族大学何德化教授，感谢新华社广西分社杜社长，感谢我的族兄欧仕宏、姑丈唐肇文，是他们给予我指导和激励！

我感谢政协容县委员会前主席李海祺和邹汉其同志，感谢容县历史文化研究会李明杰会长、刘泽新会长，感谢杨祖衡、梁广南副会长，感谢陈锦绵、李旭文、李振、刘成聪老师，感谢玉林电视台雁冰老师，感谢我的同事李军昌老师，感谢我的学生唐庆南总经理、卢通海医生、练月媚和黄霞女士，是他们给予了我不少指导和帮助！

我感谢为本书出版付出了艰辛工作的编辑老师！

作者 欧家良敬跋

2024 年 6 月